AF608449

Die Reihe
„Jenaer Beiträge zur Politikwissenschaft“
wird herausgegeben von

Prof. Dr. Carl Deichmann
Prof. Dr. Klaus Dicke
Prof. Dr. Michael Dreyer
Prof. Dr. Manuel Fröhlich
Prof. Dr. Helmut Hubel
Prof. Dr. Karl Schmitt

Band 4

Karl Schmitt

Thüringen

Eine politische Landeskunde

2. Auflage

Nomos

Die Deutsche Bibliothek verzeichnet diese Publikation in der Deutschen Nationalbibliografie; detaillierte bibliografische Daten sind im Internet über http://dnb.ddb.de abrufbar.

ISBN 978-3-8329-4891-7

2. Auflage 2011

Inhalt

Geleitwort der Präsidentin des Thüringer Landtags 7

Vorwort 9

Andreas Dornheim
Demokratischer Umbruch in Thüringen 1989/90 11

Ulrich Rommelfanger
Das Werden des Freistaates Thüringen 32

Thomas Würtenberger / Patricia Wiater
Grundzüge der Thüringer Verfassung 49

Karl Schmitt
Die politischen Parteien 78

Karl Schmitt
Wahlen: Kontinuität und Umbruch 111

Joachim Linck
Der Thüringer Landtag 135

Torsten Oppelland / Sven Leunig
Die Thüringer Landesregierung 162

Matthias Ruffert
Das Kommunalrecht 182

Die Religionsgemeinschaften

Thomas A. Seidel
Die evangelische Kirche 207

Josef Pilvousek / Elisabeth Preuß
Die katholische Kirche 230

Anna-Ruth Löwenbrück / Gabriele Olbrisch / Daniela Kranemann
Juden in Thüringen 249

Ingo Singe / Christoph Thieme
Die Gewerkschaften 265

André Sonntag / Rolf Walter / Jürgen Schreiber
Thüringens Wirtschaft im Wandel 287

Anhang

1. Wahlergebnisse 308
2. Landesregierungen 323
3. Ausgewählte Literatur 329

Die Autoren 337

Geleitwort

Das Jahr 2010 rückt historische Ereignisse in unser Bewusstsein, die wichtige Wendepunkte in der Geschichte unseres Landes darstellen. So feiern wir in diesem Jahr 20 Jahre Deutsche Einheit. Sie eröffnete den Menschen in Ost und in West ein Leben in Freiheit, Demokratie und staatlicher Einheit. Zugleich begehen wir in diesem Jahr 20 Jahre Freistaat Thüringen. Unser Land hat im 20. Jahrhundert einen weiten Weg bis zu seiner staatsrechtlichen Einheit und bis zum Sieg der parlamentarischen Demokratie beschreiten müssen. Deshalb ist dieses Jubiläum nichts weniger als ein Meilenstein in der Entwicklung der parlamentarischen Demokratie und in der Geschichte unseres Landes.

Zwei Versuche, eine freie und demokratische Gesellschaft in Thüringen aufzubauen, waren im 20. Jahrhundert bereits nach wenigen Jahren an der Zentralisierungspolitik zweier Diktaturen gescheitert. Den antidemokratischen Kräften gelang es jedoch nur zeitlich begrenzt, aber nie in Gänze, den Willen der Thüringer zur Selbstverwaltung zu unterdrücken. Der dritte Anlauf, die Geschicke Thüringens autonom und demokratisch zu gestalten, währt nun bereits 20 Jahre und hat viele Erfolge gezeitigt. Im Gegensatz zu der über Jahrzehnte praktizierten Zentralisierungspolitik, in der regionale Verbundenheit keine prägende Rolle mehr spielte, sind wir heute vom Wert und von der Unverzichtbarkeit eines kulturell fruchtbaren und produktiven „Wir-Gefühls" überzeugt. Es trägt wesentlich dazu bei, den Platz Thüringens in der Runde der Länder der Bundesrepublik Deutschland mit Selbstbewusstsein auszufüllen.

Seit 1990 bieten sich den Thüringer Bürgerinnen und Bürgern viele Möglichkeiten der indirekten und direkten politischen Mitbestimmung. Sie entscheiden mit der Zusammensetzung des Landtags über die politische Entwicklung des Freistaats Thüringen. Und sie bestimmen mit ihrer Arbeit und ihrem ehrenamtlichen Engagement, wie die wirtschaftliche, kulturelle und soziale Entwicklung unseres Landes voranschreitet. Bei allen materiellen Fortschritten, die wir in den vergangenen 20 Jahren erzielt haben, ist und bleibt unser größter Gewinn die politische und individuelle Freiheit, das selbst bestimmte Leben in einer freiheitlich demokratischen Ordnung.

Wie sehr sich unser altes und zugleich junges Land in den letzten 20 Jahren verändert hat, führt der vorliegende Band „Thüringen – eine politische Landeskunde" sehr eindrucksvoll vor Augen. Ich danke allen Autoren für ihre Arbeit, mit der sie die Entwicklungen im Freistaat Thüringen beleuchten. Allen Lesern wünsche ich eine ansprechende und informative Lektüre.

Erfurt, im August 2010

Birgit Diezel

Präsidentin des Thüringer Landtags

Vorwort

Thüringen ist mit der deutschen Vereinigung wiedererstanden, als Freistaat und Land der Bundesrepublik Deutschland. Auch nach seiner Auflösung 1952 in die Bezirke Erfurt, Gera und Suhl waren die Thüringer Thüringer geblieben. Ihre Verbundenheit mit dem Land war so stark, dass sich 1989/90 in der friedlichen Revolution der Wunsch nach dem Sturz der SED-Herrschaft mit dem Willen zu seiner Wiederherstellung verband.

Seit dem Neuanfang des Jahres 1990, als die strukturellen, personellen, rechtlichen bis hin zu den baulichen Voraussetzungen für das Tätigwerden der Landesinstitutionen erst geschaffen werden mussten, ist der Freistaat Thüringen zum neuen politischen Lebensraum geworden, für viele inzwischen eine Selbstverständlichkeit. Der vorliegende Band zieht eine Bilanz des Neuordnungsprozesses und seiner Ergebnisse. Er soll den Bürgern Thüringens die Orientierung in ihrem politischen Lebensraum erleichtern, aber auch Interessierten über Thüringen hinaus ermöglichen, sich ein Bild der Verfassung dieses Landes zu machen.

Als die Politische Landeskunde 1996 erstmals erschien, hatte das noch junge Land Thüringen gerade laufen gelernt. Inzwischen hat der Freistaat große Schritte nach vorn getan. Wohin diese Schritte geführt haben, lässt sich nun vierzehn Jahre später in der vorliegenden 2. Auflage studieren. Sämtliche Beiträge wurden deshalb neu bearbeitet, in einigen Fällen völlig neu erstellt.

Der Herausgeber dankt allen Personen und Stellen, die die Autoren der Einzelbeiträge durch die Bereitstellung von Informationen unterstützt haben. Er dankt stellvertretend für eine Vielzahl hilfreicher Hände und Köpfe Herrn Hendrik Träger M.A. für Recherchen und technische Assistenz und Herrn Tim Niendorf für die geduldige und zuverlässige Erstellung des druckreifen Satzes.

Jena, im Herbst 2010

Karl Schmitt

Andreas Dornheim

Demokratischer Umbruch in Thüringen 1989/90

Der Demokratisierungsprozess in der DDR in den Jahren 1989/90 wurde durch eine Vielzahl von Faktoren verursacht und beeinflusst. Zu den wichtigsten gehören Defizite in der politischen Organisation von Gesellschaft und Staat, die Schwäche der DDR-Ökonomie, der schwindende Legitimitätsglauben der Bevölkerung gegenüber der Führung, externe Faktoren wie die Glasnost- und Perestroikapolitik Gorbatschows, die Auflösung des Blocksystems und der politische Wandel in Polen und Ungarn sowie schließlich die wachsende Bedeutung der neuen sozialen Bewegungen, die sich zunehmend zu einer politischen Opposition entwickelten.

An strukturellen Besonderheiten der thüringischen Bezirke Erfurt, Suhl und Gera, die für die Entwicklung 1989/90 nicht ohne Bedeutung waren, sind vor allem zwei zu nennen: die mehrere hundert Kilometer lange Staatsgrenze der beiden erstgenannten Bezirke zur Bundesrepublik Deutschland und das weitgehende Fehlen großstädtischer Zentren. Ob sich die lange Staatsgrenze zur Bundesrepublik auf die Auswahl des politischen Personals ausgewirkt hat, lässt sich nicht mit Bestimmtheit sagen. Es ist aber auffallend, dass die bis 1989 amtierenden 1. Sekretäre der SED-Bezirksleitungen, Hans Albrecht (Suhl), Gerhard Müller (Erfurt) und Herbert Ziegenhahn (Gera), die als die Statthalter des Politbüros die eigentlichen Machthaber in den Bezirken waren, als kompromisslose Verfechter eines harten politischen Kurses galten. Einen Hans Modrow hatte der Südwesten der DDR nicht. Das Fehlen großstädtischer Metropolen, die wie Berlin und die Messestadt Leipzig enge Kontakte zum Westen unterhielten, hat Impulse von außen für die Formierung einer Opposition ferngehalten. Eine weitere Besonderheit des Thüringer Raums, das relativ geschlossene katholische Milieu des Eichsfeldes, hatte dagegen vor allem auf die Anfangsphase des Demokratisierungsprozesses bis November 1989 keinen entscheidenden Einfluss.[1]

Neuere Forschungen bestätigen sowohl die Besonderheiten des südthüringischen Raumes als auch die harte Linie der thüringischen SED-Bezirksleitungen. Eine Untersuchung über den politischen Umbruch in Meiningen beschreibt den Bezirk Suhl, zu dem Meiningen gehörte, als „rückständig" und „hinterwäldlerisch".[2] Eine Darstellung über die „Wende in Suhl" kommt zu dem Ergebnis, dass es im Bezirk und in der Stadt Suhl vor allem „zwei Milieus des Erneuerungswillens" gab, das „christlich-ökologische" und das „Künstlermilieu". Der Fehler der „Bürgerrechtsbewegung" im Winter 1989/90 sei ihr „mangelnder Weitblick" gewesen und die „Vernachlässigung" einer „programmatischen Erneuerung". Dieses „konzeptionelle

Vakuum“ füllten vor allem die „ostdeutschen Schwesterparteien des etablierten Parteiensystems“ der Bundesrepublik. Das Fazit lautet: „Der Umbruch in Suhl unterscheidet sich kaum von den Vorgängen im restlichen Land, findet jedoch später statt als in anderen Teilen der DDR, wie etwa Leipzig, Dresden und Berlin, die über ein größeres Potential an Subkultur und damit an alternativen Lebensvorstellungen und -entwürfen verfügten. Einzig bei der frühen Besetzung und Entmachtung der Bezirksverwaltung des MfS bereits am 4./5. Dezember 1989 findet in Suhl ein wichtiges Ereignis des Umbruchs frühzeitig und noch vor anderen Bezirken statt.“[3]

Der SED-Bezirkschef Gerhard Müller wird als Hardliner geschildert, der sich in seiner Erfurter Zeit wegen seines „eisernen Regiments“ die Beinamen „Sensenmüller“, „Sägemüller“ und „Kanonenmüller“ erwarb. In seiner politischen Haltung war Müller bisweilen noch „prinzipientreuer“ als die Berliner Parteiführung. So habe ihn Berlin „zurückgepfiffen“, als er versuchte, im Eichsfeld durchzusetzen, dass man nur in die SED eintreten könne, wenn man zuvor aus der Kirche ausgetreten sei. Eine solche Politik war nach Meinung der SED-Führung im Eichsfeld nicht durchsetzbar.[4]

I. Defizite der politischen Organisation

Die Defizite des politischen und gesellschaftlichen Systems der DDR lassen sich für Thüringen an vier Beispielen auf kommunaler Ebene verdeutlichen: an der extrem ungleichen Verteilung der politischen Macht im Kreis Sondershausen, an der Stadtplanung in Erfurt, an den Kommunal-„Wahlen“ vom 7. Mai 1989 und an der Frage der Umweltverschmutzung.

Die Verteilung der politischen Macht in der DDR war dermaßen ungleich, dass die 1. Sekretäre der SED-Bezirks- und -Kreisleitungen in den Augen der Bürger zu absolutistisch regierenden „Fürsten“ wurden. An der Spitze des Kreises Sondershausen stand der 1. SED-Kreissekretär Manfred Keßler, der sich auf seine Verwandtschaft zum DDR-Verteidigungsminister Heinz Keßler stützen konnte und in seinem Territorium tun und lassen konnte, was er wollte. Manfred Keßler hatte „neben Alkohol als besondere Leidenschaft die Jagd“, und er zögerte nicht, berufliche Laufbahnen zu zerstören, wenn sich ein Förster aus volkswirtschaftlichen Gründen weigerte, in einem Waldgebiet die Jagd anzusetzen, die er, Keßler, befohlen hatte. Die Kantine der SED-Kreisleitung wurde durch den Kultur- und Sozialfonds des VEB Elektroinstallation Sondershausen unterstützt, damit die SED-Funktionäre, die immerhin das Zwei- bis Dreifache eines durchschnittlichen DDR-Lohnes erhielten, ihr Essen billiger erwerben konnten. Der mächtigste Mann des Kreises wurde, wenn er Geburtstag hatte, mit wertvollen Geschenken (Gewehre, Jagdtrophäen, Dolche, Kristalle, Radiogeräte) bedacht, so dass, wie Ende 1989 anlässlich einer Hausdurchsuchung festgestellt wurde, eine „gewaltige Sammlung“ zusammenkam.

Aufgedeckt wurden diese Missstände von einer „Unabhängigen Kommission zur Untersuchung von Korruption und Amtsmissbrauch“, die im Herbst 1989 zu einem außergewöhnlich frühen Zeitpunkt, nämlich am 28. Oktober, am Ende einer dramatisch verlaufenen Demonstration auf Vorschlag des Lehrers Dieter Strödter eingerichtet worden war. Strödter vermutet, dass im Kreis Sondershausen im Abstand von sechs bis acht Wochen ein „Elefantentreffen“ stattfand, an dem „Fürst“ Keßler, der Chef der Volkspolizei, der Kreisgerichtsdirektor, der Vorsitzende des Rates des Kreises und andere Machtträger teilnahmen. Diese Gruppe habe de facto die Geschicke des Kreises gelenkt.[5]

Der Kreis Sondershausen ist zweifellos ein besonders krasses Beispiel für Korruption, Amtsmissbrauch und ungleiche Machtverteilung in der DDR. Der Vorsitzende des Rates des Kreises, der Keßler-Intimus Heinz Gutjahr, zog noch Mitte Oktober 1989 eine ausgesprochen positive Bilanz der Feierlichkeiten zum 40. Jahrestag der DDR im Kreis. Er verlor kein Wort darüber, dass an den Zuständen in der DDR massive Kritik geübt wurde.[6] Der Kreis Sondershausen ist aber nicht nur ein Extrembeispiel, sondern er verdeutlicht auch das grundsätzliche Problem der DDR, dass unfähige und korrupte Führungskräfte nicht abgewählt werden konnten.

Bei der Stadtplanung und Stadtentwicklung verfolgte die SED ehrgeizige Projekte und fasste alle Gegenvorschläge als unzulässige Einmischung auf. In Erfurt war insbesondere der geplante Abriss des Andreasviertels, eines zur Altstadt gehörenden alten Handwerkerviertels, durch den der um die Altstadt führende Straßenring geschlossen werden sollte, umstritten. Nach der Ringschließung sollte das Viertel mit modernen Plattenbauten neu aufgebaut werden. Hinter diesen Plänen, die die SED seit dem Ende der 60er, verstärkt seit den 80er Jahren verfolgte, stand das Ideal der „modernen sozialistischen Großstadt“.[7] Die Wohnraumpolitik besaß für die SED einen außerordentlich hohen Stellenwert, und im Bezirk Erfurt wie andernorts sah es die Partei als „ihre wichtigste sozialpolitische Aufgabe“ an, die „Wohnraumfrage“ bis 1990 zu lösen.[8] Unter dem Dach der evangelischen Kirche gründete sich eine Arbeitsgruppe „Stadt- und Wohnumwelt“, die sich vor allem seit 1987 für die Rettung des Andreasviertels einsetzte. Weiterhin umstritten waren in Erfurt zwei Prestigeobjekte: das „Haus der Kultur“, das vor allem für den 1. SED-Bezirkssekretär Gerhard Müller ein absolutes politisches Muss darstellte und bis zum Rohbau fertig gestellt wurde, und das 17,5 Meter hohe, nur in die Planungsphase gelangte Karl-Marx-Denkmal auf dem Erfurter Domplatz.[9]

Wie die Fälschung der Kommunalwahlen am 7. Mai 1989 von der SED betrieben wurde, kann für Thüringen besonders deutlich am Beispiel Weimars dargestellt werden. Die Goethe- und Schillerstadt, deren Sozialstruktur stärker als in den anderen Städten bürgerlich-konservativ geprägt war, hatte zu DDR-Zeiten traditionell einen CDU-Oberbürgermeister, dem ein SED-Bürgermeister als „Aufpasser“ an die Seite gestellt war. Gleichzeitig besaß Weimar aber eine beachtliche Alternativkultur, die vor 1989 keineswegs nur den Staat und die Partei, sondern auch die evangelische

Kirchenleitung herausgefordert hatte. In diesem Spannungsfeld zwischen einer nicht völlig SED-hörigen Führung der Stadt und einer kritischen Alternativkultur erwies sich die Durchführung der Wahlfälschung als besonders schwierig.[10]

Vor den Kommunalwahlen hatte der Vorsitzende des Rates des Bezirkes Erfurt, Artur Swatek, sämtliche Vorsitzende der Wahlkommissionen im Bezirk in einer Beratung angewiesen, kein Wahlergebnis dürfe an den Bezirk weitergegeben werden, von dem nicht zuvor die jeweilige SED-Kreisleitung in Kenntnis gesetzt worden sei. Dieser Befehl beweist den absoluten Primat der Partei gegenüber der Staatsführung auch auf der Kreisebene. Bereits bei der Auszählung der Wahlergebnisse in den beiden Sonderwahllokalen am 6. Mai, die von vielen gegenüber der Partei- und Staatsführung kritischen Personen aus Anonymitätsgründen bevorzugt wurden, kam es zum Eklat, als der SED-Bürgermeister Volkhardt Germer drei Personen gestattete, die Auszählung der Stimmzettel der Sonderwahllokale zu verfolgen.[11] Germer wurde daraufhin für den weiteren Verlauf der Kommunalwahlen von der Partei „kaltgestellt".

Am Wahltag selbst verhandelte der 1. Sekretär der SED-Kreisleitung Peter Damaschke mehrfach mit dem Weimarer Oberbürgermeister Gerhard Baumgärtel über das zu erzielende Wahlergebnis und wies auf den „politischen Auftrag" der Partei hin. Die Führung erwarte ein Ergebnis von 99 + x Prozent. Baumgärtel lehnte dieses Ansinnen als undurchführbar ab. Damaschke seinerseits stand unter erheblichem Druck des 1. Sekretärs der SED-Bezirksleitung, Gerhard Müller. Schließlich einigten sich Damaschke und Baumgärtel auf ein Ergebnis von 97,85 Prozent (etwa 1.000 Gegenstimmen); die Ergebnisse der einzelnen Wahllokale wurden in diesem Sinn manipuliert. Trotz dieser Fälschung hatte Weimar das „schlechteste" Ergebnis im Bezirk Erfurt, und Damaschke wurde von Müller deshalb „fürchterlich" kritisiert. Das reale Ergebnis in Weimar lag etwa bei 92 Prozent Ja-Stimmen (etwa 3.000 Gegenstimmen).

Vor den Kommunalwahlen hatte es Absprachen der Opposition gegeben, die Stimmenauszählung zu überwachen. Beispielsweise hatte die 1987 gebildete Regionalgruppe Thüringen des in der DDR und in der Bundesrepublik existierenden Arbeitskreises Solidarische Kirche bereits im Spätherbst 1988 eine „Arbeitsgruppe Wahlen" gebildet und die „unter DDR-Verhältnissen möglichen Verhaltensvarianten" besprochen. Am 16. März machte diese Gruppe „einen in der DDR-Geschichte bis dahin wohl noch nicht praktizierten Schritt" und veröffentlichte eine Erklärung, die damit begann, dass sich die Unterzeichner „nicht an den Kommunalwahlen der DDR am 7. Mai 1989 beteiligen werden".[12] Obwohl sich Partei- und Staatsführung der DDR bewusst waren, dass die „Wahlen am 7. Mai 1989 ... unter anderen Bedingungen statt(finden) als vor fünf Jahren" und einen Maßnahmenkatalog entwickelten, damit die Wahlen „zu einem überzeugenden Vertrauensvotum" werden würden,[13] war ihnen nicht deutlich, dass ein Teil der Bevölkerung den bis dahin geltenden Konsens, die manipulierten Wahlen über sich ergehen zu lassen, aufgekündigt hatte. Das offizielle (gefälschte) Ergebnis für die Thüringer Bezirke lautete: Bezirk Erfurt 99,48 Prozent Ja-Stimmen, Bezirk Gera 98,99 Prozent, Bezirk Suhl 99,20 Prozent.[14] Der Nachweis der Wahlfälschung gelang besonders deutlich in Erfurt, wo die Opposition in 36 der insgesamt 213 Wahllokale die Auszählung der Wahlergebnisse verfolgt und protokolliert hatte.[15]

Die Problematik der Umweltverschmutzung kann am Beispiel der Schweinezucht- und Schweinemastanlage im ostthüringischen Neustadt (Orla) beschrieben werden, die von der „Umweltgruppe Knau/Dittersdorf" bekämpft wurde. Das Neustädter Kombinat im Bezirk Gera war das zweitgrößte seiner Art in der gesamten DDR. Die Problematik war lange vor der Wende bekannt und wurde zum Teil auch in westlichen Medien thematisiert. So schrieb die Illustrierte „Stern" 1988: „Die graubraune Brühe stinkt bestialisch. ... (Bei starkem Wind) breiten sich die giftigen Ausdünstungen über viele Kilometer aus und legen sich wie ein schmutziger Film auf Bäume, Pflanzen und Häuser. ... In den fensterlosen Ställen, die mit Stacheldraht und ‚Sperrzonen'-Schildern wie ein Militärobjekt gesichert sind, werden rund 175.000 Schweine gemästet – vorwiegend für den Westexport." Die Daten und Fakten über Umweltschäden gehörten zu den „bestgehüteten Geheimnissen" der DDR. Kern und Zentrum der „Umweltgruppe Knau/Dittersdorf", die in der DDR unter verschiedenen Bezeichnungen firmierte, waren die beiden Pfarrer Reinhard Weidner (Dittersdorf) und Peter Taeger (Knau). Die Vorgänge bestätigen einmal mehr die Bedeutung der evangelischen Kirche und einzelner Pfarrer für die Opposition in der DDR. Hinsichtlich des Widerstandsausmaßes wird die „Umweltgruppe Knau/Dittersdorf" als „gesellschaftliche Opposition" eingestuft. Während der „friedlichen Revolution" des Jahres 1989 verließ die Gruppe die „schützenden Strukturen der evangelischen Kirche und wandelte sich in eine Bürgerinitiative um".[16]

II. Schwäche der DDR-Ökonomie

Die Lage der DDR-Wirtschaft verschlechterte sich insbesondere seit der Mitte der 70er Jahre, nachdem Erich Honecker auf dem VIII. Parteitag der SED im Juni 1971 die „Einheit von Wirtschafts- und Sozialpolitik" verkündet und den Bürgern damit soziale Verbesserungen in Aussicht gestellt hatte. Vor allem die Erdölkrise von 1973 bis 1979, die 1976 beschlossene Durchführung eines eigenen, ohne Hilfe von außen zu realisierenden Mikroelektronikprogramms, der sowjetische Einmarsch in Afghanistan Ende 1979/Anfang 1980 (mit einer Verschärfung der Cocom-Bestimmungen und damit einem erschwerten Technologietransfer) und die weltweite Rezession Anfang der 80er Jahre steigerten die Staatsverschuldung der DDR. Eine Ausweitung des Exports in den Westen bei gleichzeitiger Einschränkung des Imports sowie die beiden von Franz-Josef Strauß vermittelten und von einem westdeutschen Bankenkonsortium unter Federführung der Bayerischen Vereinsbank gewährten Kredite in Höhe von jeweils etwa einer Milliarde DM sorgten in der ersten Hälfte der 80er

Jahre für eine gewisse Entspannung. Ab 1985 dominierte jedoch wieder der Import gegenüber dem Export vor allem beim innerdeutschen Handel, und die Staatsverschuldung stieg bis 1989 auf 49 Mrd. Valutamark. Im Herbst 1989 soll die DDR-Führung sogar erwogen haben, „die Mauer zur Disposition zu stellen", wenn sich die Bundesrepublik zu einer umfassenden Finanzhilfe bereit erklären sollte.[17]

Einen Einblick in die desolate Lage der Wirtschaft geben uns heute vor allem die Berichte der Abteilungen Agitation/Propaganda bei den SED-Bezirksleitungen und die Berichte der „Arbeiter-und-Bauern-Inspektion" (ABI), eines 1963 gegründeten Kontrollorgans, das auf Stadtbezirks-, Stadt-, Kreis-, Bezirks- und DDR-Ebene arbeitete. Für den Bezirk Erfurt wurde 1989 festgestellt, dass folgende Güter nicht oder nur sehr schwer erhältlich seien: Medikamente (insbesondere Herz- und Kreislaufmittel), Badekappen, Getränke (fehlendes Leergut), Kindernahrung (vor allem Säfte), Unterwäsche für Damen, Herren und Kinder, Obst und Gemüse (insbesondere Weintrauben und Südfrüchte), Fahrzeugersatzteile und Baumaterialien. In der Landwirtschaft fehlten Stallarbeitsmaschinen, Ersatzteile für die Melktechnik, Desinfektionsmittel, Arbeitsschutz und Berufskleidung sowie „Reifen für Multicar", in den Kliniken mangelte es auch an einfachen Arbeitsmitteln wie OP-Handschuhen. Eine weitere Schwierigkeit war die unzureichende Zahl an genossenschaftlichen und privaten Handwerksbetrieben. So konnte sich beispielsweise die Stadt Erfurt nicht selbst mit Brot versorgen; vielmehr musste das Brot von außerhalb herbei gefahren werden. Will man Herbert Kroker Glauben schenken, der am 11. November 1989 Gerhard Müller als 1. Sekretär der SED-Bezirksleitung Erfurt ablöste und als ausgesprochener Wirtschaftsexperte galt, dann wusste „über die Verschuldung der Republik und über die Finanzlage in der Republik kaum eine Handvoll Bescheid ..., nicht einmal das Politbüro". Nach Kroker hatte der Sekretär des ZK der SED für Wirtschaft, Günter Mittag, „die Regierung entmachtet", „alles vergewaltigt" und „keinen anderen Mann ... hochkommen lassen".[18]

Die Defizite in der politischen Organisation von Staat und Gesellschaft und die desolate Lage der Wirtschaft untergruben auch deshalb den Legitimitätsglauben der Bevölkerung, weil sich die Führungsschicht von Staat und Partei ein umfangreiches Privilegiensystem geschaffen hatte, das massiv gegen den Gleichheitsgrundsatz, mit dem die SED ursprünglich angetreten war, verstieß. Immer wieder wurde 1989 kritisiert, dass die, „die Wasser predigen, Wein trinken". Vor allem bei den Lehrlingen und jungen Arbeitern sank die Akzeptanz der Führung: Während sich 1975 57 Prozent der Lehrlinge „stark" mit der DDR identifiziert hatten, waren es im September 1989 nur noch 16 Prozent. Bei den jungen Arbeitern sank der Anteil von 53 Prozent im Jahr 1975 auf 19 Prozent im Oktober 1988. Nur unter den Studierenden hatten die Herrschenden stärkeren Rückhalt: Innerhalb dieser Gruppe hatte der Anteil 1975 66 Prozent betragen und blieb mit 52 Prozent im Mai 1988 und 34 Prozent im Februar 1989 relativ hoch.[19] Aber auch dort regte sich zunehmend Kritik.[20]

III. Formierung einer Oppositionsbewegung

Die Frage, inwieweit der Demokratisierungsprozess der Jahre 1989/90 von innen getragen oder durch externe Faktoren beeinflusst wurde, hat in der Forschung eine deutliche Kontroverse ausgelöst. War der Machtverlust der SED die Folge einer Revolution, wie die einen meinen, oder einer Implosion, wie die anderen glauben?[21] Die Wahrheit liegt wahrscheinlich in der Mitte zwischen beiden Positionen. Dass die externen Faktoren für die Entwicklung in der DDR 1989 eine wichtige Rolle gespielt haben, kann nicht bestritten werden. Deshalb jedoch den Revolutionscharakter in Frage stellen zu wollen, erscheint nicht sinnvoll, da Revolutionen immer Einflüssen von außen ausgesetzt waren und diese für sich ausgenutzt haben. Schwerer wiegt dagegen der Einwand, dass sich in der DDR eine systemkritische politische Gegenelite nicht oder nur ansatzweise (evangelische Pfarrer) habe herausbilden können.[22] In der Tat lässt sich feststellen, dass der politische Umbruch bis zum Fall der letzten Machtbastion der alten Kräfte (Besetzung der Kreis- und Bezirksverwaltungen der Staatssicherheit im Dezember 1989 und Januar 1990) außerordentlich erfolgreich war, dass jedoch danach, als es für die Opposition vor allem darum ging, selbst gestaltend einzugreifen und Machtpositionen zu übernehmen, personelle und programmatische Schwächen sichtbar wurden.

Von einer politischen Opposition im engeren Sinn konnte man in der DDR erst relativ spät sprechen, nämlich seit etwa Mitte der 80er Jahre, verstärkt seit 1987. Der Ausdruck „Opposition" war bis dahin geradezu ungebräuchlich, vielmehr sprach man von „Gruppen" oder „Basisgruppen", die eine Gegenkultur zur herrschenden offiziellen Kultur darstellten, durch ein Netz persönlicher Verbindungen gekennzeichnet waren, und zu den „neuen sozialen Bewegungen", wie man sie aus dem Westen kennt, zu zählen sind. Noch später, nämlich erst im September 1989, wurde der Ausdruck „Bürgerbewegung(en)" gebräuchlich.[23] In Anlehnung an Detlef Pollack verwendet Anja Spindler den Begriff „Protestkulturen" und hebt diesen vom Begriff der „politisch alternativen Gruppen" ab, die „Ziele, Werte und Normen vertraten, die sich von denen des politisch-administrativen Systems der Gesellschaft unterschieden". Die politisch alternativen Gruppen (Neues Forum, Demokratischer Aufbruch) wollten nach Meinung der Autorin das System der DDR nicht abschaffen, sondern reformieren. Der Begriff „Protestkulturen" scheint in der Tat zwei Vorzüge zu bieten. Erstens stellt „Protest" eine Alternative zu den Begriffen Widerstand, Opposition etc. dar und beschreibt Formen von Unmutsäußerungen, die unterhalb der Ebene des Widerstands angesiedelt sind. Zweitens weist „Kulturen" darauf hin, dass die Oppositionsgruppen in der Tat oftmals von eigenen Kulturen oder Teilkulturen zusammengehalten wurden. Zu klären wäre allerdings noch, inwieweit die „Protestkulturen" mit den „neuen sozialen Bewegungen", die es auch in der DDR gab, zusammenhängen oder sich „überlappen". Für Nordhausen kommt Spindler zu dem Ergebnis, dass die Stadt nicht zu den „Schrittmachern" der Massenprotestes gehörte, ab dem 24. Oktober 1989 aber eine rasante Entwicklung erlebte. Dabei entwickelten sich die „Protestkulturen“ insbesondere innerhalb der Demonstrationen, die ab dem 9. November 1989 in Nordhausen stattfanden.[24]

Auch in der DDR hatte es eine 68er-Bewegung gegeben, aus der heraus sich Ende der 60er und Anfang der 70er Jahre Basisgruppen unter dem Dach der evangelischen Kirche bildeten. Dies gilt gerade für Thüringen, wo in dieser Zeit Gruppen der sog. Offenen Arbeit entstanden, die stark vom Rüstzeitheim der evangelischen Kirche in Braunsdorf beeinflusst wurden, das von Pfarrer Walter Schilling geleitet wurde. Im Unterschied zur 68er-Bewegung des Westens fehlte in der DDR jedoch weitgehend das studentische Element; die Gruppen waren stärker proletarisch geprägt. Außerdem konnte diese Bewegung, die auch vom „Prager Frühling“ beeinflusst wurde, ihren Protest nicht auf der Straße artikulieren, sondern musste sich vielmehr unter das schützende Dach der evangelischen Kirche zurückziehen. Der dritte entscheidende Unterschied zum Westen war, dass es der 68er-Generation in der DDR nicht gelang, einen gesamtgesellschaftlichen Wandel einzuleiten.[25]

Die für den Thüringer Raum wichtigste der politischen Gruppen, die sich im Herbst 1989 in der DDR als Bürgerbewegung bildeten, war das Neue Forum, das am 12. September mit einem Gründungsaufruf an die Öffentlichkeit trat.[26] In Erfurt kam es am 21. September 1989 in einer Privatwohnung zur Gründungsversammlung des Neuen Forum für den Bezirk Erfurt. Die (zunächst von den staatlichen Stellen auf Anweisung des MfS nicht akzeptierte) Anmeldung beim Rat des Bezirkes erfolgte am 12. Oktober. Im Bezirk Suhl bildete sich das Neue Forum aus dem Arbeitskreis „Gesellschaftliche Erneuerung“, der am 13. September eingerichtet worden war und sich aus Mitgliedern des Leitungsteams des Kirchenkreises und aus Vertretern der Ökumenischen Umweltgruppe Suhl zusammensetzte. In Jena (Bezirk Gera) wurde das Neue Forum am 25. September 1989 in der evangelischen Studentengemeinde gegründet.[27] Seinem Selbstverständnis nach wollte das Neue Forum keine Partei, sondern „eine politische Plattform für die ganze DDR“ sein.[28] Wie sehr die programmatische Entwicklung des Neuen Forum im Bezirk Erfurt Mitte Oktober 1989 noch in den Anfängen steckte, zeigt die Äußerung Matthias Büchners, einem der Sprecher des Neuen Forum im Bezirk Erfurt, man sehe „konzeptionell ... einer Dreiteilung des sozialen Organismus ins Auge: Wirtschaft und Ökologie; Kultur, Bildung, Wissenschaft; Rechts- und Staatswesen“. Klarheit herrschte dahingehend, dass das Neue Forum „keineswegs eine restaurative Rückentwicklung zum Kapitalismus, sondern einen reformfreudigen sozialistischen Rechtsstaat“ wünsche. Man gehe von der „Zweistaatlichkeit Deutschlands“ aus, und distanziere sich von „rechtsradikalen und antikommunistischen Tendenzen“.[29]

Im Gegensatz zum Neuen Forum zielte der Demokratische Aufbruch (DA), die zweitwichtigste Bürgerbewegung im Thüringer Raum, auf eine Überwindung des politischen Systems der DDR. Dies verdeutlicht die Programmatik, die ausgereifter als die des Neuen Forums war und für die Edelbert Richter verantwortlich zeichnete, der in Weimar wohnte und als Pfarrer und Dozent an der Erfurter Predigerschule arbeitete. Nach Richter wollte der Demokratische Aufbruch innenpolitisch, „dass die SED ihre ‚führende Rolle' aufgibt", er forderte Pluralität von Parteien und Vereinigungen, Rechtsstaatlichkeit und Gewaltenteilung. Wirtschaftspolitisch sollten „an die Stelle der Fiktion des Volkseigentums Formen von real-verantwortlichem Eigentum treten". Die „Realität des Marktes" sollte anerkannt, ein Ausgleich zwischen ökonomischer Effektivität, sozialer Gerechtigkeit und ökologischer Verträglichkeit angestrebt werden.[30] Das MfS konstatierte zum Programm des DA: „Insgesamt trägt der Programmentwurf demagogischen Charakter und gründet sich auf bürgerliche Wertvorstellungen bei starker Orientierung an programmatische(n) Vorstellungen der Partei ‚Die Grünen'";[31] außerdem bestehe (im Gegensatz zum Neuen Forum) „kaum Dialogbereitschaft mit Vertretern der Partei und des Staates".[32]

Die Gründung der Sozialdemokratischen Partei in der DDR (SDP), die am 7. Oktober 1989 in Schwante bei Berlin erfolgte, war aus verschiedenen Gründen besonders schwierig. Erstens war die sozialdemokratische Tradition durch die DDR gründlich zerstört und ausgelöscht worden. Das lässt sich daran ablesen, dass der Protestantismus und nicht der ‚Restbestand' eines sozialdemokratischen Milieus auf die Gründung der SDP einen herausragenden Einfluss hatte.[33] Auf lokaler Ebene mag dies teilweise anders gewesen sein – beispielsweise lässt sich für Erfurt feststellen, dass zwei von sechs Mitgliedern der „Initiativgruppe zur Gründung eines Ortsverbandes der Sozialdemokratischen Partei in Erfurt" vor 1946 Sozialdemokraten gewesen waren. Zweitens befürchtete zum Beispiel Edelbert Richter Mitte September, eine „SPD in unserem Raum würde natürlich die SED brüskieren".[34] Diese Meinung vertrat auch die bundesrepublikanische SPD in Bonn, die Richter in der ersten Septemberhälfte aufgesucht hatte.[35]

Die Bürgerbewegung Demokratie Jetzt, die sich mit ihrem Gründungsaufruf vom 12. September zu Wort meldete, stand dem Neuen Forum relativ nahe und hatte ihren Schwerpunkt in Berlin. Im Thüringer Raum war sie besonders im Kreis Bad Salzungen, in Arnstadt, Eisenberg, Erfurt, Bad Langensalza, Nordhausen, Mühlhausen, Gera, Jena und Weimar vertreten.[36]

Im November 1989 wurde die Grüne Partei in der DDR gegründet, die im Gegensatz zum Neuen Forum den Parteiencharakter betonte und stärker programmatisch orientiert war. Nach Meinung eines Vertreters der Grünen Partei in Thüringen gab es inhaltlich kaum Differenzen mit dem Neuen Forum, jedoch habe seit 1990 von Seiten des Neuen Forum eine „permanente Angst" bestanden, „von der Grünen Partei vereinnahmt zu werden, selbst zu sehr einen Parteicharakter anzunehmen".[37]

Eine Besonderheit im Spektrum der neuen Gruppen war die Vereinigte Linke (VL), die ein Sammelbecken für alle Kräfte darstellte, die links von den bisher genannten Gruppen angesiedelt waren. Die VL fühlte sich für ehemalige SED-Mitglieder ebenso zuständig wie für Personen, die undogmatisch links waren und anarchistisch-libertäre Ziele verfolgten. Ihr Problem war, dass die anderen Bürgerbewegungen sie aufgrund ihrer Offenheit gegenüber ehemaligen SED-Mitgliedern mit Misstrauen betrachteten. Gruppen der VL, die ihren Schwerpunkt in Berlin hatte, existierten in Thüringen nur in Erfurt, Jena und Weimar.[38]

Die Einheit Deutschlands wurde zum zentralen Programmpunkt einer politischen Gruppe in Thüringen, die relativ spät, nämlich am 12. Dezember 1989, in Suhl gegründet wurde: der Forum-Partei Thüringen. Die Initiatoren, Hartmut Krüger aus Elgersburg sowie Paul Latussek und Joachim Walther aus Ilmenau, wählten bewusst diesen Namen, um „aus dem Neuen Forum heraus mit dem Symbol des Neuen, des Demokratischen, dem Anliegen eine wählbare Form zu geben".[39] Berliner Vertreter des Neuen Forum versuchten auf dem Gründungsparteitag der Forum-Partei vergeblich, die Namensgebung zu verhindern. Die Forum-Partei Thüringen schloss sich mit anderen regionalen Gruppierungen, die ein „wertkonservative[s] Grundverständnis" verband, am 20. Januar 1990 in Leipzig zur DSU zusammen.[40] Der DSU-Kreisverband Jena entwickelte sich zum zeitweise größten in Thüringen.[41]

Unterhalb dieser Ebene der Parteien und Gruppen, die sich an zentralen Wahlen beteiligten, gab es eine Vielzahl von Gruppierungen, die im lokalen Raum am Demokratisierungsprozess der Jahre 1989/90 mitgewirkt haben. Für Erfurt sind hier vor allem die Bürgerinneninitiative „Frauen für Veränderung", die sich 1989 aus ursprünglich vier Frauengruppen gebildet hatte und von der sich 1990 die „Autonomen Brennnesseln" abspalteten, sowie die Offene Arbeit der evangelischen Kirche zu nennen.[42] Beide Gruppen waren im Erfurter Bürgerkomitee und später im Interimsparlament vertreten. In vielen Schulen, Krankenhäusern, Kultureinrichtungen und Betrieben gab es Initiativen zur Überwindung des herrschenden Systems. Zudem entstanden Bestrebungen, unabhängige und freie Gewerkschaften wiederzugründen, so bei der Post in Erfurt, im Elektro-Gerätewerk Suhl in Zella-Mehlis, im VEB Fahrzeug- und Jagdwaffenwerk Ernst Thälmann in Suhl und in verschiedenen Jenaer Unternehmen.[43]

Die Institution, ohne die der Demokratisierungsprozess in der DDR in dieser Form nicht stattgefunden hätte, war die evangelische Kirche.[44] In Abkehr von ihrem bisherigen Konfrontationskurs hatte sie sich seit Ende der 60er Jahre auf einen Kurs des *modus vivendi* („Kirche im Sozialismus") begeben. Dies ermöglichte, dass politische Positionen, die von der offiziellen Linie von Partei und Staat abwichen, im kirchlichen Innenraum, im begrenzten Maße auch nach außen artikuliert werden konnten, was wesentlich mit dazu beitrug, den Boden für den politischen Umbruch zu bereiten.

Die Evangelisch-Lutherische Kirche in Thüringen, die unter ihrem ersten Bischof der Nachkriegszeit, Moritz Mitzenheim, einen auf Ausgleich zielenden, innerkirchlich stark umstrittenen „Thüringer Weg" eingeschlagen hatte, gewann unter Bischof Werner Leich, der am 3. März 1988 in einem Gespräch mit Erich Honecker gesellschaftliche Veränderungen anmahnte, an Eigenständigkeit und Profil. Christoph

Demke, Bischof der Evangelischen Kirche in der Kirchenprovinz Sachsen, zu der die ehemals preußischen Superintendenturen Erfurt, Sömmerda, Mühlhausen, Langensalza, Suhl und Schleusingen gehörten, setzte sich im September 1989 ebenfalls für Reformen ein. Der Rat des Bezirkes Erfurt schätzte ein Jahr vor der Wende die Evangelische Kirche der Kirchenprovinz Sachsen als staatskritischer ein als die thüringische Kirche, als er feststellte, „dass es stärker in der Kirche der Kirchenprovinz Sachsen als in der Thüringer Kirche Auffassungen gibt, die das Wirken destruktiver Kräfte in den Kirchen der DDR verharmlosend darstellen“.[45] Auch wenn die Rolle der evangelischen Kirche 1989 noch stark umstritten ist, so ist doch zu konstatieren, dass die evangelische Kirche und das protestantische Milieu in der DDR 1989 eine „enorme politische Wirkung“ entfalteten.[46] Für Erfurt zum Beispiel war für den Prozess der politischen Emanzipation von entscheidender Bedeutung, dass der Evangelische Kreiskirchenrat am 25. September 1989 einstimmig beschloss, „den im Entstehen begriffenen Demokratiegruppen das Gastrecht in kirchlichen Räumen zu gewähren“.[47]

Im Gegensatz zur evangelischen Kirche hatte sich die katholische Kirche[48] in der DDR, der nur eine Minderheit von acht Prozent der Bevölkerung angehörte, auf ein „Überwintern“ im Sozialismus eingestellt.[49] Ihr Selbstverständnis war weitaus weniger politisch als das der evangelischen Kirche, und sie griff, sieht man von der Ökumenischen Versammlung im Frühjahr 1989 in Dresden ab, erst Ende Oktober/Anfang November in das „Wende“-Geschehen ein. Für Erfurt ist bekannt, dass es von Seiten der Führung der katholischen Kirche im Herbst 1989 keinen Beschluss gab, die Räume der Kirche für die neuen Gruppen zu öffnen. Es blieb letztlich jedem Geistlichen selbst überlassen, wie er diese Frage regelte. Noch Ende Oktober 1989 wurde dem MfS berichtet, Bischof Joachim Wanke habe dem Neuen Forum zu verstehen gegeben, „dass die Nutzung des Domes oder der Severi-Kirche nicht infrage kommen kann“.[50]

Allerdings setzte ab Oktober/November 1989 eine starke Mobilisierung der katholischen Bevölkerung ein. Nach einer Umfrage des Bischöflichen Amtes Erfurt-Meiningen wurden immerhin in 67 von 86 Pfarreien Friedensgebete durchgeführt (zehn Pfarreien beteiligten sich in Nachbarorten), in 51 von 86 Pfarreien wurde demonstriert.[51] Als das katholische Kirchenvolk auch im Eichsfeld Anfang November 1989 massiv auf die Straße ging, verstand dies die SED-Bezirksleitung Erfurt als deutliches Warnsignal.[52] Trotz des auf Otto Grotewohl zurückgehenden „Eichsfeld-Planes“, der das Eichsfeld industrialisieren sollte und das Dorf Leinefelde zur größten Gemeinde des Eichsfeldes machte, war es der SED nicht gelungen, das katholische Milieu des Eichsfeldes aufzubrechen.[53]

Eine Studie über „Opposition und Verweigerung in Nordthüringen (1976-1989)“ kam zu folgenden Ergebnissen: Opposition und Verweigerung waren in Nordthüringen eine „Randerscheinung“. Die Mehrheit der Bevölkerung war „stimmlos-stumm“. Die Bedeutung der „kirchlichen Basisgruppen“, deren Arbeit sich weniger quantitativ als vielmehr qualitativ manifestierte, nahm im Untersuchungszeitraum keineswegs stetig zu. Auch hatten diese Gruppen „kaum Kontakte zu prominenten Bürgerrechtlern in den Großstädten“. Die katholischen Eichsfeld-Dörfer und -Städte bereiteten den SED-Funktionären „manches Kopfzerbrechen“ und zeichneten sich dadurch aus, dass die Jugendweihe „massenhaft verweigert“ wurde, die SED nur vergleichsweise wenige Mitglieder hatte und die „militärische Nachwuchssicherung“ ungenügend war. Das „größte Destabilisierungspotential“ bildete in der 1980er Jahren die Gruppe der Ausreisewilligen. Eine „neue Qualität“ erhielt die Oppositionsarbeit in Thüringen durch die Regionalgruppe Thüringen des im Oktober 1986 gegründeten Arbeitskreises Solidarische Kirche. Die Thüringer Regionalgruppe war ab Januar 1988 außerordentlich aktiv. Trotz des zentralistischen Staatsaufbaus der DDR gab es für die Funktionäre der mittleren und unteren Ebene einen nicht zu unterschätzenden „Handlungsspielraum bei der Bekämpfung der Opposition“. Wichtigster „Partner“ des Ministeriums für Staatssicherheit bei der Bekämpfung der Opposition unter dem Dach der Kirche waren die Mitarbeiter für Kirchenfragen beim Rat des Kreises bzw. des Bezirkes. Und schließlich: Repression und Verfolgung waren die „dunkle Kehrseite“ der „Fürsorgediktatur“.[54]

Betrachtet man den Demokratisierungsprozess des Herbstes 1989 in der Stadt Erfurt im Überblick, so lassen sich folgende Phasen unterscheiden. Zunächst führte die Opposition politische Versammlungen im öffentlichen Raum der evangelischen Kirche durch. Die erste große derartige Versammlung, zu der nach Einschätzung von Edelbert Richter über 1.000 Menschen zusammenkamen, fand am 26. September 1989 in der Kirche des Augustinerklosters statt. Der zweite Schritt erfolgte mit der Durchführung sog. Bürgerdialoge ab dem 24. Oktober. Dabei wurden die Vertreter von Staat und Partei durch die Bürgerbewegungen gezwungen, sich kritischen Fragen zu stellen. Die Partei- und Staatsführung empfand diese Dialoge zunehmend als „Hinrichtungen“ und legte deshalb Anfang November fest, an derartigen Veranstaltungen nicht mehr teilzunehmen.[55]

Erst der dritte Schritt, der allerdings in etwa zeitgleich mit dem zweiten stattfand, war die Durchführung von Demonstrationen, die nicht nur in Erfurt, sondern im gesamten Thüringer Raum eine geringere Bedeutung hatten als in Berlin, Dresden und Leipzig. Die erste große Demonstration wurde in Erfurt am 26. Oktober durchgeführt, nachdem es am 19. Oktober zum ersten Ansatz einer Demonstration gekommen war, die jedoch in einem so kleinen Rahmen (etwa 150 Teilnehmer) durchgeführt wurde, dass sogar ansonsten gut informierte Inoffizielle Mitarbeiter der Staatssicherheit davon überrascht wurden. Auch in anderen Städten Thüringens begannen die Demonstrationen zu einem ähnlichen Zeitpunkt: in Mühlhausen am 20., in Jena am 25., in Gera am 26. und in Eisenach am 30. Oktober. Zum Ausgangspunkt der Demonstrationen wurden in der Regel die Friedensgebete, die in Erfurt sehr früh, nämlich seit 1978, in anderen Städten erst viel später abgehalten wurden. Für dieses verspätete Auf-die-Straße-Gehen gab es in Erfurt eine Reihe von Gründen: Erstens fühlte sich die Opposition noch nicht stark genug, die offene Konfrontation früher zu wagen. Nicht wenige der politisch Aktivsten sind wohl auch nach Berlin, Dresden und Leipzig gefahren, um dort zu demonstrieren. Zweitens versuchten die Sicherheitskräfte vor allem um den 40. Jahrestag der DDR-Gründung (7. Oktober) mit allen Mitteln, Demonstrationen zu unterbinden. Drittens baute in Erfurt die Entscheidung der evangelischen Kirche, den Gruppen in ihren Räumen ein Gastrecht zu gewähren, den Druck ab, auf die Straße gehen zu müssen. Viertens sahen Teile des Erfurter Neuen Forums Demonstrationen als unnötiges Risiko an und verfolgten die Strategie (die das MfS durch Inoffizielle Mitarbeiter geschickt zu unterstützen wusste), ihre politischen Ziele auf dem Verhandlungswege zu erreichen. Matthias Büchner leitete sogar aus der Tatsache, dass der Rat des Bezirkes mit dem Neuen Forum über dessen Zulassung verhandelte, ohne dass Schweigemärsche oder Demonstrationen durchgeführt worden waren, einen (allerdings fragwürdigen) Vorbildcharakter des Neuen Forums Erfurt für die gesamte DDR ab.[56]

Betrachtet man aus heutiger Sicht die Handlungsmöglichkeiten der SED, so lässt sich sagen, dass es vielleicht eine erfolgreiche Strategie gegeben hätte, die Wende zu überleben und den Fortbestand der DDR zu sichern. Da das Neue Forum und somit auch große Teile der Akteure der sich formierenden Opposition keineswegs eine Überwindung des Sozialismus anstrebten, hätte die SED mit Teilen der neuen Gruppen einen politischen Konsens finden können. Voraussetzung wäre allerdings gewesen, dass die SED auf ihren Führungsanspruch verzichtet und die neuen politischen Gruppen zugelassen hätte. Dazu jedoch war die Partei nicht bereit. So blieben nur jene peinlich anmutenden Versuche von Egon Krenz, Gerhard Müller und anderen, sich selbst an die Spitze der Bewegung zu setzen, indem sie erklärten, sie hätten die „Wende" (in der Partei) eingeleitet. Im Grunde war es diese Mischung aus Machtanspruch und gleichzeitiger Handlungsunfähigkeit, die die SED gerade auch bei der eigenen Basis angreifbar machte. So ist der scharenweise Austritt von SED-Mitgliedern im Herbst 1989 aus der Partei zu erklären. Beispielsweise verlor die Stadtparteiorganisation Erfurt der SED zwischen dem 1. Juni und dem 23. November 1989 knapp zwölf Prozent ihrer Mitglieder und Kandidaten.[57] Auf dem außerordentlichen Parteitag der SED am 8./9. Dezember wurde die Selbstauflösung diskutiert.

Innerhalb der Blockparteien[58] standen die Führungsspitzen in ihrer Mehrheit zur SED, während sich an der Basis durchaus Widerstand regte. Dies wird dadurch belegt, dass Mitglieder der Blockparteien auf Kundgebungen und Demonstrationen sprachen und in den nach der Besetzung der Bezirksverwaltungen der Staatssicherheit gebildeten Bürgerkomitees mitarbeiteten. Innerhalb der CDU war der „Brief aus Weimar", der u.a. von Gottfried Müller, damals Chefredakteur der Thüringer evangelischen Kirchenzeitung „Glaube und Heimat", und Pastorin Christine Lieberknecht verfasst wurde, „ein Schlüsseldokument zur Erneuerung der CDU an der Schwelle zur Herbstrevolution 1989 in der DDR".[59] Der Brief war an die Mitglieder und Vorstände der Partei gerichtet und appellierte an sie, „mit uns zusammen darüber nachzudenken, welchen Beitrag die CDU für die Lösung der akuten gesellschaftlichen Probleme leisten kann". Auch Teile der LDPD- und NDPD-Basis drängten auf Erneuerung und wurden von den Parteiführungen zu disziplinieren versucht.[60]

Mit der Besetzung der ehemaligen Bezirksverwaltungen des Ministeriums für Staatssicherheit, das nach Modrows Regierungserklärung vom 17. November in „Amt für Nationale Sicherheit" umbenannt worden war, fiel die letzte Machtbastion des alten Systems. Die erste Besetzung, die eine spontane, nicht von langer Hand geplante Aktion war, erfolgte am Morgen des 4. Dezember in Erfurt. Die Initiative ging von der Bürgerinneninitiative „Frauen für Veränderung" aus. Die Suhler Bezirksverwaltung wurde wenig später, in der Nacht vom 4. auf den 5. Dezember 1989, besetzt. Dagegen wurde in Gera zwar die Führungsspitze der Staatssicherheit ausgewechselt, die Bezirksverwaltung konnte aber bis zum 5. Januar 1990 weiterarbeiten. Dieser Verlauf der Entwicklung im Bezirk Gera ist insofern erstaunlich, als mit Jena eine Stadt im Bezirk Gera lag, die in den 70er Jahren als Zentrum der Opposition galt. Ein Erklärungsansatz für den kirchlichen Bereich ist, dass es der Staatssicherheit im Bezirk Gera gelungen war, die evangelische Kirche stark mit Inoffiziellen Mitarbeitern zu durchsetzen.

Im Bezirk Erfurt war die Staatssicherheit „bereits im Sommer 1989 der Situation nicht mehr gewachsen".[61] Die Bezirksverwaltung Erfurt des Ministeriums für Staatssicherheit hatte ein Jahr vor der Wende, also 1988, 2.915 hauptamtliche Mitarbeiter. Davon waren 726 in den 13 Kreisdienststellen beschäftigt. Die Kreisdienststellen im Bezirk Erfurt hatten zwischen 33 und 100 Hauptamtliche. Auf jeden hauptamtlichen Mitarbeiter kamen in Thüringen im Schnitt 7,5 Inoffizielle Mitarbeiter (IM), so dass man davon ausgehen kann, dass mindestens etwa 19.000, maximal etwa 22.000 IM mehr oder weniger aktiv für das MfS im Bezirk Erfurt tätig waren. Das MfS war somit zwar ein „entscheidendes Element in der Logistik des Macht- und Repressionsapparates des SED-Staates", konnte aber im Sommer und Herbst 1989 nichts mehr ausrichten, weil die „anderen Regelmechanismen, die 40 Jahre lang funktioniert hatten" ausfielen. Damit ist insbesondere die Disziplinierung der Bürger durch die Partei, den Staat und die Polizei gemeint. Obwohl das MfS als der „letzte Sicherungsriegel des Systems" über die „sich anbahnende Krise recht gut informiert war", blieben die „detaillierten täglichen Berichte" an den Parteiapparat folgenlos, weil dieser „konzeptionslos" agierte und niemand „die Zügel mehr im Griff" hatte. Wie Berichte von Inoffiziellen Mitarbeitern zeigen, waren auch viele Angehörige der Kampfgruppen nicht bereit, an Einsätzen gegen Demonstranten teilzunehmen.[62] Insgesamt ergibt sich das Bild einer schwachen Staatssicherheit, die vor allem deshalb schwach war, weil Partei und Staat kein Konzept zur Bewältigung der fundamentalen Krise entwickelten oder entwickeln konnten.

Mit der Entmachtung der Staatssicherheit wurde die vierte Phase eingeleitet, die durch die Gründung von Bürgerkomitees und die Einrichtung Runder Tische geprägt war.[63] Die Bürgerkomitees beschäftigten sich in der Hauptsache mit Problemen des MfS (Entlassung und Entwaffnung der Mitarbeiter, Sicherung der Akten, Auffinden konspirativer Objekte, Aufarbeitung der MfS-Vergangenheit u.ä.). Es gab aber auch Bürgerkomitees, die sich wie das Erfurter „nicht nur als Auflöser und Kontrolleure der Stasi" verstanden, sondern darüber hinaus den Anspruch erhoben, in der Stadt „administrativ alles zusammenzuhalten".[64] Das Erfurter Bürgerkomitee bestand aus zehn „Fraktionen" (Neues Forum, Demokratischer Aufbruch, SDP, Grüne Partei, Bürgerinneninitiative „Frauen für Veränderung", Offene Arbeit, CDU, DBD, LDPD, NDPD), die jeweils fünf stimmberechtigte Mitglieder entsandten, aus einer Fraktion der „Parteilosen" mit zehn stimmberechtigten Vertretern und je einem Beauftragten der evangelischen und der katholischen Kirche ohne Stimmrecht. Später wurde noch die Fraktion der Vereinigten Linken aufgenommen. Die SED bzw. SED-PDS erhielt mit der Begründung, sie sei „in die Stasistruktur verstrickt", lediglich einen Beobachterstatus mit Rede-, nicht aber mit Stimmrecht. Das Erfurter Bürgerkomitee tagte zweimal wöchentlich in öffentlicher Sitzung im Rathaus.

Als Leitungsgremium und eine Art Exekutivausschuss wurde wenig später der Erfurter Bürgerrat ins Leben gerufen, der aus je einem Vertreter aller im Bürgerkomitee vertretenen Fraktionen bestand; nur die Parteilosen durften zwei Vertreter entsenden. Bürgerkomitee und Bürgerrat bestanden in dieser Form bis etwa Mitte Februar 1990, als nach der Auflösung der alten Stadtverordnetenversammlung das Erfurter Interimsparlament, in dem die Blockparteien, die PDS und die neuen Gruppen und Parteien vertreten waren, gegründet wurde. Es lenkte die Geschicke der Stadt bis zu den ersten demokratischen Kommunalwahlen am 6. Mai 1990. Als „Arbeitsorgane" des Bürgerkomitees wurden die Bürgerwache, die die Akten des ehemaligen MfS sicherte, und das Bürgerbüro mit sechs Untersuchungskommissionen gegründet, die sich vor allem der inhaltlichen Aufarbeitung der MfS-Vergangenheit widmeten. Die Bürgerkomitees mussten mit den von der Regierung Modrow eingesetzten Regierungsbeauftragten kooperieren. Da die Regierungsbeauftragten jedoch zunächst die Aufgabe hatten, einen Verfassungsschutz aufzubauen, die Bürgerkomitees jedoch jede Art von Geheimdienst ablehnten, barg diese Zusammenarbeit ein großes Maß an Konfliktpotential.

Lokale und regionale Bürgerkomitees gab es in Thüringen unter anderen in Erfurt, Gotha, Jena, Lobenstein, Saalfeld, Suhl und Worbis. Einen Tag vor der deutschen Vereinigung, am 2. Oktober 1990, gründeten die Mitglieder der Suhler „Kommission zur Auflösung der MfS/AfNS", wie sich das Bürgerkomitee des Bezirkes Suhl nannte, das Bürgerkomitee des Landes Thüringen e.V. Diesem Verein traten die lokalen und regionalen Thüringer Bürgerkomitees bei; die Gründungsversammlung erfolgte am 1. Juni 1991. Die wichtigsten Aufgaben des Bürgerkomitees des Landes Thüringen e.V. waren und sind Gesetzesinitiativen auf Bundes- und Landesebene zur Rehabilitierung ehemaliger politischer Gefangener, zur Wiedergutmachung und Nichtverjährung von SED-Verbrechen. Zudem war das Thüringer Bürgerkomitee maßgeblich an der Einrichtung des Landesamtes für Rehabilitierung und Wiedergutmachung in Hildburghausen beteiligt, für das es eine gutachterliche Tätigkeit anstrebt.[65]

Etwas später als die Bürgerkomitees wurden die Runden Tische eingerichtet. Neben dem zentralen Runden Tisch in Berlin bestanden, analog zum Verwaltungsaufbau der DDR, Runde Tische sowohl auf Kreis- bzw. Stadt- als auch auf Bezirksebene. In Mühlhausen tagte der Runde Tisch zum ersten Mal am 12. Dezember 1989, in Eisenach am 20. Dezember, in der Stadt Erfurt am 4. Januar 1990 und in Leinefelde am 10. Januar. In den Städten, in denen bereits aktive Bürgerkomitees arbeiteten (wie in Erfurt), scheint sich die Gründung der Runden Tische verzögert zu haben. Auch die Runden Tische beschäftigten sich mit dem Thema Staatssicherheit, in der Hauptsache jedoch fühlten sie sich für das Funktionieren des Alltagslebens verantwortlich und sicherten in einer Phase des massiven Legitimitätsverlusts der alten Staatsorgane den Verwaltungsablauf auf Stadt-, Kreis- und Bezirksebene. Schwerpunkte ihrer Arbeit waren Umwelt- und Wirtschaftsprobleme, das Gesundheits- und Bauwesen sowie Fragen der Bildungspolitik. Zu den jeweiligen Sitzungen der Runden Tische mussten auch die Verantwortlichen des Kreises oder des Bezirkes erscheinen und umfassenden Bericht erstatten. Neben den Runden Tischen existierten nach wie vor die Kreis- und Bezirkstage sowie die Räte der Kreise und Bezirke weiter. In Erfurt kooptierte der Rat des Bezirkes Vertreter der neuen Gruppen und Parteien (DA, Grüne Partei, Neues Forum, SDP) als „Ratsmitglieder ohne Geschäftsbereich".

Diese vierte Phase endete mit den demokratischen Wahlen des Jahres 1990, als der Übergang vom „de facto autorisierten Volksmandat" der Runden Tische und Bürgerkomitees zur „förmlichen Legitimation demokratischer Volksvertretungen" vollzogen wurde.[66] Entscheidend für diesen Zeitraum war, dass die Bürgerbewegungen die Machtfrage nicht stellten, sondern nur auf eine Teilhabe an der Macht abzielten. So war diese Phase letztlich von einem Dualismus zwischen alten und neuen Kräften gekennzeichnet.

Anmerkungen

1 Zum Literatur- und Forschungsstand des Umbruchs 1989/90 im Thüringer Raum siehe *Andreas Dornheim / Stephan Schnitzler*, Einleitung, in: *dies. (Hrsg.)*, Thüringen 1989/90. Akteure des Umbruchs berichten, Erfurt 1995, S. 11-27; *Jürgen John (Hrsg.)*, Thüringen 1989/90 (Quellen zur Geschichte Thüringens, Band 17), Erfurt 2001, S. 25-36, 419-428; *Ehrhart Neubert / Thomas Auerbach*, „Es kann anders werden". Opposition und Widerstand in Thüringen 1945-1989, Köln / Weimar / Wien 2005, S. 205-255; *Dietmar Remy*, Opposition und Verweigerung in Nordthüringen (1976-1989), Duderstadt 1999, S. 25-39. Zur Zusammenarbeit mit Hessen *Norbert Kartmann / Dagmar Schipanski (Hrsg.)*, Hessen und Thüringen. Umbruch und Neuanfang 1989/90, Frankfurt a.M. 2007. An ein breites Publikum wenden sich die Bildbände der Reihe „Wendezeiten" des Sutton-Verlages (bisher Bände für Gotha, Jena und Saalfeld) sowie *Hans Hoffmeister / Mirko Hempel*, Die Wende in Thüringen. Ein Rückblick, 2. Aufl., Arnstadt / Weimar 2000.

2 *Horst Strohbusch*, Das Licht kam aus der Kirche. Die Wende in Meiningen 1989-1990, Meiningen 1999, S. 143, 183. Vgl. auch *Hans-Jürgen Salier / Bastian Salier*, „Es ist Frühling und wir sind so frei". Die 89er Revolution im Kreis Hildburghausen – eine Dokumentation, Hildburghausen 2000.

3 *Daniel Weißbrodt*, Die Wende in Suhl. Das Umbruchjahr 1989/90 in der Bezirkshauptstadt Suhl, hg. vom Bürgerkomitee des Landes Thüringen e.V., Zella-Mehlis o. J. (2002), S. 74f.

4 *Heinz Mestrup*, „Wir werden mit Egon Krenz reden, wenn wir mit Euch nicht zurechtkommen." – Der Sturz Gerhard Müllers, Kandidat des Politbüros und SED-Bezirkschef von Erfurt, im Herbst 1989, in: Beiträge zur Geschichte der Arbeiterbewegung 42 (2000), S. 78-92, hier S. 79, 81f.

5 *Dieter Strödter*, Den „Saustall" auskehren – die Arbeit der Unabhängigen Untersuchungskommission im „Fürstentum" Sondershausen, in: *Dornheim / Schnitzler* (Anm. 1), S. 325-337.

6 Thüringisches Hauptstaatsarchiv Weimar, Rat des Bezirkes Erfurt (im folgenden zitiert: ThHStA, RdB-Ef), Nr. 043071. Protokoll der Ratssitzung vom 16.10.1989.

7 *Gerhard Schade*, Historischer Stadtkern – Andreasviertel, in: Erfurter Heimatkalender 1991, S. 62-67, hier S. 65.

8 Thüringisches Hauptstaatsarchiv Weimar, Bezirksparteiarchiv der SED Erfurt, Altregistratur der SED-Bezirksleitung (im folgenden zitiert: ThHStA/BPA-SED-Ef/Areg-SED-BL), Nr. 6823. BL-Sitzung 5.7.1989, Schlusswort.

9 Siehe hierzu *Andreas Dornheim*, Politischer Umbruch in Erfurt 1989/90, Weimar / Köln / Wien 1995, S. 24-27.

10 Die folgende Darstellung beruht auf Erkenntnissen, die der Strafprozess gegen Gerhard Müller vor dem Landgericht Erfurt wegen Anstiftung zur Wahlfälschung im Oktober 1994 zu Tage brachte. Im einzelnen *Dornheim* (Anm. 9), S. 49-52.

11 Im Strafprozess gegen Gerhard Müller konnte nicht geklärt werden, ob es sich bei den drei Personen um MfS-Angehörige oder Mitglieder der Bürgerbewegung gehandelt hatte.

12 *Thomas A. Seidel*, Der Arbeitskreis Solidarische Kirche und das Ende der DDR, in: *Dornheim / Schnitzler* (Anm. 1), S. 149-159.

13 ThHStA, RdB-Ef, Nr. 040899. Schreiben der „Abteilung für Staats- und Rechtsfragen an den Rat des Bezirkes" („Zuarbeit für die Beratung mit den 1. Kreissekretären [der SED] am 07.07.1989" [richtig wohl: 1988]), Hervorhebung im Original. Um das Vertrauen in die Wahlen zu stärken, sollte insbesondere auf folgende Punkte geachtet werden: sorgsame Bearbeitung von Eingaben, Verknüpfung von politischen Grundsatzfragen mit kommunalpolitischen Problemen, Erhöhung des „subjektiven Faktors" (Aufstellen von Kandidaten, „die aufgrund ihrer Persönlichkeitseigenschaften und ihres gesellschaftlichen Engagements bei den Bürgern Anerkennung genießen"), Überein-

stimmung von Wohnort und Wahlkreis (des Kandidaten), Stärkung der Autorität der Mitglieder der Räte und der Bürgermeister, Erhöhung des Frauenanteils bei den Bürgermeistern.

14 Vgl. Neues Deutschland vom 8.5.1989.

15 Vgl. *Dornheim* (Anm. 9), S. 46-49 und *Andrea Herz*, Wahl und Wahlbetrug im Mai 1989. DDR-Kommunalwahlen im Thüringer Raum, hg. von der Landesbeauftragten für die Unterlagen des Staatssicherheitsdienstes der ehemaligen DDR, Erfurt 2004.

16 *Jan Schönfelder*, Mit Gott gegen Gülle. Die Umweltgruppe Knau/Dittersdorf 1986 bis 1991. Eine regionale Protestbewegung in der DDR, Rudolstadt-Jena 2000, Zitate S. 9, 78f., 165f. Vgl. zudem *Jan Schönfelder*, Kirche, Kerzen, Kommunisten. Die demokratische Revolution in Neustadt an der Orla 1989/90, Weimar 2005.

17 *Jörg Roesler*, Der Einfluß der Außenwirtschaftspolitik auf die Beziehungen DDR – Bundesrepublik. Die achtziger Jahre, in: Deutschland Archiv (26) 1993, S. 558-572.

18 ThHStA/BPA-SED-Ef/Areg-SED-BL, Nr. 5821. Protokoll BL-Sitzung 11.11.1989.

19 *Walter Friedrich / Hartmut Griese (Hrsg.)*, Jugend und Jugendforschung in der DDR. Gesellschaftspolitische Situationen, Sozialisation und Mentalitätsentwicklung in den achtziger Jahren, Opladen 1991, S. 139.

20 Vgl. die Darstellung bei *Dornheim* (Anm. 9), S. 19f., die u.a. auf die studentische Kritik an der Pädagogischen Hochschule „Dr. Theodor Neubauer“ Erfurt/Mühlhausen nach dem Verbot der sowjetischen Zeitschrift „Sputnik“ im November 1988 eingeht.

21 Mit Einzelnachweisen *Dornheim* (Anm. 9), S. 18f.

22 *Hans-Ulrich Derlien*, Regimewechsel und Personalpolitik. Beobachtungen zur politischen Säuberung und zur Integration der Staatsfunktionäre der DDR in das Berufsbeamtentum, Universität Bamberg 1991, S. 17f.

23 *Jan Wielgohs*, Auflösung und Transformation der ostdeutschen Bürgerbewegung, in: Deutschland Archiv 26 (1993), S. 426-434, hier S. 426f. Vgl. auch *Jan Wielgohs / Marianne Schulz*, Von der „friedlichen Revolution“ in die politische Normalität. Entwicklungsetappen der ostdeutschen Bürgerbewegung, in: *Hans Joas / Martin Kohli (Hrsg.)*, Der Zusammenbruch der DDR. Soziologische Analysen, Frankfurt a.M. 1993, S. 222-245, hier S. 223.

24 *Anja Spindler*, Protestkulturen in Nordhausen im Herbst ’89, hg. von der Landesbeauftragten des Freistaates Thüringen für die Unterlagen des Staatssicherheitsdienstes der ehemaligen DDR, Erfurt 2007, Zitate S. 9, 63.

25 Vgl. *Dornheim* (Anm. 9), S. 31f. Vgl. auch *Walter Schilling*, Die 68er-Insel im „Roten Meer“ – Braunsdorf, in: *Dornheim / Schnitzler* (Anm. 1), S. 193-209.

26 Abdruck des Gründungsaufrufs in: *Gerhard Rein (Hrsg.)*, Die Opposition in der DDR. Entwürfe eines anderen Sozialismus, Berlin 1989, S. 13f.; zur Entstehung und Entwicklung der Parteien vgl. *Karl Schmitt* (in diesem Band).

27 Für Erfurt siehe *Dornheim* (Anm. 9), S. 57f., 63. Für Suhl vgl. *Bernd Winkelmann*, Politische Spiritualität in der Wendezeit der DDR – erlebt im Bezirk Suhl, in: *Dornheim / Schnitzler* (Anm. 1), S. 161-177. Vgl. auch Aufbruch '89. Kleine Chronik der Herbstereignisse 1989 in der Bezirksstadt Suhl September bis Dezember, hg. von Neues Forum – Bezirksbüro Suhl, o.O., o.J. (1990), S. 2. Für Jena siehe *Henry Kreikenbom / Bernd Schaarschmidt / Petra Weigel*, Der Wandel der regionalen Organisationsstruktur sozio-politischer Interessenvermittlung im Raum Jena, unveröffentlichtes Manuskript 1992, S. 44.

28 Vgl. den Gründungsaufruf in: *Rein* (Anm. 26), S. 14.

29 Der Bundesbeauftragte für die Unterlagen des Staatssicherheitsdienstes der ehemaligen Deutschen Demokratischen Republik, Außenstelle Erfurt (im folgenden zit.: BStU, AuSt Erfurt), Ordner

Wende 1989. Brief an die Thüringische Landeszeitung und das Präsidium der LDPD vom 12.10.1989.

30 *Edelbert Richter*, Erlangte Einheit – Verfehlte Identität. Auf der Suche nach den Grundlagen für eine neue deutsche Politik, Berlin 1991, S. 22.

31 BStU, AuSt Erfurt, Ordner Allgemeines. BV Erfurt, Rückflußinformation 27.9.1989, S.8f.

32 BStU, AuSt Erfurt, Ordner Wende 1989. BV Erfurt, Rückflußinformation 22.10.1989. Rückblick zur Entwicklung des DA in Thüringen: *Edelbert Richter*, „Die neue Partei konnte nur eine sozialdemokratische sein" – der Demokratische Aufbruch bis zu seiner Spaltung, in: *Dornheim / Schnitzler* (Anm. 1), S. 42-49.

33 Siehe *Wolfgang Herzberg / Patrik von zur Mühlen (Hrsg.)*, Auf den Anfang kommt es an. Sozialdemokratischer Neubeginn in der DDR 1989. Interviews und Analysen, Bonn 1993; *Matthias Bettenhäuser / Sebastian Lasch*, Die SPD, in: *Karl Schmitt / Torsten Oppelland (Hrsg.)*, Parteien in Thüringen. Ein Handbuch, Düsseldorf 2008, S. 139-221, bes. S. 151ff.

34 Evangelisches Kreiskirchenamt Erfurt, Protokoll der Sitzung des Evangelischen Ministeriums 21.9.1989.

35 Vgl. *Richter* (Anm. 32).

36 Siehe *Gerhard Wien*, Demokratie Jetzt in Thüringen – ein Bericht aus dem Landkreis Bad Salzungen, in: *Dornheim / Schnitzler* (Anm. 1), S. 51-59.

37 Siehe *Thomas Winkler*, Von der Grünen Partei der DDR zu Bündnis 90/Die Grünen, in: *Dornheim / Schnitzler* (Anm. 1), S. 67-76; *Sven Leunig / Björn Memmeler*, Bündnis90/Die Grünen, in: *Schmitt / Oppelland* (Anm. 33), S. 375-431.

38 Vgl. *Bernd Löffler*, Eine Initiative für ein „neues linkes Gesellschaftsmodell" – die Vereinigte Linke, in: *Dornheim / Schnitzler* (Anm. 1), S. 77-87.

39 *Paul Latussek*, Die Gründung der Forum-Partei Thüringen und der DSU, in: *Dornheim / Schnitzler* (Anm. 1), S. 89-97.

40 Ebd.; vgl. auch *Peter R. Weilemann (Hrsg.)*, Parteien im Aufbruch. Nichtkommunistische Parteien und politische Vereinigungen in der DDR, 2. Aufl., Melle 1990, S. 33.

41 *Kreikenbom / Schaarschmidt / Weigel* (Anm. 27). Für Südthüringen siehe *Strohbusch* (Anm. 2).

42 Umfassend behandelt diese Gruppen *Stephan Schnitzler*, Der Umbruch in der DDR auf kommunalpolitischer Ebene. Eine empirische Studie zum Demokratisierungsprozeß von 1989/90 in der Stadt Erfurt (Diss. Universität Frankfurt a.M. 1995), Göttingen 1996.

43 Vgl. *Reinhard Krex*, Der Versuch, eine unabhängige, freie Postgewerkschaft zu gründen, in: *Dornheim / Schnitzler* (Anm. 1), S. 127-130; *Martin Montag*, Aus der Geschichte und Arbeit des Bürgerkomitees des Landes Thüringen e.V., in: *Dornheim / Schnitzler* (Anm. 1), S. 235-241. Für Jena siehe *Kreikenbom / Schaarschmidt / Weigel* (Anm. 27), S. 111-119.

44 Zur evangelischen Kirche generell vgl. *Thomas A. Seidel* (in diesem Band).

45 ThHStA, RdB-Ef, Nr. 037500. Büro des Bezirkstages und des Rates, Handmaterial zur politischen Lageeinschätzung 1988/89, hier März 1988.

46 *Christoph Kleßmann*, Zur Sozialgeschichte des protestantischen Milieus in der DDR, in: Geschichte und Gesellschaft 19 (1993), S. 29-53; hier S. 30, 51. Vgl. auch *Dornheim* (Anm. 9), S. 36-40 mit Einzelnachweisen zur Diskussion über die Rolle der evangelischen Kirche.

47 Evangelisches Kreiskirchenamt Erfurt, Protokoll der Sitzung des Evangelischen Ministeriums 5.10.1989. Vgl. auch *Helmut Hartmann*, Eine Hoffnung lernt gehen – wie ich in Erfurt die politische Wende erlebte (1986-1990), in: *Dornheim / Schnitzler* (Anm. 1), S. 139-148.

48 Zur katholischen Kirche generell vgl. *Josef Pilvousek / Elisabeth Preuß* (in diesem Band).

49 *Hans Donat*, Vom Überwintern zum politischen Engagement – katholische Kirche und Kirchenvolk im Umbruch, in: *Dornheim / Schnitzler* (Anm. 1), S. 225-227.

50 BStU, AuSt Erfurt, Ordner Wende 1989. „Informationsbericht“ IMB „Schubert“ 23.10.1989.

51 *Donat* (Anm. 49). Die Zahlen wurden durch einen Fragebogen erhoben, der an 190 katholische Pfarrämter in Thüringen verschickt und von 86 Pfarrämtern beantwortet wurde.

52 ThHStA/BPA-SED-Ef/Areg-SED-BL, Nr. 5822. Protokoll BL-Sitzung 5.11.1989, Referat Gerhard Müller.

53 Vgl. *Hans-Georg Wehling*, Das Eichsfeld. Musterfall eines katholischen Milieus, in: Der Bürger im Staat 43 (1993), S. 271-274, hier S. 273. Siehe auch *Klaus Schulze*, Schule der Demokratie – der Runde Tisch in Leinefelde, in: *Dornheim / Schnitzler* (Anm. 1), S. 317-323.

54 *Remy* (Anm. 1), S. 308-315. Vgl. zudem *Martin Fischer*, Die katholische Kirche und die „Wende“ 1989 im Eichsfeld, in: Eichsfeld-Jahrbuch 2007, S. 187-224.

55 ThHStA, RdB-Ef, Nr. 043071. Protokoll des RdB 6.11.1989.

56 Vgl. *Dornheim* (Anm. 9), S. 64.

57 *Dornheim* (Anm. 9), S. 17. Vgl. *Heinz Mestrup*, Die SED. Ideologischer Anspruch, Herrschaftspraxis und Konflikte im Bezirk Erfurt, 1971-1989, Rudolstadt / Jena 2000, S. 491ff.; *Ders.*, „Das heißt nicht, dass ich nicht mehr da bin“. Zur Ablösung der Ersten SED-Bezirkssekretäre von Erfurt, Gera und Suhl … im November 1989, in: *Heinrich Best / Heinz Mestrup (Hrsg.)*, Die Ersten und Zweiten Sekretäre der SED, Weimar / Jena 2003, S. 462-476.

58 Zur Entwicklung der Blockparteien im einzelnen *Karl Schmitt* (in diesem Band).

59 *Christine Lieberknecht*, Der Weimarer Brief und die Erneuerung der Ost-CDU, in: *Dornheim / Schnitzler* (Anm. 1), S. 267-273. Vgl. *Thomas Sauer*, Die CDU, in: *Schmitt / Oppelland* (Anm. 33), S. 41-137, bes. S. 55ff.

60 Vgl. *Jürgen Bohn*, Mittragen an der Geschichte, in: *Dornheim / Schnitzler* (Anm. 1), S. 275-282; *Gabriele Wölke*, Die letzten Tage der NDPD, in: *Dornheim / Schnitzler* (Anm. 1), S. 283-291; *Andreas Hallermann*, Die FDP, in: *Schmitt / Oppelland* (Anm. 33), S. 317-374.

61 *Eberhard Stein*, „Sorgt dafür, dass sie die Mehrheit nicht hinter sich kriegen!“. MfS und SED im Bezirk Erfurt (BUSt, Abt. Bildung und Forschung, Nr. 22), Berlin 1999, S. 4ff.

62 Vgl. *Beate Wedekind*, Fahrt ohne Rückkehr. Warten auf Ausreise in Saalfeld / *Rolf Wernicke*, Zur Auflösung der MfS-Kreisdienststelle Saalfeld, hg. vom Landesbeauftragten des Freistaates Thüringen für die Unterlagen des Staatssicherheitsdienstes der ehemaligen DDR, Erfurt 2003; *Heinz Voigt*, Sie können da nicht rein! Erinnerung an die Besetzung der MfS-Kreisdienststelle Jena am 4. Dezember 1989. Hartmut Fichtmüller, einer der ersten MfS-"Besetzer“, in: Gerbergasse 18, Bd. 9, Heft IV (2004), S. 16f. Zur Besetzung und Auflösung einer Kreisdienststelle des MfS aus Sicht des Leiters vgl. *Günter Siegel*, Die Kreisdienststelle Mühlhausen des Ministeriums für Staatssicherheit der DDR im Herbst 1989, in: *Josef Lütke Aldenhövel / Heinz Mestrup / Dietmar Remy (Hrsg.)*, Mühlhausen 1989/90. Die Wende in einer thüringischen Kleinstadt, 2. Aufl., Münster 1993, S. 197-228.

63 Zu den Demonstrationen und zum Runden Tisch in Gotha vgl. „Davon hängt unsere Zukunft ab“. Die große Demonstration auf dem Gothaer Hauptmarkt am 29. Oktober 1989. Eine Dokumentation von Eckardt Hoffmann und Reinhardt Kratochwil, hg. vom Landesbeauftragten des Freistaates Thüringen für die Unterlagen des Staatssicherheitsdienstes der ehemaligen DDR, Erfurt 2002; *Eckardt Hoffmann (Hrsg.)*, Niemand konnte sie auslöschen. Die friedliche Revolution im Herbst 1989 in Gotha. Originaldokumente der Wende (November 1988 bis Mai 1990), 2 Bände, Friedrichroda 2001. Der zweite Band enthält die Protokolle des Runden Tisches in Gotha. Eckardt Hoffmann leitete 1989/90 als Superintendent der Evangelischen Kirche den Runden Tisch in Gotha. Für die Landesebene: *Thüringer Landtag (Hrsg.)*, Die „Runden Tische“ der Bezirke Erfurt, Gera

und Suhl als vorparlamentarische Gremien im Prozess der Friedlichen Revolution 1989/90 (Schriften zur Geschichte des Parlamentarismus in Thüringen, Band 28), Erfurt 2009.

64 *Matthias Büchner*, „Es war wie im Hase-und-Igel-Spiel" – das Erfurter Bürgerkomitee und die Auflösung des Staatssicherheitsdienstes, in: *Dornheim / Schnitzler* (Anm. 1), S. 293-303 sowie Die Geschichte des Bürgerkomitees Erfurt. Zeitzeugenberichte, hg. von der Thüringer Landesbeauftragten für die Unterlagen des Staatssicherheitsdienstes der ehemaligen DDR und der Gesellschaft für Zeitgeschichte e.V., Erfurt 2004.

65 *Montag* (Anm. 43).

66 *Everhard Holtmann / Bernhard Boll*, Sachsen-Anhalt. Eine politische Landeskunde, 2. Aufl., Magdeburg 1997, S. 24.

Ulrich Rommelfanger

Das Werden des Freistaates Thüringen

Thüringen[1] erlebte aufgrund des Beitritts der DDR zur Bundesrepublik am 3. Oktober 1990 die Wiedergeburt seiner staatlichen Existenz. Diese war dem Land nach Gründung der DDR durch das am 25. Juli 1952 verabschiedete „Gesetz über die weitere Demokratisierung des Aufbaues und der Arbeitsweise der staatlichen Organe des Landes Thüringen"[2] genommen worden.[3] Der Aufteilung in die Bezirke Erfurt, Gera und Suhl und seiner „Entmachtung" hatte der Landtag am 25. Juli 1952 einstimmig und unter dem Absingen der DDR-Nationalhymne gegen Sitzungsende zugestimmt.[4]

In der Folge der Ereignisse des Jahres 1989 wurde aber schon bald der Ruf nach Bildung eines Landes Thüringen wieder laut. Spätestens seit Jahresbeginn 1990 bestimmten weiß-rote Fahnen (weiß-grüne Fahnen in Sachsen) zunehmend das Bild der Städte und Dörfer Thüringens. Es wurde offenbar, dass eine fast vierzigjährige zentralistische Einheitsstaatlichkeit die Verbundenheit dieser Menschen zu ihren vormaligen Ländern nicht zu beseitigen vermocht hatte. Die breite Forderung nach einer Neubildung der Länder wurde zu einem „Grundzug demokratischer Veränderung des gesamten Staatswesens"[5] überhaupt.[6]

Zwischenzeitlich hatte sich am 7. Dezember 1989 in Ostberlin der Zentrale Runde Tisch in einem ersten Treffen konstituiert. Er sollte für die nächsten Monate zum Dialogforum der alten Parteien und neuen Oppositionsgruppen werden. In seiner Zusammensetzung und in seiner Arbeitsleistung letztlich umstritten, kamen der Runde Tisch und der damalige Ministerpräsident Modrow am 28. Januar 1990 überein, der Volkskammer als Wahltermin für die 10. Volkskammer den 18. März 1990 vorzuschlagen.

I. Wahl zur 10. Volkskammer und Kommunalwahl in Thüringen

Aus der Wahl zur 10. Volkskammer am 18. März 1990 ging die „Allianz für Deutschland" als klarer Sieger hervor. Aus den Wahlbezirken Erfurt, Gera und Suhl zogen insgesamt 59 Abgeordnete in die Volkskammer ein. In seiner Regierungserklärung betonte Ministerpräsident de Maizière „die Herstellung der Einheit Deutschlands in einem ungeteilten, friedlichen Europa" als vorrangigen Wählerauftrag.[7] In der Koalitionsvereinbarung von CDU, DA, DSU, Liberalen (Bund Freier

Demokraten) und SPD findet sich aber auch das „Ziel, eine föderative Republik zu schaffen, einschließlich einer notwendigen Länderkammer“.[8]

Muss der Beginn der demokratisch-parlamentarischen Phase der DDR mit der Wahl der Volkskammer vom 18. März 1990 angesetzt werden, so kommt der Kommunalwahl vom 6. Mai 1990 die Bedeutung zu, eine demokratisch legitimierte und fachlich qualifizierte Verwaltung auf kommunaler Ebene zu institutionalisieren.[9]

II. Von der Kommunalwahl bis zur Wiedervereinigung

Die Zeit vom Mai 1990 bis zum 3. Oktober 1990 war in Thüringen maßgeblich durch Bestrebungen zur Bildung von demokratisch legitimierten Organen der Exekutive auf kommunaler Ebene (Gemeinde/Kreis) sowie der Vorbereitung der Länderneubildung geprägt. Zur Errichtung freiheitlich-demokratischer Strukturen und einer rechtsstaatlichen Verwaltung musste das bis dahin auf dem demokratischen Zentralismus beruhende Staats- und Verwaltungssystem deshalb radikal umgestaltet werden. In diesem Zusammenhang mussten Gesetze erlassen und Vorarbeiten zur Errichtung einer vorläufigen Exekutivgewalt bzw. zur „strukturellen und technisch-organisatorischen Vorbereitung der Bildung des Landes Thüringen“[10] getroffen werden.

1. Gesetzliche (Vor-)Arbeiten der „Noch-DDR“

Drei von der Volkskammer beschlossene Gesetze fixierten die rechtlichen Grundlagen. Mit dem Gesetz über die Selbstverwaltung der Gemeinden und Landkreise in der DDR[11] wurden die rechtlichen Voraussetzungen für die Neustrukturierung der kommunalen Selbstverwaltung getroffen.[12] Der damalige Ministerpräsident de Maizière hat hierzu ausgeführt, dass die „Gemeindevertretungen die wichtigsten und hauptsächlichsten Organe der kommunalen Selbstverwaltung“ seien und das Verhältnis der Gemeinden zu den Landkreisen sich nach dem „generellen Grundsatz“ bestimmte, „dass von den Landkreisen nur jene Aufgaben zu verwalten sind, die von den einzelnen Gemeinden allein nicht gelöst werden können“.[13] Dieses Subsidiaritätsprinzip kommt namentlich in §§ 2, 72 der Kommunalverfassung zum Ausdruck.[14]

Mit dem Verfassungsgesetz über die Bildung von Ländern in der DDR vom 22. Juli 1990 (Ländereinführungsgesetz)[15] wurden in Abkehr vom zentralistischen Einheitsstaat DDR die fünf Länder Thüringen, Sachsen, Mecklenburg-Vorpommern, Sachsen-Anhalt und Brandenburg[16] gebildet.[17]

Dem Ländereinführungsgesetz vorausgegangen waren DDR-weit Bürgerentscheide über die Landeszugehörigkeit in 15 Kreisen. In den Kreisen Schmölln und Artern entschied sich die Bevölkerung zugunsten Thüringens und damit gegen eine Zugehörigkeit zu Sachsen bzw. Sachsen-Anhalt. Diese Kreistage stellten dementsprechend den Antrag auf Landeszugehörigkeit zu Thüringen. Im Kreis Altenburg sprach sich bei einer Abstimmungsbeteiligung von 55 Prozent zwar die Mehrheit (53,8 Prozent) der Abstimmenden für einen Verbleib bei Sachsen aus. Da es sich insoweit um eine rein konsultative, für den Kreistag also unverbindliche Abstimmung handelte,[18] beschloss der Kreistag Altenburg am 19. September 1990 mit 38 gegen 25 Stimmen die Zugehörigkeit des Kreises zum künftigen Land Thüringen.[19]

Das Länderwahlgesetz vom 22. Juli 1990[20] (ergänzt durch die Wahlordnung vom 22. Juli 1990) bildete die Grundlage für die Wahlen zu den Landtagen der neuentstandenen Länder. Am 14. Oktober 1990 wurden in den 35 Landkreisen und den fünf kreisfreien Städten Thüringens 89 Abgeordnete nach den Grundsätzen einer mit der Personenwahl verbundenen Verhältniswahl gewählt.[21]

2. *Beschluss der Volkskammer vom 17. Mai 1990*[22]

Dieser Beschluss der Volkskammer war insbesondere unter zwei Aspekten für die Entwicklung im künftigen Bundesland Thüringen von Bedeutung. Zum einen wurde die Legislaturperiode der Bezirkstage und damit auch derjenigen von Erfurt, Gera und Suhl „mit Wirkung vom 31. Mai 1990 beendet“ (Nr. 1 des Beschlusses). Die Bezirkstage wurden aufgefordert, „in der letzten Dekade des Monats Mai 1990 eine abschließende Sitzung durchzuführen, auf der auch die Haushaltsrechnung 1989 bestätigt wird“ (Nr. 3 des Beschlusses).[23] Zum anderen wurde der Ministerpräsident der DDR beauftragt, „bis zur Länderbildung in den Bezirken Regierungsbevollmächtigte einzusetzen und dazu die erforderlichen Regelungen zu erlassen“ (Nr. 4 des Beschlusses).[24]

Im Februar 1990 ist von den Bezirksvorsitzenden aller Mandatsträger mit dem amtierenden Vorsitzenden des Rates des Bezirkes Erfurt festgestellt worden, dass der Bezirkstag Erfurt nach der Kommunalwahl seine Tätigkeit beendet.[25] Am 20. April 1990 stellte der „Bund Freier Demokraten – Die Liberalen“ an den Bezirkstag Erfurt den „Antrag auf sofortige Einberufung des Bezirkstages“.[26] Die letzte Sitzung des Bezirkstages Erfurt fand am 28. Mai 1990 statt. Als letzte Punkte enthielt die Tagesordnung die Bestätigung der Jahreshaushaltsrechnung 1989, die Aufhebung von Beschlüssen des Bezirkstages Erfurt sowie die Fassung eines Beschlusses über die Einstellung der Arbeit des Bezirkstages.[27]

In Ausführung von Nr. 4 des Volkskammerbeschlusses (Einsetzung von Regierungsbevollmächtigten) wurden am 22. Mai 1990 von Ministerpräsident de Maizière, entsprechend einem Kabinettsbeschluss vom 2. Mai 1990, die Bezirksgeschäftsstellenleiter der CDU davon unterrichtet, dass vorgesehen sei, bis zur Länderbildung in den Bezirken Regierungsbevollmächtigte einzusetzen.[28]

Dabei ging das Kabinett de Maizière davon aus, dass „bei der Auswahl der Ressortleiter der Bezirksverwaltungsbehörde ... insbesondere von vorhandener Fachkompetenz auszugehen" sei und „im Interesse des Funktionierens des bezirklichen Verwaltungsorganes auch der Einsatz des ehemaligen Vorsitzenden des Rates des Bezirkes bzw. der Mitglieder des Rates in Erwägung gezogen" werden sollte.

In der Folge wurden von Lothar de Maizière mit Wirkung vom 11. Juni 1990 als Regierungsbevollmächtigte[29] für Erfurt Herr Duchac; für Gera Herr Lindlau; für Suhl Herr Ulbrich eingesetzt.[30] Den Regierungsbevollmächtigten stand „absolute Personalvollmacht" zu. Die „eigenartige Art und Weise" des DDR-Staatsaufbaus, in der die Regierungsbevollmächtigten wirkten, beschrieb Duchac mit „Oben Regierung, unten kommunale Struktur und dazwischen nichts".[31] Von Anfang an und nahezu unbestritten galten die drei Bezirke Erfurt, Gera und Suhl als Basis für ein zukünftiges Bundesland Thüringen.

3. *Partnerschaften/Verwaltungshilfe*

Bereits sehr frühzeitig zeigte sich in Thüringen die Notwendigkeit des Neuaufbaus der Verwaltung im Sinne der westlich-rechtsstaatlichen Tradition. Die Kommunalwahl vom 6. Mai 1990 war in diesem Zusammenhang ein wichtiger Meilenstein. Nicht zu unterschätzen sind aber auch die Hilfen auf kommunaler Ebene vermittels der Gemeinde- und Kreispartnerschaften von thüringischen mit rheinland-pfälzischen, hessischen und bayerischen Gemeinden/Kreisen (a) sowie die allgemeine Verwaltungshilfe von Rheinland-Pfalz, Hessen und Bayern (b).

a) Gemeinde- und Kreispartnerschaften[32]

Bereits vor den Ereignissen von 1989 bestanden Partnerschaften von rheinland-pfälzischen mit thüringischen Städten und Gemeinden. Wohl bekanntestes Beispiel ist die Städtepartnerschaft zwischen der alten Römerstadt Trier und der Klassikerstadt Weimar.[33] Neben diesen beiden kreisfreien Städten wurden im Laufe des Jahres 1990 zahlreiche Partnerschaften zwischen rheinland-pfälzischen und thüringischen Landkreisen abgeschlossen.

Eine gewisse Vorreiterrolle nahm in Rheinland-Pfalz der Kreis Trier-Saarburg ein. Bereits am 18. Dezember 1989 verabschiedete der Kreistag Trier-Saarburg mit den Stimmen aller Kreistagsfraktionen eine gemeinsame Entschließung, in der die Kreisverwaltung beauftragt wurde, „mit einem DDR-Kreis, möglichst im Raum Thüringen, Kontakt aufzunehmen mit dem Ziel, eine Partnerschaft herbeizuführen".[34] Als möglichen Kreis nannte Landrat Dr. Groß den Kreis Rudolstadt.[35] Eine Partnerschaft mit dem Kreis Weimar hätte – so die damalige Überlegung – lediglich eine Erweiterung der Partnerschaft Trier/Weimar bedeutet. Zur Vorbereitung der Gespräche wurde eine Arbeitsgruppe des Kreistages gebildet, der sieben von den Fraktionen gewählte Mitglieder angehörten. In der Folge kam es vom 10. bis 12. Februar 1990 zu einem ersten Besuch einer Delegation von Rudolstadt, dem Gegenbesuche folgten. Am 15. September 1990 schließlich wurde in Trier eine Partnerschaftsvereinbarung zwischen den beiden Landkreisen vereinbart.[36]

b) Verwaltungshilfe

Die neu entstandenen Bundesländer wären ohne Verwaltungshilfe kaum in der Lage gewesen, eine rechtsstaatliche Verwaltung aufzubauen. Im Einigungsvertrag war deshalb vorgesehen, im Bonner Innenministerium eine Clearingstelle einzurichten, die sich mit den Problemen beim Aufbau der öffentlichen Verwaltung in den neuen Bundesländern beschäftigen sollte.[37]

Die alten Bundesländer ihrerseits übernahmen Partnerschaften für ein neues Bundesland. Partnerländer Thüringens wurden und sind die angrenzenden Bundesländer Bayern und Hessen sowie Rheinland-Pfalz. Zwischen diesen Ländern fand im Spätsommer 1990 eine grundsätzliche Abstimmung statt, für welchen Ressortbereich welches Land federführend die Partnerschaft übernehmen sollte.[38] Dabei galt der Grundsatz „Hilfe ja, Belehrung nein“.[39] Noch im Vorfeld der Wiedervereinigung wurden von Rheinland-Pfalz[40] im September 1990 beispielsweise 40 Beamte aus der inneren Verwaltung für einen Einsatz nach Thüringen gesandt, wo sie in 35 Landratsämtern und fünf kreisfreien Städten beratende Funktionen übernahmen. Rheinland-pfälzische Ministerien hatten aber zum Teil bereits wesentlich früher ihre Verwaltungsberatung begonnen.[41]

Auch die Justizminister von Hessen und Rheinland-Pfalz bekundeten schon frühzeitig „ihre Absicht, in vertrauensvoller Zusammenarbeit beim Aufbau einer funktionierenden rechtsstaatlichen Justiz in Thüringen mitzuhelfen“.[42] Im August 1990 beschlossen sie unter anderem die gemeinsame Durchführung von Praktika für thüringische Richter und Justizsekretäre.[43] Sehr stark engagierte sich auch das Partnerland Bayern,[44] das ab Anfang Juli 1990 mit einem Informationsbüro in Erfurt zugegen war. Von allen Partnerländern wurden daneben die finanziellen und organisatorischen[45] Maßnahmen getroffen, um die vereinbarte Verwaltungshilfe auch praktisch vollziehen zu können.

Die Verwaltungshilfe selbst erfolgte auf allen Ebenen der sich im Aufbau befindlichen Thüringer Landesverwaltung. Sie war in der Anfangsphase noch geprägt von ungünstigen Rahmenbedingungen, die aber in der Natur der Sache einer kompletten Verwaltungsumstellung liegen.[46] Hinzu kamen „hausgemachte“ Probleme, wie z.B.

eine fehlende wirksame Absprache der Partnerländer über die Konzentration ihrer ressortmäßigen Hilfe bzw. „importierte Kurswechsel“[47] durch nachfolgende Berater. Diese Anfangsschwierigkeiten wurden jedoch erstaunlich schnell beseitigt. Es ist dem Urteil bayerischer Verwaltungsbeamter zuzustimmen, dass sich die „Zusammenarbeit mit Thüringer Bediensteten als problemlos erwies“[48] bzw. es sich auch für den einzelnen Verwaltungshelfer um einen „besonders schönen, sinnvollen und befriedigenden Abschnitt“[49] seiner Verwaltungslaufbahn gehandelt hat.

4. Die Arbeit des Politisch-Beratenden Ausschusses[50]

Auf Einladung des damaligen evangelischen Landesbischofs Werner Leich sollte sich am 18. April 1990 in Weimar ein Runder Tisch für ganz Thüringen konstituieren.[51] Sowohl die CDU als auch der Demokratische Aufbruch schlugen diese Einladung aus. Der damalige CDU-Landesvorsitzende Uwe Ehrich begründete dieses Vorgehen mit der fehlenden weiteren Erforderlichkeit vor dem Hintergrund der zwischenzeitlich erfolgten Volkskammerwahl vom 18. März 1990.[52] Knapp einen Monat später als der geplante Termin zur Konstituierung eines Runden Tisches für Thüringen kam es am 15. Mai 1990 zur Konstituierung des „Politisch-Beratenden Ausschusses zur Bildung des Landes Thüringen“ (im folgenden PBA).[53] Diese Konstituierung ging auf eine Initiative des CDU-Landesvorsitzenden Ehrich in einem „Rundschreiben“ vom 9. Mai 1990 zurück.[54]

Eine Legaldefinition des PBA enthält dessen Geschäftsordnung. In Nr. 1 heißt es: „Der Politisch-Beratende Ausschuß ist ein Gremium, dessen Arbeit darauf gerichtet ist, die strukturelle und technisch-organisatorische Vorbereitung der Bildung des Landes Thüringen zu sichern. Seine Beschlüsse tragen Empfehlungscharakter, ihr Adressat ist der künftige Landtag bzw. die Landesregierung“, und in Nr. 10: „Er übt seine Tätigkeit bis zur Wahl des Thüringer Landtages aus“.

Der PBA tagte insgesamt zehnmal. Seine erste Sitzung fand am 16. Mai 1990 statt. Sie stand im Zeichen einer – wie auch der Tagesordnungspunkt lautete – „grundsätzliche(n) Verständigung zur Arbeitsweise des Ausschusses“. Am 30. Mai 1990 fand die 2. Sitzung des PBA statt, in der man sich über den von der CDU vorgelegten Entwurf der Geschäftsordnung und damit über die Zusammensetzung des Gremiums als solches verständigte.

Der PBA setzte sich aus Vertretern der Parteien und Gruppierungen zusammen, die bei der Volkskammerwahl/Kommunalwahl teilgenommen hatten. Im Ergebnis ergab sich deshalb folgende Sitzverteilung: CDU 13 Sitze; SPD 6 Sitze; PDS 3 Sitze; Bund Freier Demokraten 2 Sitze; Deutsche Soziale Union 2 Sitze; Grüne/Unabh. Frauenverband 1 Sitz; Demokratischer Aufbruch 1 Sitz; Bündnis 90/Neues Forum 2 Sitze; Demokratische Bauernpartei Deutschlands 1 Sitz; Bauern 1 Sitz; Demokratischer Frauenbund Deutschlands 1 Sitz. Die Leitung des Ausschusses übernahm der

Landesvorsitzende der CDU Ehrich, dem der Landesvorsitzende der SPD Brösdorf als Abwesenheitsvertreter zur Seite gestellt wurde. Die Bildung der Arbeitsgruppen erfolgte im wesentlichen in der 3. Sitzung vom 15. Juni 1990. Insgesamt wurden 17 Arbeitsgruppen bestätigt, von denen jedoch nur 16 tatsächlich eingerichtet wurden.[55]

Die personelle Besetzung sollte – so der CDU-Landesvorsitzende Ehrich – „im wesentlichen hauptamtlich sein, um die Arbeitsfähigkeit zu organisieren".[56] Die letztlich gefundene Lösung war grundsätzlich „zweigeteilt". Neben dem Vorsitzenden waren in einer Arbeitsgemeinschaft regelmäßig einerseits Vertreter der verschiedenen Bezirksverwaltungsbehörden und andererseits Mitglieder mit „ehrenamtlichem Status" vertreten. Die Arbeitsweise des PBA war durch einen vierzehntägigen Beratungsrhythmus vorbestimmt. Die Beratungen waren nicht öffentlich; über ihren Verlauf wurde „Vertraulichkeit vereinbart". Über jede Sitzung wurde ein Protokoll angefertigt, das in der folgenden Beratung mit einfacher Stimmenmehrheit zu bestätigen war.

Die Sitzungen des PBA waren in der Anfangsphase noch stark mit Verfahrensfragen und personellen Fragestellungen befrachtet. Spätestens seit der 5. Sitzung des PBA überwog die inhaltliche Arbeit, d.h. die Beratung der Vorlagen der einzelnen Arbeitsgruppen. Lediglich die Frage der Bildung von Mittelbehörden entfaltete bereits seit der 3. Beratung eine gewisse Virulenz.

Insgesamt nahm die Arbeit des Unterausschusses Verwaltungsstruktur den größten Raum in den Beratungen ein. Daneben gab es Diskussionen zu Einzelfragen, wie z.B. der künftigen Landeshauptstadt Thüringens, der weiteren Nutzung des Gebäudes der ehemaligen Offiziershochschule der Grenztruppen Suhl, zum Aufbau der Verwaltungsschule Weimar oder eines Konzepts für das Wismutrevier. In der zentralen Frage der Einrichtung von Mittelbehörden – zur Diskussion standen ein zwei- oder ein dreistufiger Aufbau der Verwaltung – hatte sich der PBA für einen dreistufigen Verwaltungsaufbau ausgesprochen, wobei er vorschlug, in der Mittelstufe drei Regierungspräsidien anzusiedeln.

Die letzte Sitzung des PBA fand am 21.9.1990 in Erfurt statt. In dieser Sitzung wurde der Geschäftsverteilungsplan der Staatskanzlei behandelt, eine Vorlage der Arbeitsgruppe Arbeit, Soziales und Gesundheitsweisen bestätigt, die Errichtung eines Landesjugendamtes und eines Medizinaluntersuchungsamtes empfohlen sowie ein Verfassungsentwurf für das Land Thüringen zur Kenntnis genommen. Zu letzterem Tagesordnungspunkt empfahl der PBA dem Landtag, einen Verfassungsausschuss einzusetzen, der unter breiter Beteiligung der Bevölkerung diesen Verfassungsentwurf diskutiert.[57]

III. Von der Wiedervereinigung bis zum Frühjahr 1991

Nachdem am 1. Juli 1990 die Grenzkontrollen zwischen beiden deutschen Staaten entfallen und der Vertrag über die Wirtschafts-, Währungs- und Sozialunion in Kraft getreten war, fiel mit der Wiedervereinigung am 3. Oktober 1990 die letzte Hürde zum (Wieder-)Entstehen Thüringens. Der damalige Landessprecher Duchac äußerte die Überzeugung, dass mit dem 3. Oktober „für Thüringen jetzt die Zeit (beginnt), in der die Menschen wieder selbst über ihr Land bestimmen können",[58] er wünsche sich, „dass das grüne Herz Deutschlands bald wieder schlägt".

1. Landtagswahl vom 14. Oktober 1990

Inzwischen war der Wahlkampf für die erste Landtagswahl angelaufen. Er verlief – gemessen an den aufwendigen Werbeschlachten in den Altbundesländern – „relativ ruhig".[59] Drei Tage vor der Landtagswahl in Thüringen kamen die Kreise Artern, Altenburg und Schmölln zu Thüringen. Am 11. Oktober 1990 besiegelten Landessprecher Duchac und die Landräte von Altenburg, Schmölln, Artern sowie Beauftragte von Leipzig und Halle in Erfurt die Eingliederung dieser Kreise ins künftige Bundesland Thüringen.[60] Die Landtagswahl erbrachte bei einer niedrigen Wahlbeteiligung von 70,5 Prozent der Wahlberechtigten ein insoweit klares Ergebnis, als die CDU mit 45,4 Prozent der Stimmen als Sieger vor der SPD mit 22,8 Prozent der Stimmen ins Ziel ging. Noch am Wahlabend bezeichnete Duchac die Liberalen, die 9,3 Prozent der Stimmen erhalten hatten, als „Wunschpartner".[61]

An historischer Stelle, im Deutschen Nationaltheater zu Weimar, konstituierte sich am 25. Oktober 1990 der neugewählte Thüringer Landtag.[62] Nach dem Aufruf der Namen der 89 Abgeordneten und der Beschlussfassung über die Geschäftsordnung des Landtages wählten die Abgeordneten Dr. Gottfried Müller (CDU) zum Parlamentspräsidenten und – am 26. Oktober 1990 – die Abgeordneten Friedrich (SPD) und Backhaus (FDP) zu seinen Vizepräsidenten. Der Ältestenrat übernahm die Aufgabe des vorläufigen Verfassungsausschusses. Die Vorläufige Landessatzung wurde in der 3. Sitzung des Thüringer Landtages, am 10. November 1990, beschlossen.[63] Während nunmehr Erfurt als Regierungssitz feststand, blieb die Frage der Landeshauptstadt weiterhin offen.

Unmittelbar vor der konstituierenden Sitzung des Landtags hatten sich die beiden Koalitionspartner CDU und FDP über die Regierungsbildung geeinigt.[64] Die bereits im Vorfeld der Landtagswahl von Duchac vertretene Absicht der Bildung einer „schlanken Regierung" von insgesamt acht Ministerien wurde lediglich insoweit verändert, als sich die Bereiche Kultus sowie Wissenschaft/Kunst in zwei eigenständige Ressorts aufteilten.

Der designierte Ministerpräsident Duchac wurde in der 4. Plenarsitzung vom 8. November 1990 zum Ministerpräsidenten des Landes Thüringen gewählt. Der Thüringer Landtag bestätigte anschließend mit der Stimmenmehrheit von CDU und FDP die aus zehn Ministern bestehende Regierung Duchac.[65]

2. *Wirken von Regierung/Landesverwaltung und Legislative*

Die weitere Entwicklung Thüringens war vom Bestreben sowohl der Regierung Duchac als auch des Thüringer Landtages bestimmt, die für den Aufbau des Landes sofort erforderlichen Erstentscheidungen zu treffen bzw. die nötigen Gesetze zu erlassen.

a) Regierung

Die ersten Kabinettsrunden der neuen Regierung Duchac waren davon bestimmt, die zukünftige Arbeit der einzelnen Ressorts zu koordinieren, sowie Kompetenzen und Zuständigkeiten festzulegen,[66] einen Katalog der wichtigsten zu erarbeitenden Gesetzesentwürfe zu erstellen,[67] über die Abwicklung von alten Verwaltungsstrukturen zu entscheiden[68] und – besonders wichtig – die notwendigen Personalentscheidungen zu treffen.

Mit der Berufung auch der Staatssekretäre in der Kabinettssitzung vom 20. November 1990 waren die Voraussetzungen für einen geordneten Aufbau der einzelnen Ministerien geschaffen. Letztere hatten am 12. November 1990 ihre Tätigkeit aufgenommen. Mit dem Beschluss über die Zuständigkeit der einzelnen Minister,[69] der Vorlage der „Geschäftsordnung der Thüringer Landesregierung“[70] nach § 13 Abs. 3 der Vorläufigen Landessatzung für das Land Thüringen sowie der „Gemeinsamen Geschäftsordnung für die Ministerien und die Staatskanzlei des Landes Thüringen“[71] wurden die Grundregeln des künftigen Zusammenwirkens der Ministerien normiert.

Insbesondere die Besetzung der Schlüsselpositionen in Regierung und Verwaltung war in der Anfangsphase vielfach mit dem Vorwurf der Begünstigung „alter Seilschaften“ belegt worden. Diesem Vorwurf trat Ministerpräsident Duchac in einer Pressekonferenz am 21. November 1990 entgegen.[72] Dabei wies er darauf hin, dass auch der aus den Bezirksverwaltungsbehörden übernommene kleine Teil von Beschäftigten sich erneut bewerben müsse, was die Bereitschaft einschließe, sich einer Überprüfung über eine eventuelle Tätigkeit für das MfS/AfNS zu unterziehen.[73] Ein anschauliches Beispiel für eine rechtsstaatskonforme Personalüberprüfung bot die Thüringer Justizverwaltung, der entsprechend den Festlegungen des Einigungsvertrages bis zum 15. April 1991 aufgegeben war, über den Verbleib von annähernd 200 Richtern und 140 Staatsanwälten in der Justiz zu entscheiden. In Richterwahlausschüssen, die sich Mitte November 1990 bildeten, wurde jeder einzelne Richter/ Staatsanwalt überprüft.[74]

b) Landesverwaltung

Die Festlegungen des Politisch-Beratenden Ausschusses waren für den Aufbau der Landesverwaltung vielfach nicht von entscheidender Bedeutung. Größeres Gewicht kam demgegenüber einer am 2. Oktober 1990 eingerichteten Clearingstelle zu, die sich unter Leitung von Duchac aus den Aufbauleitern der künftigen Ministerien und aus Beratern zusammensetzte.[75] Ihr stellten sich insbesondere folgende Fragen: Neugestaltung der Verwaltungsstruktur, kommunale Gebietsreform und Gewinnung unbelasteten Verwaltungspersonals.

Mit Beschluss der Landesregierung vom 20. November 1990 wurden die Bezirksverwaltungsbehörden gemäß Art. 13 Abs. 1 Satz 4 Einigungsvertrag zum 31. Dezember 1990 aufgelöst. Nur die in einer sog. Positivliste aufgeführten Institutionen sollten bis zu einer Entscheidung über die neue Organisation der Landesverwaltung fortgeführt werden.[76]

Heftige Kritik, namentlich von Teilen der Landräte, erntete die Landesregierung bei der Vorlage ihres Konzepts für die künftige Struktur der Landesverwaltung vom 4. Dezember 1990. Kritikpunkt war insbesondere die vorgesehene Bündelungsbehörde in Form des Landesverwaltungsamtes, von dem eine übermäßige Zentralisierung befürchtet wurde. Erst mit der „Errichtungsanordnung“ vom 18. Juni 1991 und der Festlegung von mehr als 200 künftigen Behördensitzen[77] fand der Streit um den Verwaltungsaufbau in Thüringen ein vorläufiges Ende.

Über die Notwendigkeit einer kommunalen Gebietsreform in Thüringen bestand weitestgehend Einigkeit.[78] Bereits im Politisch-Beratenden Ausschuss hatte das Mitglied Schwäblein auf diesen Umstand hingewiesen. Man einigte sich auf eine stufenweise Vorgehensweise: zuerst Stärkung der Leistungs- und Verwaltungskraft der Kommunen im Wege der freiwilligen Zusammenarbeit und des Zusammenschlusses zu größeren Einheiten, um dann – wobei der Zeitpunkt noch offen blieb – eine kommunale Gebietsreform durchzuführen.[79]

Der Neuaufbau der Verwaltung sollte mit unbelasteten Mitarbeitern erfolgen, d.h. also solchen, die – worauf Ministerpräsident Duchac in seiner Regierungserklärung vom 15. November 1990 ausdrücklich hingewiesen hatte – die Gewähr dafür bieten, dass sie jederzeit für die freiheitlich-demokratische Grundordnung des Grundgesetzes eintreten. Diese Vorgabe wurde in das „Beamtenrechtliche Vorschaltgesetz“ vom 17. Juni 1991[80] ebenso aufgenommen wie in das „Gesetz über die Organisation der Polizei des Landes Thüringen“ vom 14. Mai 1991.[81] Entlassungen belasteter Mitarbeiter, der Mangel an qualifiziertem Verwaltungspersonal und die Devise, Thüringen sollte im wesentlichen von Thüringern aufgebaut werden, trugen zu einer teilweise prekären Personalsituation in Regierungsexekutive und Landesverwaltung bei.[82]

c) Legislativgewalt

Auch den Thüringer Landtag beschäftigte schon frühzeitig die Frage der ehemaligen Funktionsträger. Daneben spielten die Verfassungsfrage, der Erlass verschiedener Gesetze (Abgeordnetengesetz, Ministergesetz, Bannmeilengesetz) und – vor allem – die Hauptstadtfrage eine wichtige Rolle.

Bereits im April hatte der damalige CDU-Landesvorsitzende Uwe Ehrich auf die Frage der zweckmäßigen Landeshauptstadt die Antwort gegeben, dass in Erfurt „die nötige Bauhülle zur Verfügung steht, um die Arbeit eines Landtages zu verwirklichen".[83] Unter Bezug auf den DDR-Minister für regionale und kommunale Angelegenheiten meldete die Thüringer Allgemeine am 28. Juni 1990, Erfurt stehe als Landeshauptstadt fest. Die Entscheidung für Erfurt fiel jedoch erst in der 8. Plenarsitzung des Landtags am 10. Januar 1991 mit 49 Stimmen.[84]

In der Frage der Erarbeitung einer Thüringer Landesverfassung wurde vom rheinland-pfälzischen Justizminister Caesar am 5. Oktober 1990 in Eisenach der Entwurf für eine Thüringer Landesverfassung vorgestellt, der im Mainzer Justizministerium erarbeitet worden war.[85] Letztendlich fanden aber weder dieser Entwurf noch der Entwurf einer Arbeitsgruppe des Politisch-Beratenden Ausschusses Eingang in die mit der Konstituierung des Verfassungs- und Geschäftsordnungsausschusses am 19. September 1991 beginnenden Verfassungsberatungen.[86]

Ebenso wie die Regierung befasste sich auch der Thüringer Landtag schon sehr frühzeitig mit personellen Fragen. Die Fraktionen der CDU und der FDP beantragten die „freiwillige Überprüfung der parlamentarischen Mitglieder der Richterwahl- und Staatsanwaltsberufungsausschüsse".[87] Am 10. Januar 1991 beschloss der Landtag die Einsetzung eines Untersuchungsausschusses, der die unter dem SED-Regime entstandenen Machtstrukturen aufklären und dabei untersuchen sollte, ob und in welchem Umfang durch ihre politische Vergangenheit belastete Personen in leitende Funktionen des Landes Thüringen berufen oder dort belassen worden waren.[88]

Mit der Verabschiedung der Thüringer Landeshaushaltsordnung am 10. Januar 1991, des Gesetzes über die Feststellung eines Teilhaushaltsplanes des Landes Thüringen für das Haushaltsjahr 1991 am 30. Januar 1991 und des Gesetzes über die Rechtsverhältnisse der Abgeordneten des Thüringer Landtages, ebenfalls am 30. Januar 1991, wurden weitere entscheidende Voraussetzungen für die Entwicklung des Landes geschaffen. Die nächsten Monate waren bestimmt von der Fortsetzung der Erarbeitung der normativen Grundlagen[89] und des Aufbaus der staatlichen Strukturen.[90] Mit der Verabschiedung der Thüringer Landesverfassung und ihrer Bestätigung durch das Landesvolk anlässlich der Neuwahl des Thüringer Landtags am 16. Oktober 1994 fand die Phase des institutionellen Aufbaus des Freistaats Thüringen seinen Abschluss.

Anmerkungen

1 Zur neueren politischen Geschichte Thüringens *Bernhard Post / Volker Wahl (Hrsg.):* Thüringen-Handbuch. Territorium, Verfassung, Parlament, Regierung und Verwaltung in Thüringen 1920-1995, Weimar 1999; *Karl-Heinz Hajna,* Länder-Bezirke-Länder. Zur Territorialstruktur im Osten Deutschlands 1945-1990, Frankfurt a.M. 1995. Zur Freistaatlichkeit Thüringens *Ulrich Rommelfanger,* Freistaat Thüringen. Anknüpfung an eine Tradition und Zäsur, in: Thüringer Verwaltungsblätter, Sonderheft 25.10.1993, B 21f.; *Rolf Gröschner,* Res publica Thuringorum. Über die Freistaatlichkeit Thüringens, in: Thüringer Verwaltungsblätter 6 (1997), S. 25-27.

2 Thüringer Landtag, Drs. 088.

3 Dem Gesetzesbeschluss vorangegangen war das durch die Volkskammer zwei Tage zuvor erlassene „Gesetz über die weitere Demokratisierung des Aufbaus und der Arbeitsweise der staatlichen Organe in den Ländern der Deutschen Demokratischen Republik" vom 23. Juli 1952.

4 Vgl. Stenogr. Bericht, S. 498-503.

5 *Rainer Dudek / Wolfgang Grantge,* Ländereinführung und Landtagswahlen in der DDR, Köln 1990, S. V.

6 Eine Heimatverbundenheit, eine Verwurzelung der Menschen in ihrer Region, war namentlich in den organisch gewachsenen Ländern Thüringen, Sachsen und zum Teil auch Mecklenburg-Vorpommern offenkundig erhalten geblieben. Dies, obgleich die DDR-Führung mit aller Kraft die Identifikation mit den Bezirken förderte. Die Gründe dafür sind wohl darin zu sehen, dass die Staats- und Verwaltungsorgane der Bezirke und der Kreise sich zu sehr als „bedingungsloses ausführendes Räderwerk der Machtzentrale in Ostberlin begriffen" (*Bernet*) hatten.

7 Regierungserklärung vom 19. April 1990.

8 Koalitionsvereinbarung vom 12. April 1990.

9 Nach *Rainer Dudek / Peter-Michael Mombaur,* Kommunalverfassung in der DDR, Köln 1990, S. VI, war diese kommunale Tradition „praktisch ... seit dem Beginn der Diktatur des Nationalsozialismus verschüttet".

10 Nr. 1 der „Geschäftsordnung für den Politisch-Beratenden Ausschuß (PBA) in Vorbereitung der Gründung des Landes Thüringen".

11 GBl. DDR I, S. 255. Dieses Gesetz wurde in Thüringen abgelöst durch die „Vorläufige Kommunalordnung für das Land Thüringen" in der Fassung vom 24.7.1992 (GVBl., S. 383), die ihrerseits mit dem Inkrafttreten der Thüringer Gemeinde- und Landkreisordnung vom 16.8.1993 (GVBl., S. 501) obsolet wurde.

12 Dieses Gesetz schuf für 119.652 Mandatsträger in insgesamt 7.787 Gemeindevertretungen die Rechtsgrundlage, alle Angelegenheiten der örtlichen Gemeinschaft in eigener Verantwortung zu regeln. Zur Entwicklung der Personalstruktur in den Kommunen *Jürgen Maier / Karl Schmitt,* Kommunales Führungspersonal im Umbruch. Austausch, Rekrutierung und Orientierungen in Thüringen, Wiesbaden 2008.

13 Konferenz des Ministerrates mit den Oberbürgermeistern und Landräten am 3. Juni 1990 im Haus der Ministerien in Berlin. Vgl. *Lothar de Maizière,* Vom Mauerfall zur Deutschen Einheit – Die Aufhebung des Unrechts von 1952 und die Wiedereinführung der Länder, in: Thüringer Verwaltungsblätter 18 (2009), S. 25ff.

14 In Thüringen muss es wohl frühzeitig Anzeichen gegeben haben, dass dieses Prinzip gefährdet sei. In einem Schreiben des Gemeinde- und Städtebundes Thüringen vom 3.9.1990 wird jedenfalls diese Befürchtung geäußert und unter anderem gebeten, die Kreise zu beauftragen, die Rechtsaufsicht entsprechend den Bestimmungen der Kommunalverfassung auszuüben bzw. bei der Übernahme gemeindlicher Aufgaben durch die Kreise gemäß § 72 Abs. 3 Kommunalverfassung vorerst keine Genehmigung zu erteilen. (Archiv des Thüringer Landtages; Dokumente, auf deren Herkunft im Folgenden nicht im Einzelnen verwiesen wird, befinden sich ebenfalls in diesem Archiv.)

15 GBl. DDR I, S. 955.

16 Vom DDR-Minister für regionale und kommunale Angelegenheiten, Manfred Preiß, zwar als „vernunftwidrig" bezeichnet, war die Fünf-Länder-Lösung seiner Ansicht nach unabweisbar. „Man hatte sich mit seinem künftigen Heimatland bereits identifiziert". Bei jeder anderen Regelung „wären Hunderttausende auf die Straße gegangen", in: Frankfurter Allgemeine Zeitung vom 12.7.1990, S. 4.

17 Nach einem dem Ländereinführungsgesetz vorangehenden Beschluss des Ministerrates der DDR vom 3. Mai 1990 in der Form der „Endredaktion: 10. Mai 1990" war die Länderbildung „nicht nur auf die Neuordnung territorialer Einheiten, sondern vor allem auf die Schaffung einer rechtsstaatlich verpflichteten demokratischen und sozialen Föderation gerichtet".

18 Zur Problematik von sog. konsultativen Abstimmungen vgl. *Ulrich Rommelfanger,* Das konsultative Referendum, Berlin 1988.

19 Die Rechtmäßigkeit des Beschlusses wurde vom angerufenen Volkskammerausschuss für Verfassungs- und Verwaltungsreform bestätigt. Vgl. Thüringer Allgemeine (im Folgenden: TA) vom 20.7.1990. Dementsprechend heißt es in § 1 des Ländereinführungsgesetzes: „Mit Wirkung vom 14.10.1990 werden in der DDR folgende Länder gebildet: ... Thüringen, durch Zusammenlegen der Bezirksterritorien Erfurt, Gera und Suhl, zuzüglich der Kreise Altenburg, Artern und Schmölln." Zu den Vorgängen in Altenburg, Artern und Schmölln vgl. *Dieter Marek / Doris Schilling,* Neubildung des Landes 1990, in: *Post / Wahl* (Anm. 1), S. 60-69, 66.

20 GVBl. I, S. 960.

21 Zu den Wahlen und ihren Ergebnissen vgl. den Beitrag von *Schmitt* in diesem Band.

22 GBl. DDR I, S. 269.

23 In diesem Zusammenhang interessant ist die für die Judikative bestimmte Nr. 2 des Beschlusses. „Die Wahlperiode der Richter und Schöffen der Bezirksgerichte wird verlängert. Sie endet 3 Monate nach Inkrafttreten eines Richtergesetzes in der DDR."

24 Zusätzlich wurden „beratende Gremien gebildet, die sich aus den Abgeordneten der Volkskammer des jeweiligen Bezirkes zusammensetzen" und „regelmäßig (mindestens jedoch monatlich) vom Regierungsbevollmächtigten zusammengerufen" werden müssen (Nr. 5 des Beschlusses).

25 Entnommen dem Antrag des Bundes Freier Demokraten - Die Liberalen vom 20.4.1990, unterzeichnet von Peter Eisele und Christiane Knörck (Kopie beim Verfasser).

26 Ebd. Der Bund Freier Demokraten - Die Liberalen beantragte des weiteren, dass sich der Bezirkstag auflöst und die Regierung der DDR aufgefordert wird, „eine handlungsfähige Exekutive zu berufen, die geschäftsführend bis zur Amtsübernahme durch eine gewählte Landesregierung tätig" ist.

27 Überschrieben mit: „Vorschlag zur Durchführung der letzten Sitzung des Bezirkstages Erfurt", der daneben die Tagesordnungspunkte „Einschätzung der Lage und Stand der Vorbereitung der Länderbildung - BE: Amt. Vorsitzender des Rates, Abg. Horst Lang" und „Bericht des Vorsitzenden der zeitweiligen Kommission Amtsmißbrauch" - BE: Abg. Jörg Schwäblein" enthielt (Kopie der Einladung zur Sitzung beim Verfasser).

28 Sie wurden gebeten, ihm „bis zum 31. Mai 1990 dafür eine mit den Parteien des Bezirkes, die ebenfalls Abgeordnetenmandate für die Volkskammer erhalten konnten, abgestimmten namentlichen

Vorschlag zu unterbreiten".

29 Die Vergütung der Regierungsbevollmächtigten wurde auf „2.700 DM und 800 DM Dienstaufwandsentschädigung" analog dem Gehalt der bisherigen Vorsitzenden der Räte der Bezirke festgesetzt.

30 Mit dem Amt des Regierungsbevollmächtigten setzte die DDR-Regierung in den Bezirken Regierungsvertreter ein, deren Funktion in der Umsetzung der Regierungsbeschlüsse unter Auflösung der alten Verwaltungsstrukturen bestand.

31 Regierungsbevollmächtigter Duchac, in: TA vom 11.6.1990.

32 Exemplarische Darstellung der rheinland-pfälzisch-thüringischen Partnerschaften. – Zum 4. Oktober 1990 bestanden zwischen 24 thüringischen und rheinland-pfälzischen Gemeinden, Städten und Verbandsgemeinden Partnerschaften. Vgl. Unser Partnerland Thüringen, hg.v. Landeszentrale für politische Bildung Rheinland-Pfalz.

33 Vgl. dazu *Rudolf Müller*, Fünf Jahre kommunale Partnerschaft Trier-Saarburg mit Rudolstadt, in: Jahrbuch Kreis Trier-Saarburg, Trier 1995, S. 48ff.

34 In der Entschließung heißt es weiter: „Diese Partnerschaft soll dazu dienen, Hilfestellung zu geben für die Kontaktaufnahme der Menschen untereinander, Beziehungen zwischen Gemeinden, Schulen, Vereinen und Verbänden aufzubauen und zu pflegen, konkrete Hilfsprojekte zur Linderung der Nöte in der DDR zu initiieren, wirtschaftliche Zusammenarbeit zwischen hiesigen Unternehmen und Betrieben in der DDR anzuregen und zu fördern und einen intensiven kommunalen Erfahrungsaustausch auf allen Ebenen und mit allen Gruppen zu sichern", zit. nach Trierischer Volksfreund vom 20.12.1989, S. 12.

35 Sehr instruktiv zu dieser Problematik *Müller* (Anm. 33).

36 Die Partnerschaft zwischen beiden Landkreisen hat in der Anfangszeit und später zu einer Vielzahl von hilfreichen Initiativen geführt. Aus der Fülle zu nennen sind beispielhaft die Unterstützung beim Aufbau der kommunalen Selbstverwaltung des Kreises Rudolstadt durch den Austausch von Verwaltungsfachleuten bzw. durch finanzielle Mittel zum Besuch von Kurzzeitlehrgängen an der Fachhochschule für Öffentliche Verwaltung in Mayen bzw. an der rheinland-pfälzischen Gemeindeverwaltungsschule. Weitere Beispiele im Sammelrundschreiben 48, Nr. 9, des Landkreistages Rheinland-Pfalz vom 9.10.1990.

37 Die Errichtung erfolgte bereits im September 1990; sie wurde geleitet durch den Ministerialbeamten von Hammerstein.

38 Auf welche Umstände die Ressortverteilung tatsächlich auch zurückgehen konnte, ist für die Verwaltungshilfe des Thüringer Landtags anschaulich dargestellt bei *Joachim Linck*, Haus demokratischer Willensbildung. Wiedergeburt der parlamentarischen Demokratie, in: *Thüringer Landtag (Hrsg.)*, Politisches Zentrum eines neuen Bundeslands. Der Thüringer Landtag, Erfurt o.J., S. 97-111, hier S. 104.

39 So zurecht die damalige Staatssekretärin im rheinland-pfälzischen Innenministerium, Dr. Wurzel; vgl. Der Beamte in Rheinland-Pfalz, 1990, Nr. 11, S. 148.

40 Die folgenden Ausführungen beschränken sich im Wesentlichen auf Rheinland-Pfalz; der Verfasser wurde im Spätsommer 1990 im Rahmen der Verwaltungshilfe nach Thüringen abgeordnet. Zu Hessen vgl. *Norbert Kartmann / Dagmar Schipanski (Hrsg.)*, Hessen und Thüringen. Umbruch und Neuanfang 1989/90, Frankfurt a.M. 2007.

41 Am 20. Februar 1990 ist vom damaligen rheinland-pfälzischen Kultusminister ein Koblenzer Architektenbüro mit der Planung, Koordination und Projektleitung der rheinland-pfälzischen Hilfsmaßnahmen für Thüringen im Bereich der Denkmalpflege beauftragt worden. Die Vertretung des Landes Rheinland-Pfalz beim Bund begann ebenfalls im Jahr 1990 mit Schulungen, Seminaren sowie Informations- und Begegnungsprogrammen für thüringische Verwaltungsbeamte, Juristen

und Kommunalpolitiker; Pressedienst der Landesregierung Rheinland-Pfalz, Jg. 44, Nr. 188.

42 Pressedienst der Landesregierung Rheinland-Pfalz, Jg. 44, Nr. 159.

43 Am 6. Juni 1990 sicherte der damalige hessische Justizminister Koch zu, dass Hessen noch vor der Sommerpause Praktika in der Zivil- und Arbeitsgerichtsbarkeit für thüringische Richter anbiete und ab September sich daran Fortbildungskurse anschlössen. Vgl. TA vom 7.6.1990.

44 Zur Verwaltungshilfe des Freistaates Bayern *Paul Molodowsky*, Verwaltungshilfe der alten für die neuen Länder, in: Bayerische Verwaltungsblätter 37 (1991), S. 481-484.

45 Die rheinland-pfälzische Landesregierung bestellte für die Staatskanzlei und die einzelnen Ressorts sog. „Thüringenbeauftragte“, die die Koordination der Verwaltungshilfe in ihrem Zuständigkeitsbereich durchführten.

46 Vgl. *Molodowsky* (Anm. 44) und sehr anschaulich *Thomas Bauer*, Aufbau der Verwaltung in den fünf neuen Ländern, in: Staatswissenschaften und Staatspraxis 2 (1991), S. 378-401. „Ideologische Barrieren, wie sie teilweise noch im Ministerium des Innern der DDR auftraten“ waren für Bauer im Thüringer Innenministerium nicht mehr feststellbar.

47 *Molodowsky* (Anm. 44), S. 484.

48 *Bauer* (Anm. 46), S. 388.

49 *Molodowsky* (Anm. 44), S. 484; eine anschauliche Bilanz bei *Joachim Linck,* Wie ein Landtag laufen lernte. Erinnerungen eines westdeutschen Aufbauhelfers in Thüringen, Köln u.a. 2010.

50 Zum Folgenden vgl. *Ulrich Rommelfanger*, Der Politisch-Beratende Ausschuß zur Bildung des Landes Thüringen, in: Thüringer Landtagskurier, 3/2003, S. 19; *Linck* (Anm. 38); *Gunther Mai,* Die Vorläufer der Landesverfassung unter besonderer Berücksichtigung der Arbeiten des ‚Politisch beratenden Ausschusses zur Bildung des Landes Thüringen‘, in: *Thüringer Landtag (Hrsg.),* Zehn Jahre Thüringer Landesverfassung, Erfurt 2004, S. 25-41, sowie die Dokumente Nr. 34 und 35, in: *Post / Wahl* (Anm. 1), S. 155-157.

51 Zu den bis dahin bestehenden Runden Tischen der drei Thüringer Bezirke vgl. *Thüringer Landtag (Hrsg.),* Die ‚Runden Tische‘ der Bezirke Erfurt, Gera und Suhl als vorparlamentarische Gremien im Prozess der Friedlichen Revolution, Erfurt 2009.

52 „Ich halte das Wählervotum vom 18. März für richtungsweisend. Deshalb glaube ich, dass aus diesem Grunde ein Runder Tisch für Thüringen mit einer gleichberechtigten Zusammensetzung von Parteien und Organisationen, die über einen sehr großen Stimmenanteil verfügen – ich denke da nicht nur an die CDU, sondern auch an SPD und PDS – gleichberechtigt mit anderen, die immer nur einen verschwindend geringen Anteil des Wählervotums haben, nicht gangbar ist“, in: Frankfurter Allgemeine Zeitung vom 18.4.1990.

53 Die „offizielle Konstituierung“ sollte, ausweislich des Protokolls der Sitzung vom 15.6.1990, aber erst in der 2. Beratung am 30.5.1990 erfolgen.

54 Dieses Schreiben enthielt u.a. einen Vorschlag für die Zusammensetzung und Sitzverteilung im PBA unter Berücksichtigung der Volkskammerwahl- und der Kommunalwahlergebnisse.

55 Im Einzelnen waren dies die Arbeitsgruppen: Koordinierung; Landesverfassung, Kommunalverfassung und Bevollmächtigte beim Bund; Medienpolitik; Verwaltungsstruktur; Inneres; Justiz; Finanzen; Wirtschaft und Technologie; Ernährung, Landwirtschaft und Forsten; Wissenschaft, Kultur und Kunst; Bildung; Arbeit, Soziales, Gesundheitswesen; Umweltschutz, Raumordnung, Landesplanung; Tourismus; Landtag; Technisch-organisatorische Vorbereitung der Länderbildung.

56 Protokoll der 3. Sitzung.

57 Vgl. Pressemeldung PBA vom 21.9.1990.

58 Zit. nach TA vom 3.10.1990.

59 Der Landeswahlleiter für Thüringen, Peter Schulze, appellierte an die Wähler, ihr Stimmrecht wahrzunehmen, um so einer sich abzeichnenden Wahlmüdigkeit zu begegnen. Vgl. TA vom 10.10.1990.

60 Vgl. TA vom 12.10.1990. Kurz zuvor hatte sich die „Bürgerinitiative Nordthüringen“, in der sich Bürger der drei Kreise Sangershausen, Nebra und Naumburg zusammengeschlossen hatten, an das Bundesverfassungsgericht mit der Bitte um Unterstützung des Vorhabens gewandt, dass in diesen Kreisen Volksentscheide zur künftigen Länderzugehörigkeit stattfinden könnten. In dem Schreiben heißt es u.a.: „Seit der Annexion des ehemaligen kursächsischen Thüringer Kreises durch Preußen 1815 wurde bis auf den heutigen Tag der Wille der Bevölkerung Nordthüringens auf freie Selbstbestimmung und Länderzugehörigkeit zu Thüringen verhindert“; zit. nach TA vom 9.10.1990.

61 TA vom 15.10.1990.

62 Ausführlich zur Konstituierung *Linck* (Anm. 38).

63 Instruktiv dazu: *Joachim Linck*, Die Vorläufige Landessatzung für das Land Thüringen, in: Thüringer Verwaltungsblätter 1 (1992), S. 1-10.

64 Die Koalitionsvereinbarung ihrerseits trägt das Datum des 6. November 1990. Sie endet mit den Worten: „Diese Koalitionsvereinbarung bekräftigt den gemeinsamen Willen von CDU und FDP zur Übernahme der politischen Verantwortung für den Aufbau des Bundeslandes Thüringen.“

65 Im Einzelnen waren dies: Stellv. Ministerpräsident und Minister für Wissenschaft und Kunst Dr. Fickel; Innenminister Böck; Kultusministerin Lieberknecht; Justiz- und Europaminister Dr. Jentsch; Finanzminister Dr. Zeh; Wirtschaftsminister Schultz; Sozial- und Gesundheitsminister Dr. Axthelm; Landwirtschaftsminister Dr. Sklenar; Umweltminister Sieckmann; Minister für besondere Aufgaben Lengemann.

66 Ein erster wesentlicher Schritt war der Erlass der „Ersten Verordnung zur Bestimmung von Zuständigkeiten“ vom 18.12.1990, VOBl. 1991, S. 1.

67 Kabinettsbeschluss vom 21.11.1990.

68 Insbesondere die bis 31.12.1990 vorgesehene Auflösung der drei noch bestehenden Bezirksverwaltungen Erfurt, Gera und Suhl, die einen besonderen Schwerpunkt der Kabinettssitzungen vom 20./21.11.1990 bildete; vgl. TA vom 22.11.1990.

69 Vom 4.12.1990, VOBl. (Nr. 1) vom 27.12.1990, S. 1.

70 Vom 15.1.1991, VOBl. (Nr. 2) vom 31.01.1991, S. 16.

71 Vom 15.1.1991, VOBl. (Nr. 2) vom 31.01.1991, S. 20.

72 Er legte dar, dass frühere Funktionsträger nicht übernommen bzw. die entscheidenden Positionen in den Ministerien (Abteilungsleiter, Referatsleiter) noch nicht besetzt worden seien. Letztere Stellen würden bis zum 14. Dezember 1990 öffentlich ausgeschrieben.

73 Mit dieser Einschätzung knüpfte Duchac an seine Vorstellungen als Regierungsbevollmächtigter an. In einem Interview mit der Thüringer Allgemeinen vom 11.6.1990, auf die Frage der Zukunft der Mitarbeiter des ehemaligen Rates des Bezirkes angesprochen, hatte er erklärt: „Mit der Wende sind wir Christen angetreten für Gerechtigkeit, für Frieden und Bewahrung der Schöpfung. Wer sich dem Ziel mit Sachkompetenz und Loyalität stellt, der soll mitarbeiten, egal was er früher war und machte. Sachkompetenz wird man vielen Leuten im Rat des Bezirkes nicht abstreiten können. Die Loyalität müssen sie beweisen.“

74 Richter und Staatsanwälte aus Rheinland-Pfalz und Hessen übernahmen in dieser Phase leitende Funktionen in den Gerichten und bei den Staatsanwaltschaften.

75 In ihr erzielte man noch vor der Landtagswahl vom 14. Oktober 1990 Konsens über die Zuständigkeit der einzelnen zu errichtenden Ministerien sowie ihres Personalbedarfs. Die auch im Politisch-Beratenden Ausschuss sehr umstrittene Frage der Errichtung von Mittelbehörden blieb allerdings

zunächst noch ungelöst. Zu dieser Clearing-Stelle *Bauer* (Anm. 46), S. 380.

76 „Entscheidung der Landesregierung über den Fortbestand und die Abwicklung von Einrichtungen des Landes Thüringen" vom 11.12.1990, VOBl. Nr. 1, S. 13.

77 Eine Vielzahl von Gemeinden hatte weniger als 100 Einwohner, darunter etwa Massenhausen (Kreis Hildburghausen) mit 18 Einwohnern.

78 Obgleich anscheinend eine solche erst für die zweite Legislaturperiode vorgesehen war, so *Bauer* (Anm. 46), S. 381, fand sie tatsächlich noch Ende der ersten Legislaturperiode statt.

79 Anordnung der Landesregierung und Verordnung des Innenministers über die Errichtung von Behörden und Einrichtungen des Landes Thüringen vom 18.6.1991, GVBl. (Nr. 13), S. 188.

80 GVBl. (Nr. 14), S. 217.

81 GVBl. (Nr. 8), S. 83.

82 *Bauer* (Anm. 46), S. 385, berichtet, dass im Februar 1991 allein im Thüringer Innenministerium noch ein Bedarf an 35 Referenten, 44 Sachbearbeitern und 11 sonstigen Mitarbeitern bestanden habe.

83 TA vom 18.4.1990, S. 3.

84 Nachdem die Frist bis zum 14. Dezember 1990 verlängert worden war, hatte sich mit Nordhausen Anfang Dezember 1990 die fünfte Stadt als Landeshauptstadt neben Erfurt, Weimar, Gera und Jena beworben.

85 Angeblich einer Bitte der Thüringer CDU entsprechend, sah Caesar den Entwurf „als Diskussionsbeitrag" an, der insoweit auch „Bestandteil der Partnerschaftshilfe zwischen Thüringen und Rheinland-Pfalz" sei, so Caesar in einem Interview mit der TA vom 8.10.1990. Vom Landesbevollmächtigten Duchac und dem CDU-Landesvorsitzenden Böck ist diese Darstellung des rheinland-pfälzischen Justizministers bestritten worden. Vgl. TA vom 9.10.1990.

86 Zur Verfassungsentwicklung in Thüringen vgl. *Ulrich Rommelfanger*, Die Verfassung des Freistaates Thüringen des Jahres 1993, in: Thüringer Verwaltungsblätter 2 (1993), S. 145-150, 173-184; *ders.*, Ausarbeitung und Werdegang der Thüringer Landesverfassung, in: *Karl Schmitt (Hrsg.)*, Die Verfassung des Freistaats Thüringen, Weimar / Köln / Wien 1995, S. 55-68. Erinnert sei auch daran, dass noch im April 1990 der damalige Landesvorsitzende Ehrich vorgeschlagen hatte, dass zur schnellen Bildung eines Thüringer Landtages „die Verfassung von 1946 für das Land Thüringen in Kraft treten könnte", TA vom 18.4.1990.

87 Antrag der Fraktionen der CDU und FDP, Drs. 1/32.

88 In diese Richtung gingen auch verschiedene Anträge der CDU bzw. von CDU und FDP gemeinsam, wie derjenige betr. die „Unterbindung der Beschäftigung von Mitarbeitern des ehemaligen MfS/AfNS in der öffentlichen Verwaltung" (Drs. 1/102) oder die Anfrage zum „Waffenbesitz ehemaliger Mitarbeiter des MfS/AfNS zur Ausübung der Jagd" (Drs. 1/101).

89 Aus der Fülle der bis Jahresende 1991 verabschiedeten Gesetze sind insbesondere zu nennen: Ministergesetz vom 14.5.1991 (GVBl., S. 86); Thüringer Privatrundfunkgesetz vom 21.7.1991 (GVBl., S. 255); Thüringer Pressegesetz vom 31.7.1991 (GVBl., S. 271); Erstes Gesetz zur Verbesserung zur Funktionsfähigkeit der Thüringer Verwaltung vom 7.8.1991 (GVBl., S. 285); Thüringer Datenschutzgesetz vom 29.10.1991 (GVBl., S. 516) und das Thüringer Verfassungsschutzgesetz vom 29.10.1991 (GVBl., S. 527).

90 Beispielsweise 2.9.1991 „Neuanfang des Bildungswesens in Thüringen" aufgrund „normalen Schuljahresbeginns" (Kultusministerin Lieberknecht); 1.7.1991 Einführung der neuen Polizeiorganisation Thüringens und Stichtag für die Verbeamtung des nahezu gesamten mittleren Vollzugsdienstes der Polizei.

Thomas Würtenberger / Patricia Wiater

Grundzüge der Thüringer Verfassung

Eine der zentralen Herausforderungen, der sich die neuen Bundesländer nach der Vollendung der Deutschen Einheit und der Wiederherstellung der alten Länderstrukturen zu stellen hatten, war die Verfassungsgebung.[1] Das endgültige Inkrafttreten der Verfassung des Freistaats Thüringen[2] am 16. Oktober 1994 hat die Welle der Verfassungsgebung in den neuen Bundesländern abgeschlossen.[3] Seitdem ist mehr als ein Jahrzehnt vergangen, in dem sich die Verfassung des Freistaats Thüringen im Alltag bewähren und in ihrer „Praxistauglichkeit" auf die Probe stellen lassen musste.[4]

I. Rahmenbedingungen für die Verfassungsgebung in den Bundesländern – Entstehungskontext der Thüringer Verfassung

Nach der Theorie des westlichen Verfassungsstaates gehört die Verfassungsgebung zu den Wesensmerkmalen der Volkssouveränität. Die Verfassungsgebung ist Akt einer autonomen, nicht durch heteronome Vorgaben gebundenen, im Selbstbestimmungsrecht des Volkes wurzelnden Entscheidung. Die verfassungsgebende Gewalt ist also jene Gewalt, „die faktisch die Macht hat, auch die rechtlichen Fundamente der Verfassungsordnung einzureißen und durch andere zu ersetzen."[5]

Mit der Aufgabe, eine neue und den geänderten politischen Gegebenheiten angepasste Landesverfassung zu konzipieren, waren in Folge der deutschen Wiedervereinigung in den Jahren 1989/1990 die fünf „neuen Bundesländer", Brandenburg, Mecklenburg-Vorpommern, Sachsen, Sachsen-Anhalt und Thüringen, betraut.[6] Die Verfassungsgebung in den neuen Bundesländern war hierbei nicht Akt einer rein autonomen Entscheidung der verfassungsgebenden Gewalt – ging es doch nicht um eine Verfassungsgebung, bei der im originären Sinne neue politische Grundentscheidungen getroffen und grundsätzliche Alternativen politischer Ordnung geregelt werden konnten. Die verfassungsrechtliche Bindung der verfassungsgebenden Gewalt aller Bundesländer an die Grundsätze des Verfassungsstaates ist nämlich in Art. 28 Abs. 1 GG vorgesehen. Hiernach musste die verfassungsmäßige Ordnung in den Bundesländern den Grundsätzen des republikanischen, demokratischen und sozialen Rechtsstaates im Sinne des Grundgesetzes entsprechen. Dies forderte im Kontext der Verfassungsgebung und fordert – im Kontext der Rechtspraxis der Landesverfassungsgerichte nach wie vor – ein Mindestmaß an verfassungsrechtlicher Homogenität in der Verfassungsordnung zwischen Bund und Ländern. Im Bundesstaat besteht zwar ein „duplex regimen“, d.h. eine Teilung der politischen Herrschaft zwischen Bund und Ländern, eine grundsätzliche Übereinstimmung in den verfassungsrechtlichen Grundlagen der politischen Ordnung ist aber gleichwohl unabdingbar.

Im Einzelnen bedeutete dies für die „Mütter und Väter“ der Thüringer Verfassung, dass die Landesverfassung über die Staatsfundamentalnormen des Grundgesetzes hinaus eigenständige Staatszielbestimmungen, eigenständige Grundrechte und eigenständige Regelungen des politischen Prozesses vorsehen konnte.[7] Landesverfassungsrechtliche Regelungen, die den Grundsätzen des Art. 28 Abs. 1 GG widersprechen, sind hingegen, wie es der Grundsatz „Bundesrecht bricht Landesrecht“ in Art. 31 GG vorsieht, nichtig.[8] Bei den Beratungen der Thüringer Verfassung war man sich bewusst, dass all jenes Recht, das der Bund in Inanspruchnahme seiner Gesetzgebungskompetenzen, und sei es auch nur durch Rechtsverordnung, gesetzt hat, dem Landesverfassungsrecht vorgeht. Dies galt vor allem für grundrechtliche Regelungen und für Staatszielbestimmungen in den Landesverfassungen. Ein bei den Verfassungsberatungen diskutiertes Asylgrundrecht oder ein landesverfassungsrechtlicher Vorrang für eine Politik der Vollbeschäftigung liefen schon deshalb leer oder wären gar grundgesetzwidrig, weil diese Bereiche durch die Asylgesetzgebung des Bundes oder die Regelung des gesamtwirtschaftlichen Gleichgewichts in Art. 109 GG in Verbindung mit dem Stabilitätsgesetz näher ausgestaltet sind.

Insofern standen und stehen jeglichen Vorhaben, durch abweichende Regelungen in Landesverfassungen bewusst das Bundesrecht zu konterkarieren, sowohl verfassungsrechtliche als auch grundlegende verfassungspolitische Einwände entgegen: Durch landesverfassungsrechtliche Regelungen würde in einem solchen Falle etwas gewährleistet, wofür der Landesgesetzgeber keine Kompetenz zur näheren Ausgestaltung besitzt. Grundrechtlich oder von den Staatszielen her betrachtet, ist es ausgeschlossen, dem Bürger ein Stück Freiheit oder ein politisches Programm in der Landesverfassung zu versprechen, für das der Bundesgesetzgeber und nicht der Landesgesetzgeber die näheren Regelungen trifft. Eine Landesverfassung würde erheblich an Geltungskraft einbüßen, wenn sie verspräche, was sie nicht gewährleisten kann, weil der Regelungsbereich der Souveränität des Landesgesetzgebers entzogen ist.

II. Die Grundzüge der Verfassung des Freistaats Thüringen

Die Verfassung des Freistaats Thüringen enthält nicht nur Bauelemente des Grundgesetzes und der Verfassungen der alten und neuen Bundesländer, sondern ist zudem durch eine Reihe zukunftsweisender politischer Festlegungen geprägt, die auch heute – nach mehr als einem Jahrzehnt seit Inkrafttreten der Verfassung – von besonderer Innovationskraft zeugen.

1. *Die Präambel*

Der Verfassungs- und Geschäftsordnungsausschuss hat die Formulierung der Präambel der Thüringer Verfassung nach besonders langem Ringen erst in seiner letzten Sitzung beschlossen. In der Präambel wird die entstehungsgeschichtliche Situation und werden jene Entwicklungslinien umrissen, in deren Kontinuität die Verfassung rechtliche Wirksamkeit entfalten soll. Der entstehungsgeschichtliche Kontext der Verfassungsgebung in Thüringen wird, wie in anderen Verfassungen der neuen Bundesländer auch, mit den „leidvollen Erfahrungen mit überstandenen Diktaturen“ und mit dem Erfolg „der friedlichen Veränderungen im Herbst 1989“ umrissen. Zugleich wird in längerer historischer Perspektive an die wechselvolle Geschichte des Landes und an seinen kulturellen Reichtum angeknüpft. Ein Hinweis auf die „Schönheit des Landes“ dürfte ein Novum in einer Präambel sein, ist aber zugleich als Appell zu verstehen, sich bei künftiger politischer Gestaltung um die Wahrung und Förderung dieses Aspektes zu bemühen.[9]

Aus diesem historischen Hintergrund entsprang der Wille des Verfassungsgebers zur Gestaltung einer verfassungsstaatlichen Ordnung, die sich insbesondere an der Achtung der Freiheit und Würde des Einzelnen orientiert, die der sozialen Gerechtigkeit verpflichtet ist, Natur und Umwelt bewahrt und schützt, Verantwortung für die Lebenschancen künftiger Generationen übernimmt, innen wie außen friedensstiftend wirkt, den demokratischen Rechtsstaat erhält und „Trennendes in Europa und der Welt“ überwindet. Von besonderer Bedeutung und Aussagekraft ist die Existenz einer sog. „invocatio Dei“ in der Präambel der Verfassung. Verfassungsgebung „in Verantwortung vor Gott“ ist keineswegs mehr eine Selbstverständlichkeit in den neueren Landesverfassungen. Wenn nach den Jahrzehnten des Materialismus und Atheismus bei der Grundierung einer neuen Rechts- und Verfassungsordnung auch in Verantwortung vor Gott gehandelt wird, so legt die verfassungsgebende Gewalt dadurch ein Zeugnis der sittlichen Bindungen an eine abendländisch fundierte Staats- und Gesellschaftsordnung ab.[10]

2. *Grundrechte, Staatsziele und Ordnung des Gemeinschaftslebens*

Der Grundrechtskatalog der Thüringer Verfassung steht, ebenso wie im Grundgesetz, an der Spitze der Verfassungsgarantien. Der erste Teil der Landesverfassung umfasst in 43 Artikeln neben den Grundrechten auch die Staatsziele Thüringens und die Ordnung des Gemeinschaftslebens. Die liberal-rechtsstaatlichen Grundrechte einerseits und die Staatsziele sowie die Ordnung des Gemeinschaftslebens andererseits werden nicht klar getrennt. Vorteilhaft ist dies insofern, als sachlich Zusammenhängendes zusammenfassend geregelt wird, was die verfassungsrechtliche Transparenz auf den ersten Blick erhöht. Von Nachteil mag sein, dass der Bürger nicht deutlich erkennen kann, welche Verfassungsnormen ihm Abwehrrechte gegen den Staat zugestehen, die gerichtlich durchgesetzt werden können, und welche Verfassungsnormen politische Zielvorgaben definieren, die nur bei grundsätzlicher Verfehlung der verfassungsgerichtlichen Kontrolle unterworfen sind. Durch die bunte Folge von Grundrechten, Zielbestimmungen und Verfassungsaufträgen läuft der Bürger Gefahr, dem Irrtum zu erliegen, dass die soziale Verfassungsprogrammatik rechtsverbindlich und gerichtlich durchsetzbar ist.[11]

a) Die Grundrechte

Grundrechte schützen und sichern eine „staatsfreie Sphäre", indem sie einen Bereich persönlicher Entfaltung, autonomer Gestaltung und politischer Teilnahme garantieren, der vom Staat zu achten und gegenüber Dritten zu schützen ist. Die Grundrechte und -freiheiten des Einzelnen werden nicht nur durch Landesverfassungen, sondern auf komplementäre Weise durch Landesverfassung und den Grundrechtskatalog des Grundgesetzes geschützt. Die Grundrechte des Grundgesetzes definieren den nicht zu unterschreitenden Grundrechtsschutz und gelten insofern auch für die Staatsgewalt der Länder (Art. 1 Abs. 3 GG). Gleichwohl beschränkt sich die Thüringer Verfassung nicht auf ein reines Organisationsstatut; verweist sie doch nicht wie beispielsweise Art. 2 Abs. 1 der Baden-Württembergischen Verfassung generell auf die Grundrechte des Grundgesetzes, sondern regelt, was nach den Jahrzehnten der Diktatur als besonders wichtig empfunden wurde, einen Grundrechtsteil eigener Prägung.

Die Art. 1-14, 17, 18, 21, 25 Abs. 2, 27, 34, 35 und 39 regeln die klassischen liberalrechtsstaatlichen Grundrechte der Menschenwürde, der Gleichheit und der Freiheit. Hier wird in teilweise identischer Regelung,[12] teilweise aber auch mit beachtlichen Modifikationen an den Grundrechtsteil des Grundgesetzes angeknüpft. An der Spitze des Grundrechtskataloges der Thüringer Verfassung steht, in Art. 1 Abs. 1 der Thüringer Verfassung ebenso wie in Art. 1 Abs. 1 des Grundgesetzes garantiert, die Würde des Menschen, die unantastbar und insofern vom Staat zu achten und zu schützen ist. Die „Spitzenrolle", die der Menschenwürdegarantie zukommt, zeigt, dass der Schutz der menschlichen Würde den höchsten und unabdingbaren Wert innerhalb der Verfassungsordnung beansprucht.[13] Die Menschenwürdegarantie des Grundgesetzes wird dahingehend ergänzt, dass es Verpflichtung aller staatlichen Gewalt ist, die Würde des Menschen auch im Sterben zu achten und zu schützen (Art. 1 Abs. 1 S. 2); eine Normierung, die bereits im Rahmen der Verfassungsberatungen die Frage aufgeworfen hat, ob der Staat wirklich der richtige Adressat dieser Schutzpflicht ist, ob dieser besondere Bereich menschlicher Würde nicht bereits durch die allgemeine Würdegarantie mit umfasst wird[14] und ob die Verfassung der richtige Ort der Regelung einer sehr komplexen ethischen Problematik ist.[15]

Mit der Garantie der Menschenwürde verbindet sich das Recht des Einzelnen auf Schutz seiner Persönlichkeitssphäre und auf informationelle Selbstbestimmung.

Art. 6 gewährt das Recht auf Achtung und Schutz der Persönlichkeit, des privaten Lebensbereichs und der personenbezogenen Daten. Im Sinne der informationellen Selbstbestimmung[16] ist jeder berechtigt, über die Preisgabe und Verwendung der ihn betreffenden Daten selbst zu bestimmen (Art. 6 Abs. 2). Hier wird das durch die Rechtsprechung des Bundesverfassungsgerichts geschöpfte Recht auf informationelle Selbstbestimmung als landesverfassungsrechtliches Grundrecht gewährt.[17] Eine wichtige Absicherung des Datenschutzes gewährleistet der Datenschutzbeauftragte, der den Landtag bei der parlamentarischen Kontrolle unterstützt (Art. 69). Überzogenen Anforderungen an den Persönlichkeits- und Datenschutz kann vom Gesetzgeber entgegengetreten werden. Nach Art. 6 Abs. 3 ist bei den Regelungen des Datenschutzes den Belangen historischer Forschung und geschichtlicher Aufarbeitung angemessen Rechnung zu tragen. Diese Regelung lässt sich dahingehend verallgemeinern, dass Persönlichkeits- und Datenschutz kein oberster Grundwert ist, der Vorrang vor anderen Belangen des Gemeinwohls genießt, sondern berechtigten Belangen des Staates und Dritter zu weichen hat, soweit der Gesetzgeber dies bestimmt.

Ausführlicher als im Grundgesetz sind die politischen Freiheitsrechte geregelt. Die Garantien der Meinungsfreiheit, der Versammlungsfreiheit, der Vereinigungsfreiheit und des Petitionsrechts werden durch das Recht auf Mitgestaltung des politischen Lebens im Freistaat ergänzt. Stoßrichtung des Art. 9 ist es insbesondere, die Mitwirkung in Parteien und Bürgerbewegungen verfassungsrechtlich zu legitimieren.[18] Die grundrechtliche Anerkennung von Bürgerbewegungen kann als Reaktion auf die in den Jahren vor der Verabschiedung der Verfassung in Thüringen erlebte Kraft friedlicher Revolutionen verstanden werden.[19] Weitere Grundlage der politischen Kommunikation in einem freiheitlichen Staatswesen ist eine freie öffentliche Meinung. Nach Art. 12 gewährleistet das Land die Grundversorgung durch den öffentlich-rechtlichen Rundfunk und sorgt für die Ausgewogenheit der Verbreitungsmöglichkeiten zwischen privaten und öffentlich-rechtlichen Veranstaltern. Um Entwicklungen zu einem Staatsrundfunk zu vermeiden, sind an der Kontrolle der öffentlich-rechtlichen Rundfunkanstalten die politischen, weltanschaulichen und gesellschaftlichen Gruppierungen nach Maßgabe der Gesetze zu beteiligen.

Eine wesentliche Ergänzung hat schließlich das Petitionsrecht des Grundgesetzes erfahren. Art. 14 S. 2 regelt einen Anspruch auf begründeten Bescheid über eine Petition in angemessener Frist. Vor allem die Begründungspflicht als Detailregelung des Petitionsrechts ist in Art. 17 GG nicht geregelt und wird vom Bundesverfassungsgericht entgegen gewichtigen Stimmen in der Literatur abgelehnt.[20] Ein derartiges Petitionsrecht kann wesentlich dazu beitragen, den Bürger, der sich mit seinen Problemen etwa an den Landtag wendet, davon zu überzeugen, dass man sich mit seinem Anliegen beschäftigt hat; wenn durch die Begründung beim Bürger auch Akzeptanz für die staatliche Entscheidung erweckt werden kann, vermag das Petitionsrecht seine Funktion der politischen Integration erfüllen.

Die vom Grundgesetz vorgesehene Differenzierung zwischen Menschen- und Deutschenrechten ist in der Thüringer Verfassung im Gegensatz zu einigen anderen Landesverfassungen weitgehend beibehalten worden. Wenn im Grundrechtsteil von „Bürger" gesprochen wird, sind die Deutschen im Sinne von Art. 116 Abs. 1 GG gemeint (Art. 104 normiert „Bürger im Sinne dieser Verfassung ist, wer die deutsche Staatsangehörigkeit besitzt oder als Flüchtling oder Vertriebener deutscher Volkszugehörigkeit oder als dessen Ehegatte oder Abkömmling in dem Gebiet der Bundesrepublik Deutschland Aufnahme gefunden hat.")

Die Regeln zur Anwendung des Grundrechtskatalogs der Thüringer Verfassung entsprechen der Grundrechtsdogmatik des Grundgesetzes: Jegliche Einschränkung von Grundrechten muss sich am Verhältnismäßigkeitsprinzip messen lassen (Art. 42 Abs. 4); gesetzliche Regelungen oder Maßnahmen der Verwaltung müssen (1.) geeignet sein, den gesetzlichen Zweck zu erreichen; (2.) bestehen mehrere Regelungsmöglichkeiten oder Arten von Maßnahmen, ist jene zu wählen, die möglichst wenig Nachteile verursacht (Grundsatz des geringstmöglichen Eingriffs bzw. der Erforderlichkeit) und (3.) dürfen Regelungen oder Maßnahmen nur ergehen, wenn die Vorteile die Nachteile überwiegen (Grundsatz der Proportionalität bzw. der Verhältnismäßigkeit im engeren Sinn). Mit Art. 42 Abs. 4 wird das von der Rechtsprechung und Dogmatik aus den Grundrechten und dem Rechtstaatsprinzip hergeleitete und bislang zwar im einfachen, aber nicht im Verfassungsrecht geregelte Verhältnismäßigkeitsprinzip zum Verfassungsprinzip erhoben.

Dem Thüringer Verfassungsgerichtshof, der im Jahre 1995 seine Arbeit aufnahm, obliegt es, den in der Landesverfassung garantierten Grundrechtspositionen Konturen zu verleihen. In den vergangenen Jahren hatte sich der Verfassungsgerichtshof[21] unter anderem mit dem Recht auf die freie Entfaltung der Persönlichkeit nach Art. 3 Abs. 2,[22] der in Art. 8 Abs. 1 garantierten Unverletzlichkeit der Wohnung,[23] dem in Art. 34 garantierten Grundsatz des effektiven Rechtsschutzes,[24] dem in Art. 37 Abs. 3 normierten Mitbestimmungsgrundrecht[25] sowie dem in Art. 88 gewährleisteten Grundsatz des rechtlichen Gehörs zu beschäftigen.[26] Einer der Schwerpunkte der Rechtsprechungsaktivitäten zum Grundrechtsschutz war und ist die Auslegung der Verfahrensgrundrechte, in deren unmittelbarem Sachzusammenhang auch das Willkürverbot steht.[27]

In einer jüngst getroffenen Entscheidung hatte sich der Verfassungsgerichtshof unter anderem mit dem in Art. 2 Abs. 1 garantierten Gleichheitsgrundsatz, aus dem das Willkürverbot hergeleitet wird, zu beschäftigen. Diese Entscheidung dient als Beispiel dafür, wie Grundrechtspositionen aus einer Zusammenschau der durch das Bundesverfassungsgericht und die Landesverfassungsgerichte vorgenommenen Auslegungen ihre Konkretisierung erfahren. Der Beschwerdeführer sah sich durch ein Urteil des Amtsgerichts Gera in seinem Eigentumsrecht aus Art. 34 Abs. 1 Satz 1 ThürVerf und Art. 14 Abs. 1 Satz 1 GG verletzt und rügte zudem die willkürliche Rechtsprechung des Amtsgerichts, das die Vorschrift des § 265 Abs. 2 S. 2 ZPO zu

Unrecht angewandt habe. In seiner Entscheidung konkretisierte der VerfGH das in Art. 2 Abs. 1 ThürVerf enthaltene Recht des Beschwerdeführers auf willkürfreie Rechtsanwendung.[28] Unter Bezugnahme auf die Rechtsprechung des Bundesverfassungsgerichts betonte der Verfassungsgerichtshof, dass das Willkürverbot nicht durch jede fehlerhafte Rechtsanwendung verletzt werde,[29] sondern vielmehr nur dann verletzt sei, wenn die Gerichte des Landes bei der Auslegung und Anwendung bundesrechtlicher Bestimmungen von dem durch den Gesetzeswortlaut vorgegebenen und durch Rechtsprechung und Schrifttum näher beschriebenen Normverständnis so weit abgewichen sind, dass diese Divergenz mit dem Bundesrecht nicht mehr übereinstimmt. Das sei, wie in der Rechtsprechung des Thüringer Verfassungsgerichtshofs bereits konkretisiert,[30] nur dann der Fall, wenn diese Rechtsanwendung als keinesfalls vertretbar, schlechthin unhaltbar, offensichtlich sachwidrig und eindeutig unangemessen qualifiziert werden muss. Weitere Rechtsprechungsbeispiele, anhand derer der Verfassungsgerichtshof im Laufe seiner Tätigkeit die Verfassung konturierte, werden unten gegeben.

b) Staatsziele

An vielen Stellen wird der Grundrechtsteil durch Verfassungsaufträge und Staatszielbestimmungen ergänzt, die dem politischen Prozess Fixpunkte und Leitlinien setzen.[31] Mit Hilfe von Staatszielbestimmungen bestimmt die Verfassung einen festen Bestand an politischen Vorgaben, die im Prinzip politischen Auseinandersetzungen entzogen sind und damit nicht ständig neuer Verständigung bedürfen. Insgesamt gesehen sind die Regelungen der Staatszielbestimmungen und Verfassungsaufträge in der Thüringer Verfassung zum Teil Antworten auf krisenhafte historische Entwicklungen, zum Teil aber auch zukunftsweisende Vorgriffe auf einen neuen Wertekonsens.

Einige Vorschriften dienen der Chancengleichheit von Gruppen, die gesellschaftlich benachteiligt sind. So soll etwa „die tatsächliche Gleichstellung von Frauen und Männern in allen Bereichen des öffentlichen Lebens durch geeignete Maßnahmen" gefördert und gesichert werden (Art. 2 Abs. 2 Satz 2); Menschen mit Behinderung werden unter den besonderen Schutz des Freistaats gestellt, wobei ihre gleichwertige Teilnahme am Leben in der Gemeinschaft gefördert wird (Art. 2 Abs. 4). Die bildungspolitische Chancengleichheit wird durch ein Recht auf Bildung eingelöst (Art. 20). Nach Maßgabe der Gesetze hat jeder freien und gleichen Zugang zu den öffentlichen Bildungseinrichtungen, so dass das soziale Grundrecht auf Bildung nur nach Maßgabe konkreter gesetzlicher Ausgestaltung gewährt ist.[32]

Im Bildungssystem sind nicht nur Behinderte oder sozial Benachteiligte besonders zu fördern, sondern auch die Begabten (Art. 20 Satz 3). Die Normierung der Elitenförderung ist Ausdruck einer Auffassung, wonach es zu den bildungspolitischen Aufgaben eines modernen Staates gehört, sich um wissenschaftliche, kulturelle, ökonomische und ökologische Leistungen zu bemühen und der Überzeugung Folge zu leisten, dass der allgemeine Wohlstand nur durch ein hohes Bildungs- und Leistungsniveau in diesen Bereichen gesichert werden kann. Wie auch in den anderen Verfassungen der neuen Bundesländer wird auf die sozialen Grundrechte eines Rechts auf Arbeit oder auf Wohnung verzichtet. In Form einer Staatszielbestimmung wird vielmehr formuliert, dass es ständige Aufgabe des Freistaats sei, jedem die Möglichkeit zu schaffen, seinen Lebensunterhalt durch frei gewählte und dauernde Arbeit zu verdienen. Zur Verwirklichung dieses Staatszieles werden insbesondere Maßnahmen der Wirtschafts- und Arbeitsförderung, der beruflichen Weiterbildung und der Umschulung durch das Land und seine Gebietskörperschaften ergriffen (Art. 36).[33] Ähnliches gilt für den Bereich der Absicherung von Wohnraum. Darauf hinzuwirken, dass in ausreichendem Maße angemessener Wohnraum zur Verfügung steht, wird durch die Verfassung als ständige Aufgabe des Landes definiert (Art. 15). Nach Art. 16 sichern das Land und seine Gebietskörperschaften allen im Notfall ein Obdach, eine Verpflichtung, die ansonsten aus der grundgesetzlichen Menschenwürdegarantie und der staatlichen Schutzpflicht für Leben und Gesundheit des Bürgers hergeleitet wird.

Weiterhin genießen Kultur, Kunst und Brauchtum Schutz und Förderung durch das Land und seine Gebietskörperschaften (Art. 30). Handlungsanleitend für die Verfassungspraxis ist die in der Verfassung verankerte Verantwortung, staatlichen Schutz und staatliche Förderung nicht in eine pluralitätsfeindliche Staatskultur und Staatskunst ausarten zu lassen. Denn an sich werden die großen Leistungen von Kultur und Kunst nur durch autonome und staatsferne Gestaltung erreicht. Der Schutz der natürlichen Lebensgrundlagen des Menschen, also ein anthropologisch bestimmter Umweltschutz, ist ein wichtiger Zweig im großen Bukett der Staatsziele und Verfassungsaufträge (Art. 31). Schutz des Naturhaushaltes, Artenschutz, Bodenschutz, Ausgleich von Umweltschäden, sparsamer Umgang mit Naturgütern und Energien sowie eine umweltgerechte Energieversorgung sind Leitlinien der Umweltpolitik des Landes. Diese Leitlinien beeinflussen auch die Ordnung des Wirtschaftslebens, die nach Art. 38 einer sozialen und der Ökologie verpflichteten Marktwirtschaft entsprechen soll. Bemerkenswert ist, dass auch der Tierschutz Aufnahme in die Verfassung gefunden hat.[34] Wenn Tiere, den Vorgaben des Art. 32 der Thüringer Verfassung entsprechend, als Lebewesen und Mitgeschöpfe geachtet und vor nicht artgemäßer Haltung und vermeidbarem Leiden geschützt werden sollen, so entspricht dieser verfassungsrechtliche Tierschutz im Kern dem der §§ 1 und 2 des Tierschutzgesetzes des Bundes. Nicht zuletzt stehen, wie in Art. 6 Abs. 1 GG, Ehe und Familie unter dem besonderen Schutz der staatlichen Ordnung (Art. 17 Abs. 1). Förderung und Entlastung verdient, wer in häuslicher, und damit nicht unbedingt in familiärer Gemeinschaft Kinder erzieht oder für andere sorgt. In diesem Sinne hat auch jede Mutter Anspruch auf den Schutz der Fürsorge der Gemeinschaft (Art. 17 Abs. 2 und 3).

Für alle in der Thüringer Verfassung niedergelegten Staatsziele und Verfassungsaufträge regelt Art. 43 die Pflicht des Freistaats, „nach seinen Kräften und im Rahmen seiner Zuständigkeiten" ihre Verwirklichung „anzustreben und sein Handeln danach auszurichten". Von besonderer Bedeutung ist hier der Hinweis auf die Zuständigkeiten des Freistaats. Eine einseitige Vollbeschäftigungspolitik, die den grundgesetzlich gebotenen Erfordernissen des gesamtwirtschaftlichen Gleichgewichts (Art. 109 Abs. 2 GG) nicht Rechnung tragen würde, wäre verfassungswidrig. Gleiches gilt für den Bereich des Natur- und Umweltschutzes oder der Wohnungsbaupolitik – Bereiche, in denen der landespolitische Aktionsrahmen durch bundesrechtliche Vorgaben stark eingeengt ist. So gesehen sind gewisse Vorbehalte gegen das Bukett von Staatszielbestimmungen anzumelden: Ihre Realisierung fällt vielfach in die Kompetenz des Bundes. Verfassungsrechtliche Vorgaben für politische Randbereiche müssen weitgehend wirkungslos bleiben und sind der normativen Kraft der Verfassung grundsätzlich abträglich.[35] Beim Bürger werden zudem durch die Landesverfassung politische Hoffnungen erweckt, deren Erfüllung sich der Souveränität der Landespolitik entzieht.[36]

Die Pflicht des Landes, nach seinen Kräften die Realisierung der vorgenannten Staatsziele und Verfassungsaufträge anzustreben, bleibt letztlich ähnlich blass und konturenlos wie die allgemeine Sozialstaatsklausel des Grundgesetzes. Hat doch die Landesverfassung praktisch für alle wichtigen leistungsstaatlichen Politikbereiche Staatsziele und Verfassungsaufträge formuliert, was notwendigerweise den Wert und die normative Kraft der einzelnen Verfassungsaussage mindert.[37] Die gesamten Staatszielbestimmungen und Verfassungsaufträge lassen sich nur als politische Programmatik ohne eigenständigen rechtlichen Gehalt verstehen, so dass sich ein verfassungsrechtlicher Streit in aller Regel nicht darauf zuspitzen kann, welches der vielfältigen Staatsziele und Verfassungsaufträge angesichts des knappen Ressourcenrahmens vorrangig zu fördern ist.[38] Ob beispielsweise Umweltschutz vor Ausweisung für Bauland oder von Industriestandorten, ob Leistungen im bildungspolitischen Bereich vor Sportförderung rangieren – oder umgekehrt, ist nicht verfassungsrechtlich entschieden, sondern politisch bzw. demokratisch zu entscheiden.[39] Eine verfassungsgerichtlich justitiable Rangordnung zwischen den verschiedenen Staatszielen und Verfassungsaufträgen lässt sich auch darum nicht erreichen, weil die Staatszielbestimmungen und Verfassungsaufträge nicht mit der Verfassungsbeschwerde einklagbar.[40]

Man wird freilich einwenden können, dass einige Politikbereiche unter dem „besondern Schutz des Freistaats" stehen. Dies gilt etwa für Menschen mit Behinderung (Art. 2 Abs. 4) oder für Ehe und Familie (Art. 17 Abs. 1). Hieraus kann man jedoch nicht herleiten, dass diese Staatsziele und Verfassungsaufträge vorrangig zu erfüllen seien. Bei den Verfassungsberatungen ist mit der Verwendung des Begriffs „besonderer Schutz" keine Rangskala für eine Bewältigung von Staatsaufgaben verbunden worden.

c) Die Ordnung des Gemeinschaftslebens

Anders als das Grundgesetz entscheidet sich die Thüringer Verfassung ausdrücklich für eine Ordnung des Wirtschaftslebens nach den Grundsätzen einer sozialen und der Ökologie verpflichteten Marktwirtschaft (Art. 38).[41] Diese wirtschaftsverfassungsrechtliche Staatsstrukturbestimmung und die landesverfassungsrechtliche Garantie des Eigentums und der Berufsfreiheit stehen in einem Spannungsverhältnis. Die Garantie des Eigentums in Art. 34 entspricht im übrigen der Eigentumsgarantie des Art. 14 GG, die Garantie der Berufsfreiheit in Art. 35 modifiziert Art. 12 GG insofern, als in Anlehnung an die Rechtsprechung des Bundesverfassungsgerichts[42] die Berufswahl, Berufsausübung sowie die Berufsausbildung unter Gesetzesvorbehalt gestellt werden. Das Arbeitskampfrecht ist in Art. 37 Abs. 2 geregelt. In dieser Vorschrift ist zwar lediglich das Streikrecht beispielhaft genannt, wodurch das durch Art. 9 Abs. 3 GG garantierte Recht[43] der Arbeitgeber auf Aussperrung landesverfassungsrechtlich nicht ausgeschlossen wird. Aus dem Abschnitt Bildung und Kultur ist besonders hervorzuheben, dass ein „ausreichendes und vielfältiges öffentliches Erziehungs- und Schulwesen, das neben dem gegliederten Schulsystem auch andere Schularten ermöglicht“, gewährleistet ist (Art. 24 Abs. 1). Hiernach sind Gesamtschulen möglich, aber nicht als Regelschule einzurichten.

Seit jeher sind die Landesverfassungen der Ort für die Regelung von Erziehungszielen. Als Erziehungsziele werden „selbständiges Denken und Handeln, Achtung vor der Würde des Menschen und Toleranz gegenüber der Überzeugung anderer, Anerkennung der Demokratie und Freiheit, (der) Wille(n) zur sozialen Gerechtigkeit, die Friedfertigkeit im Zusammenleben der Kulturen und Völker die Verantwortung für die natürlichen Lebensgrundlagen des Menschen und die Umwelt“ herausgestellt (Art. 22). Diese Erziehungsziele wollen ein verfassungsstaatliches politisches Bewusstsein schaffen und zielen auf einen ethisch und politisch verantwortungsbewusst handelnden Bürger. Beim Schulunterricht ist religiöse und weltanschauliche Toleranz und Neutralität zu wahren (Art. 22 Abs. 3, Art 24. Abs. 2); Religions- und Ethikunterricht sind in den öffentlichen Schulen ordentliche Lehrfächer (Art 25).[44]

3. *Das Staatsorganisationsrecht*

Unter der Überschrift „Freistaat Thüringen“ regelt der zweite Teil der Landesverfassung das Staatsorganisationsrecht (Art. 44-103).

a) Grundlagen des Staates

Nach Art. 44 Abs. 1 Satz 1 versteht sich Thüringen als Freistaat in der Bundesrepublik Deutschland. Hierdurch wird zum einen an die republikanische Tradition Thüringens in der Weimarer Zeit und zum anderen an die föderalistische Ordnung in Deutschland angeknüpft.[45] In Modifikation der Staatsstrukturbestimmungen des Grundgesetzes versteht sich der Freistaat Thüringen als ein demokratischer, sozialer und dem Schutz der natürlichen Lebensgrundlagen Menschen verpflichteter Rechtsstaat (Art. 44 Abs. 1 Satz 2). Die Aufnahme der ökologischen Staatsstrukturbestimmung verfestigt nochmals das Staatsziel des Schutzes von Natur und Umwelt und findet sich auch in anderen Verfassungen der alten und neuen Bundesländer.[46] Diese Aufzählung verdeutlicht, dass zwischen demokratischem Staat, Sozialstaat, Rechtsstaat und Umweltstaat eine gleichgewichtige Wechselbeziehung besteht, die die generelle Vorrangigkeit eines dieser Staatsstrukturprinzipien ausschließt. Die Thüringer Verfassung regelt eine parlamentarische und repräsentative Demokratie mit plebiszitären Elementen (Art. 45 Satz 2; Art. 47 Abs. 1). In Homogenität mit dem Grundgesetz werden die Volkssouveränität (Art. 44 Satz 1), die Wahlrechtsgrundsätze (Art. 46) und die Gewaltenteilung (Art. 47) normiert.

b) Der Landtag[47]

Das primär vom Volk legitimierte Verfassungsorgan ist der Landtag. Er wird als das „oberste Organ der demokratischen Willensbildung" (Art. 48 Abs. 1) bezeichnet, übt zusammen mit dem Volk die gesetzgebende Gewalt aus (Art. 47 Abs. 1, Art. 48 Abs. 2) und wählt den Ministerpräsidenten. Auf die Funktionen der Kontrolle der Exekutive und einer umfassenden politischen Willensbildung wird in Art. 48 besonders hingewiesen. Art. 50 entscheidet sich für eine fünfjährige Legislaturperiode. Dies ermöglicht eine längerfristig angelegte Politik, die bisweilen bei der bislang üblichen vierjährigen Legislaturperiode vermisst wird. Eine Fünfprozentklausel (Art. 49 Abs. 2) will regierungsfähige Landtagsmehrheiten sichern. Vorzeitige Neuwahlen sind möglich, wenn der Landtag seine Auflösung mit der Mehrheit von zwei Dritteln seiner Mitglieder beschließt oder wenn nach einem erfolglosen Vertrauensantrag des Ministerpräsidenten der Landtag nicht innerhalb von drei Wochen einen neuen Ministerpräsidenten gewählt hat (Art. 50 Abs. 2).

Die Regelungen über die Rechtsstellung des Abgeordneten entsprechen klassischem Parlamentsrecht. Neu ist lediglich eine gewisse Einfrierung der Höhe der Abgeordnetenentschädigung. In der Vergangenheit haben die Parlamente mitunter unverhältnismäßige Erhöhungen der Abgeordnetenentschädigung beschlossen. Nach Art. 54 wird nunmehr einmalig eine Abgeordnetenentschädigung festgelegt, die nur noch nach Maßgabe der allgemeinen Preis- und Einkommensentwicklung im Freistaat gesteigert werden kann. Damit entzieht die Verfassung die Regelung der Abgeordnetenentschädigung weitestgehend parlamentarischer Beschlussfassung. Eine derartige verfassungsrechtliche Begrenzung der Souveränität des parlamentarischen Gesetzgebers liegt, was freilich bestritten wird, in der Verfassungsautonomie der Länder.[48]

Die Kontrollrechte des Parlaments gegenüber Regierung und Exekutive sind besonders ausführlich geregelt. Dabei wird dem Phänomen Rechnung getragen, dass in der Verfassungswirklichkeit der parlamentarischen Demokratie nicht das Parlament insgesamt, sondern die parlamentarische Opposition die wesentlichen Kontrollfunktionen wahrnimmt. Ist doch bei einer realistischen Betrachtungsweise Parlamentsmehrheit und Regierung jene politische Einheit, die die politische Richtung bestimmt und die durch die politische Opposition zu kontrollieren ist. Bei dieser grundsätzlich zutreffenden Sicht wird freilich mitunter nicht hinreichend gewürdigt, dass gerade auf Landesebene vielfach auch von den Regierungsfraktionen erhebliche Kontrollen, wenn auch nicht unbedingt in medienwirksamer Art, gegenüber der Landesregierung stattfinden.

Art. 59 bezeichnet in Übereinstimmung mit Art. 12 der schleswig-holsteinischen Verfassung und Art. 24 der Hamburger Verfassung die parlamentarische Opposition als einen grundlegenden Bestandteil der parlamentarischen Demokratie.[49] Die Oppositionsfraktionen erhalten das Recht auf Chancengleichheit sowie einen Anspruch auf die erforderliche Ausstattung, um ihre Kontrollfunktion wahrnehmen zu können. Mit Recht ist darauf verzichtet worden, der Opposition die Aufgabe zuzuweisen, die Regierungspolitik zu kritisieren und politische Alternativen zu entwickeln; hat die Opposition doch auch die Aufgabe, soweit erforderlich, an einem politischen Konsens mitzuwirken. Gerade in den großen gesellschaftsspaltenden Themenbereichen bewährt sich die parlamentarische Demokratie auch im Finden eines politischen Konsenses, so dass die Opposition nicht in die Rolle des „Nein-Sagers" gedrängt werden darf. Aufgabe der Opposition ist es nicht, vernünftige Politik zu zerreden, sondern an ihr mitzuwirken, so dass die demokratisch legitimierte Politik breite Akzeptanz in der Bevölkerung zu finden vermag.

Im Einzelnen haben der Landtag, ein bestimmtes Quorum der Landtagsabgeordneten und einzelne Landtagsabgeordnete folgende Kontrollrechte: Nach Art. 66 können der Landtag und seine Ausschüsse die Anwesenheit jedes Mitglieds der Landesregierung verlangen. Dies bedeutet natürlich nicht nur physische Anwesenheit, sondern auch die Pflicht jedes Mitglieds der Landesregierung, auf vorgelegte Fragen zu antworten. Parlamentarische Anfragen hat die Landesregierung unverzüglich zu beantworten (Art. 67 Abs. 1). In den Landtagsausschüssen kann jedes Mitglied verlangen, dass die Landesregierung dem Ausschuss zum Gegenstand seiner Beratung Auskünfte erteilt (Art. 67 Abs. 2). Die Auskunftspflichten der Landesregierung sind allerdings durch die Erfordernisse des Datenschutzes und anderer Geheimhaltungsinteressen sowie durch das Gewaltenteilungsprinzip begrenzt. Einem überzogenen oder zu frühen Auskunftsbegehren kann die Funktionsfähigkeit und die Eigenverantwortung der Landesregierung entgegengehalten werden. Aus der Gewaltenteilung leitet sich ein Recht der Regierung her, politische Konzeptionen zunächst intern und ohne parlamentarische Kontrolle zu entwickeln.[50]

Kontrolle kann immer nur stattfinden, wenn das Parlament umfassend darüber informiert ist, was an politischen Entscheidungen ansteht.[51] Insofern ermöglicht Art. 67 Abs. 4 die Ausübung parlamentarischer Kontrolle dadurch, dass die Landesregierung das Parlament rechtzeitig über Gesetzentwürfe und alle anderen Angelegenheiten unterrichtet, die für das Land von grundsätzlicher Bedeutung sind.

Ein Aktenvorlagerecht der Ausschüsse oder gar einzelner Abgeordneter des Landtages wurde nach reiflicher Überlegung abgelehnt. Ein derartiges Aktenvorlagerecht würde zwar zur Effektivität der parlamentarischen Kontrolle des Regierungsbereichs beitragen. Ihm steht jedoch als gewichtiger Einwand gegenüber, dass ein Aktenvorlagerecht zu einer parlamentarischen Mitregierung führen kann, wenn dem Parlament laufend wichtige Akten von Regierung und Exekutive auf Anfordern vorgelegt werden müssen. Eine derartige parlamentarische Mitregierung würde die Gewaltenteilung zwischen Legislative und Exekutive verwischen; auch würde bei der zu befürchtenden parlamentarischen Mitregierung die politische Verantwortung von Parlament und Regierung für politische Entscheidungen nicht mehr deutlich werden. Damit bleibt das Aktenvorlagerecht auf die Untersuchungsausschüsse und den Petitionsausschuss des Landtages beschränkt (Art. 64 Abs. 4 S. 2, Art. 65 Abs. 2).

c) Plebiszitäre Elemente

Die grundsätzliche Streitfrage, ob plebiszitäre Elemente in die Verfassung eingeführt werden sollen,[52] spielte bei den Verfassungsberatungen nur eine untergeordnete Rolle.[53] Man war sich nach den Erfolgen der Bürgerbewegung und zur Förderung der Bereitschaft zu unmittelbarer politischer Gestaltung[54] weitgehend einig, dass eine plebiszitäre Mitwirkung des Volkes an der politischen Willensbildung ermöglicht werden solle. Die konkrete Ausgestaltung der plebiszitären Elemente in der Thüringer Verfassung wurde jedoch zu einem späteren Zeitpunkt, im Rahmen des Volksbegehrens „Mehr Demokratie in Thüringen"[55] in den Jahren 2000/2001, nachdem es bis dahin zu keiner Realisierung der in der Verfassung angelegten unmittelbaren Demokratie in Thüringen gekommen war, zur Streitfrage. Auf dieses Volksbegehren und die daraus resultierende Verfassungsänderung soll später eingegangen werden. Kontrovers war bereits während der Verfassungsberatungen, ob ein dreistufiges Verfahren mit Volksinitiative, Volksbegehren und Volksentscheid oder ein zweistufiges Verfahren lediglich mit Volksbegehren und Volksentscheid vorgesehen und wie die jeweiligen Quoren festgesetzt werden sollten.

Bei der Lösung des Streites um ein zwei- oder dreistufiges Verfahren hat man als Kompromiss für den Wegfall der Volksinitiative das neue und beachtenswerte Institut des Bürgerantrags eingeführt.[56] Art. 68 regelt im Abschnitt über den Landtag den Bürgerantrag als wichtiges Medium der politischen Kommunikation und der Rückkopplung der wahl- und stimmberechtigten Bürger mit dem Landtag. Durch einen Bürgerantrag können dem Landtag bestimmte Gegenstände der politischen Willensbildung und auch Gesetzentwürfe unterbreitet werden. Da nach Art. 68 Abs. 1 Satz 2 durch Bürgeranträge Gesetzentwürfe „eingebracht werden“ können, sind diese zur Unterstützung eines Gesetzentwurfes der Regierungs- oder Oppositionsparteien unzulässig. Der Bürgerantrag ist lediglich ein Initiativantrag, hingegen kein politisches Mittel bloßer Unterstützung bestimmter politischer Richtungen im Landtag.

Eine stärkere Einflussnahme auf den politischen Willensbildungsprozess stellt das in Art. 82 geregelte Volksbegehren dar, mit dem ausgearbeitete Gesetzentwürfe in den Landtag eingebracht werden können. Der Antrag auf Zulassung des Volksbegehrens muss von mindestens 5.000 Stimmberechtigten unterzeichnet sein (Art. 82 Abs. 3). Das unten noch zu erläuternde Zweite Gesetz zur Änderung der Verfassung hat den Antragstellern in Art. 83 Abs. 5 ein Wahlrecht eingeräumt: Demnach entscheiden mit der Vorlage des Antrags auf Zulassung des Volksbegehrens die Antragsteller selbst darüber, ob die Sammlung durch Eintragung in amtlich ausgelegte Unterschriftsbögen oder in freier Sammlung erfolgen soll. Ein Volksbegehren ist zustande gekommen, wenn ihm durch Eintragung in die amtlich ausgelegten Unterschriftsbögen acht vom Hundert der Stimmberechtigten innerhalb von zwei Monaten zugestimmt haben oder in freier Sammlung mindestens zehn vom Hundert der Stimmberechtigten innerhalb von vier Monaten zugestimmt haben. Neu eingefügt wurde auch die in Abs. 7 festgelegte Frist von sechs Monaten, innerhalb der der Landtag ein Volksbegehren nach der Feststellung seines Zustandekommens abschließend zu behandeln hat. Entspricht der Landtag einem Volksbegehren nicht, findet über den Gesetzentwurf, der Gegenstand des Volksbegehrens war, ein Volksentscheid statt; in diesem Fall kann der Landtag dem Volk zusätzlich auch einen eigenen Gesetzentwurf zur Entscheidung vorlegen. Über die Annahme des Gesetzes entscheidet die Mehrheit der abgegebenen Stimmen; es ist im Wege des Volksentscheids jedoch nur beschlossen, wenn mehr als ein Viertel der Stimmberechtigten zustimmt.

Zum Landeshaushalt, zu Dienst- und Versorgungsbezügen, Abgaben und Personalentscheidungen sind der Bürgerantrag, ein Volksbegehren oder ein Volksentscheid unzulässig (Art. 82 Abs. 2).[57] Haushaltswirksame Entscheidungen werden also der Souveränität des Stimmvolkes vorenthalten. Verfassungspolitisch ist dies sicherlich zu begrüßen. Allerdings kann auch ein Volksentscheid über ein Gesetz, das Kindergartenplätze schafft oder das besonders aufwendige Konzepte der Abfallbeseitigung vorsieht, äußerst kostenintensiv sein. Konsequenterweise müssten Gesetzentwürfe, die erhebliche Umschichtungen der Mittel im Landeshaushalt vorsehen oder zur Erhöhung der Abgaben führen, ebenfalls der plebiszitären Willensbildung entzogen sein.[58]

d) Die Landesregierung

Die Landesregierung besteht aus dem Ministerpräsidenten und den Ministern (Art. 70 Abs. 1). Eine aktionsfähige Regierung wird dadurch gesichert, dass nur der

Ministerpräsident, nicht aber die Minister vom Landtag gewählt werden (Art. 70 Abs. 3), und dass gegenüber dem Ministerpräsidenten nur ein konstruktiver Misstrauensantrag statthaft ist (Art. 73). Die personelle Zusammensetzung der Regierung und die Zahl der Ministerien liegen nach Art. 70 Abs. 4 in der Hand des Ministerpräsidenten, der allerdings im politischen Vorfeld durch die Regierungsfraktion oder Koalitionsgremien beeinflusst wird. Der Landtag ist an der Ressortverteilung nicht beteiligt. Die Funktionsfähigkeit der Ministerien muss allerdings haushaltsmäßig vom Landtag gewährleistet werden. In der Regierung bestimmt der Ministerpräsident die Richtlinien der Regierungspolitik, innerhalb derer die Minister ihre Ressorts selbstständig leiten und verantworten (Art. 76 Abs. 1).

e) Finanzverfassung

Der Abschnitt über das Finanzwesen (Art. 98ff.) entspricht im Wesentlichen dem Verfassungsrecht des Bundes und der anderen Bundesländer. Besonders bemerkenswert ist die finanzverfassungsrechtliche Regelung, dass die Summe der im Haushaltsplan veranschlagten Personalausgaben grundsätzlich nur höchstens 40 Prozent der Summe der Gesamtausgaben des Haushalts betragen darf (Art. 98 Abs. 3). Hier begrenzt die Verfassung die Souveränität des Haushaltsgesetzgebers. Grund für diese Regelung war zum einen ein gewisser Vorbehalt gegenüber der Eignung des Haushaltsgesetzgebers, die investiven und konsumtiven Ausgaben politisch richtig abgrenzen zu können, zum anderen aber auch, über den Investivhaushalt in den Jahren nach der Wiedervereinigung zum Wiederaufbau des Landes beizutragen und die öffentliche Verwaltung schmal zu halten.[59]

Eine derartige verfassungsrechtliche Experimentierklausel steht auf dem Prüfstand der verfassungspolitischen Realisierbarkeit. Jener Realisierbarkeit stehen grundsätzliche Gefahren im Wege: Zum einen besteht die Gefahr, dass der Haushaltsgesetzgeber Personalausgaben dadurch verschleiert, dass öffentliche Aufgaben in Privatrechtsform abgewickelt werden. Werden im Haushaltsplan Zuschüsse für Vereine oder Gesellschaften aufgenommen, die öffentliche Aufgaben erfüllen, so würde hierbei nicht transparent, ob die Haushaltsmittel für die Bestreitung von Personalausgaben verwendet werden. Eine derartige haushaltsrechtlich veranlasste Flucht des Staates in das Privatrecht scheint äußerst bedenklich.[60] Ebenso bedenklich ist, dass die Personalausgaben auf höchstens 40 Prozent des Etats eingefroren werden. Fraglich ist hierbei, ob es ernstlich der Wille der Verfassung sein kann, den möglichen künftigen Weg in eine weiter ausgebaute Dienstleistungsgesellschaft, die etwa erhebliche Personalausgaben für den Umwelt- und Naturschutz, für die Betreuung von Kindern und Jugendlichen sowie von Alten erfordert, von Verfassungs wegen unmöglich zu machen. Sollten weitere hoheitliche Aufgaben trotz der bestehenden Bedenken nicht abgewälzt oder „ausgebucht“ werden können, wird der Grundsatz der 40-Prozent-Marke zunehmend Ausnahmen erforderlich machen, die nicht nur eine kurzfristige, sondern auch eine mittelfristige Überschreitung der Personalkostengrenze erlauben.[61]

4. Inkrafttreten der Thüringer Verfassung und spätere Verfassungsänderungen

Da der Thüringer Landtag zugleich verfassungsgebende Landesversammlung war, konnte die Thüringer Verfassung an sich mit einfacher Landtagsmehrheit beschlossen werden. Verfassungsgebung mit einfachen Mehrheiten entspricht der klassischen verfassungsstaatlichen Theorie.[62] Mit Recht ging man bei den Verfassungsberatungen davon aus und hat in Art. 106 Abs. 1 Satz 1 – allerdings nur deklaratorisch auf den politischen Konsens verweisend[63] – zum Ausdruck gebracht, dass die Thüringer Verfassung mit zwei Drittel der Mitglieder des Landtages zu beschließen sei. Der hierdurch bei den Verfassungsberatungen erzwungene Kompromiss zu einverständlichen Regelungen verhinderte parteipolitische Einseitigkeiten bei der Verfassungsgebung; ist doch Verfassungsgebung nicht der Ort, parteipolitische Programme festzuschreiben, sondern nach dem über die Parteigrenzen hinweggehenden politischen Grundkonsens zu suchen und diesen normativ zu fixieren.[64]

Für die Abstimmung über den erarbeiteten Verfassungsentwurf[65] versammelte sich der Landtag am 25. Oktober 1993 auf der geschichtsträchtigen Wartburg in Eisenach. Dort fand der Entwurf die erforderliche Mehrheit von zwei Dritteln der 89 Abgeordneten aus den Fraktionen von CDU, SPD und FDP gegen die Stimmen von LL-PDS und Bündnis 90/Die Grünen. Die vom Präsidenten des Landtags im Burghof der Wartburg ausgefertigte Verfassung des Freistaats Thüringen trat nach ihrer Verkündung am 29.10.1993 im Gesetz- und Verordnungsblatt (GVBl., S. 625) am 30.10.1993 vorläufig in Kraft (Art. 106 Abs. 2). Nach dem vom Verfassungsgeber gewählten zweistufigen Verfahren der Verfassungsgebung konnte die Landesverfassung endgültig erst nach Durchführung des gemäß Art. 106 Abs. 1 und 3 vorgesehenen Volksentscheides in Kraft treten. Am Tag der ersten Landtagswahl nach Verkündung der Verfassung haben die Thüringer Bürger durch den Volksentscheid vom 16. Oktober 1994 die Verfassung eindrucksvoll bestätigt und endgültig in Kraft gesetzt. Bei einer Wahlbeteiligung von 75 Prozent entfielen auf die jetzige Verfassung mehr als 70 Prozent der Ja-Stimmen.

Die Verfassung des Freistaats Thüringen ist keine statische, sondern eine zukunftsoffene Verfassung: Anpassung an veränderte gesellschaftspolitische Umstände bietet nicht nur die in Art. 83 eröffnete Möglichkeit einer Verfassungsänderung, sondern auch die Rechtsprechung des Verfassungsgerichtshofs. Dieser legt die Verfassung in seiner Rechtsprechung so aus, dass sie bei wechselnden soziokulturellen, ökonomischen und historischen Rahmenbedingungen ihre Funktion erfüllen kann, den rechtlichen Rahmen für einen freiheitlichen politischen Prozess zu bilden und den Bürgern Freiheit und Gleichheit zu gewährleisten.[66] Der Verfassungstext selbst kann nur durch ein Gesetz geändert oder ergänzt werden, das der Landtag mit einer Mehrheit von zwei Dritteln seiner Mitglieder beschließt (Art. 83 Abs. 1, Abs. 2). Soll der Verfassungstext durch Volksentscheid geändert werden, so bedarf es der Zustimmung der Mehrheit der Stimmberechtigten im Freistaat Thüringen. Ähnlich wie das Grundgesetz in Art. 79 Abs. 3 enthält auch die Thüringer Verfassung in Art. 83 Abs. 3 eine Ewigkeitsgarantie.[67] Verfassungsänderungen dürfen die Würde des Menschen nicht antasten sowie die bundesstaatliche Ordnung und den demokratischen, sozialen und dem Schutz der natürlichen Lebensgrundlagen des Menschen verpflichteten Rechtsstaat nicht verletzen.

Die Landesverfassung ist bislang aufgrund von vier Änderungsgesetzen geändert worden (1. Änderungsgesetz vom 12.12.1997, 2. ÄndG vom 24.11.2003, 3. ÄndG vom 24.11.2003, 4. ÄndG vom 11.10.2004). Die Änderungen in den Jahren 1997 und 2004 betrafen die Einfügung bzw. Neufassung des Art. 105a, der die Höhe der in Art. 54 Abs. 2 geregelten Abgeordnetendiäten regelt. Aufsehenerregender waren hingegen die Verfassungsänderungen vom November 2003, die eine Verlängerung der Wahlperiode und eine Erleichterung von Bürgerantrag und Volksbegehren zum Gegenstand hatten. Im Folgenden soll in Kürze auf das Zweite Gesetz zur Änderung der Verfassung eingegangen werden, das die unmittelbare Bürgerbeteiligung in Thüringen erleichtert und eine Stärkung plebiszitärer Elemente der Thüringer Verfassung zur Folge hatte; ein Umstand, der die Bedeutung unmittelbarer Demokratie im Bewusstsein der Thüringer Bürger aufzeigt und insofern in der Tradition der Erfahrungen der friedlichen Revolution in den Jahren 1989/1990 steht.[68]

Jene Verfassungsänderung war eine Reaktion auf eine im Wege des Volksbegehrens „Mehr Demokratie in Thüringen“[69] vorgeschlagene Verfassungsänderung, die jedoch nach Auffassung des Verfassungsgerichtshofs in seinem Urteil vom 19. September 2001 in wesentlichen Elementen nicht mit der Verfassung übereinstimmte.[70] Gegenstand des Verfahrens war die Beantwortung der Frage, ob das Volksbegehren die gesetzlichen Anforderungen erfüllt. Der Verfassungsgerichtshof verneinte diese Frage deshalb, weil einzelne Änderungsvorschläge gegen die Unabänderlichkeitsgarantie der Thüringer Verfassung und das Homogenitätsgebot des Grundgesetzes verstießen.[71] So erfordere nach Auffassung des Verfassungsgerichtshofs insbesondere das Rechtsstaatsprinzip für Verfassungsänderungen ein erschwertes Gesetzgebungsverfahren, was auch für durch Volksgesetz zu beschließende Verfassungsänderungen gelte. Das nach Art. 83 Abs. 3 unveränderliche Demokratieprinzip sowie der Grundsatz der Volkssouveränität waren nach Ansicht des Verfassungsgerichtshofs insbesondere dadurch berührt, dass das Volksbegehren eine Senkung der Unterstützungsquoren von 14 auf 5 Prozent der Stimmberechtigten anstrebte und dadurch Staatsgewalt auszuüben beabsichtigte, ohne jedoch das Staatsvolk zu repräsentieren und insofern demokratisch legitimiert zu sein.[72]

Das Urteil des Thüringer Verfassungsgerichtshofs war ungeachtet seines Ergebnisses Anlass, dem Wunsch nach mehr direkter Beteiligung der Bürger an der Gesetzgebung des Landes Rechnung zu tragen, was durch die soeben angesprochene Verfassungsänderung geschehen ist: Die Fraktionen des Landtags einigten sich in den Beratungen eines Unterausschusses auf eine gemeinsame Verfassungsänderung mit folgendem Inhalt:[73] Um eine ausreichende gesellschaftliche Interessenvertretung zu wahren, mussten Bürgeranträge vor der Verfassungsänderung landesweit von mindestens sechs von Hundert der Stimmberechtigten sowie wenigstens in der Hälfte der Zahl der Landkreise und kreisfreien Städte von jeweils zumindest fünf von Hundert der Stimmberechtigten unterzeichnet sein. Erleichternd und die plebiszitäre Demokratie in Thüringen insofern stärkend sieht der geänderte Art. 68 Abs. 3 nun vor, dass der Bürgerantrag landesweit von mindestens 50.000 Stimmberechtigten unterzeichnet sein muss.[74] Werden die Hürden, die sich der Volksgesetzgebung stellen, insofern durch niedrigere Unterstützungs-, Teilnahme- und Zustimmungsquoren gesenkt, so begründet diese Verfassungsänderung zugleich eine Verschiebung des Verhältnisses zwischen direktdemokratischer und repräsentativer Ausgestaltung des politischen Systems.[75]

5. *Die Verfassungsgerichtsbarkeit*

a) Aufgaben und Kompetenzen des Thüringer Verfassungsgerichtshofs

Anders als die Verfassungen der alten Bundesländer sehen die Verfassungen der neuen Bundesländer eine umfassende Verfassungsgerichtsbarkeit vor. Nach Art. 79 ist der Thüringische Verfassungsgerichtshof ein allen anderen Verfassungsorganen gegenüber selbständiges, unabhängiges Gericht des Landes.[76] Die Landesverfassungsgerichtsbarkeit hat, allgemein formuliert, die Aufgabe, durch Entscheidung verfassungsrechtlicher Streitigkeiten zu garantieren, dass sich Parlament, Regierung, Verwaltung und untergerichtliche Rechtsprechung an die Vorschriften der Landesverfassung halten. Von den neun Mitgliedern des Verfassungsgerichtshofs können drei Nichtjuristen sein, drei müssen Berufsrichter sein, drei weitere Mitglieder müssen die Befähigung zum Richteramt haben.

Der Verfassungsgerichtshof entscheidet über Verfassungsbeschwerden, die vom Bürger wegen einer Verletzung in seinen Grundrechten, grundrechtsgleichen Rechten oder staatsbürgerlichen Rechten durch die öffentliche Gewalt erhoben werden können (Art. 80 Abs. 1 Nr. 1). Weiterhin sind die Kommunalverfassungsbeschwerde wegen Verletzung des Rechts auf kommunale Selbstverwaltung (Art. 80 Abs. 1 Nr. 2), der Organstreit über den Umfang der verfassungsrechtlichen oder geschäftsordnungsmäßigen Rechte und Pflichten eines obersten Landesorgans (Art. 80 Abs. 1 Nr. 3) und die verfassungsgerichtliche Normenkontrolle (Art. 80 Abs. 1 Nr. 4, 5) vorgesehen. Das Verfassungsgericht des Landes hat die Aufgabe, an der Fortbildung des Verfassungsrechts mitzuwirken, die Durchsetzung der Verfassung im landesrechtlichen Bereich zu garantieren und dem Bürger Rechtsschutz gegenüber Übergriffen der Landesstaatsgewalt zu gewähren. Im Allgemeinen leistet die Verfassungsgerichtsbarkeit einen wesentlichen Beitrag zur normativen Kraft der Verfassung, indem sie die Landesverfassung im politischen Leben durchzusetzen und zum Leitbild der politisch-rechtlichen Gestaltung zu machen vermag. Wenn Bürger von der Möglichkeit der Verfassungsbeschwerde Gebrauch machen, zeugt dies zugleich von der Akzeptanz der verfassungsrechtlichen Ordnung und vom Vertrauen in die Schutzmechanismen eines demokratischen Rechtstaates.

Die Tatsache, dass der Grundrechtsteil der Thüringer Landesverfassung teilweise die Grundrechte des Grundgesetzes wiederholt, teilweise aber auch durchaus eigenständige Regelungen trifft, eröffnet die generelle Möglichkeit, dass die Rechtsprechung des Landesverfassungsgerichts zu Verfassungsbeschwerden breit angelegt sein kann. Darin liegt die immanente Gefahr einer divergierenden Rechtsprechung des Bundesverfassungsgerichts und der Landesverfassungsgerichte.[77] Der in zeitlicher Nähe zur Wiedervereinigung ergangene sog. „Honecker-Beschluss“ des Berliner Verfassungsgerichtshofs gab den Landesverfassungsgerichten und dem Bundesverfassungsgericht Anlass, sich mit jenem Spannungsfeld, in dem die Grundrechte der Landesverfassungen, Bundesrecht und das Grundgesetz zueinander stehen, auseinanderzusetzen.[78] Gegenstand der Entscheidung war die Frage, ob landesgerichtliche Verfahrensentscheidungen oder landesgerichtliche materiellrechtliche Entscheidungen, die aufgrund Bundesprozessrechts oder aufgrund Bundesrechts ergangen sind, am Maßstab von Landesgrundrechten durch ein Landesverfassungsgericht überprüft werden dürfen; eine Frage, die im Kern nach der Maxime der föderalistischen Teilung der Gesetzgebung zwischen Bund und Ländern zu entscheiden ist.[79] Dieser Maxime nach gehen das Bundesrecht und auch das Bundesprozessrecht den Landesgrundrechten grundsätzlich vor. Nur soweit bundesrechtlich keine abschließende Regelung getroffen ist, kann die Landesstaatsgewalt an die Landesgrundrechte gebunden sein und damit auch landesverfassungsgerichtlicher Überprüfung unterliegen. Entgegen dem Berliner Verfassungsgerichtshof haben der Bayerische Verfassungsgerichtshof und der Hessische Staatsgerichtshof die Frage, ob Landeshoheitsakte, die aufgrund von Bundesrecht ergangen sind, umfassend durch die Landesverfassungsgerichte am Maßstab des Landesverfassungsrechts geprüft werden können, prinzipiell verneint und sich auf eine eng begrenzte Prüfung beschränkt.[80]

Klärung jenes kontrovers diskutierten Spannungsfeldes brachte die Entscheidung des Bundesverfassungsgerichts vom 15. Oktober 1997. In dieser Entscheidung definierte das Bundesverfassungsgericht ein mehrstufiges Prüfungsprogramm, das die Landesverfassungsgerichte einzuhalten haben, um Akte der Landesverfassungsgewalt beim Vollzug von Bundesrecht am Maßstab der Landesverfassung zu messen. Kernaussage der Entscheidung war, dass das Grundgesetz die Landesverfassungsgerichte nicht grundsätzlich daran hindert, die Anwendung von Bundesrecht an den Grundrechten oder grundrechtsgleichen Gewährleistungen der Landesverfassungen zu messen, soweit die Landesgrundrechte, deren Anwendungsbereich eröffnet ist, den gleichen Inhalt wie entsprechende Rechte des Grundgesetzes haben.[81] Neben dem Erfordernis der Inhaltsgleichheit des Grundrechtsschutzes im Sinne der Art. 142 GG und Art. 31 GG legte das Bundesverfassungsgericht weiter einschränkend fest, dass Entscheidungen des Landesverfassungsgerichte ausgeschlossen sind, solange der von den Verfahrensordnungen des Bundes eröffnete Rechtsweg nicht erschöpft ist.[82] Ferner komme eine Landesverfassungsbeschwerde gegen die Entscheidung eines Gerichts des Landes nicht in Betracht, soweit diese Entscheidung zuvor durch ein Bundesgericht in der Sache ganz oder teilweise bestätigt worden ist.[83]

Grundrechtliche Divergenzen im Verhältnis der Landesgrundrechte zu den Bundesgrundrechten sind grundsätzlich dadurch zu vermeiden, dass die Landesverfassungsgerichte ihrer Pflicht aus Art. 100 Abs. 3 GG nachkommen, eine Entscheidung des Bundesverfassungsgerichts einzuholen, wenn sie bei der Auslegung von Landesgrundrechten von der Interpretation einer inhaltsgleichen Norm des Grundgesetzes durch das Bundesverfassungsgericht abweichen wollen.[84] Andernfalls muss der Bürger das Bundesverfassungsgericht gegen Entscheidungen des Landesverfassungsgerichts anrufen. Ist insofern ein Unterschreiten des grundgesetzlich gewährleisteten Grundrechtsschutzes durch die Landesverfassungsgerichte ausgeschlossen, so ist es nach Art. 142 GG möglich, dass die Gewährleistungen der Landesgrundrechte das Schutzniveau des Grundgesetzes überschreiten – ein Umstand, der zu einer Form von Rechtsheterogenität im Sinne eines regional differenzierten Vollzugs bundesrechtlicher Verfahrensvorschriften führen kann.[85] Der Haltung des Bundesverfassungsgerichts folgend, definierte der Thüringer Verfassungsgerichtshof seine Prüfungskompetenzen in einer Entscheidung aus dem Jahre 2001 dahingehend, dass er im Rahmen statthafter Verfassungsbeschwerden prüfen kann, ob die konkrete Verfahrensgestaltung der von den Landesgerichten durchgeführten Verfahren die in der Landesverfassung gewährleisteten sog. Verfahrensgrundsätze verletzt hat, sofern das Landesverfassungsrecht mit dem Grundgesetz deckungsgleich ist.[86]

b) Zur Fortentwicklung der Landesverfassung durch die Rechtsprechung des Thüringer Verfassungsgerichtshofs

Die Rechtsprechung des Thüringer Verfassungsgerichtshofs, der im Jahre 1995 seine Arbeit aufnahm, hat die Landesverfassung in wichtigen Entscheidungen konkretisiert und fortentwickelt.[87] Neben der Ausgestaltung des Grundrechtsschutzes im Allgemeinen – der im Kontext der Grundrechtsgarantien beispielhaft entwickelt wurde – war und ist der Thüringer Verfassungsgerichtshof angehalten, den Umbruchsereignissen der Jahre 1989/1990 in seiner Rechtsprechung gerecht zu werden. Bedeutende Entscheidungen betreffen, um nur einige zu nennen, das Wahlrecht, die Diäten der Abgeordneten[88] oder auch Fragen des Entzugs des Abgeordnetenmandats. Zudem hatte sich der Thüringer Verfassungsgerichtshof intensiv mit den verfassungsrechtlichen Vorgaben der Kommunalreform zu beschäftigen, um möglichst rasch nach der Wiedervereinigung in Thüringen leistungsfähige Verwaltungsstrukturen zu garantieren.[89]

Exemplarisch soll ein Bereich der Rechtsprechungsaktivität des Thüringer Verfassungsgerichtshofs in den Mittelpunkt gerückt werden, der auf besondere Weise die Jahre der Aufarbeitung und des Aufbaus widerspiegelt:[90] So oblag es dem Thüringer Verfassungsgerichtshof, das verfassungsrechtlich in Art. 53 Abs. 1 garantierte Prinzip des „Freien Mandats“ der Landtagsabgeordneten und Fraktionsmitarbeiter mit dem Erfordernis einer Überprüfung von deren potentieller Mitarbeit im Ministerium für Staatssicherheit oder im Amt für Nationale Sicherheit in Einklang zu bringen. Die Aufarbeitung des Stasi-Unrechts wurde im Jahre 1997 zum Beschäftigungsgegenstand des Thüringer Verfassungsgerichtshofs:[91] In einem Organstreitverfahren hatten sich Landtagsabgeordnete gegen einen Beschluss des Thüringer Landtags gewandt, der die Einführung und Einleitung eines für alle Mitglieder des zweiten Thüringer Landtags obligatorischen, verdachts- und anlassunabhängigen Verfahrens zur Überprüfung auf wissentliche, hauptamtliche oder inoffizielle Zusammenarbeit mit dem Ministerium für Staatssicherheit bzw. dem Amt für Nationale Sicherheit der ehemaligen DDR oder Beauftragten dieser Einrichtungen zum Gegenstand hatte.

Der Thüringer Verfassungsgerichtshof sah in diesem Landtagsbeschluss einen Verstoß gegen Art. 53 Abs. 1 der Verfassung des Freistaats Thüringen. Indem der Verfassungsgerichtshof jedoch betonte, dass der Landtag grundsätzlich ein parlamentarisches Verfahren zur Überprüfung von Abgeordneten auf eine frühere Tätigkeit für die Staatssicherheit einführen könne, nahm er Bezug auf die bereits in der Präambel der Verfassung angeführten Besonderheiten der „wechselvollen Geschichte“ des Freistaats Thüringen:[92] So rechtfertige nach Ansicht des Verfassungsgerichtshofs der besondere politische und historische Anlass, den der Übergang von der Diktatur zur Demokratie in der ehemaligen DDR und die Vereinigung Deutschlands infolge der Umbruchereignisse des Jahres 1989 darstellten, eine derartige Überprüfung möglicher Stasi-Kooperationen.

Der Landtagsbeschluss war nach Auffassung des Verfassungsgerichtshofs nichtsdestotrotz verfassungswidrig, weil die verfahrensrechtliche Ausgestaltung eines solchen Überprüfungsverfahrens der verfassungsrechtlichen Stellung der Abgeordneten ausreichend Rechnung tragen müsse, indem der einzelne Abgeordnete durch eine geeignete verfahrensrechtliche Ausgestaltung der Überprüfung vor (politischem) Missbrauch der ermittelten Informationen und persönlichen Daten sowie durch eine aktive Mitwirkung an der Beweiserhebung geschützt sein müsse – ein Umstand, den der Landtagsbeschluss nicht ausreichend berücksichtigt habe.[93] Durch entsprechende Verfahrensregelungen müsse sichergestellt sein, dass die Bekanntgabe des ermittelten Sachverhalts den Umfang der Ermittlungen korrekt verlautbare und den Eigenarten des gewählten Verfahrens und der darin zugelassenen Beweismittel

Rechnung trägt. Dem angegriffenen Landtagsbeschluss habe es jedoch an Verfahrensregelungen gefehlt, die den verfassungsrechtlichen Anforderungen genügen.[94]

Nachdem der Thüringer Landtag in Folge dessen eine einfach-gesetzliche Regelung zum Verfahren des Entzugs des Abgeordnetenmandats wegen früherer Zusammenarbeit mit dem MfS/AfNS geschaffen hatte (§ 8 ThürAbgÜpG) und auf Grundlage dieses Gesetzes einen Landtagsabgeordneten seines Amtes enthoben hatte, wurde die Stasi-Problematik im Jahr 2000 erneut zum Beschäftigungsgegenstand des Thüringer Verfassungsgerichtshofs.[95] Dieser stellte erneut einen Verfassungsverstoß fest, weil § 8 ThürAbgÜpG gegen die den Status des Abgeordneten begründenden und ausgestaltenden Normen der Thüringer Verfassung verstoße und mit Art. 52 Abs. 2 und 3 sowie Art. 53 i. V. m. Art. 83 unvereinbar gewesen sei. So könne der durch die Wahl erworbene Status eines Abgeordneten des Thüringer Landtags nur aus den Tatbeständen, die in der Thüringer Verfassung ausdrücklich genannt sind (wie beispielsweise Art. 52 Abs. 3) oder die von der Thüringer Verfassung zugelassen werden, enden. Ein solcher Beendigungsgrund sei nicht bei einem der Wahl vorausgehenden Verhalten, das – wie eine Tätigkeit für das MfS/AfNS – möglicherweise moralisch und politisch verwerflich, nicht jedoch strafrechtlich sanktioniert sei, gegeben. Der Entzug des Abgeordnetenmandats unter den in § 8 ThürAbgÜpG genannten Voraussetzungen hätte insofern eines verfassungsändernden Gesetzes bedurft. Die Entscheidung des Verfassungsgerichtshofs kann nicht losgelöst von dem spannungsgeladenen Wechselverhältnis zwischen Recht und Zeit, zwischen „alter (Un-)Rechtsordnung und neuer Verfassungsstaatlichkeit“[96] betrachtet werden. Kritisch ist in diesem Zusammenhang insofern die Frage aufzuwerfen, ob der verfassungsrechtlich garantierte Grundsatz der gleichen Chance aller Thüringer Bürger, zur Volksvertretung befähigt zu sein – eines der vom Verfassungsgerichtshof intendierten Schutzziele – angesichts der problematischen Stasivergangenheit aufgebrochen werden darf und nach wie vor noch aufgebrochen werden müsste.[97]

III. Legitimationskraft und Bewährung der Thüringer Verfassung

Eine Verfassung gewinnt im Allgemeinen dadurch an Legitimität, dass sie an historisch bewährte Grundsätze und Verfahren politischer Ordnung anknüpft und zudem die grundlegenden und geschichtsmächtigen Entwicklungslinien im Bereich von Recht und Politik in ihren Regelungshorizont aufzunehmen vermag. In diesem Sinne steht die Thüringer Verfassung in der Tradition des Verfassungsstaates, der auch Thüringen vor der Machtübernahme des Nationalsozialismus verpflichtet war.[98] Die spezifisch deutsche Traditionslinie der Verbindung des Rechtsstaates mit dem Sozialstaat findet in den zahlreichen Staatszielbestimmungen und Verfassungsaufträgen eine besondere landesspezifische Fortsetzung.[99] Von besonderer Innovationskraft zeugen, auch nachdem mehr als ein Jahrzehnt seit dem Inkrafttreten der Thüringer Verfassung vergangen ist, die verfassungsrechtliche Verankerung des Umweltstaates, die differenzierte Ausarbeitung plebiszitärer Elemente, die Normierung eines Datenschutzgrundrechts und die Verfeinerung politischer Kontrolle.

Gilt es, Erfolg oder Bewährung einer Verfassung nach Ablauf einer gewissen Zeitspanne seit deren Inkrafttreten zu bemessen, so ist die bereits im Kontext der Verfassungsänderungen thematisierte notwendige Offenheit einer Verfassungsordnung zu bedenken. Diese trägt das Postulat einer permanenten Weiterentwicklung und Neuinterpretation in sich.[100] Jene Offenheit der Landesverfassungen und der Landesverfassungsgerichte wird durch den Prozess der Europäisierung von Rechtsfragen der (Verfassungs-)Rechtsordnungen von Bund und Ländern vermehrt auf die Probe gestellt.[101] Steht jede Verfassung zudem nicht nur in der Verantwortung, sich ihrer geschichtsmächtigen Entwicklungslinien zu erinnern – eine Pflicht, der sich der Thüringer Verfassungsgerichtshof beim verfassungsrechtlichen Umgang mit dem Entzug von Abgeordnetenmandaten wegen früherer Zusammenarbeit mit dem MfS/AfNS konfrontiert sah –, sondern auch in der Verantwortung, sich wandelnden gesellschaftlichen Umständen einen beständigen Rahmen zu bieten, so verbietet es sich, den Erfolg einer wenn auch jungen Verfassung zu einem bestimmten Zeitpunkt abschließend zu bewerten.[102]

Gilt es nichtsdestotrotz, allgemeingültige Parameter der Bewährung einer Verfassung zu benennen, so können unter anderem die Effektivität des Grundrechtsschutzes, das Funktionieren der politischen Praxis im Rahmen des Staatsorganisationsrechts und die Anzahl korrigierender Verfassungsänderungen im Anschluss an deren Inkrafttreten genannt werden – Parameter, die in Bezug auf den Erfolg der Thüringer Verfassung ein positives Fazit ziehen lassen.[103] Stellt die Akzeptanz der betroffenen Bürger Thüringens eine weitere gewichtige Determinante bei der Erfolgsbewertung dar, so deckt der „Thüringen Monitor 2008“ mit Blick auf die Bundesverfassung eine bedeutende empirisch fundierte Erkenntnis auf, die Rückschlüsse auf die grundsätzliche Akzeptanz von Verfassungen erlaubt:[104] Demnach findet die bundesdeutsche Verfassungsordnung eine grundsätzlich starke Unterstützung der befragten Thüringer; zeigen sich doch drei von vier Befragten mit der Demokratie, so wie sie im Grundgesetz konzeptionell verankert ist, zufrieden. Wird der Fokus vom theoretischen Verfassungskonstrukt weg und hin zur politischen Demokratiepraxis gerichtet, so liegt der Anteil der Zufriedenen nur halb so hoch. Es ist also, wie auch im Thüringen Monitor pointiert dargestellt, zu unterscheiden: Die gesellschaftliche Akzeptanz, die sich auf die Demokratie als Werteordnung und als Verfassungskonzept bezieht, ist von deren Skepsis gegenüber der politischen Praxis, d.h. der „demokratischen Performanz“, zu unterscheiden. Die Thüringer Verfassung und das Grundgesetz sind in ihren konzeptionellen Grundlagen von gleichem Geist und in der gleichen deutschen Tradition einer liberal-rechtsstaatlichen Demokratie und des sozialen Ausgleichs verwurzelt; ein Umstand, der es auch den Akteuren, die die Thüringer Verfassung praktizieren, zur Pflicht macht, sich stetig um die gesellschaftliche Billigung der Verfassungspraxis zu bemühen.[105]

Anmerkungen

1 *Klaus Stern (Hrsg.)*, Zur Entstehung von Landesverfassungen in den neuen Ländern der Bundesrepublik Deutschland, Köln 1992; *Hans von Mangoldt*, Die Verfassung der neuen Bundesländer. Einführung und synoptische Darstellung, Berlin 1993; *ders.*, Die Verfassung des Freistaates Sachsen – Entstehung und Gestalt, in: Sächsische Verwaltungsblätter 1 (1993), S. 25-35; *Christian Starck*, Verfassungsgebung in den neuen Ländern, in: Zeitschrift für Gesetzgebung 7 (1992), S. 1-27; *Rudolf Steinberg*, Organisation und Verfahren bei der Verfassungsgebung in den Neuen Bundesländern, in: Zeitschrift für Parlamentsfragen 23 (1992), S. 497-516; *Johannes Dietlein*, Die Verfassungsgebung in den neuen Bundesländern, in: Nordrhein-Westfälische Verwaltungsblätter 7 (1993), S. 401-406; *Peter Häberle*, Die Verfassungsbewegung in den fünf neuen Bundesländern, in: Jahrbuch des öffentlichen Rechts der Gegenwart. Neue Folge 41 (1993), S. 69-92; *ders.*, Die Schlussphase der Verfassungsbewegung in den neuen Bundesländern, in: Jahrbuch des öffentlichen Rechts der Gegenwart. Neue Folge 43 (1995), S. 355-418; *Caroline Hinds*, Die neue Verfassung des Freistaates Sachsen – Berechtigte oder unberechtigte Kritik an der Verfassungsgebung, in: Zeitschrift für Rechtspolitik 26 (1993); S. 149-151, *Wilfried Erbguth / Bodo Wiegand*, Über Möglichkeiten und Grenzen von Landesverfassungen im Bundesstaat – Der Entwurf einer Verfassung für das Land Mecklenburg-Vorpommern, in: Die Öffentliche Verwaltung 45 (1992), S. 770-779; *Rainer Prachtl*, Die vorläufige Verfassung des Landes Mecklenburg-Vorpommern, in: Landes- und Kommunalverwaltung 4 (1994), S. 1ff.; *Michael Sachs*, Zur Verfassung des Landes Brandenburg, in: Landes- und Kommunalverwaltung 3 (1993), S. 241-248; *Michael Kilian*, Föderalistische Verfassungsgebung in den neuen Bundesländern: Das Beispiel Sachsen-Anhalt, in: Juristische Schulung 33 (1993), S. 536-541; *Thomas Würtenberger*, Die Verfassungsgebung in den neuen Bundesländern, in: *Detlef Merten / Waldemar Schreckenberger (Hrsg.)*, Kodifikation gestern und heute, Berlin 1995, S. 115ff.

2 Gesetz- und Verordnungsblatt für das Land Thüringen 1993, S. 625-638; *Christian Starck*, Verfassungsgebung in Thüringen, in: Thüringer Verwaltungsblätter 1 (1992), S. 1-10; *Ulrich Rommelfanger*, Die Verfassung des Freistaates Thüringen des Jahres 1993, in: Thüringer Verwaltungsblätter 2 (1993), S. 145-150, 173-184; Verfassung des Freistaats Thüringen. Sonderheft der Thüringer Verwaltungsblätter vom 25.10.1993 mit Beiträgen von *Jentsch, Huber, Jutzi* und *Rommelfanger; Karl Schmitt (Hrsg.)*, Die Verfassung des Freistaats Thüringen, Weimar / Köln / Wien 1995.

3 Die Debatte um eine europäische Verfassung begründete insofern mit Blick auf die deutsche Bevölkerung ein neues Kapitel des Verfassungsdiskurses. Vgl. hierzu beispielhaft *Matthias Ruffert*, Perspektiven der europäischen Verfassungsgebung, in: Thüringer Verwaltungsblätter 3 (2005), S. 49-56.

4 *Michael Edinger*, Verfassungsrechtliches Neuland und die Bewährung der Verfassung in der Praxis, in: *Thüringer Landtag (Hrsg.)*, Zehn Jahre Thüringer Landesverfassung, Erfurt 2004, S. 63-84.

5 *Henner Jörg Boehl*, Landesverfassunggebung im Bundesstaat. Zur Neukonstituierung der Länder im beigetretenen Teil Deutschlands, in: Der Staat 30 (1991), S. 572-593; *Reinhard Zippelius*, Allgemeine Staatslehre (Politikwissenschaft), 15. Aufl., München 2007, § 9 III 2, § 19 I 1.

6 Vgl. hierzu *Gunther Mai*, Die Vorläufer der Landesverfassung unter besonderer Berücksichtigung der Arbeiten des ‚Politisch beratenden Ausschusses zur Bildung des Landes Thüringen', in: *Thüringer Landtag (Hrsg.)* (Anm. 4), S. 25-41; *Gottfried Müller*, Ein Grundkurs in Sachen Demokratie. Verfassungsberatungen im Spiegel der Presse, in: ebd., S. 51-62.

7 Zur Verfassungsautonomie der Länder: BVerfGE 36, 342 (360ff.); *Jens Kersten*, Homogenitätsgebot und Landesverfassungsrecht, in: Die Öffentliche Verwaltung 46 (1993), S. 896-902; *Josef Isensee*, Chancen und Grenzen der Landesverfassung im Bundesstaat, in: Sächsische Verwaltungsblätter 2 (1994), S. 28-35, hier S. 29ff.; *Detlef Merten*, Grundgesetz und Verfassungen der neuen

deutschen Länder, in: *Willi Blümel u.a. (Hrsg.)*, Verfassungsprobleme im vereinten Deutschland, Speyer 1993, S. 47-62; *Ute Sacksofsky*, Landesverfassungen und Grundgesetz am Beispiel der Verfassungen der neuen Bundesländer, in: Neue Zeitschrift für Verwaltungsrecht 12 (1993), S. 235-240; *Michael Sachs*, Die Landesverfassung im Rahmen der bundesstaatlichen Rechts- und Verfassungsordnung, in: Thüringer Verwaltungsblätter 2 (1993), S. 121-124; *Christoph Enders,* Die neue Subsidiarität des Bundesverfassungsgerichts, in: Juristische Schulung 5 (2001), S. 462-467.

8 *Sachs* (Anm. 1), S. 244; *Starck* (Anm. 1), S. 10ff.; *Stefan Korioth,* in: *Theodor Maunz / Günter Dürig*, Grundgesetz, 53. Aufl., München 2009, Art. 31 GG, Rdnr. 20; *Boehl* (Anm. 5), S 583f. Zum „Novum" des Grundgesetzes, Art. 72 Abs. 3 GG, der eine materielle Abweichungsgesetzgebung normiert *Claudio Franzius,* Die Abweichungsgesetzgebung, in: Neue Zeitschrift für Verwaltungsrecht 5 (2008), S. 492ff.

9 *Siegfried Jutzi*, in: *Joachim Linck / Siegfried Jutzi / Jörg Hopfe*, Die Verfassung des Freistaates Thüringen. Kommentar, Stuttgart u.a.. 1994, Präambel, Rdnr. 4.

10 *Rommelfanger* (Anm. 2), S. 182; *Häberle* (Anm. 1), S. 374.

11 Vgl. *Wolfgang Graf Vitzthum*, Auf der Suche nach einer sozio-ökonomischen Identität – Staatszielbestimmungen und soziale Grundrechte in Verfassungsentwürfen der neuen Länder, in: Verwaltungsblätter Baden-Württemberg 44 (1991), S. 404-414, hier S. 410. Vgl. beispielhaft zur Diskussion um den Schutz sozialer Grundrechte auf europäischer Ebene *Hans F. Zacher*, Wird es einen europäischen Sozialstaat geben?, in: Europarecht 2 (2002), S. 147-164; *Bernhard Losch / Wiltrud Christine Radau*, Die soziale Verfassungsaufgabe der Europäischen Union, in: Neue Zeitschrift für Verwaltungsrecht 12 (2003), S. 1440-1446.

12 Nach BVerfGE 36, 342 (362f.) ist es Sinn des Art. 142 GG, die Regelung des Art. 31 GG einzuschränken, so dass Grundrechte, die sowohl im Grundgesetz wie auch in einer Landesverfassung garantiert werden, landesrechtlich gültig sind und zum Prüfungsmaßstab landesverfassungsgerichtlicher Entscheidungen gemacht werden können: zu Kollisionsfragen vgl. *Reinhold Zippelius / Thomas Würtenberger,* Deutsches Staatsrecht, 32. Aufl., München 2008, § 16, Rdnr. 19ff.; *Sacksofsky* (Anm. 7), S. 237f.

13 Ausführlich hierzu *Thomas Würtenberger,* Einführung, in: *Landeszentrale für politische Bildung Thüringen (Hrsg.),* Verfassung des Freistaats Thüringen und Grundgesetz für die Bundesrepublik Deutschland, Erfurt 2008, S. 7-44, hier S. 16 ff.

14 *Jutzi* (Anm. 9), Art. 1, Rdnr. 18.

15 Zu den verfassungspolitischen Bedenken *Rommelfanger* (Anm. 2), S. 176; *Peter M. Huber*, Gedanken zur Verfassung des Freistaats Thüringen, in: Thüringer Verwaltungsblätter, Sonderheft vom 25.10.1993, S. B 4-14, hier S. B 4; *Klaus Vogelsang*, Die Verfassungsentwicklung in den neuen Bundesländern, in: Die Öffentliche Verwaltung 44 (1991), S. 1048-1053.

16 Art. 2 Abs. 1 GG normiert das allgemeine Persönlichkeitsrecht, aus dem das Recht auf informationelle Selbstbestimmung hergeleitet wird: BVerfGE 65, 1ff.; *Jutzi* (Anm. 9), Art. 6, Rdnr. 18ff.

17 Vgl. hierzu *Udo di Fabio,* in: *Maunz / Dürig* (Anm. 8), Art. 2 Abs. 1 GG, Rdnr. 173ff.

18 Vgl. *Jutzi* (Anm. 9), Art. 9, Rdnr. 4; kritisch *von Mangoldt* (Anm. 1), S. 43, der hier sozialistischen Geist aus den alten DDR-Verfassungen vermutet.

19 So *Merten* (Anm. 7), S. 61; *Huber* (Anm. 15), S. B 9; *Jutzi* (Anm. 9), Art. 9, Rdnr. 1, die Art. 9 nur deklaratorischen Charakter zusprechen.

20 BVerfGE 2, 225 (230); 13, 54 (90); NJW 1992, 3033; für eine Begründungspflicht *Prodromos Dagtoglou*, in: Bonner Kommentar (Zweitb.), Art. 17, Rdnr. 100; *Karl Doehring*, Das Staatsrecht der Bundesrepublik Deutschland unter besonderer Berücksichtigung der Rechtsvergleichung und des Völkerrechts, 3. Aufl., Frankfurt a.M. 1984, S. 362; *Thomas Würtenberger*, in: Bonner Kommentar (Zweitb.), Art 45c, Rdnr. 191.

21 Einen Überblick sowie zahlreiche weitere Rechtsprechungsverweise gibt *Peter M. Huber*, Entwicklung des Landesverfassungsrechts in Thüringen, in: Jahrbuch des öffentlichen Rechts der Gegenwart. Neue Folge 52 (2004), S. 323-345, hier S. 331.

22 Vgl. beispielsweise ThürVerfGH, Beschluss vom 10.5.2006, VerfGH 10/06; ThürVerfGH, Beschluss vom 15.11.2006, VerfGH 35/06, VerfGH 36/06.

23 Vgl. beispielsweise ThürVerfGH, Beschluss vom 03.5.2001, VerfGH 6/98.

24 Vgl. beispielsweise ThürVerfGH, Beschluss vom 15.3.2001, VerfGH 01/00.

25 Vgl. beispielsweise ThürVerfGH, Beschluss vom 20.4.2004, VerfGH 14/02, in: Landes- und Kommunalverwaltung 10 (2004), S. 462.

26 Vgl. beispielsweise ThürVerfGH, Beschluss vom 23.5.2006, VerfGH33/05.

27 Vgl. beispielsweise ThürVerfGH, Beschluss vom 28. 10. 2003, VerfGH 19/01, in: Thüringer Verwaltungsblätter 2004, S. 88ff.

28 ThürVerfGH, Beschluss vom 06.1.2009, VerfGH 19/08 und 20/08.

29 BVerfG, Beschluss vom 23.1.2008, 2 BvR 364/07.

30 ThürVerfGH, Beschluss vom 13.2.2008, VerfGH 34/07.

31 *Detlef Merten*, Über Staatsziele, in: Die Öffentliche Verwaltung 46 (1993), S. 368-377; *Bundesminister des Inneren / Bundesminister der Justiz (Hrsg.)*, Staatszielbestimmungen / Gesetzgebungsaufträge. Bericht der Sachverständigenkommission, Bonn 1983; *Thomas Würtenberger*, Staatszielbestimmungen, Verfassungsaufträge, in: Ergänzbares Lexikon des Rechts, 5/720, S. 1ff.; Bericht der Gemeinsamen Verfassungskommission (GVK), BT-Drs. 12/6.000, S. 20, 65ff.

32 Näheres bei *Huber* (Anm. 15), S. B9; *Hopfe* (Anm. 9), Art. 20, Rdnr. 4.

33 *Rommelfanger* (Anm. 2), S. 179; *Jutzi* (Anm. 9), Art. 36, Rdnr. 4.

34 Für das Grundgesetz hingegen abgelehnt, vgl. Bericht der GVK (Anm. 31), S. 68ff.

35 So *Detlef Merten*, Vom Verfassungspatriotismus zum Verfassungsaktionismus? Verfassungsänderung und Verfassungsgebung im wiedervereinigten Deutschland, Mainzer Runde '91, S. 12.

36 *Starck* (Anm. 1), S. 26.

37 So *Merten* (Anm. 35), S. 12; *Huber* (Anm. 15), S. B 10.

38 *Peter Badura*, Thesen zur Verfassungsreform in Deutschland, in: *Bernd Bende u.a. (Hrsg.)*, Rechtsstaat zwischen Sozialgestaltung und Rechtsschutz. Festschrift für Konrad Redeker, München 1993, S. 111-131, hier S. 117f.

39 Ähnlich *Jutzi* (Anm. 9), Art. 43, Rdnr. 14, 17.

40 *Starck* (Anm. 1), S. 23.

41 Vgl. *Häberle* (Anm. 1), S. 385.

42 BVerfGE 7, 377 (402); 54, 237 (246).

43 BVerfGE 84, 212 (225).

44 *Thomas Würtenberger*, Weltanschauliche und ethische Erziehung aus verfassungsrechtlicher Sicht, in: Politische Studien, Heft 335 (1994), S. 13-29.

45 Hierzu *Ulrich Rommelfanger*, Freistaat Thüringen – Anknüpfen an eine Tradition und Zäsur, in: Thüringer Verwaltungsblätter, Sonderheft vom 25.10.1993, S. B 21f.

46 Art. 1 Satz 2 Sächsische Verfassung.

47 Zum Thüringer Landtag im einzelnen *Joachim Linck* (in diesem Band).

48 *Peter M. Huber*, Zur Diätenregelung in Thüringen, in: Thüringer Verwaltungsblätter 4 (1995), S. 80ff.; zu verfassungsrechtlichen Bedenken, die letztlich allerdings nicht überzeugen: *Linck* (Anm. 9), Art. 54, Rdnr. 10.

49 Dieser Grundsatz schließt nicht aus, in Notzeiten eine Allparteienregierung zu bilden; anders *Starck* (Anm. 1), S. 14f.

50 *Linck* (Anm. 10), Art. 67, Rdnr. 18.

51 Zum Informationsbedarf des Parlaments *Thomas Würtenberger*, Staatsrechtliche Probleme politischer Planung, Berlin 1979, S. 304ff.

52 An der plebiszitären Praxis auf Landesebene wird vielfach Kritik geäußert: *Johannes Rux*, Direkte Demokratie in Deutschland, Baden-Baden 2008, S. 397; vgl. weiter *Hermann K. Heußner / Otmar Jung (Hrsg.)*, Mehr direkte Demokratie wagen, 2. Aufl., München 2009; *Peter Badura* (Anm. 38), S. 119ff.; *Christoph Degenhart*, Direkte Demokratie in den Ländern – Impulse für das Grundgesetz?, in: Der Staat 31 (1992), S. 77-97; *Ulrich K. Preuß*, Plebiszite als Formen der Bürgerbeteiligung, in: Zeitschrift für Rechtspolitik 26 (1993), S. 131-138; *Otmar Jung*, Aktuelle Probleme der direkten Demokratie in Deutschland, in: Zeitschrift für Rechtspolitik 10 (2000), S. 440-447.

53 Mittlerweile sind Plebiszite in allen Verfassungen der alten Bundesländer vorgesehen; dazu *Gunther Jürgens*, Direkte Demokratie in den Bundesländern. Gemeinsamkeiten, Unterschiede, Erfahrungen. Vorbildfunktion für den Bund?, Stuttgart u.a. 1993.

54 Zum zunehmenden Willen zu unmittelbarer politischer Gestaltung in den alten Bundesländern *Thomas Würtenberger*, Zeitgeist und Recht, 2. Aufl., Tübingen 1991, S. 110ff.

55 *Huber* (Anm. 21), S. 329; hierzu auch *Ottmar Jung*, Die plebiszitäre Entwicklung in deutschen Ländern, in: Jahrbuch des öffentlichen Rechts der Gegenwart. Neue Folge 48 (2000), S. 39-85, hier S. 54ff.

56 *Rommelfanger* (Anm. 2), S. 180f.; *Rux* (Anm. 52), S. 698ff. mit Ausführungen zum Verfahren bei einem Bürgerantrag.

57 Vgl. hierzu *Klaas Engelken*, Demokratische Legitimation bei Plebisziten auf staatlicher und kommunaler Ebene, in: Die Öffentliche Verwaltung 21 (2000), S. 881-894; *Johannes Rux*, Die Haushaltsvorbehalte in Bezug auf die direktdemokratischen Verfahren in den Verfassungen der neuen Bundesländer, in: Landes- und Kommunalverwaltung 6 (2002), S 252-257.

58 Das parlamentarische Budgetrecht erfasst alle Gesetze, die das Gleichgewicht des Haushalts nennenswert beeinflussen. Wann dies der Fall ist, hängt von den konkreten Umständen des Einzelfalles ab: *Rux* (Anm. 52), S. 244f.; *Diana Zschoch*, Volksgesetzgebung und Haushaltsvorbehalt, in: Neue Zeitschrift für Verwaltungsrecht 4 (2003), S. 438ff.; vgl. bereits *Kaisenberg*, in: Handbuch des Deutschen Staatsrechts, Bd. II (1932), S. 204ff., hier S. 207; sehr weitgehend *Ulfert Engels*, Der bayrische Staatshaushalt im Spannungsfeld zwischen mittelbarer und unmittelbarer Demokratie, in: Bayerische Verwaltungsblätter 22 (1976), S. 201-204.

59 *Hopfe* (Anm. 9), Art. 98, Rdnr. 7.

60 *Rommelfanger* (Anm. 2), S. 182; *Hopfe* (Anm. 9), Art. 98, Rdnr. 19.

61 Ebd., Rdnr. 20.

62 *Josef Isensee*, Staatseinheit und Verfassungskontinuität, in: Veröffentlichungen der Vereinigung der Deutschen Staatsrechtslehrer 49 (1990), S. 39-64, hier S. 49; *Huber* (Anm. 15), S. B 4; anders *Starck* (Anm. 1), S. 3; *Steinberg* (Anm. 1), S. 510f.

63 *Linck* (Anm. 9), Art. 106, Rdnr. 3.

64 *Steinberg* (Anm. 1), S. 515f.

65 Zum Gang der Verfassungsberatungen *Hopfe* (Anm. 9), Einleitung B.

66 *Würtenberger* (Anm. 13), S. 31f.

67 Hierzu *Michael Sachs*, Ewigkeitsgarantie für Grenzen der Volksgesetzgebung?, in: Landes- und Kommunalverwaltung 6 (2002), S. 249ff.

68 So auch *Huber* (Anm. 21), S. 339.

69 Vgl. zu ähnlichen Volksbegehren in Nordrhein-Westfalen *Reiner Tillmanns,* Verfassungsänderung durch Volksgesetzgebung?, in: Die Öffentliche Verwaltung 7 (2000), S. 269-275.

70 ThürVerfGH, Beschluss vom 19.9.2001, Landes- und Kommunalverwaltung 2 (2002), S. 83ff.

71 Verfassungsrechtliche Bedenken gegen zu niedrige Quoren hat *Rupert Scholz,* Die Pflicht der Länder zur Bundestreue, in: Die Zukunft des Grundgesetzes 1991, S. 15 ff. Ausführlich zu den Details des Volksbegehrens *Hans-Joachim Bauer*, Die Rechtsprechung des Thüringer Verfassungsgerichtshofs zum Parlamentsrecht (1996 bis 2003), in: *Thüringer Landtag (Hrsg.),* Zehn Jahre Thüringer Landesverfassung, Erfurt 2004, S. 125-135, hier S. 126ff.

72 ThürVerfGH, Urteil vom 15.8.2001, VerfGH 4/01, in: Thüringer Verwaltungsblätter 2 (2002), 31 (35). Vgl die Urteilsanmerkungen von *Michael H. Koch*, in: Thüringer Verwaltungsblätter 2 (2002), S. 46ff. sowie von *Johannes Rux*, Thüringer Verwaltungsblätter 2 (2002), S. 48ff. Ausführlich zu diesem Volksbegehren *Christoph Degenhart*, Volksgesetzgebungsverfahren und Verfassungsänderung nach der Verfassung des Freistaats Thüringen, in: Thüringer Verwaltungsblätter 9 (2001), S. 201-211; zustimmend *Rolf Gröschner*, Unterstützungsquoren für Volksbegehren: eine Frage des Legitimationsniveaus plebiszitärer Gesetzesinitiativen, in: Thüringer Verwaltungsblätter 9 (2001), S. 193-201.

73 Ausführlich dargestellt von *Hans-Jürgen Kulke,* Länderreport: Thüringen, Landes- und Kommunalverwaltung 7 (2004), S. 307ff.

74 Vgl. zu den einfachgesetzlichen Änderungen und Details zum Thüringer Gesetz über das Verfahren bei Bürgerantrag, Volksbegehren und Volksentscheid (ThürBVVG) in der Fassung der Neubekanntmachung vom 23. Februar 2004 die Ausführungen von *Kulke* (Anm. 74), S. 307ff.

75 So *Edinger* (Anm. 4), S. 75.

76 Vgl. *Christian Starck*, Der verfassungsrechtliche Status der Landesverfassungsgerichte, in: *ders. / Klaus Stern (Hrsg.)*, Landesverfassungsgerichtsbarkeit, Bd. I, Baden-Baden 1983, S. 155-183, hier S. 158ff.

77 *Rommelfanger* (Anm. 2), S. 184.

78 BerlVerfGH, NJW 1993, 515.

79 *Christian Starck*, Der Honecker-Beschluss des Berliner VerfGH, in: Juristen-Zeitung 48 (1993), S. 231-234, hier S. 232; *Dieter Wilke*, Landesverfassungsgerichtsbarkeit und Einheit des Bundesrechts, in: Neue Juristische Wochenschrift 46 (1993), S. 887-889; *Ernst Friesenhahn*, Zur Zuständigkeitsabgrenzung zwischen Bundesverfassungsgericht und Landesverfassungsgerichtsbarkeit, in: *Christian Starck (Hrsg.)*, Bundesverfassungsgericht und Grundgesetz, Bd. I, Tübingen 1976, S. 748-801, hier S. 765ff. *Ekkehard Schumann*, Verfassungsbeschwerde (Grundrechtsklage) zu den Landesverfassungsgerichten, in: *Starck / Stern (Hrsg.)* (Anm. 76), S. 149-231, hier S. 207f.

80 BayVerfGH 26, 127 (133ff.); 27, 35 (40); HessStGH ESVGH 19, 7 (9); 31, 161 (164), unzutreffend *Christian Pestalozza*, Der „Honecker-Beschluß" des Berliner Verfassungsgerichtshofs, in: Neue Zeitschrift für Verwaltungsrecht 12 (1993), S. 340-345, hier S. 344f.

81 BVerfGE 96, 345 (346); hierzu *Zippelius / Würtenberger* (Anm. 12), § 16, Rdnr. 25ff.

82 BVerfGE 96, 345 (371ff.) Ausführlich zu der Rechtsprechung der Landesverfassungsgerichte und der Positionierung des Bundesverfassungsgerichts *Huber* (Anm. 21), S. 328ff.

83 BVerfGE 96, 345 (371).

84 *Jürgen Rühmann*, in: *Dieter C. Umbach / Thomas Clemens (Hrsg.)*, Bundesverfassungsgerichtsgesetz, 2. Aufl., Heidelberg 2005, § 85, Rdnr. 34ff.

85 *Huber* (Anm. 21), S. 329.

86 ThürVerfGH, Thüringer Verwaltungsblätter 6 (2001), 129 (130).

87 *Würtenberger* (Anm. 13), S. 31f.

88 Vgl. beispielsweise das Urteil des Verfassungsgerichtshofs vom 14. Juli 2003 (VerfGH 2/01) zur Zulässigkeit pauschaler Aufwandsentschädigungen für die Vorsitzenden der Landtagsausschüsse und die parlamentarischen Geschäftsführer der Landtagsfraktionen, in: Neue Zeitschrift für Verwaltungsrecht – Rechtsprechungsreport Verwaltungsrecht 11/12 (2003), S. 793-798. Weitere Rechtsprechungshinweise gibt *Hans-Joachim Bauer*, Die Rechtsprechung des Thüringer Verfassungsgerichtshofs zum Parlamentsrecht (1996 bis 2003), in: *Thüringer Landtag (Hrsg.)* (Anm. 4), S. 125-135, hier S. 131ff. Vgl. ferner *Peter M. Huber* (Anm. 48), S. 80ff.

89 Grundlegend ist die erste Entscheidung des Verfassungsgerichtshofs zur Kreisgebietsreform ThürVerfGH, Urteil vom 23. Februar 1996, VerfGH 12/95, in: Thüringer Verwaltungsblätter 9 (1996), S. 209ff. Weitere Rechtsprechungshinweise gibt *Dietrich Stöffler*, Die Rechtsprechung des Thüringer Verfassungsgerichtshofs zum Kommunalrecht, in: *Thüringer Landtag (Hrsg.)*, (Anm. 4), S. 107-123 sowie *Huber* (Anm. 21), S. 342ff.

90 So auch *Huber* (Anm. 21), S. 327.

91 ThürVerfGH, Urteil vom 18.07.1997, VerfGH 18/95, in: Thüringer Verwaltungsblätter 1 (1998), S. 17ff.

92 So auch *Andreas Birkmann / Marion Walsmann*, Die Verfassung des Freistaats Thüringen mit Erläuterungen und Rechtsprechungshinweisen, 8. Aufl., Erfurt 2001, S. 29f.

93 Sog. „due process"-Gedanke, *Huber* (Anm. 21), S. 335. Vgl. auch *Hans-Jürgen Kulke*, Länderreport Thüringen, Landes- und Kommunalverwaltung 1 (1999), S. 16ff.

94 Diese Haltung des Thüringer Verfassungsgerichtshofs steht im Einklang mit der Rechtsprechung des BVerfG: BVerfGE 94, 351, 367ff.

95 ThürVerfGH, Urteil vom 25.5.2000, VerfGH 2/99, in: Thüringer Verwaltungsblätter 8 (2000), S. 180ff.

96 *Wolfgang Löwer*, Anmerkung zum Urteil des Thüringer Verfassungsgerichtshofs vom 25.5.2000, in: Thüringer Verwaltungsblätter 9 (2000), S. 206-211, hier S. 207.

97 *Löwer* (Anm. 96), S. 207.

98 Vgl. *Thüringer Landtag (Hrsg.)*, 175 Jahre Parlamentarismus in Thüringen (1817-1992), Jena 1992.

99 *Rommelfanger* (Anm. 2), S. 184.

100 *Edinger* (Anm. 4), S. 71.

101 Hierzu ausführlich *Würtenberger* (Anm. 13), S. 40ff.

102 Vgl. zu dieser Problematik auch *Dieter Grimm*, Die Verfassung und die Politik. Einsprüche in Störfällen, München 2001.

103 So *Edinger* (Anm. 4), S. 73ff.

104 Der Thüringen Monitor 2008 ist als elektronisches Dokument abrufbar auf der Homepage der Thüringer Staatskanzlei, hier S. 68ff.

105 *Thomas Würtenberger*, Wiedervereinigung und Verfassungskonsens, in: Juristen–Zeitung 48 (1993), S. 745-750; *Steffen Heitmann*, Eine besondere Bewusstseinslage in den neuen Ländern, in: Die Zukunft des Grundgesetzes (1992), S. 25ff.

Karl Schmitt

Die politischen Parteien

I. Von der Parteidiktatur zur Parteiendemokratie

Dass der politische Umbruch in der DDR in eine pluralistische Parteiendemokratie münden würde, war im Herbst 1989 alles andere als selbstverständlich. Denn die friedliche Revolution richtete sich gegen nichts anderes als gegen die Diktatur einer Partei. Im realen Sozialismus der DDR war die Staatspartei SED das eigentliche Machtzentrum; hier wurden alle wesentlichen Entscheidungen getroffen. Gestützt auf das Theorem, dass allein die Partei der Arbeiterklasse Einsicht in die Gesetzmäßigkeiten der gesellschaftlichen Entwicklung habe, übte die Partei ihr uneingeschränktes Herrschaftsmonopol in Staat und Gesellschaft aus. Konkurrierende Machtzentren konnte es nicht geben; die Blockparteien waren lediglich „Transmissionsriemen" der SED. Und der Bevölkerung blieb nur die Zustimmung zur Politik der Partei; sie wurde zu Loyalitätsbekundungen regelmäßig gezwungen. Wie nach außen, in Staat und Gesellschaft, so galt der auf das Erkenntnismonopol gestützte Führungsanspruch auch innerhalb der Partei: Gemäß dem Prinzip des „demokratischen Zentralismus" wurden von der Linie der Parteiführung abweichende Auffassungen nicht geduldet. Der Sturz dieses Regimes musste sich daher auf die Beseitigung ihres Machtkerns, der SED-Herrschaft, richten, mehr noch: auf die Abschaffung von Parteidiktatur überhaupt.

Andererseits wurde die Parteidiktatur nicht von Parteien gestürzt. Nicht sie, sondern die Bürgerbewegungen, das Neue Forum, der Demokratische Aufbruch und Demokratie Jetzt, vor allem aber große Teile der Bevölkerung, die ihre Ablehnung des alten Systems auf den Straßen demonstrierten, haben die „Wende" erzwungen. Der überraschend rapide Machtzerfall der SED eröffnete den Bürgerbewegungen neue Handlungsspielräume. Auf eine schnelle Machtübernahme waren sie jedoch weder konzeptionell noch personell vorbereitet. So fand die Losung der Demonstranten „Neues Forum an die Macht!" bei den Bürgerrechtlern kaum Widerhall: Ihre auf Kommunikation und Konsens basierenden Demokratie- und Politikvorstellungen, ihre dezentralen Organisationsformen und ihr Selbstverständnis als gewaltfreie Oppositionsgruppen standen einer Machtübernahme entgegen.

Bei dem Versuch, den Gefahren des entstehenden Machtvakuums zu begegnen, kamen die Parteien wieder ins Spiel. Die alten Kräfte und die oppositionellen Gruppen fanden sich zur Beteiligung an Gremien bereit, die im Ergebnis die sukzessive Entmachtung des Staatspartei bewerkstelligten, am Zentralen Runden Tisch in

Berlin, an den Runden Tischen der Bezirke und auf lokaler Ebene. Dass es sich bei den Runden Tischen um Einrichtungen eines Übergangs handelte, dokumentiert der Beschluss, den der Zentrale Runde Tisch in Berlin bereits während seiner ersten Sitzung am 7. Dezember 1989 fasste; der Beschluss nämlich, am 6. Mai 1990 freie Wahlen zur Volkskammer durchzuführen, ein Termin, der dann auf den 18. März vorgezogen wurde. Das bedeutete nichts anderes als das Eingeständnis eines Legitimationsdefizits des Runden Tisches. Nur aus freien Wahlen hervorgegangene Institutionen konnten demokratische Autorität beanspruchen.

Hatten bereits die Runden Tische durch ihre Zusammensetzung die Parteien wieder ins Spiel gebracht, so stellte die Volkskammerwahl definitiv die Weichen für ein System, in dem wiederum politische Parteien eine zentrale Rolle einnehmen. Denn ein repräsentativ-parlamentarisches System (wie es in der Schlussphase der DDR praktiziert wurde, und danach im vereinigten Deutschland und im Freistaat Thüringen als konkrete Gestalt des demokratischen Verfassungsstaats fungiert) ist ein „Parteienstaat", ist auf Parteien unabdingbar angewiesen. Da in ihm Politik nicht in der Durchsetzung vorgegebener Gesetzmäßigkeiten bestehen kann, sondern ein offener Prozess der Bestimmung und Umsetzung von Zielen ist, sind Organisationen nötig, die die Interessen der Bürger artikulieren und bündeln, die Entscheidungsalternativen formulieren und die bereit sind, bei der Durchführung von Programmen politische Verantwortung zu übernehmen.

Es zeigt sich somit, dass die Abschaffung der Parteidiktatur in die Etablierung einer Parteiendemokratie mündete, ja münden musste. Für beide Systeme, den realen Sozialismus der DDR und den demokratischen Verfassungsstaat des vereinigten Deutschlands, sind politische Parteien gleichermaßen konstitutiv; jedoch unterscheiden sich ihre jeweiligen Rollen grundlegend. In der Parteiendemokratie ist nicht Zentralismus, sondern Pluralismus das bestimmende Prinzip für Funktion und Struktur von Parteien. Voneinander unabhängige Parteien stehen im Wettbewerb um die freie Zustimmung der Wählerschaft zu ihren Zielen. Und auch in ihrer inneren Verfassung müssen die Parteien die offene Auseinandersetzung ihrer Mitglieder und Funktionsträger über politische Ziele und Strategien gewährleisten.

Der rasche Übergang von einer Parteidiktatur zu einer Parteiendemokratie stellte die Bürger vor die schwierige Aufgabe, ein der neuen Rolle der Parteien angemessenes Verhältnis zu ihnen zu entwickeln. Dass die neue Parteiendemokratie in kurzer Frist aus einer Parteidiktatur hervorgegangen war, hatte aber auch Folgen für die Parteien selbst. Je nachdem, ob sie eine DDR-Vorgeschichte hatten, oder ob sie während des Umbruchs neu gegründet worden waren, brachten sie unterschiedliche Voraussetzungen für ihre neuen Funktionen mit. Die „Altparteien" verfügten zwar über Personalressourcen und eingespielte Organisationen, mussten jedoch programmatisch, organisatorisch und personell einen drastischen Rollenwechsel bewältigen. Die Neugründungen hingegen mussten funktionsfähige Parteistrukturen erst aufbauen, eine längere Phase der Anpassung an eine neue Konstellation blieb ihnen dafür erspart.

II. Neuformierung und Entwicklung der Parteien 1990-2010[1]

1. Die Christlich-Demokratische Union[2]

Die Thüringer CDU war im Juli 1945 in Weimar als neue Partei gegründet worden, nach dem Vorbild der von der sowjetischen Besatzungsmacht in Berlin zugelassenen, gesamtdeutsch konzipierten und interkonfessionell christlichen Volkspartei CDU. Schon Anfang der 1950er Jahre hatte sie ihre Selbstständigkeit verloren und war im Blockparteisystem der DDR gleichgeschaltet worden. In den 1980er Jahren regten sich zunehmend Reforminitiativen der Mitgliederbasis; sie wurden von der linientreuen Parteiführung erstickt. Im Herbst 1989 wurde jedoch ein Vorstoß aus Thüringen zu einem „Fanal der Reform" der DDR-CDU insgesamt. Am 10. September 1989 stellten Gottfried Müller[3], Christine Lieberknecht[4], Martin Kirchner und Martina Huhn, CDU-Mitglieder und zugleich Amtsträger und Synodale der Thüringer evangelischen Landeskirche, in Eisenach den „Brief aus Weimar" vor, der darauf zielte, die CDU so umzugestalten, dass sie für eine durchgreifende Reform der DDR tauglich würde.[5] Der „Brief aus Weimar" wurde zum Kristallisationspunkt der angestauten Unruhe in der CDU; die von ihm ausgelöste Reformdebatte in der Partei entfaltete eine durchschlagende Wirkung. Nach vier Jahrzehnten an der Spitze der CDU trat am 2. November der Parteivorsitzende Gerald Götting[6] zurück. Lothar de Maizière wurde zum neuen Parteivorsitzenden gewählt. Der Sonderparteitag am 15./16. Dezember in Berlin löste die gesamte alte Führung ab und nahm die programmatische Erneuerung der Partei in Angriff. Bereits am 4. Dezember war die CDU offiziell aus dem Demokratischen Block ausgetreten und hatte einen entscheidenden Schritt zu einer eigenständigen Partei vollzogen. Damit waren wichtige Vorbehalte ausgeräumt, die die westdeutsche CDU bisher daran gehindert hatten, die CDU der DDR als Partner zu akzeptieren. Die West-CDU beschloss nun, offizielle Kontakte mit Gliederungen der Ost-CDU aufzunehmen; vornehmlich Hessen und Rheinland-Pfalz sollten Partner von Thüringen werden.

Der Berliner Sonderparteitag hatte beschlossen, die bestehenden Bezirksverbände aufzulösen und neue Landesverbände zu gründen. Diesen Schritt ging die Thüringer CDU am 20. Januar 1990 mit ihrem 1. Landesparteitag in Weimar. Damit war der Thüringer Landesverband der erste der CDU in den zukünftigen neuen Ländern,[7] und die CDU war die erste Thüringer Partei, die sich einen Landesverband schuf.[8] Unter dem Motto „Umkehr in die Zukunft"[9] ging die Thüringer CDU auf dem Gründungsparteitag daran, mit ihrer Blockvergangenheit zu brechen. Die drei Bezirksverbände wurden aufgelöst, die alte Führung abgelöst. Die Delegierten wählten den stellvertretenden Direktor der Wartburg-Stiftung Uwe Ehrich zum Landesvorsitzenden. Die westdeutsche CDU war in Weimar prominent vertreten. Für die hessische CDU sprach Ministerpräsident Walter Wallmann zum Parteitag; die rheinland-pfälzische CDU repräsentierte deren Landesvorsitzender.

Ebenfalls am 20. Januar 1990 fand in Fischbach bei Gotha die Gründung des Thüringer Landesverbandes des Demokratischen Aufbruchs (DA) statt. Als Bürgerbewegung überwiegend von kirchlichen Mitarbeitern initiiert, wurde der DA in Thüringen vor allem durch den Weimarer (evangelischen) Pfarrer Edelbert Richter und den (katholischen) Informatiker Klaus Zeh aus Nordhausen repräsentiert. Da in Fischbach der liberal-konservative Flügel des DA dominierte, wurde nicht Richter, der auf eine Kandidatur verzichtete und später der SPD beitrat, sondern Horst Schulz zum Landesvorsitzenden gewählt. Auch in Fischbach war die westdeutsche CDU prominent durch den rheinland-pfälzischen Ministerpräsidenten Carl-Ludwig Wagner vertreten. Hintergrund waren Überlegungen in der West-CDU, die anfänglich den DA als neue unbelastete Gruppierung gegenüber der Ost-CDU als Partner favorisierten. Im Unterschied zum DA hatten sich die Gruppierungen vornehmlich in Sachsen und Thüringen, die sich am 20. Januar 1990 unter dem Patronat der CSU in Leipzig zur Deutschen Sozialen Union (DSU) zusammenschlossen, von Anfang an auf die Unionsparteien orientiert. Zu ihnen gehörte die „Forum-Partei Thüringen“, die von Mitgliedern des Neuen Forums in Südthüringen initiiert worden war; ihr Vorsitzender war der Ilmenauer Hochschuldozent Paul Latussek, später Landesvorsitzender der DSU.

Unter dem Druck des näher rückenden, inzwischen auf den 18. März 1990 vorverlegten Termins der Volkskammerwahl entschloss sich die West-CDU schließlich, nicht eine der in Erwägung gezogenen Gruppierungen sondern ein Wahlbündnis zu unterstützen. Dieses wurde unter dem Namen „Allianz für Deutschland“ Anfang Februar zwischen der Ost-CDU, dem DA und der DSU vereinbart. Die „Allianz“ war über Erwarten erfolgreich: Nicht die als Favorit taxierte SPD sondern die „Allianz“ gewann die Volkskammerwahl; in Thüringen erreichte sie mit insgesamt 59,9 Prozent der Stimmen das beste Ergebnis im Vergleich aller späteren neuen Länder.[10] Zu diesem Wahlsieg hat der DA mit Anteilen zwischen einem und zwei Prozent in den Thüringer Bezirken nur in sehr bescheidenem Maße beigetragen – einer der Gründe für den Zusammenschluss des DA mit der Thüringer CDU im August 1990.[11] Dagegen blieb der dritte Partner der „Allianz“, die DSU, die in Thüringen 5,8 Prozent erzielt hatte, selbstständig.[12] Dafür beschloss die Demokratische Bauerpartei Deutschlands, die mit gut zwei Prozent der Stimmen bei der Volkskammerwahl in Thüringen ohne Perspektive als eigenständige Partei war, die Fusion mit der CDU; nur ein Teil der Mitglieder folgte diesem Votum.[13]

Der fulminante Erfolg, den die CDU im Verein mit der „Allianz“ bei der Volkskammerwahl in Thüringen errungen hatte, setzte sich bei den rasch aufeinander folgenden Wahlen des Jahres 1990 fort: bei den Kommunalwahlen im Mai mit 42 Prozent der Stimmen, sodass sie sämtliche Oberbürgermeister (Ausnahme Jena) und sämtliche Landräte Thüringens stellte; bei der Landtagswahl im Oktober und bei der Bundestagswahl im Dezember errang sie mit jeweils 45 Prozent sämtliche Thüringer Direktmandate. Im Jahr der Neugründung Thüringens etablierte sich die CDU als mit weitem Abstand stärkste Partei des Freistaats. Sie übernahm die Führung nicht nur in den Kommunen und Kreisen, sie wurde zur Regierungspartei, die seit 1990 ununterbrochen den Ministerpräsidenten stellt. Die CDU hat diese Führungsrolle erringen können, weil sie sich in Thüringen aus eigener Kraft aus der Entmündigung und damit vom Odium der Blockvergangenheit befreit hatte, weil sie über eine breite bodenständige Mitgliederschaft und eine landesweite präsente Organisation verfügte (die nun aus jahrzehntelanger Lethargie erwachten), weil ihr Ziel einer möglichst raschen Angleichung der politischen, wirtschaftlichen und gesellschaftlichen Strukturen an die des Westens den Erwartungen der Mehrzahl der Thüringer entsprach und schließlich weil die Unterstützung durch die von Kanzler Kohl geführte West-CDU als Garant zur Erreichung dieses Ziels erschien.

Die von der Partei errungene Führungsrolle stellte allerdings hohe Anforderungen, denen die in die Spitzenpositionen eingerückten Personen nicht ohne Weiteres gewachsen waren. Das neue Führungspersonal hatte nicht zu den früheren Leitungskadern der Partei gehört und, wenn überhaupt, nur in untergeordneten Positionen politische und Verwaltungserfahrung sammeln können – wie etwa im Fall des ersten Ministerpräsidenten Josef Duchac[14] und von Willibald Böck, seit 1984 Bürgermeister von Bernterode (Eichsfeld), der im August 1990 Uwe Ehrich als Landesvorsitzender abgelöst hatte. Beide gerieten im Zuge der vom CDU-Generalsekretär Volker Rühe angestoßenen Debatte über die „Altlasten“ der Block-CDU ins Kreuzfeuer der Kritik. Es waren jedoch nicht die Anschuldigungen übergroßer Nähe zum DDR-Regime, die Duchac und Böck schließlich zu Fall brachten, als vielmehr die mangelnde Professionalität ihrer Amtsführung. Ministerpräsident Duchac musste nach nur 14 Monaten im Amt zurücktreten, nachdem drei CDU-Minister ihre Ämter zur Verfügung gestellt hatten.

Versuche, einen einheimischen Nachfolger zu finden, schlugen fehl. So trat im Februar 1992 mit Bernhard Vogel[15] ein Politiker die Nachfolge an, der als Ministerpräsident von Rheinland-Pfalz nicht nur landespolitische sondern auch lange Erfahrungen in der Bundes- und in der internationalen Politik mitbrachte. Vogel professionalisierte die Zusammenarbeit in der Landesregierung und brachte Ruhe in die von Turbulenzen geschüttelte Partei, indem er die Spannungen zwischen Alt- und Neumitgliedern sowie zwischen Protestanten und Katholiken entschärfte. Nachdem Vogel im Januar 1993 auch den Parteivorsitz übernommen hatte – als Innenminister war Böck schon im August 1992 zurückgetreten – brachte Vogel neuen Schwung in den Landesverband. Die 1990 begonnene Reduktion des zu DDR-Zeiten aufgeblähten hauptamtlichen Parteiapparats und seine Umstrukturierung in Anpassung an die neue Kreiseinteilung konnten abgeschlossen werden. Bis 1994 hatte sich das anfangs durch personelle Querelen und Affären belastete Erscheinungsbild der Partei wieder soweit verbessert, dass die CDU bei der Landtagswahl ihr gutes Ergebnis von 1990 fast behaupten konnte. Da jedoch der bisherige Koalitionspartner FDP den Wiedereinzug in den Landtag verfehlt hatte, musste die CDU eine Koalition mit der SPD eingehen. In dieser Koalition gewann Vogel durch seinen souverän auf Ausgleich und Verständigung bedachten Regierungsstil parteiübergreifend an Vertrauen und Autorität. Begünstigt durch die Zerstrittenheit der SPD und unterstützt durch das günstige bundespolitische Klima konnte er die CDU bei der Landtagswahl 1999 mit 51 Prozent der Stimmen zur absoluten Mehrheit führen.

Mit dieser komfortablen Mehrheit im Rücken ging Vogel daran, seine Nachfolge vorzubereiten. Mit mehr Geschick und Fortüne als Kurt Biedenkopf in Sachsen verstand es Vogel in Thüringen, den Stabwechsel reibungslos in zwei Schritten zu gestalten. Im November 2000 gab er den Landesparteivorsitz an den Vorsitzenden der Landtagsfraktion Dieter Althaus[16] ab; im Mai 2003 kündigte Vogel seinen Rücktritt als Ministerpräsident an und schlug Althaus zum Nachfolger vor. Althaus nutzte das ihm nach seiner Wahl im Juni 2003 verbleibende Jahr bis zur Landtagswahl 2004 für einen so gelungenen Start als Ministerpräsident, dass er als klarer Favorit in die Wahl ging und die CDU mit 43 Prozent die absolute Mehrheit der Stimmen zwar verfehlte, aber die Mehrheit der Mandate des Thüringer Landtags gewann.

Nach diesem knappen Wahlsieg weiter in der Lage, ohne Koalitionspartner zu regieren, ließen – ungeachtet der vom neuen Generalsekretär Mike Mohring forcierten Versuche, die Thüringer CDU zur „modernen Bürgerpartei" und zum „Dienstleister für alle Thüringer" zu machen – Führungsschwächen und Kommunikationsprobleme in Regierung und Partei den Glanz des Amtsantritts von Althaus verblassen. Selbst Kernanliegen der Landesregierung wie die Familienpolitik brachten mehr Widerspruch als Zustimmung ein, sodass die als Befreiungsschlag gedachte Regierungsumbildung im Mai 2008 Althaus noch stärker als zuvor in die Defensive führte. So war seine Autorität schon geschwächt, bevor er durch einen Skiunfall am Neujahrstag des Wahljahres 2009 für Monate seine Ämter nicht ausüben konnte. Althaus nahm die Loyalität seiner Partei, die ihm in Abwesenheit fast einstimmig zum Spitzenkandidaten nominierte, voll in Anspruch. Für dieses bedingungslose Vertrauen und den ganz auf Althaus zugeschnittenen Wahlkampf zahlte die CDU einen hohen Preis: das Debakel im August 2009, als sie mit 31,2 Prozent das schlechteste Landtagswahlergebnis seit ihrer Neugründung hinnehmen musste. Zwar blieb sie knapp stärkste Partei (mit vier Prozent Vorsprung vor der LINKEN), verdankte es aber der Koalitionsentscheidung der SPD, dass sie an der Regierung bleiben und auch weiterhin die Position des Ministerpräsidenten besetzen konnte.

Mit Christine Lieberknecht trat eine Politikerin an die Spitze der Thüringer Landesregierung und der CDU, die seit dem „Brief aus Weimar" die Geschicke der Partei maßgeblich geprägt und seit 1990 ununterbrochen in Ministerämtern, als Fraktionsvorsitzende und als Landtagspräsidentin kaum überbietbare landes- und bundespolitische Erfahrung gewonnen hat. Mit ihr kommt der protestantische Flügel der Partei wieder zur Geltung, der in der Ära Vogel und unter seinem ebenfalls katholischen Vorgänger bzw. Nachfolger Duchac und Althaus in den Hintergrund getreten war.

2. *Die Sozialdemokratische Partei Deutschlands*[17]

Wie die CDU kann auch die SPD in Thüringen auf eine Vergangenheit vor 1989 zurückblicken, auf eine wesentlich längere Geschichte sogar, die bis in die Anfänge des deutschen Parteiwesens überhaupt zurückreicht. In dieser Geschichte nimmt Thüringen mit den Parteitagsstädten Eisenach, Gotha und Erfurt als Gründungs- und Stammland der deutschen Sozialdemokratie einen prominenten Platz ein. Im Unterschied zur CDU, die in der Form einer Blockpartei die DDR-Ära überdauerte, war die organisatorische Kontinuität der SPD, die 1945 in Thüringen in personeller Anknüpfung an ihren Vorkriegsbestand wiedergegründet worden war, bereits im April 1946 durch ihre Zwangsvereinigung mit der KPD zur SED unterbrochen worden. Mehr noch: Nicht nur fehlten 1989 lebendige sozialdemokratische Traditionen, auch das sozialdemokratische Milieu war untergegangen.[18]

Dass es sich bei der Gründung der Sozialdemokratischen Partei der DDR (SDP) um eine Neugründung handelte, zeigen Vorgeschichte, Initiatoren und Begleitumstände. Die Initiative ging von Kreisen um evangelische Pfarrer in Berlin aus, die im Juni 1989 einen Gründungsaufruf verbreiteten. Am 7. Oktober 1989 kam es im evangelischen Pfarrhaus von Schwante bei Berlin zu einem Treffen des Gründerkreises, bei dem Thüringer Vertreter vornehmlich aus Jena, Rudolstadt und Greiz beteiligt waren. Die dabei fixierten programmatischen Vorstellungen umfassten Forderungen u. a. nach Rechtsstaatlichkeit, Menschenrechten, ökologischem Wirtschaften, der Wiedereinführung der Länder und besonderen Beziehungen zur Bundesrepublik „aufgrund der gemeinsamen Nation" – jedoch ohne expliziten Rückgriff auf proletarische Traditionen. Im Unterschied zu den sich gleichzeitig ausbreitenden Bürgerbewegungen bestanden die Initiatoren bewusst auf der Gründung einer Partei und dem damit verbundenen politischen Gestaltungsanspruch.[19]

In Thüringen entstanden in den folgenden Wochen an vielen Orten großenteils unabhängig voneinander SDP-Basisgruppen.[20] Die Vertreter dieser Gruppen beschlossen bei einem ersten konspirativen Treffen in der Nähe von Pößneck Anfang Dezember 1989 die Gründung eines Thüringer Landesverbandes. Diese fand am 27. Januar 1990 statt; als Ort wurde die Gaststätte „Tivoli" in Gotha gewählt, wo 115 Jahre zuvor die Sozialistische Arbeiterpartei Deutschlands gegründet worden war. Logistische Unterstützung leistete der SPD-Bezirksverband Hessen-Nord. Teilnehmer des Gründungsparteitages waren der Ehrenvorsitzende der West-SPD Altkanzler Willy Brandt, die Mitglieder des Parteivorstandes Egon Bahr und Heidemarie Wieczorek-Zeul sowie die Landesvorsitzenden von Hessen und Bayern. Die Delegierten wählten den Elektromonteur und Referenten im Diakonischen Werk Eisenach, Wilfried

Machalett, zum Landesvorsitzenden. Von den zwölf Mitgliedern des ersten Landesvorstands waren zehn Akademiker in technisch-naturwissenschaftlichen Berufen.

Es schien zunächst, dass die SPD mit massenhaftem Zulauf würde rechnen können; am Volksfest im Anschluss an den Parteitag in Gotha nahmen ca. 100.000 Menschen teil. Allerdings entschlossen sich nur Wenige zur Mitgliedschaft, unter ihnen kaum Arbeiter, in der Mehrzahl aus Berufen der technischen Intelligenz, Ingenieure, Lehrer, in Thüringen nur selten auch evangelische Pfarrer. Eine Aufnahmebeschränkung für ehemalige SED-Mitglieder gab es bis zum Parteitagsbeschluss vom Februar 1990 zunächst nicht; ihre Zahl hielt sich jedoch in engen Grenzen.[21] Insgesamt blieben die Mitgliederzahlen in den ersten Monaten nach dem Gründungsparteitag weit hinter den Erwartungen zurück; dabei blieb es auch in den folgenden Jahren. Die im Frühjahr 1990 mit finanzieller Unterstützung westdeutscher SPD-Parteigliederungen in allen damaligen Stadt- und Landkreisen eingerichteten Geschäftsstellen mit hauptamtlichen Mitarbeitern sowie die darüber hinaus geschaffenen Unterbezirke erwiesen sich als weit überdimensioniert und wurden großenteils bald wieder zurückgefahren.

Auch die Erwartung, bei der Volkskammerwahl in Thüringen an die Wahlerfolge in der Weimarer Republik anknüpfen zu können, wurde enttäuscht. Nach dem Debakel der SPD, die in Thüringen mit 17,5 Prozent noch schlechter abschnitt als im DDR-Durchschnitt (21,9 Prozent), trat der Landesvorsitzende zurück; auch seine Nachfolger, der Diplom-Ingenieur Bernd Brösdorf aus Mühlhausen und der Gothaer Kämmerer Peter Laskowski, blieben nur wenige Monate im Amt. Da sich in dieser Aufbausituation kein überzeugender Spitzenkandidat für die Landtagswahl 1990 finden ließ, wurde auf Vorschlag der SPD-Bundesspitze der Fraktionsvorsitzende im nordrhein-westfälischen Landtag Friedhelm Farthmann nominiert. Nach dem gegenüber der Volkskammerwahl zwar verbesserten, aber als landespolitischem Start entmutigenden Ergebnis (22,8 Prozent) verzichtete Farthmann auf die Führung der SPD-Oppositionsfraktion im Thüringer Landtag und kehrte nach Düsseldorf zurück.

Nach einem Jahr herber Wahlniederlagen – bei der Bundestagswahl im Dezember hatte die SPD lediglich ihr bescheidenes Landtagswahlergebnis halten können – begann mit dem Parteitag im Februar 1991 eine Phase der Konsolidierung der Partei. Erstmals wurden mit der Sondershäuser Bundestagsabgeordneten und Lehrerin Gisela Schröter und dem Vorsitzenden der SPD-Fraktion im Thüringer Landtag, dem promovierten Zeiß-Ingenieur Gerd Schuchardt[22] aus Jena, Persönlichkeiten von Gewicht und mit politischen Ambitionen in den Parteivorsitz bzw. die Stellvertretung gewählt. Die neue Führung trieb den organisatorischen Aufbau der Partei voran, initiierte die Ausarbeitung eines Parteiprogramms und schärfte das Profil der größten Oppositionspartei bei wichtigen landespolitischen Weichenstellungen, u. a. bei der Ausarbeitung der Landesverfassung.

Die Nominierung von Gerd Schuchardt zum Spitzenkandidaten bei der Landtagswahl 1994 war Ausdruck einer Machtverlagerung innerhalb der Partei von der Landesvorsitzenden und dem Landesvorstand hin zur Führung der Landtagsfraktion. Ursachen waren einerseits die ungleiche Verteilung der Ressourcen zwischen der mit Mitarbeitern gut ausgestatteten Landtagsfraktion und dem organisatorisch schwachen Parteiapparat, andererseits die relativ geringe landespolitische Präsenz einer Bundestagsabgeordneten. Als jedoch Gisela Schröter im Tableau von Gerd Schuchardts Schattenkabinett fehlte, wurde offenbar, dass mit der Gewichtsverlagerung von der Partei zur Fraktion nicht nur Disharmonien zwischen Personen und deren Rollen einhergingen, sondern auch politische Richtungsentscheidungen tangiert waren. Schuchardt favorisierte eine deutliche Abgrenzung der SPD von der PDS und eine zukünftige Koalition mit der CDU, während Schröter gegenüber der PDS offener war und eher das Szenario der Tolerierung einer CDU-Minderheitsregierung in Erwägung zog. Dieser Dissens über die Haltung der SPD zur PDS weitete sich zu einem Konflikt aus, der die Partei seither spaltet.

Nach der Landtagswahl 1994, bei der die SPD mit 30 Prozent deutlich hinzugewonnen hatte, konnte Schuchardt den Eintritt der SPD in eine CDU-geführte Koalitionsregierung bei dem auf die Wahl folgenden Parteitag zwar durchsetzen. Die mit 60 Prozent nur knappe Mehrheit jedoch, mit der die Delegierten Schuchardt zum SPD-Landesvorsitzenden wählten, ließ die beträchtliche Anhängerschaft des Schröter-Kurses innerhalb der Partei erkennen. Die Kritik an Schuchardt verstummte nicht. Im Oktober 1995 veröffentlichte ein Kreis Thüringer SPD-Politiker, darunter die fünf Thüringer Bundestagsabgeordneten, das Thesenpapier „Für eine souveräne SPD“, in dem der Thüringer SPD in der Erfurter Großen Koalition Profillosigkeit vorgeworfen und die Aufgabe des strikten Abgrenzungskurses gegenüber der PDS gefordert wurde. In der Folge verzichtete Schuchardt auf eine erneute Kandidatur für den Parteivorsitz und schlug den von ihm aus der saarländischen Politik nach Thüringen geholten, seit 1994 als Innenminister amtierenden Richard Dewes[23] als neuen Landesvorsitzenden vor. Der im März 1996 mit großer Mehrheit gewählte Dewes brachte durch sein Festhalten an der Großen Koalition zunächst Ruhe in die Partei; seine Ankündigung jedoch, als Spitzenkandidat der SPD nach der Landtagswahl 1999 für eine neue Große Koalition nicht zur Verfügung zu stehen, und der von ihm herbeigeführte Beschluss des Landesvorstandes, nach der Wahl eine Gesamtmitgliederversammlung der Thüringer SPD über eine Koalition entscheiden zu lassen, fachte nicht nur die innerparteilichen Konflikte wieder an,[24] sondern schmälerte auch erheblich seine eigenen Wahlchancen als Ministerpräsidentenkandidat.

Die anvisierte Entscheidung der Thüringer SPD-Mitglieder fand nicht statt, da mit dem Gewinn der absoluten Mehrheit der CDU die Notwendigkeit von Koalitionen entfallen war. Der nun ausbrechende Streit über die Verantwortung für die Wahlniederlage, die die SPD mit nur noch 18,5 Prozent und nur noch 18 statt zuvor 29 Landtagsmandaten in die Rolle der kleinsten Oppositionspartei gebracht hatte, führte zum

Verzicht von Dewes auf das Amt des Parteivorsitzenden. Im November 1999 wurde der Bundestagsabgeordnete und evangelische Theologe Christoph Matschie[25] zu seinem Nachfolger gewählt. Matschie blieb zunächst im Bundestag und brachte die bundespolitische Stärke der Thüringer SPD zur Geltung, die seit 1998 im Freistaat die CDU bei Bundestagswahlen im Gegensatz zu den Landtagswahlen weit überflügelte. Als Parlamentarischer Staatssekretär im Bundesbildungsministerium gewann er an Statur auch auf der landespolitischen Ebene der Bildungspolitik.

Trotzdem konnte Matschie – wie zuvor schon Gisela Schröter – in der Thüringer Politik nur begrenzt präsent sein. Da zudem die Partei bei der Landtagswahl 2004 mit 14,5 Prozent nicht zuletzt deshalb einen neuen Tiefpunkt erreichte,[26] weil Matschie die von ihm in Berlin mitgetragene unpopuläre Agenda 2010 von Bundeskanzler Schröder als Spitzenkandidat in Thüringen zu verteidigen hatte, entschied er sich nach die Niederlage zum Wechsel in die Landespolitik als Vorsitzender der noch einmal auf nunmehr 15 Abgeordnete geschrumpften Thüringer Landtagsfraktion. Diese Entscheidung für ein begrenztes und schwieriges landespolitisches Arbeitsfeld hat sich ausgezahlt, weil es Matschie in seiner nunmehr mit Abstand längsten Amtszeit aller SPD-Landesvorsitzenden in mühseliger Überzeugungsarbeit gelungen ist, die Spaltung der Partei zu überbrücken und im Februar 2008 auch seinen wiedererstandenen Widersacher Dewes in einer Urwahl der Mitglieder aus dem Feld zu schlagen.

Ohne diese fast zehnjährige Vorarbeit in der Fraktion und in den Kreisverbänden vor Ort hätte Matschie im schwierigen Umfeld der Landtagswahl 2009 seinen Kurs kaum durchhalten können.[27] Im Hinblick auf mögliche Koalitionsoptionen nahm er vor der Wahl die Position ein, dass ein Bündnis mit der LINKEN für die SPD als Juniorpartner nicht in Betracht käme, also nur in dem Fall zu erwägen sei, in dem die SPD nach dem Wahlergebnis der stärkere Partner wäre und ihr die Führung der Regierung zufiele. Diese Position zu halten, war nicht leicht, da der Spitzenkandidat der LINKEN Spekulationen Vorschub leistete, dass als Preis für ein Bündnis mit der LINKEN in Thüringen notfalls auch einem schwächeren Partner der Posten des Ministerpräsidenten überlassen werden könnte.

Der Wahlausgang brachte die SPD in die Rolle des „Königsmachers". Obwohl sie nur schwach dazugewonnen hatte und mit 18,5 Prozent nach wie vor nur drittstärkste Partei war, lag die Entscheidung für eine der beiden möglichen Optionen, eine Koalition mit der LINKEN oder mit der CDU, in ihrer Hand. In der SPD formierte sich Widerstand gegen ein Zusammengehen mit dem Wahlverlierer CDU. Wochenlange Sondierungen zwischen der SPD und der LINKEN ergaben schließlich, dass ein Linksbündnis unter einem sozialdemokratischen Ministerpräsidenten nicht erreichbar war. Matschie begann daraufhin Koalitionsgespräche mit der CDU, die – nach dem Rücktritt von Dieter Althaus – jetzt von Christine Lieberknecht geführt wurde. Die Union kam der SPD in Sach- und Personalfragen so weit entgegen, dass eine Koalitionsvereinbarung zustande kam. Nachdem diese die Zustimmung einer

Dreiviertel-Mehrheit des SPD-Parteitages im Oktober 2009 gefunden hatte, nahm die zweite CDU-SPD-Regierung Thüringens ihre Arbeit auf – für die SPD zwar unter günstigeren Auspizien als die erste; für Matschie aber bedeutet sie nach der bislang für ihn schwierigsten Bewährungsprobe eine nicht minder schwierige Herausforderung.

3. *Die Partei des Demokratischen Sozialismus / Die Linke*[28]

Die SED, aus der die PDS hervorgegangen ist, war der Kern des Herrschaftssystems der DDR. Sie bestand aus einem weitverzweigten bürokratischen Apparat, der parallel zum Staatsapparat auf allen Ebenen und in sämtlichen gesellschaftlichen Bereichen die wichtigsten Entscheidungen fällte und deren Ausführung überwachte. Dazu verfügte „die Partei" über alle erforderlichen Ressourcen, unter anderem über eine große Zahl hauptamtlicher Funktionäre. Allein in den Bezirks- und Kreisleitungen der drei Thüringer Bezirke waren 1.785 Kader beschäftigt, dazu kamen weitere Funktionäre im Auftrag des Zentralkomitees, in den Grund- und den Abteilungsparteiorganisationen. Von der SED, vom Kern der Parteidiktatur, zur PDS, zu einer Partei in einer kompetitiven Parteiendemokratie, war daher ein weiter Weg zurückzulegen.

Dieser Weg begann mit der Entmachtung der SED im Herbst 1989. Er wurde in Thüringen dadurch erschwert, dass die Ersten Sekretäre der drei Thüringer Bezirke Müller (Erfurt), Ziegenhahn (Gera) und Albrecht (Suhl) zur „alten Garde" gehörten, die noch nach der Ablösung von Erich Honecker durch Egon Krenz an ihren Positionen festhielten und erst Anfang November 1989 unter demütigenden Umständen aus dem Amt gedrängt wurden. Nach dem Fall der Mauer in Berlin am 9. November spitzte sich die Lage der SED dramatisch zu. Die Parteibasis verweigerte der Führung zunehmend die Gefolgschaft, eine Welle von Parteiaustritten lähmte die Sekretariate in den Kreisen und Betrieben, die vielfach ihre Arbeit einstellten. Die SED stand am Rande der Auflösung. Auf dem Sonderparteitag in Berlin (Eröffnung am 8., Fortsetzung am 16./17.12.1989) standen sich die Befürworter einer formellen Selbstauflösung und die einer Fortführung der Partei unter neuem Namen gegenüber. Der Parteitag beschloss einen Kompromiss: Einerseits wurde die Partei unter dem Namen „SED-PDS" fortgeführt (ab Anfang Februar 1990: „PDS"); andererseits wurde eine Reform der Partei in Angriff genommen. Das Politbüro und das Zentralkomitee wurden aufgelöst; das neue provisorische Statut schaffte den „demokratischen Zentralismus" als Organisationsprinzip ab.

Die Neuformierung der Partei nahm längere Zeit in Anspruch. Der erste Schritt war auch in Thüringen ein Personalaustausch. Im Januar und Februar 1990 wurden in den drei Bezirken, anschließend auch in den Kreisen, neue Vorstände gewählt. Als letzte der Thüringer Parteien gründete die PDS am 30.6./1.7.1990 im Saal der ehemaligen SED-Bezirksleitung in Erfurt ihren Landesverband. Zur Landesvorsitzenden wurde die Suhler Bezirksvorsitzende Gabriele Zimmer[29] gewählt, bis 1990 SED-Parteisekretärin im Fahrzeug- und Jagdwaffenwerk Suhl. Zu diesem Zeitpunkt war der PDS von den ehemals weit über 300.000 Mitgliedern der SED in den Thüringer Bezirken mit ca. 43.000 nur noch ein Bruchteil verblieben.[30] Der neue Vorstand stand vor der Aufgabe, die Parteistrukturen an die neue Rolle der geschrumpften und weiter schrumpfenden Partei anzupassen. Im Zuge der Umstellung von hauptamtlicher auf ehrenamtliche Parteiarbeit wurde die Zahl der Beschäftigten der Thüringer PDS von 1.289 (1.6.1990) auf 203 (31.1.1991) reduziert. Gleichzeitig trennte sich die Partei vom größten Teil des beträchtlichen Immobilienbestandes der SED.

In die Volkskammerwahl im März 1990 ging die PDS als „Pro-DDR-Partei". Als „Vertreterin der ‚Arbeiterklasse der DDR'" trat sie für den Fortbestand der DDR ein. Mit 11,4 Prozent der Stimmen blieb sie in Thüringen deutlich unter dem DDR-weiten Ergebnis von 16,4 Prozent. Vor der Landtagswahl im Oktober 1990, nun bereits im vereinigten Deutschland, präsentierte sich die PDS als „konsequent kapitalismuskritische Partei", die die Bewahrung der sozialen Sicherungssysteme der DDR forderte und gezielt die ehemaligen DDR-Eliten sowie die tatsächlichen oder vermeintlichen Vereinigungsverlierer ansprach. Dem trug auch das zur Wahl gestellte Personalangebot der PDS Rechnung. Neben der Landesvorsitzenden Gabriele Zimmer, die die 1990 in Thüringer Parteiführungsämter gekommene neue Generation der Parteireformer repräsentierte, wurde auch Klaus Höpcke[31], lange Jahre stellvertretender Kulturminister der DDR, als Spitzenkandidat nominiert.

Obwohl die PDS in einer Listenverbindung mit weiteren kleinen Parteien antrat (Linke Liste – PDS), erreichte sie mit 9,7 Prozent der Zweitstimmen als einziger ostdeutscher Landesverband kein zweistelliges Ergebnis und fiel damit noch hinter ihren Anteil bei der Volkskammerwahl zurück. Bei der ersten gesamtdeutschen Bundestagswahl im Dezember 1990 – die PDS war wiederum in einer Listenverbindung angetreten – musste sie in Thüringen mit 8,3 Prozent nicht nur das schlechteste Wahlergebnis aller ostdeutschen Landesverbände hinnehmen, sondern fiel auch auf den Tiefpunkt der bisherigen Thüringer Wahlen. Der PDS-Stimmenanteil betrug – bezogen auf Gesamtdeutschland – nur 2,4 Prozent und lag daher weit unter der Fünf-Prozent-Marke. Da mit der Aussetzung der Fünf-Prozent-Hürde bei der folgenden Bundestagswahl jedoch nicht zu rechnen war, schien die PDS bundespolitisch vor dem baldigen Aus zu stehen; auch in Thüringen zeigte die Entwicklung des Wahljahres 1990 eindeutig nach unten.

Dennoch konnte die Partei sich Anfang der 1990er Jahre konsolidieren. Der anfangs rasante Mitgliederschwund ließ nach; der Thüringer Landesverband stabilisierte sich bei ca. 15.000 Mitgliedern und sollte damit bis heute der zweitstärkste nach der CDU bleiben. Die verbliebenen Mitglieder, überwiegend durch lange Zugehörigkeit eng an die Partei gebunden, in der DDR meist in leitenden Positionen in Partei, Staat und Wirtschaft tätig, jetzt meist aus dem Berufsleben ausgeschieden, waren zwar stark überaltert, dafür aber diszipliniert und engagiert. Sie bildeten eine vor allem in den Städten, aber auch in den Landkreisen flächendeckend präsente und verlässliche Parteibasis – geführt von einem im Vergleich dazu jungen Landesvorstand und einer aus der Wahlkampfleitung von 1990 hervorgegangenen effektiven Landesgeschäftsstelle.

Die im Unterschied zu den übrigen Parteien kaum durch Personalfluktuation beeinträchtigte PDS-Führung führte 1994 eine von organisatorischen Altlasten weitgehend befreite und stabilisierte Partei in die zweite Landtagswahl. Sie konnte dabei den inzwischen eingetretenen Wandel des politischen Klimas nutzen. Nach der Vereinigungseuphorie waren die mit dem wirtschaftlichen Strukturwandel verbundenen Probleme deutlich zutage getreten. Mit der Devise „Veränderung beginnt mit Opposition“ erhob die PDS zwar keinen Anspruch auf eine aktive Gestaltung der Landespolitik als Regierungspartei, ließ aber die Defensive hinter sich, indem sie über den harten Kern der Stammwähler ihres Traditionsmilieus hinaus auf die von den Problemen der Systemtransformation Betroffenen zielte. Durchaus mit Erfolg, denn mit 16,6 Prozent bei der Landtagswahl kehrte sie den Abwärtstrend des Jahres 1990 um (bei der Bundestagswahl am gleichen Tag konnte sie ihr Ergebnis von 1990 mehr als verdoppeln) und wurde als einzige Oppositionspartei im Drei-Fraktionen-Landtag der zweiten Wahlperiode zu einem festen Bestandteil des Thüringer Parteiensystems.

Aus dieser konsolidierten Position heraus ließ sie die Fixierung auf die Oppositionsrolle hinter sich, begann eine Regierungsbeteiligung oder eine doch wenigstens indirekte Mitgestaltung („Magdeburger Modell“) in Thüringen in Betracht zu ziehen und sondierte die Realisierungsmöglichkeiten eines „Linken Reformprojektes“ gemeinsam mit der SPD. Im Juni 1996 wurde diese Option in der „Elgersburger Erklärung“ der PDS vorgestellt, im Juni 1997 signalisierten Thüringer Sozialdemokraten des linken Parteiflügels in der „Erfurter Erklärung“ die Bereitschaft zur Zusammenarbeit mit der PDS, und in ihrem Landtagswahlprogramm vom Februar 1999 präsentierte sich die PDS schließlich als regierungsfähige Partei, ohne jedoch einige ihrer radikalen Forderungen wie die Einführung eines öffentlich geförderten Beschäftigungssektors oder einer „Demokratisierung der Gesellschaft“ fallen zu lassen. Die absolute Mehrheit der CDU bei der Landtagswahl 1999 verhinderte zwar das angestrebte Ziel der PDS, gemeinsam mit der SPD an die Regierung zu kommen. Doch wurde die PDS mit nun 21,4 Prozent zur zweitstärksten Partei vor der SPD und zur stärksten oppositionellen Kraft in Thüringen.

Die Ausfüllung der damit verbundenen Handlungspotenziale wurde durch eine neue Konstellation an der Parteispitze erleichtert. Gabriele Zimmer hatte 1998 den Landesvorsitz der Partei an Dieter Hausold übergeben und übernahm später den Bundesvorsitz. 2001 wurde mit Bodo Ramelow[32] ein Seiteneinsteiger zum Vorsitzenden der PDS-Landtagsfraktion gewählt. Ramelow, 1990 als Gewerkschaftsfunktionär aus Hessen nach Thüringen gekommen, erst 1999 in die Partei eingetreten und in den Landtag gewählt, erwies sich bald als besonderes politisches Talent und übernahm in Thüringen die Rolle des charismatischen Rhetorikers, die Gregor Gysi in der Bundespartei spielt. Damit konnte sich an der Spitze der Thüringer PDS eine wirkungsvolle Arbeitsteilung einspielen: für die Außendarstellung im Landtagsfraktionsvorsitz ein im Umgang mit den Medien und der Öffentlichkeit versierter Politikprofi aus dem Westen – für die Binnenkommunikation der Partei im Landesvorsitz ein im PDS-Milieu verwurzelter Funktionär der jüngeren Generation.[33]

Begünstigt durch die Schwäche der linken Flanke der Bundes-SPD begann 2005 unter maßgeblicher Beteiligung von Bodo Ramelow der Zusammenschluss der PDS mit der WASG zur neuen Partei DIE LINKE, die der PDS nun doch noch eine Westausdehnung ermöglichte. Für Thüringen bedeutete die Gründung der Partei DIE LINKE jedoch lediglich eine Namensänderung; sie brachte weder personelle noch strukturelle oder programmatische Veränderungen mit sich. Als Ausdruck ihrer starken landespolitischen Position nominierte die PDS vor den Landtagswahlen von 2004 und 2009 mit Bodo Ramelow einen Ministerpräsidentenkandidaten. 2004 kam er nicht zum Zug, weil die CDU noch einmal die absolute Mehrheit der Mandate erreichte. 2009 scheiterte sein Versuch, eine von der LINKEN geführte Koalition mit der SPD zu bilden. Dessen ungeachtet ging die PDS bzw. die LINKE aus diesen Wahlen weiter gestärkt hervor; 2009 auf 27,4 Prozent der Zweitstimmen angewachsen behauptet sie mit großem Vorsprung vor der SPD ihre Stellung als zweitstärkste politische Kraft Thüringens; 2004 errang sie erstmals fünf der 44 Direktmandate, 2009 erhöhte sich deren Zahl auf 14.

In den zwanzig Jahren seit ihrem Rollenwechsel hat sich die PDS/LINKE von einem nostalgischen Nachlassverwalter der diskreditierten SED zu einer linken Programmpartei entwickelt. In Abkehr von der Dogmatik des Sozialismus' der untergegangenen DDR appelliert sie – weit über die ehemaligen DDR-Eliten und über das Milieu der DDR-Nostalgiker hinaus – an die Ängste der im Vereinigungsprozess zu kurz Gekommenen und findet unter denen Resonanz, die sich von den Folgen der Globalisierung bedroht fühlen und sich grundsätzlich andere als die bisherigen Antworten darauf wünschen. Unter dem Schlagwort der „sozialen Gerechtigkeit“ führt sie ihren Kampf gegen das „System“, das sie „überwinden“ will.

In den Führungsgruppen der Partei sind die Träger des DDR-Systems verschwunden, es dominiert die Generation der Jahrgänge 1955 bis 1965 der noch in der DDR sozialisierten, aber nicht in Verantwortung stehenden Funktionäre, ergänzt durch politische Organisations- und Unternehmertalente, deren Bindung an die Partei auf ihrer Gesinnung, nicht auf ihrer Herkunft beruht. Der bürokratische Parteiapparat der SED ist abgebaut und durch schlanke, handlungsfähige Strukturen ersetzt worden, die Praktiken des „demokratischen Zentralismus'“ sind kontroversen Debatten über Programm wie Strategie und einem moderierenden Führungsstil der Parteivorsitzenden gewichen. Dieser vielschichtige Wandel von der SED über die

PDS zur LINKEN hat den Aufstieg von einer marginalisierten Kleinpartei zur zweitstärksten politischen Kraft Thüringens ermöglicht. Ob die Partei auf diesem langen Weg den Höhepunkt ihrer Bedeutung in Thüringen bereits erreicht, oder ob sie ihn vielleicht überschritten hat, hängt nicht von ihr allein ab.

4. *Die Freie Demokratische Partei*[34]

Der politische Liberalismus hat in Thüringen lange und starke Traditionen, die an den Beginn des 19. Jahrhunderts zurückreichen. In der Zeit der Weimarer Republik war der Liberalismus vor allem im evangelischen Bürgertum der Thüringer Städte stark vertreten, aber parteipolitisch zersplittert. Bei der Landtagswahl 1946 wurde die im Juli 1945 in Weimar gegründete Liberal-Demokratische Partei mit 28,5 Prozent der Stimmen zweitstärkste politische Kraft in Thüringen. Wie die CDU wurde auch die LDP bis Anfang der 1950er Jahre im Blocksystem der DDR gleichgeschaltet und verlor ihre politische Selbständigkeit.[35]

In der Schlussphase der DDR war die LDPD die erste Blockpartei, die öffentlich Reformen einforderte. Ihr langjähriger Vorsitzender Manfred Gerlach[36] zählte zu Beginn des Jahres 1989 zu den Hoffnungsträgern der Parteibasis wie auch der Oppositionsbewegungen, weil er in Anknüpfung an Gorbatschow „Neues Denken" einforderte.[37] Allerdings endete die Vorreiterrolle der LDPD in der entscheidenden Phase des Jahres 1989. Sie wurde von der Dynamik des Revolutionsherbstes überrollt, weil sie sich im Unterschied zur CDU nicht zu radikalen Schritten der Parteireform und zur Neudefinition ihrer eigenen Rolle aufraffen konnte. So traf die Forderung der CDU nach einer Streichung des Führungsanspruchs der SED aus der DDR-Verfassung und der Austritt der CDU aus dem „Demokratischen Block" die LDPD völlig überraschend.

Erst der Sonderparteitag der LDPD am 9./10. Februar 1990 in Dresden vollzog einen Schnitt: Reformen der Parteistruktur und eine programmatische Erneuerung wurden eingeleitet, der ursprüngliche Namen LDP wieder angenommen. Als Nachfolger von Manfred Gerlach wurde Rainer Ortleb, seit 1968 Mitglied der LDPD und Mitglied des Rostocker Bezirksvorstands, zum neuen Vorsitzenden gewählt. Damit waren auch die Voraussetzungen erfüllt für eine Kooperation mit der West-FDP; auch war der Weg frei für das Volkskammerwahl-Bündnis „Bund Freier Demokraten" mit den inzwischen in der DDR gegründeten anderen liberalen Gruppierungen, der Ost-FDP und der Deutschen Forum-Partei. Mit diesen drei Gruppierungen schloss sich schließlich auf dem Vereinigungsparteitag am 11./12. August 1990 in Hannover die West-FDP zur gesamtdeutschen FDP zusammen. Schon im März 1990 war die 1948 als Bündnispartner der SED gegründete National-Demokratische Partei Deutschlands der sich bildenden neuen liberalen Formation beigetreten.

In Thüringen hatten die dramatischen Entwicklungen des Herbstes 1989 den Parteiapparat der LDPD in einen „Zustand schockartiger Lähmung“[38] versetzt – im Kontrast zum Umbruch in der Thüringer CDU, den der „Brief aus Weimar“ schon Anfang September ausgelöst hatte. Deshalb engagierten sich viele LDPD-Mitglieder in örtlichen und regionalen Bürgerbewegungen oder beteiligten sich an der Gründung anderer liberaler Parteien. Bedeutung gewann in Thüringen vor allem die Ost-FDP; mit Schwerpunkt in Jena entstanden bis März 1990 51 Ortsgruppen in ganz Thüringen. Dagegen beschränkte sich die Verbreitung der Deutschen Forum-Partei auf Nordthüringen. Die Thüringer Liberalen kamen der offiziellen Vereinigung der Ost-Gruppierungen und der westdeutschen FDP zuvor; einen Tag vor dem gesamtdeutschen Parteitag in Hannover schlossen sich die drei liberalen Parteien in Weimar zum Landesverband Thüringen der FDP zusammen. Zum ersten Vorsitzenden wurde der Weimarer Diplomingenieur Andreas Kniepert[39] gewählt. Die Ende 1989 neugegründete Deutsche Forum-Partei und die FDP-Ost brachten in die Parteifusion reformorientiertes Personal ein; die Mitgift von LDPD und NDPD – große Mitgliederzahl, eingespielter Apparat, landesweite Präsenz – ermöglichte der Thüringer FDP einen schnellen Start.

Die wirtschaftsliberale Programmatik der Partei stand im Einklang mit der Aufbruchstimmung des Jahres 1990. Über die Kernklientel der Freiberufler, Handwerker und Gewerbetreibenden hinaus war die Forderung nach Befreiung von staatlicher Lenkung und Gängelung und die freie Entfaltung des Tüchtigen in Wirtschaft und Gesellschaft attraktiv. Der Profilierung der FDP als Wiedervereinigungspartei kam die Popularität des in Mitteldeutschland beheimateten Außenministers Hans-Dietrich Genscher und seine prominente Rolle bei der Wiederherstellung der deutschen Einheit zugute. So wies in Thüringen der Trend der FDP-Ergebnisse im Wahljahr 1990 nach oben. Entsprechend dem späten und schwierigen Start des liberalen Bündnisses musste es sich bei der Volkskammerwahl im März in den drei Thüringer Bezirken mit fünf Prozent begnügen, bei den Kommunalwahlen im Mai konnte es sich auf acht (Kreistage / Stadträte) bzw. zehn Prozent (Gemeinderäte) verbessern. Bei der Landtagswahl im Oktober erreichte die FDP neun Prozent, bei der Bundestagswahl im Dezember 1990 schließlich 15 Prozent der Stimmen.

Nicht zuletzt durch ihren Einzug in den Landtag war die FDP Bestandteil des Thüringer Parteiensystems geworden, ging 1990 mit der CDU eine Koalition ein und war 1990 bis 1994 mit drei Ressorts (Wirtschaft, Wissenschaft und Kultur, Umwelt) an der Thüringer Landesregierung beteiligt. Allerdings fand dieser glänzende landespolitische Start bereits vier Jahre später ein jähes Ende. Bei der Landtagswahl 1994 verfehlte die FDP den Wiedereinzug in den Landtag; und bei der Abwesenheit der FDP von der landespolitischen Bühne sollte es drei lange Wahlperioden bis 2009 bleiben. Der FDP fehlte damit 15 Jahre lang das wichtigste landespolitische Forum, auf dem inhaltliche Positionen zur Geltung gebracht werden können und Führungspersonal ein im Land sichtbares Profil gewinnen kann. Außerdem musste die Partei auf die beträchtlichen finanziellen und personellen Ressourcen verzichten, die mit der Ausstattung von Fraktionen und Abgeordneten verbunden sind. Unter diesen Umständen ließ sich die selbst gegenüber dem Bestand von LDPD und NDPD schon stark reduzierte Parteiinfrastruktur in der Fläche nicht mehr aufrecht erhalten.

Zu den Niederlagen der FDP bei den Landtagswahlen von 1994 (3,2 Prozent), 1999 (1,1 Prozent) und 2004 (3,6 Prozent) hat nicht zuletzt der politische Klimawechsel von der Einheitseuphorie zur DDR-Nostalgie beigetragen, der in der ersten Hälfte der 1990er Jahre einsetzte. Mit der Rückbesinnung auf die Wohltaten staatlicher sozialer Fürsorge verblasste die Anziehungskraft des wirtschaftsliberalen Credos der Thüringer FDP, das ihr Wirtschaftsminister in der ersten Thüringer Landesregierung verkörperte. In dieser Koalition, in der die FDP als Juniorpartner fungierte, hatten sich die FDP-Minister insgesamt nur wenig profilieren können. Der Amtsbonus war vornehmlich dem CDU-Ministerpräsidenten zugute gekommen; und dieser Effekt verstärkte sich noch dadurch, dass die Landtagswahlen seit 1994 als polarisierende Richtungswahlen ausgefochten wurden, die als landespolitische Personalplebiszite die großen Parteien (mit Ministerpräsidentenkandidaten) zu Lasten der kleinen begünstigten.

War die FDP als Kleinpartei in dieser Konkurrenz ohnehin strukturell benachteiligt, so hatte sie doch auch ihre eigenen hausgemachten Personalprobleme, die nach dem Ausscheiden aus dem Landtag noch zunahmen. Schon während der Zeit der Regierungsbeteiligung hatte es in der Partei Kritik am autokratischen Führungsstil des Landesvorsitzenden Kniepert gegeben, der auch die Landtagsfraktion führte. Als dieser nach der Wahlniederlage von 1994 zurücktrat, kam mit der Wahl des Jenaer Oberbürgermeisters Peter Röhlinger[40] der kommunalpolitische Flügel der Thüringer FDP zum Zug. In die Landtagswahl 1999 führte die FDP jedoch der aus Niedersachsen nach Thüringen gekommene und nicht lange zuvor erst in die Partei eingetretene Unternehmer Heinrich Arens. Aus Sorge, die FDP könne im Richtungswahlkampf zwischen CDU einerseits und SPD und PDS andererseits zerrieben werden und wiederum an der Fünf-Prozent-Hürde scheitern, rief Arens drei Tage vor der Wahl die FDP-Anhänger zu einer Wahlentscheidung für die CDU auf, um eine SPD-PDS-Regierung zu verhindern. Dieses Kalkül Arens' ging zwar auf – die CDU gewann die absolute Mehrheit. Da der FDP-Anteil von 1,1 Prozent unter Gesichtspunkten der Parteiräson jedoch als Ergebnis einer Selbstmordstrategie empfunden wurde, wurde gegen Arens nach dessen Rücktritt ein Parteiausschlussverfahren angestrengt. In den folgenden Personalturbulenzen griff die Partei in ihrer Not noch einmal auf Andreas Kniepert zurück, der jedoch neue Gräben in der Partei aufriss und im Landesvorsitz 2002 durch den Bundestagsabgeordneten Karlheinz Guttmacher abgelöst wurde.

Erst dem 2003 zum Landesvorsitzenden gewählten Diplomphysiker und Ministerialbeamten Uwe Barth[41] gelang es, die Partei zur Ruhe zu bringen und die FDP 2009, unterstützt durch eine bundespolitisch günstige Konjunktur, mit einem Stimmenanteil von 7,6 Prozent wieder in den Thüringer Landtag zu führen. Dort erreichte sie zwar nicht ihr Wunschziel, in einer Koalition mit der CDU auch wieder an die Regierung zu kommen. Die sieben Abgeordneten der FDP-Fraktion, mit Ausnahme von Barth landespolitische Neulinge der Jahrgänge Mitte der 1970er Jahre, haben jedoch die Chance, als Opposition im Landtag die FDP in Thüringen wieder zu einer landespolitischen Größe zu machen.

5. *Bündnis 90/Die Grünen*[42]

Die Partei Bündnis 90/Die Grünen ist aus einem Teil der Bürgerbewegungen hervorgegangen, die im Herbst 1989 die friedliche Revolution initiiert und getragen haben. Die Anfänge einer formierten Opposition in Thüringen wie in der DDR insgesamt reichen in die 1970er Jahre zurück.[43] In der Endphase der DDR erstarkten die oppositionellen Gruppierungen und vernetzten sich unter dem Dach der evangelischen und auch der katholischen Kirche.

Als erste Bürgerbewegung trat das Neue Forum, am 9. September in Grünheide bei Berlin auf Initiative von Bärbel Bohley und Katja Havemann gegründet, an die Öffentlichkeit. Auf programmatische Aussagen verzichtend strebte das Neue Forum einen „demokratischen Dialog über die Aufgaben des Rechtsstaates, der Wirtschaft und Kultur" an, der die Stagnation überwinden sollte, und forderte daher seine offizielle Zulassung ein. Konspirativ und über die Westmedien verbreitete sich der Berliner Gründungsaufruf rasch. In Erfurt wurde die erste Thüringer Gruppe am 18. September 1989 von Matthias Büchner und Werner Brunngräber gegründet und am 26. September gemeinsam mit dem Demokratischen Aufbruch vor 1.000 Menschen in der Augustinerkirche vorgestellt. Zehntausende unterzeichneten den Gründungsaufruf in Thüringen, Ende Februar wurde ein Landesverband mit Geschäftsstelle in Erfurt gegründet.

Wenige Tage nach dem Neuen Forum, am 12. September 1989, gab die Bürgerbewegung „Demokratie Jetzt" ihren „Aufruf zur Einmischung in eigener Sache" heraus, der konkrete Forderungen zur Demokratisierung erhob. Im westthüringer Raum bildeten sich um Gerhard Wien Basisgruppen von Demokratie Jetzt mit starker Prägung durch ein kirchliches Umfeld, außerdem in Mittelthüringen, hier mehr geprägt durch Künstler, wie in Weimar durch den Schriftsteller Wulf Kirsten.

Bereits im Laufe der 1980er Jahre hatten sich unter dem Eindruck der Umweltzerstörung, insbesondere nach dem Reaktorunfall in Tschernobyl, Umweltgruppen teils innerhalb teils außerhalb des DDR-Kulturbunds gebildet. Aus ihnen ging zum einen der überparteiliche Umweltverband „Grüne Liga" hervor (3. Februar 1990); zum anderen wurden sie zur Keimzelle der „Grünen Partei der DDR", die am 24. November 1989 in Berlin gegründet wurde. Als sich das Wiedererstehen der Länder abzeichnete, wurde am 1. April 1990 in Erfurt der Landesverband Thüringen der Grünen Partei ins Leben gerufen.

Bei der Volkskammerwahl am 18. März 1990 ging die Grüne Partei mit dem Unabhängigen Frauenverband eine Listenverbindung ein. Auch die Bürgerbewegungen standen vor der Frage, ob sie sich an der Wahl beteiligen sollten. Das Neue Forum, Demokratie Jetzt sowie die Initiative Frieden und Menschrechte entschieden sich schließlich, in der Listenverbindung mit dem Namen „Bündnis 90" gemeinsam zu kandidieren. Das Wahlergebnis war ernüchternd: Nur 2,0 Prozent der Wähler gaben DDR-weit der Grünen Partei und dem Unabhängigen Frauenverband, nur 2,9 Prozent dem Bündnis 90 die Stimme; in Thüringen waren die Anteile mit 2,1 und 2,0 Prozent noch bescheidener.

Nur eine organisatorische Bündelung der Kräfte und ein Zusammengehen mit den West-Grünen versprach das politische Überleben zu sichern. So traten bei der Thüringer Landtagswahl im Oktober 1990 das Neue Forum und Demokratie Jetzt gemeinsam mit den Grünen in einer Listenverbindung an und erhielten 6,5 Prozent der Stimmen. Von den insgesamt sechs Landtagssitzen erhielten gemäß Wahlvertrag die Grünen drei, das Neue Forum zwei und Demokratie Jetzt ein Mandat. Ein organisatorischer Zusammenschluss erwies sich als schwierig. Viele Mitglieder des Neuen Forums und von Demokratie Jetzt waren nicht bereit, den Schritt von einer Bürgerbewegung zu einer Partei mitzuvollziehen. So kam es schließlich – nachdem bereits im Oktober 1991 ein Landesverband von Bündnis 90 aus Mitgliedern des Neuen Forums und von Demokratie Jetzt entstanden war – zu einer Urabstimmung bei den Mitgliedern der Grünen Partei und von Bündnis 90 mit dem Ergebnis einer Fusion der beiden Landesverbände im Mai 1993.[44] Die Spannungen zwischen den einzelnen Gruppierungen erschwerten auch die Arbeit der gemeinsamen Landtagsfraktion. Konflikte und persönliche Animositäten führten im Dezember 1992 zum Ausschluss der beiden Abgeordneten des Neuen Forums aus der Fraktion.[45]

Das wenig imposante Erscheinungsbild von Bündnis 90/Die Grünen war einer der Gründe, warum die Partei nach nur einer Legislaturperiode bei der Thüringer Landtagswahl 1994 mit 4,5 Prozent an der Fünf-Prozent-Hürde scheiterte. Hinzu kam, dass die Bündnisgrünen wie die FDP bei den von den großen Parteien als Richtungswahl inszenierten Landtagswahlen benachteiligt waren. Vor allem aber wurde die aus den Bürgerbewegungen hervorgegangene Partei als Relikt der abgeschlossenen Umbruchsphase wahrgenommen; ihre Programmatik „Ökologie vor Ökonomie" (Landtagswahlprogramm 1994) fand in einer Zeit wachsender Arbeitslosenzahlen nur begrenzt Resonanz.

Das Ausscheiden aus dem Landtag traf Bündnis 90/Die Grünen noch härter als die FDP. Denn nicht nur die landespolitische Bühne ging ihnen verloren – für sie als neu gegründete Partei mit nur 400 bis 500 Mitgliedern in ganz Thüringen waren die finanziellen und personellen Ressourcen der Landtagsabgeordneten und der Fraktion Ersatz für einen Parteiapparat. Da auf Grund dieser geringen Mitgliederzahl nicht Ortsverbände, sondern Kreisverbände die niedrigste Organisationsebene bilden, sind

Abgeordnetenbüros für die Präsenz in der Fläche bei Bündnis 90/Die Grünen von vitaler Bedeutung.

Auf die Herausforderung, die das Ausscheiden aus dem Landtag 1994 bedeutete, reagierte die Partei im Januar 1995 mit einer Reorganisation ihrer Führungsstruktur. Der bisherige neunköpfige Vorstand, dem kollektiv die Leitung der Partei oblag, wurde durch zwei Parteisprecher und einen fünfköpfigen Geschäftsführenden Vorstand ersetzt. Zu Sprechern wurden der bisherige Sprecher der Landtagsfraktion Olaf Möller[46] und die evangelische Theologin Katrin Göring-Eckardt[47] gewählt. Ihnen gelang es, Bündnis 90/Die Grünen in ihrer neuen Rolle in der außerparlamentarischen Opposition zu konsolidieren. Sie stießen auch eine Strategiedebatte über Optionen zukünftiger Koalitionen an. Im November 1996 erklärte die Landesversammlung die Ablösung der CDU-geführten Großen Koalition zum Hauptziel für die Landtagswahl 1999 und schloss eine Zusammenarbeit mit der PDS zur Erreichung dieses Ziels nicht aus. Daraufhin trat die einzige bündnisgrüne Thüringer Bundestagsabgeordnete Vera Lengsfeld aus der Partei aus und wechselte zur CDU.

Programmatisch vollzog sich seit der zweiten Hälfte der 1990er Jahre eine Entwicklung weg von prinzipiellen hin zu pragmatischen Forderungen. Inhaltlich konzentrierten sich Bündnis 90/Die Grünen auf die Propagierung eines flächenhaften Ausbaus des öffentlichen Personennah- und Schienenverkehrs, der Stärkung von Beteiligungsrechten der Bürger sowie der Abschaffung des zweigliedrigen Schulsystems. Es dauerte allerdings bis 2009, ehe die Bündnisgrünen – sie hatten als einzige Koalition eine solche mit der regierenden CDU ausgeschlossen – mit 6,2 Prozent der Stimmen wieder in den Thüringer Landtag einzogen. Die sechsköpfige Fraktion von Landtagsneulingen wählte die 32-jährige Politologin Anja Siegesmund zu ihrer Vorsitzenden. Astrid Rothe-Beinlich, seit 2000 Landessprecherin, wurde zur Vizepräsidentin des Landtags gewählt, was zusätzlich zur neuen landespolitischen Sichtbarkeit der Partei beiträgt.

III. Mitglieder

Die deutschen Parteien, zumal die des linken Spektrums, sind traditionell Mitgliederparteien. Besonders stark haben Staatsparteien wie die SED und zuvor die NSDAP auf Massenmitgliedschaft gesetzt; mit mehr als zwei Millionen Mitgliedern und Kandidaten gehört die SED, was die organisatorische Durchdringung der Gesellschaft angeht, zu den Rekordhaltern der Parteiengeschichte Europas. In den deutschen „Volksparteien“ jedoch, wie sie nach 1945 entstanden sind, haben Mitglieder an Bedeutung eingebüßt. Deshalb und auch unter dem Eindruck des in den 1980er Jahren einsetzenden Mitgliederschwunds wurde in Publizistik und Parteienforschung gar das „Ende der Mitgliederpartei“ eingeläutet. Selbst in den Führungsetagen der Parteiapparate wurden Konzepte wie das der „professionellen Wählerpartei“

propagiert, deren Ziel der Stimmenmaximierung bei Wahlen vornehmlich durch hauptamtliche Stäbe innerhalb und außerhalb der Parteien in Verbindung mit den Massenmedien optimal erreicht wird. Ein solches, dem Marketing entlehntes Parteikonzept übersieht jedoch, dass Mitglieder für Parteien eine nur schwer ersetzbare Ressource darstellen. Mitglieder werden gebraucht als Informationsnetzwerke, als „Augen und Ohren" der Partei in der Gesellschaft, als Multiplikatoren in der Außenkommunikation, als Wahlkämpfer, als Financiers und als Personalreservoir für die Besetzung von Mandaten.

Tabelle 1: Parteimitglieder in Thüringen

Jahr[a]	CDU	SPD[b]	PDS[c]	FDP[d]	B90/Gr.[e]
1989	27.378	4.900	53.101	43.062	-
1990	30.102	5.040	39.053	28.425	400-500
1995	18.180	5.767	14.748	4.582	483
2000	14.832	5.694	11.002	2.426	468
2005	12.808	4.674	7.681	2.059	504
2009	12.231	4.389	6.732	1.745	587

a. Stand jeweils 31. Dezember.
b. 1989: SDP der DDR.
c. 1989: SED-PDS; 1990-2000: PDS; 2005: Linkspartei.PDS; 2009: DIE LINKE.
d. 1989: LDPD 24.808, NDPD 18.254.
e. 1990: Die Grünen; seit 1995: Bündnis 90/Die Grünen.

Quellen: Angaben der Landesgeschäftsstellen.

Nicht zuletzt deshalb ist die Zahl der Mitglieder für die Handlungsfähigkeit der Thüringer Parteien von großer Bedeutung. Im Hinblick auf die Entwicklung der Mitgliederstärke ist zwischen den transformierten „Altparteien" PDS, CDU und FDP und den neu gegründeten politischen Formationen SPD und Bündnis 90/Die Grünen zu unterscheiden. Die „Altparteien" brachten aus ihrer Blockvergangenheit einen hohen Mitgliederbestand mit und mussten seit 1990 meist beträchtliche Verluste hinnehmen (Tabelle 1).

Den größten Mitgliedereinbruch erlitt die FDP. Hatten LDPD und NDPD Ende Dezember 1989 in den drei Thüringer Bezirken noch insgesamt 43.000 Mitglieder gemeldet, so verzeichnete die aus ihnen durch Fusion mit neugegründeten liberalen

Formationen hervorgegangene FDP zwei Jahre später mit knapp 21.000 Mitgliedern weniger als die Hälfte. Bis Ende 2009 war die Zahl der Mitglieder mit 1.745 auf etwa vier Prozent des ursprünglichen Bestandes gesunken. In der Staatspartei SED setzte die Austrittsbewegung bereits im Sommer 1989 ein, nahm jedoch im Herbst fluchtartigen Charakter an, so dass die SED-PDS am Ende des Jahres 1989 in Thüringen nur noch ca. 53.000 Mitglieder zählte, damit allerdings zunächst mitgliederstärkste Partei in Thüringen blieb. Nach weiteren drastischen Verlusten bis Ende 1992 konnte die PDS seither ihren Bestand im Wesentlichen konsolidieren. Mit 6.732 Mitgliedern war sie jedoch Ende 2009 auf knapp 13 Prozent ihres ursprünglichen Bestandes reduziert und in Thüringen, im Unterschied zu allen übrigen ostdeutschen Ländern, nach Mitgliedern nur noch zweitstärkste politische Kraft. Als einziger der Altparteien gelang es der CDU, nicht zuletzt durch ihre Fusion mit dem Demokratischen Aufbruch und der Demokratischen Bauernpartei Deutschlands, die Zahl ihrer Mitglieder 1990 zunächst noch zu steigern, die seit 1991 einsetzenden Verluste in Grenzen zu halten und dadurch ihre Position als mitgliederstärkste Partei (Ende 2009: 12.231) auf Dauer zu stabilisieren.

Die wichtigste Ursache für die Verluste der Altparteien ist der Umstand, dass ein Großteil ihrer Mitglieder ihnen in der DDR-Ära aus Beweggründen beigetreten war, die angesichts der völlig veränderten Rolle der Parteien im neuen System obsolet sind. Hinzu kam ein Schwund durch „natürliche Abgänge". Die ungünstige Altersstruktur, am Deutlichsten bei der PDS, sorgte dafür, dass mehr Parteimitglieder starben, als neue hinzugewonnen werden konnten. Allein der CDU gelang es, die Abgänge durch Neubeitritte in nennenswertem Maße zu kompensieren, so dass der Anteil ihrer Mitglieder, die vor dem Herbst 1989 keiner Partei angehörten, Ende 1998 mit 42,5 Prozent fast die Hälfte ausmachte.[48] Gewisse Erfolge bei der Werbung von Neumitgliedern (Anteil Ende 1998: ein Viertel) konnte auch die FDP erzielen, während die Mitgliedschaft der PDS 1998 mit 94,1 Prozent fast ausschließlich aus früheren SED-Mitgliedern bestand.

Die Hoffnungen der neu gegründeten Parteien SPD und Bündnis 90/Die Grünen, die ihnen 1989/90 in großer Zahl zuströmenden Anhänger und Sympathisanten auf Dauer als Parteimitglieder an sich zu binden, erfüllten sich nicht. Die SPD konnte die Zahl der 4.900 um die Jahreswende 1989/90 in Thüringen eingeschriebenen Mitglieder bis Ende 1999 trotz intensiver Werbekampagnen lediglich auf 5.857 steigern; danach war die Entwicklung rückläufig. Ende 2009 hatte die SPD 4.389 Mitglieder. Auch die Mitgliedschaft des aus den Bürgerbewegungen hervorgegangenen Bündnis 90/Die Grünen stagniert auf niedrigem Niveau; die Mitgliederzahl betrug Ende 2009 knapp 600. Die Ursachen der Rekrutierungsbarrieren sind vielfältig. Viele der in den Bürgerbewegungen des Herbstes 1989 Aktiven sahen mit dem Sturz des SED-Regimes ihr Ziel erreicht; andere zögerten, sich in feste Parteistrukturen einbinden zu lassen. Seit der Vereinigung mit den West-Grünen prägen zudem programmatische Positionen das Profil der Gesamtpartei, die den ursprünglichen Intentionen der Bürgerbewegungen des Ostens teilweise fremd sind. Schließlich kommt hinzu, dass das Neue Forum in Thüringen (1999: ca. 200 Mitglieder) sich einer Fusion mit Bündnis 90/Die Grünen verweigert hat. Der Mitgliederstand von SPD und Bündnisgrünen wäre noch bescheidener, wäre er nicht durch aus dem Westen zugezogene Mitglieder verstärkt worden; deren Anteil betrug 1998 16 bzw. 18 Prozent.

Tabelle 2: Mitgliederdichte der Thüringer Parteien im Ländervergleich 2005

	CDU	SPD	PDS	FDP	B90/Gr.
Thüringen	6,5	2,3	3,9	1,1	0,3
Sachsen	4,1	1,3	4,2	0,6	0,2
Sachsen-Anhalt	4,5	2,2	3,1	1,1	0,2
Brandenburg	3,2	3,2	4,8	0,7	0,2
Mecklenburg-Vorp.	4,7	2,1	5,0	0,7	0,2
Westdeutsche Länder	*13,6*	*11,9*	*0,1*	*1,1*	*0,8*

Anmerkungen: Mitglieder (Stand 31.12.2005) pro 1.000 Wahlberechtigte. Westdeutsche Bundesländer ohne Berlin und für die CDU ohne Bayern. Berechnet nach Thüringer Landesamt für Statistik, Bundestagswahl 2005 in Thüringen.

Bezieht man die Mitgliederzahlen auf die Zahl der Wahlberechtigten, so wird die schwache Verankerung auch der beiden großen Volksparteien deutlich (Tabelle 2). In der Fläche kann man geradezu von einem parteipolitischen Vakuum sprechen, denn außerhalb der Kreisstädte ist kaum eine Partei mehr mit nennenswerten Mitgliederbeständen präsent.[49] Selbst bei der CDU als der mitgliederstärksten Partei schwankt die Mitgliederdichte in den Landkreisen, sieht man vom Eichsfeldkreis einmal ab, zwischen vier (Altenburger Land) und neun (Weimarer Land) Mitgliedern auf 1.000 Wahlberechtigte. Bei der SPD und der PDS liegen die Spitzen- und Minimalwerte noch deutlich darunter. Wo es kaum Mitglieder gibt, sind die Parteien auch als Organisationen, sei es im Hinblick auf Ortsvereine oder hauptamtlich besetzte Geschäftsstellen, nicht mehr präsent. Dieses Vakuum bietet anderen Kräften, etwa aus dem rechtsextremen Spektrum, die Möglichkeit, sich auf dem Land eine Basis zu verschaffen.

Obwohl die Mitgliederdichte der Parteien in Thüringen leicht über der in den übrigen ostdeutschen Ländern liegt, so beträgt sie für die CDU weniger als die Hälfte, für die SPD etwa ein Sechstel des westdeutschen Durchschnittswerts. Die hier zutage tretenden generellen Diskrepanzen zwischen Ost und West lassen sich zum Teil mit dem Rückzug aus den Altparteien als Reaktion auf die Zwangspolitisierung der DDR-Zeit erklären; ebenso wie der Rückzug aus der aufgezwungenen

Mitgliedschaft in einer Vielzahl von Massenorganisationen ließe sich dies durchaus als Zeichen einer Normalisierung werten. Dies gilt gleichermaßen für die zunehmende Konzentration auf die private Bewältigung der Folgeprobleme des wirtschaftlichen Umbruchs auch bei denjenigen, die sich in der Wendezeit aktiv engagiert hatten.

Damit dürfte allerdings die generell geringe Bereitschaft, sich überhaupt parteipolitisch zu engagieren, nicht hinreichend erklärt sein. Weitere wichtige Ursachen sind in zwei Richtungen zu suchen. Zum einen fehlt den Parteien weithin ein gewachsener Milieu-Unterbau als Rekrutierungsreservoir. Für diese Annahme spricht die weit überdurchschnittliche Mitgliederdichte in Gebieten, in denen Milieuverdichtungen noch erkennbar sind, so der CDU im katholischen Eichsfeldkreis (Mitgliederdichte 19,2 Prozent) und der PDS in den ehemaligen Bezirkshauptstädten Suhl (10,6), Gera (7,7) und Erfurt (4,6), in denen sich die früheren Partei-, Staats- und Wirtschaftskader konzentrieren.

Zum anderen ist ein weit verbreiteter Anti-Parteien-Affekt zu konstatieren, der sich aus verschiedenen Quellen speist. Am Verständlichsten ist noch der Versuch, auf diese Weise Konsequenzen aus der eigenen DDR-Vergangenheit zu ziehen: Man will politisch nicht noch einmal auf das falsche Pferd und deshalb vorsichtshalber auf gar kein Pferd setzen – eine Reaktion, die schon aus dem Jahre 1945 bekannt ist. Auf Dauer problematischer dürfte jedoch die Parteienaversion sein, die in obrigkeitsstaatlichen Denk- und Verhaltensmustern wurzelt, die in Deutschland eine lange Tradition haben. Die Sehnsucht nach Harmonie und Konsens, die Aversion gegen das Austragen von Konflikten und die Hoffnung auf die Obrigkeit als Garant des Gemeinwohls, die schon der ersten deutschen Republik zum Verhängnis wurden, sind in der DDR intensiv konserviert und kultiviert worden. Die Folgen dieser Art von Traditionspflege haben heute nicht zuletzt die Parteien zu tragen. Diese historisch tief verwurzelte Parteienaversion wurde gewissermaßen aktiviert durch die innen- bzw. wirtschaftspolitische Entwicklung seit der Vereinigung, die die hohen Erwartungen auf einen raschen Aufschwung und ähnliche Lebensverhältnisse wie in der „alten" Bundesrepublik nicht bzw. nicht sofort erfüllt hat, sondern vielfach mit dem Verlust des Arbeitsplatzes, zumindest aber der Furcht vor Arbeitsplatzverlust einherging.

IV. Finanzen und Personal

Über die Handlungsfähigkeit und Durchsetzungskraft von Parteien entscheiden nicht nur die Zahl und die Bereitschaft ihrer Mitglieder zum Engagement sondern nicht zuletzt auch die ihr zur Verfügung stehenden finanziellen Ressourcen. Die Unterhaltung hauptamtlichen Personals erfordert umfangreiche Geldmittel. Zudem wird heute ein Großteil der Leistungen des politischen Marketings und der parteiinternen

Organisation nicht mehr allein durch den Parteiapparat selbst, auch nicht durch ehrenamtliche „Amateure“, sondern durch professionelle Marktanbieter erbracht, deren Inanspruchnahme nur durch zusätzlichen finanziellen Aufwand gesichert werden kann.

Tabelle 3: Einnahmen Thüringer Parteien 2006
(in 1.000 Euro)

	CDU	SPD	Linksp.	FDP	B90/Gr.
Mitgliedsbeiträge	642	354	991	122	27
Mandatsträgerbeiträge	450	216	279	7	6
Spenden	678	326	122	123	22
Staatliche Mittel	574	323	132	18	209
Bundesverband	3	472	46	40	1
Sonstiges	254	49	25	33	15
Einnahmen insgesamt[a]	*2.601*	*1.739*	*1.595*	*343*	*280*
Mitglieder[b]	12.371	4.530	7.387	1.924	516
Durchschnittbeitrag[c]	51,90	78,15	134,14	63,41	52,33

a Für CDU, Linkspartei und FDP um Finanztransfers zwischen den Organisationsebenen innerhalb Thüringens bereinigte Gesamteinnahmen.
b Stand: 31.12.2006.
c Beitrag/Mitglied/Jahr in Euro.

Quelle: Deutscher Bundestag, 16. WP, Bekanntmachung von Rechenschaftsberichten politischer Parteien für das Jahr 2006, Drs. 16/8400 v. 5.3.2008; Auskünfte der Landesgeschäftsstellen.

Für die Beurteilung der Finanzkraft einer Partei ist sowohl der Gesamtumfang der Mittel von Belang als auch deren Herkunft. Die relative Bedeutung von Mitglieds- und Mandatsträgerbeiträgen, von Spenden, Zuschüssen anderer Gliederungen und staatlichen Mitteln lässt erkennen, wie stark eine Landespartei sich aus eigenen Quellen finanziert und wie sehr sie externe Mittel der Staatsfinanzierung oder der Bundespartei in Anspruch nimmt.

Für das Jahr 2006 bewegten sich die Einnahmen der Parteien in Größenordnungen zwischen 2,6 Mio. Euro für die CDU und 280.000 für die Grünen (Tabelle 3)[50] und lagen damit niedriger als in den vorangegangenen Landtags- und Bundestagswahljahren 2004 und 2005. Die Einnahmen aus Mitgliedsbeiträgen sind naturgemäß von der Zahl der Mitglieder abhängig: Bündnis 90/Die Grünen kamen nur auf 27 Tausend Euro Beiträge im Vergleich zur CDU, die 2006 in Thüringen 642 Tausend Euro an Beiträgen eingenommen hat. Jedoch erzielte die Linkspartei mit deutlich weniger Mitgliedern als die CDU mit 991 Tausend Euro das höchste Mitgliedsbeitragsaufkommen aller Parteien.[51] Dies beruht darauf, dass der pro Mitglied aufgebrachte Beitrag bei der Linkspartei (134,14 €) mehr als doppelt so hoch war wie bei der CDU und den Bündnisgrünen; SPD und FDP bewegten sich im Mittelfeld (Tabelle 3).

Einnahmenstruktur der Thüringer Parteien 2006 (in Prozent)

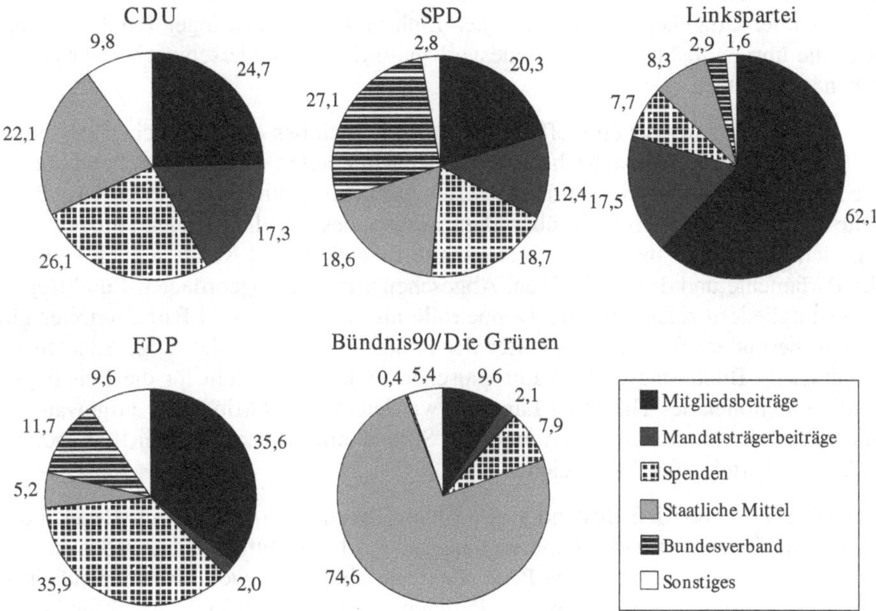

Setzt man die Mitgliedsbeiträge in Relation zu den Gesamteinnahmen der Parteien, so zeigt sich (s. Abbildung), dass dieser Posten bei der Linkspartei von allen Einnahmenquellen der bedeutendste war; er hatte auch im Vergleich aller Parteien bei der Linkspartei mit 62,1 Prozent das größte Gewicht. Das andere Extrem stellen die Bündnisgrünen dar, die sich zu weniger als zehn Prozent aus Mitgliedsbeiträgen finanzierten. Fasst man die Einnahmen aus den Beiträgen der Mitglieder und der Mandatsträger[52] sowie der Spenden zusammen, so wird deutlich, dass der Anteil der jeweils in Thüringen aufgebrachten Eigenmittel der Parteien stark variiert: Er war mit knapp 90 Prozent bei der Linkspartei am höchsten und erreichte auch bei der FDP mit mehr als drei Viertel und bei der CDU mit mehr als zwei Drittel hohe Werte. Dagegen waren die Bündnisgrünen in Thüringen für ihre Finanzierung zu drei Viertel auf die Mittel der staatlichen Parteienfinanzierung angewiesen.[53] Auch die Thüringer SPD konnte ihren Haushalt nur dank beträchtlicher Mittel aus der Staatsfinanzierung (18,6 Prozent) und vor allem der Zuschüsse des Bundesvorstands im Rahmen der „Aufbauhilfe Ost“ (27,1 Prozent) bestreiten.

Insgesamt wird deutlich, dass die im Vergleich zu den westdeutschen Landesverbänden mitgliederschwachen Parteien SPD und Bündnis90/Die Grünen ihre Parteistrukturen in Thüringen nur mit Hilfe eines innerparteilichen Finanzausgleichs aufrecht erhalten konnten, der bei der SPD zumindest teilweise durch einen Solidarbeitrag aller Mitglieder in den alten und den neuen Ländern von 26 Cent pro Monat finanziert wurde. Umgekehrt konnte bei der Linkspartei der Thüringer Landesverband (wie die übrigen ostdeutschen Landesverbände) die mitgliederschwachen westdeutschen unterstützen.

Grundvoraussetzung für eine effektive Tätigkeit auch des ehrenamtlichen Personals der Parteien ist die Existenz hauptamtlicher Mitarbeiter. Dementsprechend stellen die Personalausgaben bei allen Parteien den größten Einzelposten auf der Ausgabenseite dar. Allerdings darf nicht übersehen werden, dass für die Parteien tätiges Personal nicht allein über deren eigene Haushalte finanziert wird, sondern auch über die der Parlamente und der Exekutiven. Abgesehen von den Abgeordneten[54] und Regierungsmitgliedern selber in ihrer Doppelrolle als Amtsträger und Parteivertreter gilt dies insbesondere für die Mitarbeiter der Fraktionen und die der Abgeordneten im Landtag, im Bundestag und im Europäischen Parlament. Allein für die Leistungen an die Fraktionen des Thüringer Landtags wurden 2006 4,9 Mio. Euro aufgewandt,[55] ein Betrag, der an die Größenordnung der Summe aller Einnahmen der fünf größten Thüringer Parteien fast heranreicht.

Der Überblick über den Bestand an Personal (Tabelle 4), das allein im Bereich der Parlamente[56] (auch) für die Parteien tätig ist, macht augenfällig, dass über die aus den Parteihaushalten besoldeten Personenkreise hinaus der weit überwiegende Teil des im weiteren Sinn im Dienst der Parteien stehenden Personals aus öffentlichen Mitteln finanziert wird. Hier wird ein starker Kontrast deutlich zwischen den Landtagsparteien einerseits und andererseits den Parteien, die nicht in den Landtag gelangt sind. Der Einzug in den Landtag[57] wird finanziell in mehrfacher Weise prämiiert: durch die Diäten und Amtsausstattung der Abgeordneten, durch die damit indirekt erfolgende Bereitstellung von Mitteln für die Parteien (Mandatsträgerbeiträge), durch die Anrechnung dieser Beiträge als Grundlage staatlicher Parteienfinanzierung und schließlich durch die Bereitstellung eines umfangreichen persönlichen und Fraktionsmitarbeiterstabes. Der Wiedereinzug von FDP und Bündnisgrünen in den Landtag nach der Landtagswahl 2009 war deshalb – auch unabhängig von der Frage der Regierungsbeteiligung – schon allein unter dem Gesichtspunkt der Ausstattung mit personellen Ressourcen für beide Parteien vital. Insgesamt wird durch diesen Blick auf das für die Parteien im weiteren Sinne hauptamtlich tätige Personal deutlich, dass den Parteien – soweit sie dem Landtag angehören – wesentlich mehr öffentliche Mittel zur Verfügung stehen, als in ihren rechenschaftspflichtigen Haushalten veranschlagt werden.

Tabelle 4: Personalbestand Thüringer Parteien 2007

	CDU	LINKE	SPD	FDP	B90/Gr.
Landesgeschäftsstelle	6,5	8	6	2	3
Regionalgeschäftsstellen	13,5	7	8,5	–	–
Mitarbeiter Landtagsfraktion	25	26	22	–	–
Mitarbeiter MdL	45	28	17	–	–
Mitarbeiter MdB	5	8	14	2	2
Mitarbeiter MdEP	2	1	–	–	–
Summe	*97*	*78*	*67,5*	*4*	*5*

Quelle: Angaben der Landesgeschäftsstellen. Stand: Dezember 2007.

V. Bilanz

Zwei Jahrzehnte nach dem Wiedererstehen des Freistaats Thüringen wird in der Rückschau sichtbar, wie weit der Weg von der Parteidiktatur zum demokratischen Verfassungsstaat in Gestalt einer Parteiendemokratie war und noch ist. Auf diesem Weg sind wichtige Erfolge zu verzeichnen. Die friedliche Revolution hat das Machtmonopol der Staatspartei beseitigt und damit die Voraussetzungen für die Etablierung einer pluralistischen Demokratie mit Parteienkonkurrenz geschaffen. Die Parteien haben die zentrale Stellung, die ihnen die Verfassung an der Schnittstelle von Gesellschaft und staatlichen Entscheidungsinstitutionen zuweist, in kurzer Frist eingenommen. Die Altparteien haben einen drastischen Rollenwechsel vollzogen und sich programmatisch und strukturell auf die Anforderungen eines parlamentarisch-repräsentativen Systems eingestellt. Die 1989/90 neu gegründeten Parteien haben sich organisatorisch und personell konsolidiert.

Der Parteienwettbewerb, die Regierungsbildung auf der Basis stabiler parlamentarischer Mehrheiten, teils in Koalitionen, teils als Alleinregierung der CDU, die Kontrolle der Regierung durch Oppositionsparteien, die die parlamentarischen und außerparlamentarischen Mittel, welche die Thüringer Landesverfassung bietet, aktiv nutzen – dass all dies zuverlässig funktioniert, ist in erster Linie Ausweis der Leistungsfähigkeit der Parteien. Und angesichts des Scheiterns demokratischer Politik im Thüringen der Zwischenkriegszeit, aber auch angesichts der wirtschaftlichen und sozialen Probleme, die der Freistaat zu bewältigen hatte, ist diese Leistungsbilanz keineswegs selbstverständlich.

Auch nach zwei Jahrzehnten der Konsolidierung sind indessen Schwachstellen der Parteien nicht zu übersehen. Die gravierendste Schwachstelle liegt im Ungleichgewicht zwischen geringer gesellschaftlicher Verankerung der Parteien einerseits und der Ausdehnung und Verfestigung ihrer Stellung in der staatlichen Sphäre andererseits. Die geringe gesellschaftliche Verankerung der Parteien zeigt sich am handgreiflichsten bei den Neugründungen, der SPD und den Bündnisgrünen. Ihnen ist es bis heute nicht gelungen, in größerem Maßstab Mitglieder zu rekrutieren; sie wurde keine Mitgliederparteien, sondern blieben Wähler- und Mandatsträgerparteien. Aber auch die Altparteien hatten so große Mitgliederverluste zu verkraften, dass der Umfang ihrer Mitgliederbasis sich von dem der Neugründungen nicht mehr in der Größenordnung, sondern nur noch graduell unterscheidet.

Dadurch fehlen den Parteien nicht allein wichtige Ressourcen, die sie benötigen, um handlungsfähig zu sein: finanzielle Beiträge, glaubwürdige Vermittlung der Parteipositionen in die Bevölkerung, Engagement im Wahlkampf. Schwerer wiegt noch, dass sie mit nur wenigen Mitgliedern ihre ureigensten Aufgaben, die Aufnahme von Problemen und Interessen der Bürger und die Auswahl qualifizierter Kandidaten für Mandate in den Kommunen, auf Landes- und Bundesebene, nicht voll erfüllen können. Schließlich büßen die Parteien umso mehr an demokratischer Legitimität ein, je weniger Mitglieder sie haben. Denn sie sind nicht nur „Instrumente parlamentarischer Regierungsweise, sondern auch … Instrumente individueller politischer Teilhabe“.[58]

In deutlichem Kontrast zur schwachen Verankerung der Parteien in der Gesellschaft steht die sehr solide Ausstattung der parteipolitisch besetzten Entscheidungsgremien in den Kommunen, im Land und im Bund. So wird auf diesem Wege das den Parteien insgesamt zur Verfügung stehende Personal – auch dann, wenn man von den Mandatsträgern selbst absieht – weit überwiegend aus öffentlichen Mitteln finanziert. Dieser hohe Anteil an Staatsfinanzierung der Parteien ist als Bestandteil der „Kosten der Demokratie“ so lange gerechtfertigt, wie er einen offenen politischen Prozess fördert, beispielsweise eine flächendeckende organisatorische Präsenz möglichst aller relevanten Parteien ermöglicht. Sie ist dann bedenklich, wenn staatliche Finanzierung als dauerhafter Ersatz für eine Verankerung in der Gesellschaft die „äußere Parteifreiheit“ (Konrad Hesse) beeinträchtigt.

Anmerkungen

1 Zur Vorgeschichte der heutigen Thüringer Parteien und zu ihrer Entwicklung seit 1989 vgl. die umfassende Darstellung und Dokumentation in *Karl Schmitt / Torsten Oppelland (Hrsg.)*, Parteien in Thüringen. Ein Handbuch, Düsseldorf 2008.

2 Vgl. *Thomas Sauer*, Die CDU, in: *Schmitt / Oppelland* (Anm. 1), S. 41-137; *Ute Schmidt*, Von der Blockpartei zur Volkspartei. Die Ost-CDU im Umbruch 1989-1994, Opladen 1996.

3 Dr. Gottfried Müller, Jahrgang 1934, evang. Pfarrer und Chefredakteur der Kirchenzeitung ‚Glaube und Heimat', 1972 Eintritt CDU, 1990 Minister für Medienpolitik in der Regierung de Maizière, 1990-94 MdL, Landtagspräsident.

4 Christine Lieberknecht, Jahrgang 1958, Pastorin, 1981 Eintritt CDU, seit 1991 MdL, 1990-99, 2008-2009 Ministerin, 1999-2004 Landtagspräsidentin, 2004-2008 Fraktionsvorsitzende, seit 2009 Ministerpräsidentin.

5 Zuerst in: Neue Zeit, Nr. 252, 26.10.1989, Abdruck in: *Katharina Belwe / Ute Reuter (Bearb.)*, Dokumentation zur Entwicklung der Blockparteien der DDR von Ende September bis Anfang Dezember 1989, Bonn 1989, S. 77ff. Vgl. *Manfred Agethen*, Unruhepotentiale und Reformbestrebungen an der Basis der Ost-CDU im Vorfeld der Wende, in: Historisch-Politische Mitteilungen 1 (1994), S. 89-114; *Michael Richter*, Die Entwicklung der Ost-CDU im Herbst 1989, in: *ebd.*, S. 115-133; *ders.*, Die Entwicklung der Ost-CDU 1989/1990, in: Deutschland Archiv 27 (1994), S. 1015-1025.

6 Gerald Götting, Jahrgang 1923, 1950-90 Mitglied der Volkskammer, 1949-66 Generalsekretär der CDU, 1966-89 Vorsitzender der CDU.

7 Sachsen-Anhalt folgte am 24. Februar; die Landesverbände Sachsen, Brandenburg und Mecklenburg-Vorpommern wurden Anfang März 1990 gegründet.

8 Die SPD folgte eine Woche später am 27. Januar, die LDPD Anfang Februar, die DBD Anfang März und die PDS schließlich Ende Juni/Anfang Juli. Ob der DA, dessen Landesverband am gleichen Tag gegründet wurde, sich vorrangig als Partei oder als Bürgerbewegung verstehen sollte, war noch umstritten.

9 Vgl. die Parteitagsrede von Gottfried Müller; Druck unter der Überschrift „Thüringer Löwe übt wieder den aufrechten Gang" in: Thüringer Tageblatt v. 22.1.1990.

10 Vgl. den Beitrag zu den Wahlen in diesem Band.

11 In den Verhandlungen hatte die CDU dem DA einen stellvertretenden Landesvorsitzenden sowie ein Mitentscheidungsrecht bei einigen Landtagskandidaturen zugestanden. Der CDU-Fraktion im 1. Thüringer Landtag gehörten fünf ehemalige DA-Mitglieder an. Der letzte DA-Landesvorsitzende Klaus Zeh war 1990-1994 und 2003-2009 Mitglied der Landesregierung.

12 Sie kandidierte bis Ende der 1990er Jahre bei den Landtagswahlen (1990: 3,4 Prozent, 1994 und 1999: 0,2 Prozent). Einige ihrer Mitglieder gingen zur CDU.

13 Mit Dr. Volker Sklenar war ein ehemaliges Mitglied der Bauernpartei von 1990 bis 2009 Thüringer CDU-Landwirtschaftsminister. Vgl. die Kabinettslisten im Anhang 2.

14 Josef Duchac, Jahrgang 1938, Diplomingenieur, 1959 Eintritt CDU, 1990-92 MdL, Ministerpräsident.

15 Dr. Bernhard Vogel, Jahrgang 1932, 1960 Eintritt CDU, 1965-67 MdB, 1967-76 Kultusminister Rheinland-Pfalz, 1975-88 Ministerpräsident Rheinland-Pfalz, 1994-2004 MdL Thüringen, 1992-2003 Ministerpräsident Thüringen, 1993-2000 Landesvorsitzender CDU.

16 Dieter Althaus, Jahrgang 1958, Lehrer, 1985 Eintritt CDU, 1990-2010 MdL, 1992-1999 Kultusminister, 1999-2003 Fraktionsvorsitzender, 2003-2009 Ministerpräsident, 2000-2009 Landesvorsitzender CDU.

17 Vgl. *Matthias Bettenhäuser / Sebastian Lasch*, Die SPD, in: *Schmitt / Oppelland* (Anm. 1), S. 139-221.

18 Vgl. *Franz Walter u.a. (Hrsg.)*, Die SPD in Sachsen und Thüringen zwischen Hochburg und Diaspora, Bonn 1993.

19 Vgl. *Richard Schröder*, Warum Parteien nötig sind, in: Zeitschrift für Parlamentsfragen 21 (1990), S. 610-618.

20 Die Delegiertenkonferenz der SDP beschloss am 13. Januar 1990 in Berlin die Namensänderung von SDP zu SPD der DDR.

21 Zeitgenössische Schätzungen belaufen sich auf fünf bis zehn Prozent. Vgl. *Bettenhäuser / Lasch* (Anm. 17), S. 157.

22 Dr. Gerd Schuchardt, Jahrgang 1942, Diplomingenieur, 1990 Eintritt SPD, 1990-2004 MdL, 1990-1994 Fraktionsvorsitzender, 1994-99 Stellvertr. Ministerpräsident und Minister für Wissenschaft, Forschung und Kultur, 1994-96 Landesvorsitzender.

23 Dr. Richard Dewes, Jahrgang 1942, Jurist/Theologe, 1968 Eintritt SPD, 1985-90 MdL Saarland, 1994-99 Thüringer Innenminister, 1999-2001 MdL, 1996-99 Landesvorsitzender.

24 Die Partei war nicht nur an ihrer Spitze sondern auch an ihrer Basis in der Koalitionsfrage tief gespalten. Die Positionen der Mitglieder hinsichtlich einer formellen SPD-PDS-Koalition waren stark polarisiert, während eine SPD-Minderheitsregierung nach dem „Magdeburger Modell" breite Zustimmung fand. Vgl. *Karl Schmitt*, Koalitionsoptionen in Thüringen aus der Sicht der Parteimitglieder, in: *Othmar Haberl / Tobias Korenke (Hrsg.)*, Politische Deutungskulturen. Festschrift für Karl Rohe, Baden-Baden 1999, S. 346-365.

25 Christoph Matschie, Jahrgang 1961, evang. Theologe, 1989 Eintritt SDP, 1990-2004 MdB, seit 2004 MdL, 2004-2009 Fraktionsvorsitzender, seit 1999 Landesvorsitzender, seit 2009 Stellvertr. Ministerpräsident und Minister für Bildung, Wissenschaft und Kultur.

26 Dazu hatte auch Richard Dewes beigetragen, der Matschie mit Koalitionsspekulationen kurz vor der Wahl in den Rücken gefallen war.

27 Zum Folgenden *Heiko Gothe*, Die thüringische Landtagswahl vom 30. August 2009: Desaster für Althaus-CDU mündet in schwarz-rotem Bündnis, in: Zeitschrift für Parlamentsfragen 41 (2010), S. 304-322.

28 Die Partei firmierte von Mitte Dezember 1989 bis Anfang Februar 1990 als „SED-PDS", seither als „PDS", seit Mitte Juli 2005 als „Linkspartei.PDS", seit Mitte Juli 2007 als „DIE LINKE." Vgl. *Thomas Sauer / Torsten Oppelland*, Die PDS / Linkspartei.PDS / DIE LINKE, in: *Schmitt / Oppelland* (Anm. 1), S. 223-316.

29 Gabriele Zimmer, Jahrgang 1955, Diplomsprachmittlerin, 1987-89 Mitarbeiterin SED-Parteileitung im Fahrzeug- und Jagdwaffenwerk Suhl, 1990-98 Landesvorsitzende PDS, 2000-2003 Bundesvorsitzende, 1990-2004 MdL, 1999-2000 Fraktionsvorsitzende, seit 2004 MdEP.

30 *Sauer / Oppelland* (Anm. 28), S. 291.

31 Klaus Höpcke, Jahrgang 1933, Journalist, SED-Mitglied seit 1953, 1973-1989 stellv. Minister für Kultur der DDR, 1990-1992 Vorsitzender der LL-PDS-Fraktion im Thüringer Landtag.

32 Bodo Ramelow, Jahrgang 1956, Kaufmann, 1990-99 Vorsitzender Gewerkschaft Handel-Banken-Versicherungen Thüringen, 1999 Eintritt PDS, 1999-2005, seit 2009 MdL, 2001-2005, seit 2009 Fraktionsvorsitzender, 2005-2009 MdB.

33 Dieter Hausold, Jahrgang 1955, 1980-83 Studium an der Parteihochschule, 1983-1990 Redakteur der SED-Bezirkszeitung „Volkswacht" in Gera, 1990-2004 hauptamtlicher Parteifunktionär, 1998-2006 Landesvorsitzender; sein Nachfolger im Parteivorsitz (seit 2006), Knut Korschewsky, Jahr-

gang 1960, 1988-89 Studium an der Bezirksparteischule, 1989-90 FDJ-Funktionär, seit 1990 hauptamtlicher Parteifunktionär, bis 2006 Geschäftsführer des Landesvorstands.

34 Vgl. *Andreas Hallermann*, Die FDP, in: *Schmitt / Oppelland* (Anm. 1), S. 317-374.

35 Vgl. *Jürgen Louis*, Die Liberal-Demokratische Partei in Thüringen 1945-1952, Weimar / Köln / Wien 1996.

36 Manfred Gerlach, Jahrgang 1928, 1954-67 Generalsekretär, 1967-1990 Vorsitzender der LDPD.

37 Vgl. *Manfred Gerlach*, Mitverantwortlich. Als Liberaler im SED-Staat, Berlin 1991, S. 211f.

38 *Hallermann* (Anm. 34), S. 328.

39 Dr. Andreas Kniepert, Jahrgang 1950, Diplomingenieur, vor 1989 Mitglied der NDPD, 1990-94 und 1999-2002 Landesvorsitzender der FDP Thüringen, 1990-94 Vorsitzender der FDP-Fraktion im Thüringer Landtag.

40 Dr. Peter Röhlinger, Jahrgang 1939, Tierarzt, seit 1967 Mitglied der LDPD, 1990-2006 Oberbürgermeister von Jena, 1994-99 Landesvorsitzender der FDP.

41 Uwe Barth, Jahrgang 1964, Diplomphysiker, 1986 LDPD, seit 2003 Landesvorsitzender der FDP, 2005-2009 MdB, seit 2009 MdL, Vorsitzender der FDP-Fraktion.

42 Vgl. *Sven Leunig / Björn Memmeler*, Bündnis90/Die Grünen, in: *Schmitt / Oppelland* (Anm. 1), S. 275-431.

43 Vgl. *Ehrhart Neubert*, Geschichte der Opposition in der DDR 1949-1989, Bonn 1997; *ders. / Thomas Auerbach*, „Es kann anders werden". Opposition und Widerstand in Thüringen 1945-1989, Köln / Weimar / Wien 2005.

44 Im Januar 1993 hatten sich die Grünen (seit Dezember 1990 gesamtdeutsch organisiert) und das im September 1991 in der ehemaligen DDR als „parteiähnliche politische Vereinigung" konstituierte Bündnis 90 zum Bundesverband Bündnis 90/Die Grünen zusammengeschlossen. Nach der Fusion von Grüner Partei und Bündnis 90 in Thüringen blieb das von Matthias Büchner geführte Neue Forum als Thüringer Landesorganisation weiter bestehen. Es beteiligte sich als selbständige Formation an den Landtagswahlen 1994 (1,2 Prozent) und 1999 (0,3 Prozent); im September 2000 löste es sich auf.

45 Da der Abgeordnete der LL-PDS-Fraktion Jörg Pöse zeitgleich zur Fraktion Grüne/Demokratie Jetzt wechselte, blieb der Fraktionsstatus erhalten.

46 Olaf Möller, Jahrgang 1962, Diplommathematiker, 1983-1989 SED-Mitglied, 1989 Eintritt Die Grünen, 1990-94 Parlamentarischer Geschäftsführer der Landtagsfraktion Neues Forum / Grüne / Demokratie Jetzt, 1995-2000 Landessprecher von Bündnis 90/Die Grünen.

47 Katrin Göring-Eckardt, Jahrgang 1966, evang. Theologin, 1989 Eintritt in den Demokratischen Aufbruch, 1990 in Demokratie Jetzt, 1991-93 Landesvorstand von Bündnis 90, 1993-95 Landesvorstand von Bündnis 90/Die Grünen, 1995-98, 2002-2007 Landessprecherin, seit 1998 MdB, 2002-2005 Fraktionsvorsitzende, seit 2005 Vizepräsidentin des Bundestages.

48 Befragung der Thüringer Parteimitglieder 1997/98. Vgl. *Karl Schmitt*, Parteimitglieder in Thüringen, in: *Hartmut Esser (Hrsg.)*, Der Wandel nach der Wende. Gesellschaft, Wirtschaft und Politik in Ostdeutschland, Wiesbaden 2000, S. 91-112, sowie *Andreas Hallermann*, Partizipation in politischen Parteien. Ein Vergleich von fünf Parteien in Thüringen, Baden-Baden 2003.

49 Die Tatsache, dass mehr als die Hälfte aller Kommunalmandate in kreisangehörigen Städten und Gemeinden von Parteilosen oder „sonstigen" Parteien Angehörenden wahrgenommen werden, bestätigt diesen Befund.

50 Summe der Einnahmen der Landesverbände und der nachgeordneten Gebietsverbände in Thüringen, bereinigt um Finanztransfers zwischen diesen Ebenen innerhalb Thüringens (für CDU, Linkspartei und Bündnis 90/Die Grünen).

51 Das Mitgliedsbeitragseinkommen der Thüringer Linkspartei und der Thüringer FDP ist vermutlich überschätzt, da die gesamten in Thüringen erbrachten Beiträge bei Thüringer Gebietsverbänden verbucht sind; zugleich finden Transferleistung zum Bundesverband statt. Eine entsprechende Berücksichtigung dieses Umstandes verschiebt die einzelnen Anteilswerte jedoch nur leicht und ändert nichts Wesentliches an den im Folgenden getroffenen Grundaussagen.

52 Die Mandatsträgerbeiträge, die bei den im Landtag vertretenen Parteien einen wichtigen Einnahmeposten darstellen, sind nur bedingt den Eigeneinnahmen zuzurechnen, da sie indirekt aus staatlichen Mitteln, nämlich den Diäten und der Amtsentschädigung der Mandatsträger, bestritten werden.

53 Ein innerparteilicher Verteilungsschlüssel begünstigt die Landesverbände der mitgliederschwachen neuen Länder bei der Aufteilung der dem Bundesverband zufließenden staatlichen Mittel, insbesondere soweit sie sich auf die Stimmen bei Bundes- und Europawahlen beziehen.

54 Diese sind heute faktisch überwiegend Berufspolitiker. Vgl. *Heinrich Best*, Auf dem Weg zum Berufspolitiker? Die partielle Professionalisierung der Thüringer Parlamentarier, in: *Thüringer Landtag (Hrsg.)*, Der Thüringer Landtag und seine Abgeordneten 1990-2005. Studien zu 15 Jahren Landesparlamentarismus, Erfurt 2005, S. 101-112.

55 Leistungen an die Fraktionen des Thüringer Landtags nach § 49 Thüringer Abgeordnetengesetz. Vgl. Freistaat Thüringen, Landeshaushaltsplan 2008/2009, Einzelplan 01 Thüringer Landtag, Titel 68401 (Ist 2006).

56 Weiterhin wären die besoldeten Mitarbeiter der Fraktionen in den Stadträten und den Kreistagen zu berücksichtigen, obwohl „Kommunalparteien" nicht unter den Parteibegriff des Parteiengesetzes fallen.

57 Gemäß § 8 der Geschäftsordnung des Thüringer Landtags ist das Überspringen der Fünf-Prozent-Hürde in der Regel gleichbedeutend mit der Voraussetzung für den Fraktionsstatus.

58 *Peter Haungs*, Plädoyer für eine erneuerte Mitgliederpartei, in: Zeitschrift für Parlamentsfragen 25 (1994), S. 108-115, 113.

Karl Schmitt

Wahlen: Kontinuität und Umbruch

Am 18. März 1990 fanden die ersten freien Wahlen in der Geschichte der DDR statt. Der nach der friedlichen Revolution gebildeten Übergangsregierung Modrow fehlte trotz der sukzessiven Einbindung der oppositionellen Gruppen des Runden Tisches eine demokratische Legitimation. Allein durch freie Wahlen, nur über eine Volksvertretung, die die tatsächlichen Kräfteverhältnisse innerhalb der Bevölkerung widerspiegelte, konnte eine Regierung gebildet werden, die zu Verhandlungen mit der Bundesrepublik über die Modalitäten der Vereinigung der beiden deutschen Staaten legitimiert war.

I. Die Volkskammerwahl: Neuformierung der Thüringer Wahllandschaft

Das Ergebnis der Volkskammerwahl 1990 sorgte für eine große Überraschung. Entgegen allen Erwartungen und Prognosen wurde nicht die SPD sondern die Allianz für Deutschland aus CDU, DSU und Demokratischem Aufbruch klarer Wahlsieger. Im stark industrialisierten Thüringen schnitt die SPD, ähnlich wie in Sachsen, noch schlechter ab als im DDR-Durchschnitt. Wie ist dieser deutliche Wahlsieg der Allianz zu erklären? Warum wurden die Hoffnungen enttäuscht, die die SPD an das Wiedererstehen der Partei im „roten Mitteldeutschland" geknüpft hatte? Wie kam es dazu, dass gerade in Thüringen, wo in den Jahrzehnten vor dem Ersten Weltkrieg durch die Parteitage von Eisenach (1869), Gotha (1875) und Erfurt (1891) große Kapitel der Geschichte der Sozialdemokratie geschrieben worden waren, die SPD keineswegs die Stärke wieder erreichte, die einer Industrielandschaft auf protestantischem Boden entspricht?

1. *Politische Traditionen*

Thüringen zeichnete sich von jeher durch eine außergewöhnlich vielgestaltige politische Landschaft aus. In der Entstehungsphase der Parteien vor der Bildung des Landes Thüringen 1920 bot die dynastisch bedingte territoriale Parzellierung stark variierende Rahmenbedingungen für die Entwicklung der politischen Kräfte.[1] Große Unterschiede der Verfassungsentwicklung, des Wahlrechts und der politischen Orientierungen der regierenden Fürstenhäuser ließen ein vielgestaltiges und stark fragmentiertes Parteiensystem entstehen.

Diese Vielgestaltigkeit der politischen Landschaft Thüringens wurde durch die nach der Reichsgründung einsetzende wirtschaftliche Entwicklung noch gesteigert.[2] Sie machte Thüringen bis zur Jahrhundertwende zwar zur vierten großen Industrieregion Deutschlands, nach dem rheinisch-westfälischen Revier, Oberschlesien und Sachsen. Doch konzentrierte sich diese Entwicklung auf Südthüringen, wo ein Industriegürtel von Altenburg im Osten bis Suhl und Schmalkalden im Westen entstand, sowie auf einige Städte. Die übrigen Gebiete des Nordens und der Mitte sowie südlich des Thüringer Waldes blieben von einer meist klein- und mittelbäuerlichen Landwirtschaft geprägt.

Auf dieser Grundlage hat sich Thüringen während des Kaiserreiches zu einer Hochburg der Sozialdemokratie entwickelt.[3] Bei den letzten Reichstagswahlen vor dem Ersten Weltkrieg (1912) konnte die SPD hier 48 Prozent der Stimmen auf sich vereinigen (gegenüber 35 Prozent im Reichsdurchschnitt). Von den fünfzehn Wahlkreisen reichsweit, in denen die SPD 1912 die absolute Mehrheit erreichte, lagen nicht weniger als sechs in Thüringen: Sonneberg-Saalfeld, die Fürstentümer Reuß ä.L. und j.L. sowie Gotha, Schwarzburg-Rudolstadt und Erfurt-Schleusingen-Ziegenrück. Demgegenüber herrschten auch 1912 in den dominant landwirtschaftlich geprägten Wahlkreisen Thüringens andere Kräfteverhältnisse. Hier blieben Mehrheiten aus Fortschritt und Konservativen bzw. Antisemiten (Mühlhausen-Langensalza, Weimar), aus Fortschritt und Wirtschaftspartei (Nordhausen, Meiningen-Hildburghausen) oder aus Nationalliberalen und Wirtschaftspartei bzw. Antisemiten (Eisenach-Dermbach, Schwarzburg-Sondershausen) erhalten. Die Zentrumspartei schließlich erzielte wie eh und je im Wahlkreis Heiligenstadt-Worbis (Eichsfeld) mit 83 Prozent eines ihrer reichsweit besten Ergebnisse.

In der Weimarer Republik blieben diese Vielgestaltigkeit und die starken Kontraste der politischen Landschaft Thüringens erhalten.[4] Sie bildeten die Grundlage für eine zunehmende Polarisierung des Parteienfeldes in starke linke und rechte Lager.[5] Zu dieser Polarisierung hat die Entwicklung auf der nunmehr – seit der Gründung des Landes Thüringen 1920 – neuen landespolitischen Ebene wesentlich beigetragen. Noch deutlicher als auf Reichsebene war sie im Land Thüringen geprägt von einer Schwäche der Parteien der republikanischen Mitte und der starken Stellung der radikalen Flügelparteien (USPD, KPD, Vereinigte Völkische Liste, Völkisch-Nationaler Block, NSDAP), was nicht zuletzt darauf zurückzuführen war, dass das Zentrum in der thüringischen Landespolitik der Zwischenkriegszeit keine Rolle spielte (die katholischen preußischen Gebiete mit dem Eichsfeld gehörten nicht zum Freistaat Thüringen).

Die Polarisierung der politischen Kräftekonstellation führte dazu, dass 1930 erstmals in einem der deutschen Länder die NSDAP an einer Regierungskoalition beteiligt wurde.[6] Dies verschaffte der nationalsozialistischen Agitation eine legale Basis. Der Erfolg dieser Agitation zeigte sich im erdrutschartigen Wahlsieg der NSDAP (43 Prozent) bei der Landtagswahl von 1932, der die Partei in Thüringen endgültig an die Regierung brachte. Ihren Durchbruch in Thüringen verdankte die NSDAP nicht allein dem Zusammenbruch der liberalen Parteien, deren Wählerschaft zwischen 1928 und 1933 von 23 auf zwei Prozent (Reichstagswahlen) dezimiert worden war. Ihre Hochburgen lagen 1933 vor allem in den Gebieten, in denen vormals der Thüringische Landbund und die DNVP besonders stark gewesen waren. Die NSDAP konnte jedoch auch in die traditionellen Hochburgen der Linken einbrechen.[7] Die geringste Resonanz fand sie im Eichsfeld; im Kreis Worbis blieb sie auch noch 1933 mit 25 Prozent der Stimmen weit hinter dem Zentrum (59 Prozent) zurück.

Abbildung 1: Wahlen in Thüringen 1928 und 1946
(in Prozent)

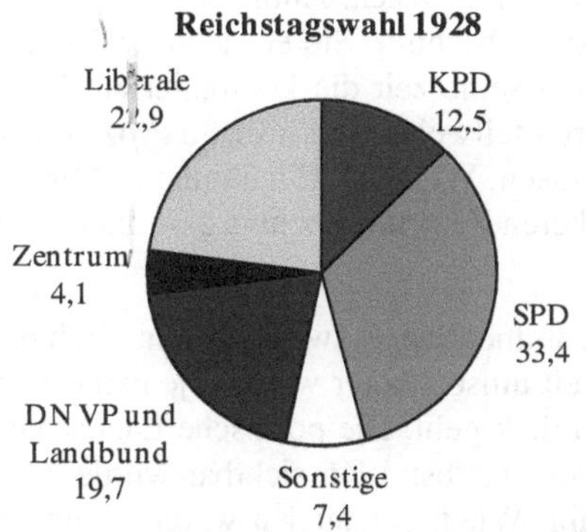

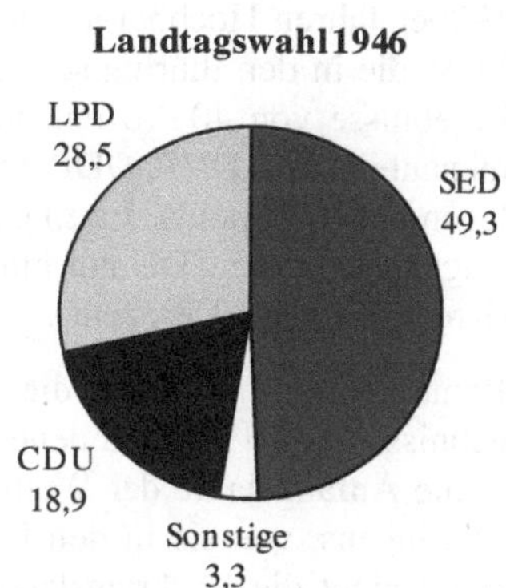

Insgesamt gesehen hat der Durchbruch der NSDAP die politische Landschaft Thüringens in kurzer Zeit drastisch verändert. Allerdings stellt sich die Frage, ob er dauerhafte Spuren hinterlassen hat. Oder ist, wie im westlichen Deutschland nach dem Zusammenbruch des „Dritten Reiches", eine Konstellation wiedererstanden, wie sie vor dem Aufstieg des Nationalsozialismus bestanden hatte? Eine Antwort auf diese Frage läßt sich an den Ergebnissen der Thüringer Landtagswahl im Herbst 1946 ablesen.[8] Allerdings ist dabei zu berücksichtigen, dass die Alternativen des Parteienfeldes 1946 stark eingeschränkt waren. Neben der im April 1946 aus der Vereinigung von SPD und KPD hervorgegangenen SED waren nur die LDP, die CDU und die Vereinigung der gegenseitigen Bauernhilfe zur Wahl zugelassen. Weiterhin hatten beträchtliche kriegs- und nachkriegsbedingte Bevölkerungsverschiebungen einen Bevölkerungszuwachs Thüringens von 20 Prozent mit sich gebracht. Vor diesem Hintergrund ist das Ausmaß der Übereinstimmung zwischen den Ergebnissen der Thüringer Landtagswahl von 1946 und den Wahlen vor dem Aufstieg des Nationalsozialismus umso bemerkenswerter (Abbildung 1).

Das quantitative Gewicht der großen politischen Lager entsprach 1946 in der Größenordnung demjenigen in den 1920er Jahren. Die SED lag mit 49 Prozent wie in den übrigen Ländern der SBZ knapp unter der absoluten Mehrheit und übertraf damit leicht den kombinierten Stimmenanteil (46 Prozent) von SPD und KPD bei der Reichstagswahl von 1928. Auch die LDP lag 1946 mit 29 Prozent in der Größenordnung des liberalen Stimmenanteils (DDP, DVP, Wirtschaftspartei) von 1928 (23 Prozent). Die CDU blieb mit 19 Prozent hinter dem kombinierten Ergebnis von Zentrum, DNVP und Landbund (24 Prozent) zurück.

Das vom Gesamtergebnis nahe gelegte Bild der Kontinuität bestätigt sich bei regionaler Betrachtung.[9] Die SED war 1946 dort stark, wo vor 1933 SPD und KPD stark gewesen waren. Die vier Kreise, in denen sie 1946 mehr als 60 Prozent der Stimmen erzielte (Altenburg-Land, Arnstadt-Stadt, Sonneberg und Suhl), waren bereits in den 1920er Jahren Hochburgen der Parteien der Linken gewesen. Ähnliches gilt für die LDP, die in den thüringischen Städten am besten abschnitt. Sie erreichte 1946 dort Ergebnisse von 40 Prozent und mehr, wo schon seinerzeit die kombinierten Stimmenanteile von DVP, DDP und Wirtschaftspartei teilweise weit über 30 Prozent gelegen hatten (Apolda, Eisenach, Erfurt, Nordhausen, Weimar). Ein ähnliches Muster zeigt sich für die CDU nur hinsichtlich der früheren Zentrumshochburg im Eichsfeld (Kreis Worbis: 63 Prozent).

Bemerkenswert ist, dass die statistischen Zusammenhänge zwischen den Wahlergebnissen von 1946 und denen der Vorkriegszeit umso stärker werden, je mehr man in die Anfangsjahre der Weimarer Republik zurück geht. Die politische Landschaft Thüringens, wie sie in den Landtagswahlen vom Herbst 1946 sichtbar wurde, war somit nicht die Vorkriegslandschaft schlechthin. Wieder erstanden waren vielmehr die Konturen, die Thüringen in den 1920er Jahren *vor* dem Aufstieg des Nationalsozialismus gekennzeichnet hatten.[10] Die Kontinuitäten über die NS-Ära und Kriegszeit hinweg sind frappant. Organisatorische, programmatische und personelle Kontinuitäten bei Parteien und Wählern waren offensichtlich stark genug, um die Unterbrechung demokratischer Wahlen während einer knappen halben Generation zu überbrücken. Die Landtagswahl von 1946 in Thüringen erscheint somit – ähnlich wie die erste Bundestagswahl von 1949 im Westen – eher als Übergang von der Weimarer Republik zur Nachkriegszeit denn als „Neubeginn nach einer imaginären Stunde Null"; überspitzt formuliert kann man in beiden Wahlen gewissermaßen „die letzten Weimarer Wahlen"[11] sehen.

2. *Die Zäsur von 1990*

Dass die einschneidende Zäsur in der Entwicklung der politischen Landschaft Thüringens nicht in NS-Zeit und Krieg zu setzen ist, sondern in der DDR-Ära, wird deutlich, wenn die Volkskammerwahl 1990, die erste freie Wahl in Thüringen nach 1946, in den Blick genommen wird. In starkem Kontrast zur Kontinuität über die Zeit der nationalsozialistischen Herrschaft hinweg, in der die Landtagswahl von 1946 noch stand, markierte 44 Jahre später die Volkskammerwahl 1990 einen Umbruch (Abbildung 2).

Abbildung 2: Wahlen in Thüringen 1946 und 1990
(in Prozent)

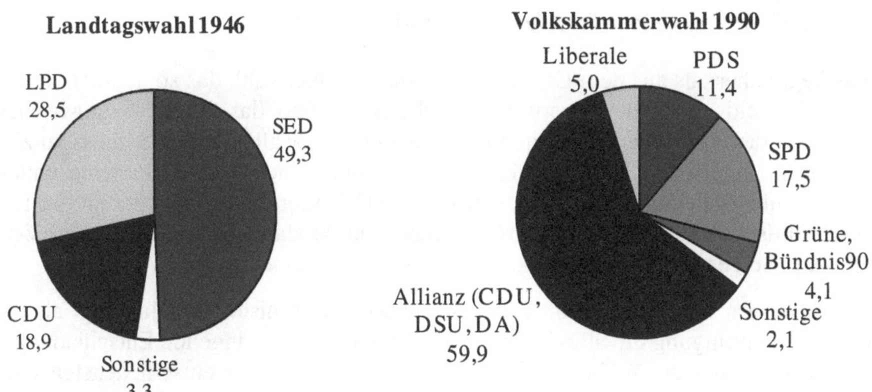

Die globalen Stärkeverhältnisse der Parteien haben sich drastisch gewandelt. Die CDU[12] erreichte 1990 im Verein mit ihren Partnern in der Allianz für Deutschland 59,9 Prozent und verdreifachte damit ihren Anteil von 1946, die Liberalen kamen mit 5,0 Prozent nur auf ein Sechstel des früheren LDP-Anteils, und für PDS und SPD gemeinsam blieben nur 28,9 Prozent gegenüber einem SED-Anteil 1946 von 49,3 Prozent. Ein Blick auf die räumliche Verteilung der Parteien macht das Ausmaß des Umbruchs augenfällig.[13] Die traditionellen Hochburgen der Sozialdemokratie zwischen Eisenach, Sonneberg und Altenburg waren verschwunden. Die SPD konnte hier, wenn überhaupt, nur durchschnittlich reüssieren. In allen Industriezentren Thüringens (mit Ausnahme der Städte Gera und Jena) erreichte die CDU-geführte Allianz (teilweise starke) absolute Mehrheiten. Die PDS war am stärksten in den Bezirkshauptstädten Erfurt (16,5 Prozent), Gera (20,4 Prozent) und Suhl

(24,9 Prozent). Insgesamt hatte sich jedoch die zwischen den politischen Lagern traditionell stark zerklüftete politische Landschaft Thüringens stark eingeebnet: Die Parteien verteilten sich landesweit ziemlich gleichmäßig.[14]

Als Gesamtergebnis des historischen Rückblicks ist somit zweierlei festzuhalten. Einerseits haben sich 1990 in Thüringen die Stärkeverhältnisse der großen politischen Lager deutlich verschoben. Andererseits verteilten sich 1990 die Schwerpunkte der Parteien (soweit überhaupt noch vorhanden) anders über Thüringen als die ihrer Vorläuferparteien in der Weimarer Ära und in der unmittelbaren Nachkriegszeit. Der Umbruch der politischen Landkarte Thüringens kann somit nicht das Ergebnis von Erosionsprozessen der sozialen Milieus in den 1920er und 1930er Jahren sein, die den Aufstieg des Nationalsozialismus ermöglichten. Die Ursachen des Umbruchs sind vielmehr in der Zeit nach 1946 zu suchen, also in den 40 Jahren der DDR oder in den spezifischen Umständen der Wahl des Jahres 1990.

3. Neue Zuordnung von Parteien und sozialen Gruppen

Was liegt näher, als aus dem Ergebnis der Volkskammerwahl, das so deutlich den in ihrem Vorfeld gehegten Erwartungen widersprach und das einen so drastischen Bruch mit den Thüringer Wahltraditionen darstellte, vor allem einen Schluss zu ziehen: Nicht langfristige, sozialstrukturell vermittelte Bindungen an Parteien hatten diese Wahlentscheidung bestimmt, sondern die Orientierung der Wähler an der Lösung politischer Sachfragen, konkret: Tempo und Modalitäten der deutschen Vereinigung. So gesehen war die Volkskammerwahl eine reine Themenwahl.[15]

Zweifellos war die Situation im Frühjahr 1990 insofern historisch einmalig, als die deutsche Vereinigung die alles andere in den Hintergrund drängende Entscheidungsfrage der Wahl war. Während die Parteien der Allianz am entschiedensten eine rasche Vereinigung und eine radikale Veränderung des wirtschaftlichen und politischen Systems forderten, trat die PDS für einen langsamen Vereinigungsprozess und die Erhaltung möglichst vieler Elemente der alten Ordnung ein. Die Position der SPD war ambivalent: Willy Brandt plädierte für die Einheit, Oskar Lafontaine warnte vor ihren sozialen Folgen. So gesehen kann die Volkskammerwahl durchaus als Plebiszit über Tempo und Modalitäten der deutschen Vereinigung interpretiert werden, bei der die Position der Allianz die Unterstützung der Mehrheit der Wähler fand.

Diese Sicht der Dinge stützt sich auf eine Annahme, die auf den ersten Blick nicht unplausibel ist. Im Jahr 1990 sei eine „Stunde Null", eine Art Tabula-rasa-Situation gegeben gewesen: Vierzig Jahre real existierender Sozialismus und zuvor zwölf Jahre Nationalsozialismus hätten demnach sämtliche Voraussetzungen für den Fortbestand oder die Herausbildung sozialstrukturell verankerter Parteibindungen zerstört – zum einem durch die Ausschaltung des Parteienwettbewerbs (zunächst durch die völlige Eliminierung der mit der NSDAP konkurrierenden Parteien, später durch die Gleichschaltung der 1945 gegründeten Parteien im SED-Blockparteiensystem) – zum anderen durch die Planierung des sozialen Unterbaus des Parteiensystems (Schaffung einer einheitlichen „Staatsbelegschaft", einer „Gesellschaft von Staatsangestellten"[16] durch die „sozialistische Revolution"; Zerschlagung der organisatorischen Infrastruktur der Interessenrepräsentation). Kurz: In dieser Sicht hätten bei der Volkskammerwahl im März 1990 die Wähler nicht als Glieder sozialer Gruppen, sondern nur als Einzelne die Wahl gehabt zwischen den Angeboten eines aus dem Westen „geliehenen Parteiensystems"[17], das in ihrer eigenen Gesellschaft nicht verwurzelt war, ja nicht verwurzelt sein konnte.

Abbildung 3: Volkskammerwahl 1990: Parteianteile nach Beruf und Konfession in Thüringen (in Prozent)

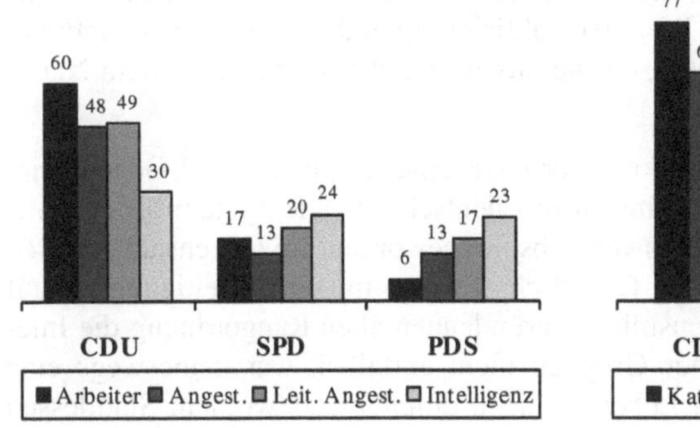

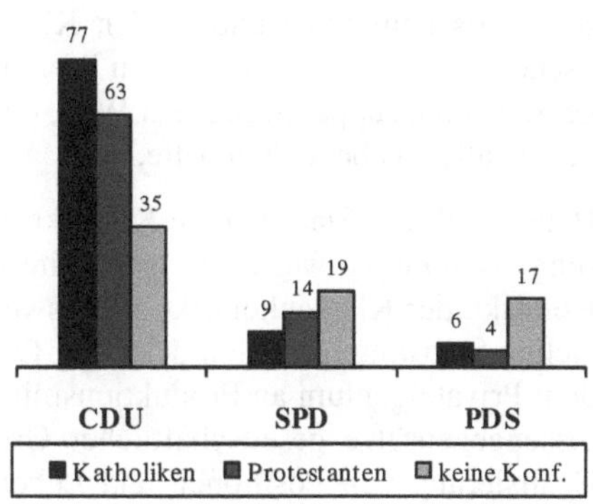

Bei näherem Hinsehen zeigt sich freilich, dass diese nahe liegende Interpretation der Volkskammerwahl das Kind mit dem Bade ausschüttet. Empirische Befunde sprechen gegen die Annahmen sowohl der „Plebiszit-These" als auch der „Tabula-Rasa-These". Eine Analyse der Wählerschaften der einzelnen Parteien mit Hilfe von Umfragedaten[18] zeigt nämlich, dass diese sozialstrukturell keineswegs konturenlos waren (Abbildung 3). Es wäre also voreilig, sich für das Gebiet der DDR von der Vorstellung einer sozialstrukturellen Fundierung der Parteien gänzlich zu verabschieden. Die CDU wurde von der überwiegenden Mehrheit der Arbeiter sowie der Katholiken und Protestanten unterstützt. Unter den Wählern der SPD waren diese Gruppen dagegen vergleichsweise schwach, unter denen der PDS sogar weit unterproportional vertreten.

Hier wird eine Zuordnung der einzelnen sozialen Gruppen zu den Parteien sichtbar, die teils gewohnte, teils bislang unbekannte Züge trägt. Während die Unterstützung der CDU durch die katholischen Wähler sich in das traditionelle Muster fügt, so ist hinsichtlich der Protestanten und der einzelnen Berufsgruppen ein deutlicher Bruch sowohl mit dem historischen als auch mit dem in Westdeutschland seit jeher dominierenden Muster festzustellen. Der SPD und der PDS, den Parteien, die sich in die Tradition der Arbeiterbewegung stellen, fehlte eine breite Basis in ihrem klassischen Wählerpotential, das in seiner Mehrheit für die CDU optierte.

Das bedeutet, dass auch im Osten Deutschlands sozialstrukturelle Faktoren ihre Bedeutung für das Wahlverhalten keineswegs eingebüßt haben. Mehr noch: Die beiden für das deutsche Parteiensystem traditionell konstitutiven Konfliktdimensionen, der Staat-Kirche-Konflikt und der Klassenkonflikt, sind erhalten geblieben, wenn auch in der modifizierten Form, wie sie sich aus der politischen und gesellschaftlichen Struktur der DDR ergab. Der Staat-Kirche-Konflikt, in Deutschland ursprünglich nur bedeutsam für den katholischen Bevölkerungsteil, wurde in der DDR auf die evangelische Kirche ausgeweitet.[19] Ungeachtet zeitweise starker Bemühungen um einen *modus vivendi*, war die gesamte DDR-Ära von einer Frontstellung zwischen sozialistischem Staat und beiden Kirchen geprägt, die auch den bewusst evangelischen Bevölkerungsteil auf den Weg der Politisierung und Formierung zu einer abgegrenzten Gruppe zwang, ein Weg, der bereits im Kirchenkampf unter dem Nationalsozialismus begonnen hatte.

Hatte somit der Staat-Kirche-Konflikt in der DDR eine Zuspitzung und Generalisierung erfahren, so war auch der zweite für das deutsche Parteiensystem bedeutsame Konflikt, der Klassenkonflikt, keineswegs obsolet geworden. Im Gegensatz zur offiziellen Selbstinterpretation der DDR-Gesellschaft waren mit der Beseitigung der auf dem Privateigentum an Produktionsmitteln gründenden alten Rangordnung die Interessengegensätze gesellschaftlicher Gruppen nicht entfallen, war keineswegs eine Egalisierung von Positionen und Lebenschancen durchgesetzt worden. Stattdessen war eine „bürokratisch verfasste sozialistische Ständegesellschaft“[20] entstanden, die neue Interessengegensätze und neue soziale Hierarchien entstehen ließ, an deren Spitze nun die Parteinomenklatura und die Führungskader im Wirtschafts- und Verwaltungsapparat standen, und an deren unterem Ende sich wieder die reale Produktionsarbeiterschaft fand.

Unter diesen Umständen ist es keineswegs überraschend, dass 1990 einerseits die Arbeiterschaft in ihrer Mehrheit ihre Unzufriedenheit mit den alten Verhältnissen und ihre Erwartungen an einen radikalen Wandel in eine Wahlentscheidung für die klarste Alternative, die Unionsparteien, umsetzte, während andererseits die SED-Führungsschicht und die über Parteikarrieren in ihre Position gekommenen Leitungskader weit überproportional für die PDS votierten, was gut in das Bild der hohen PDS-Anteile in den Bezirkshauptstädten Gera, Suhl und Erfurt passt. Der Umbruch der politischen Landschaft Thüringens wie der DDR generell ist damit auf eine neue Zuordnung von Sozialstruktur und Parteiensystem zurückzuführen.

II. Entwicklung des Parteiensystems 1990 bis 2010

Jenseits dieser strukturellen Veränderung waren es vor allem zwei Weichenstellungen der letzten Volkskammerwahl, die die Neuformierung des Thüringer Parteiensystems prägten. Erstens verlagerte die Volkskammerwahl – so wie sie die friedliche Revolution in rechtsstaatliche und parlamentarische Bahnen überführte – die politische Schwerkraft von den Bürgerbewegungen, den demonstrierenden Massen und den Runden Tischen weg und hin zu den politischen Parteien. Diejenigen politischen Formationen, die sich, wie die SDP/SPD, von Anfang an als Parteien organisiert hatten oder die, wie die ehemaligen Blockparteien, schon immer Parteien gewesen waren, erhielten das Mandat, eine neue politische Ordnung zu gestalten – und nicht die Listen der Bürgerbewegungen, die maßgeblich zum Sturz des alten Systems beigetragen hatten. Zweitens hat die Volkskammerwahl ein Fünf-Parteien-System konstituiert, in dem diejenigen Parteien das Feld dominieren, die auch im Westen präsent sind: CDU, SPD, Liberale, die Liste der Bürgerbewegungen; hinzu kam die PDS, die zunächst als zum Untergang bestimmter Restbestand des alten Regimes galt. Das Parteiensystem der alten Bundesrepublik wurde zum Parteiensystem des vereinigten Deutschland.

1. Das „Superwahljahr" 1990

Die bei der ersten freien Wahl in der DDR zutage getretenen globalen Kräfteverhältnisse der Parteien erfuhren im Verlauf des Jahres 1990, des ersten „Superwahljahres" im Thüringen, in dem in kurzem Abstand Kommunalwahlen, Landtagswahlen, und schließlich die Bundestagswahl auf die Volkskammerwahl folgten, keine einschneidenden Veränderungen. Zwar verlor die PDS, die in Thüringen im Vergleich der östlichen Bundesländer ohnehin die geringste Unterstützung fand, kontinuierlich an Boden (Bundestagswahl: 8,3 Prozent). Dagegen konnte sich die SPD bis zur Bundestagswahl von 17,5 auf 22,0 Prozent verbessern, blieb jedoch nach wie vor weit hinter der CDU zurück, die zwar ihre bei der Volkskammerwahl errungene absolute Mehrheit verlor, jedoch mit 45 Prozent die dominierende politische Kraft bleiben konnte. Die aus dem Bund Freier Demokraten hervorgegangene FDP konnte nach ihrer späten Konsolidierung, ihrem Zusammenschluss zu einer gesamtdeutschen Parteiorganisation und der Bildung der christlich-liberalen Koalition in Erfurt ihre Position bis zur Bundestagswahl (14,6 Prozent) beträchtlich ausbauen. Außerdem setzte ein Konzentrationsprozess zu Lasten der kleinen Parteien ein, begünstigt durch die bei der Landtagswahl und der Bundestagswahl erstmals wirksame Fünf-Prozent-Klausel.

Im Ergebnis der ersten Wahl zum Thüringer Landtag am 14. Oktober 1990 waren in diesem schließlich fünf Formationen vertreten: drei eigenständige Parteien (CDU, SPD und FDP) und zwei Wahlbündnisse (Neues Forum/Grüne/Demokratie Jetzt,

Linke Liste–PDS). Insgesamt blieben bei den Wahlen des Jahres 1990 – sieht man von der durch besondere lokale und wahlrechtliche Bedingungen geprägten Kommunalwahl ab – die Größenordnungen der einzelnen Parteianteile erhalten. Dies ist insofern nicht überraschend, als die mit dem Wiedervereinigungsthema verbundene polarisierende Systemfrage sämtliche Wahlen des Jahres 1990 beherrschte und diesbezüglich keine einschneidenden Positionsänderungen der Parteien stattfanden, die die Wähler hätten veranlassen können, ihre bei der Volkskammerwahl eingenommene Parteipräferenz zu revidieren.

Abbildung 4: Landtagswahlen in Thüringen 1990-2009
(in Prozent)

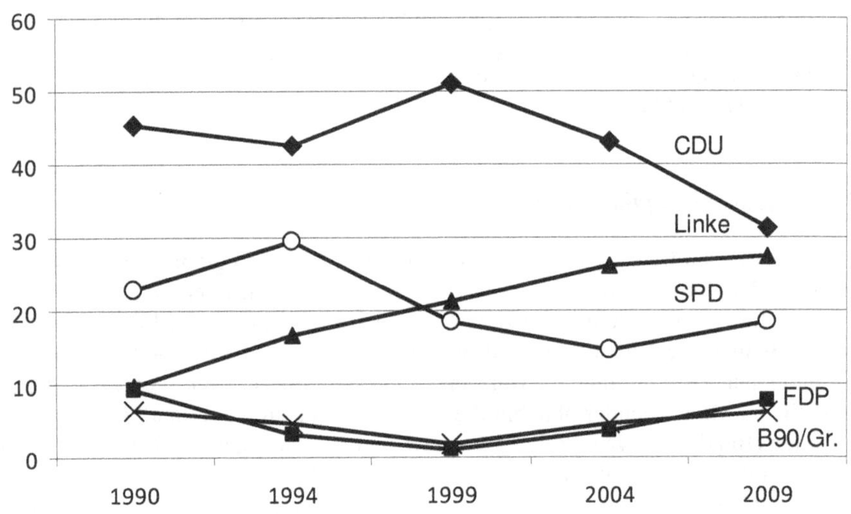

2. *Entwicklungslinien 1990-2010*

In den zwei Jahrzehnten seit seiner Neuformierung hat das Thüringer Parteiensystem gravierende Veränderungen erfahren. Fünf Entwicklungslinien stechen hervor (Abbildung 4).[21]

Erstens hat sich die bereits bei den Wahlen des Jahres 1990 sichtbare Tendenz der Konzentration der Wählerstimmen auf wenige Parteien fortgesetzt. Bereits bei der Landtagswahl 1994 scheiterten FDP und Bündnis 90/Die Grünen, wie in den übrigen neuen Ländern so auch in Thüringen, an der Fünf-Prozent-Hürde. Das 1990 entstandene *Fünf-Parteien-System* machte für drei Landtagswahlperioden einem *Drei-*

Parteien-System Platz. Erst 2009 konnten FDP und Bündnis 90/Die Grünen wieder in den Landtag einziehen.

Abbildung 5: Bundestagswahlen in Thüringen 1990-2009
(in Prozent)

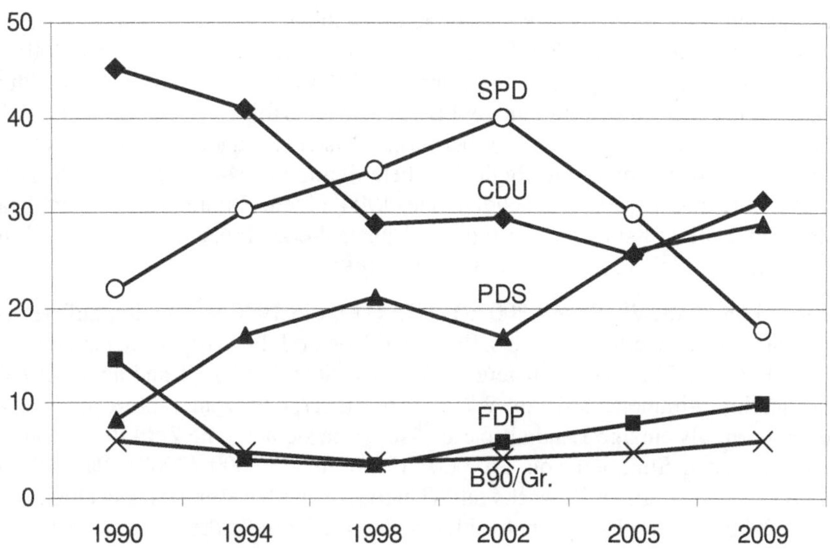

Zweitens hat die *CDU* die Chance nicht wahrnehmen können, zur hegemonialen „Thüringen-Partei“ zu werden. Zwar war sie bei allen Landtagswahlen die stärkste Partei und konnte 1999 die absolute Mehrheit der Stimmen sowie 2004 die absolute Mehrheit der Landtagssitze erreichen; doch hat sie ihre sehr günstige Ausgangsposition bei der Volkskammerwahl (52,5 Prozent) nicht halten können und fiel schließlich bei der Landtagswahl 2009 mit 31,2 Prozent unter ein Drittel der Wählerstimmen zurück. Wie stark die CDU seit 1990 an Boden verloren hat, zeigt sich beim Blick auf die Bundestagswahlen (Abbildung 5). Hatte die Thüringer CDU 1990 noch einen Vorsprung von mehr als 20 Prozent zur SPD und mehr als 30 Prozent zur PDS, so lag sie mit jeweils weniger als einem Drittel der Wähler bei den Bundestagswahlen 1998, 2002 und 2005 deutlich hinter der SPD und wurde 2005 noch nach der PDS gar nur dritte politische Kraft. Auch die Kommunalwahlen zeigen, dass die einstmals flächendeckende Dominanz der CDU mehr und gebrochen wurde. Gehörten 1990 noch sämtliche Landräte und (mit Ausnahme von

Jena) alle Oberbürgermeister der kreisfreien Städte der CDU an, so stellt sie seit der Kommunalwahl 2006 nur noch 12 der 17 Landräte und keinen Oberbürgermeister mehr. Der Stimmenanteil der CDU bei den Wahlen der kreisfreien Städte fiel von 38,2 Prozent (1990) bis 2009 auf weniger als ein Viertel und damit auf die Größenordnung der SPD (23,2) und der LINKEN (22,7).

Drittens ist es der *SPD* – entgegen den durch ihren Aufstieg Anfang der 1990er Jahre geweckten Erwartungen – nicht gelungen, den Spielraum, den die Schwächen der CDU ihr ließen, zu nutzen, die Führung in einem linken Lager zu übernehmen und dadurch eine in eigener Regie regierungsfähige Alternative zur CDU aufzubauen. Zwar war sie bei den Bundestagswahlen von 1998, 2002 und 2005 die stärkste Partei in Thüringen, doch konnte die SPD bundespolitische Konjunkturen ebenso wenig wie ihre kommunalpolitischen Wahlerfolge in den großen Städten (seit 2006 stellt sie fünf der sechs Oberbürgermeister) in landespolitische Wählerresonanz ummünzen. Auch ihre Regierungsbeteiligung (1994-1999) hat der SPD keinen Aufschwung beschert. Nachdem sie 1994 einen Stimmenanteil von knapp 30 Prozent erreicht hatte, fiel sie seit 1999 unter die 20-Prozent-Marke zurück und rangiert mit deutlichem Abstand hinter der LINKEN.

Viertens konnte die *PDS* (seit 2007: DIE LINKE), die 1990 von vielen auf den Absterbeetat gesetzt worden war, bis Ende der 1990er Jahre zur zweitstärksten politischen Kraft in Thüringen aufsteigen. Von Landtagswahl zu Landtagswahl nahm nicht nur ihr Stimmenanteil von 9,7 (1990) auf 27,4 Prozent (2009) auf fast das Dreifache zu; als einzige Landtagspartei[22] steigerte sie auch die Zahl der absolut für sie abgegebenen Stimmen von 136.000 (1990) auf 289.000 (2009). Parallel dazu konnte sie einen stetigen Zuwachs an Wählerresonanz bei Bundestagswahlen (Ausnahme: 2002) und bei Kommunalwahlen in den größeren Städten verzeichnen.

Fünftens sind in Thüringen als einzigem der östlichen Länder alle Versuche *rechtsextremer Parteien* gescheitert, in den Landtag zu gelangen. Die DVU erreichte 1999 bei der einzigen Landtagswahl, bei der sie angetreten ist, 3,1 Prozent. Auch die Republikaner, die bei sämtlichen, und die NPD, die bei allen Landtagswahlen mit Ausnahme von 1994 kandidierten, scheiterten mit ihrem jeweiligen Maximum von 2,0 (2004) bzw. 4,3 Prozent (2009) an der Fünf-Prozent-Hürde.

Das zwischen 1994 und 2009 auf drei große Akteure reduzierte Parteiensystem begrenzte die Optionen der Regierungsbildung. Kleine Koalitionen waren ausgeschlossen und somit auch die Perspektive der Herausbildung alternierender, von der Union und der SPD dominierter politischer Lager. Die CDU war nunmehr gezwungen, entweder die absolute Mehrheit zu gewinnen oder mit der SPD eine Koalition zu bilden, denn eine Koalition mit der PDS war für sie ausgeschlossen. Umgekehrt war für die PDS, wollte sie Regierungspartei werden, nur die SPD als Koalitionspartner denkbar. Allein der SPD standen somit zwei Koalitionsoptionen offen. An dieser Konstellation hat sich auch 2009 nach dem Wiedereinzug von FDP und Bündnis 90/Die Grünen in den Thüringer Landtag nichts Wesentliches geändert. Für die CDU hätte eine Koalition mit der FDP (selbst unter Einbeziehung von Bündnis 90/Die Grünen) nicht zur Regierungsbildung ausgereicht; das Gleiche gilt erst recht für die SPD. Somit blieben auch unter diesen Umständen nur zwei Optionen offen: eine CDU-SPD-Koalition oder ein Bündnis zwischen der SPD und der LINKEN.

Eine solche Schlüsselstellung im Thüringer Parteiensystem hatte der SPD bereits der Drei-Parteien-Landtag 1994 eröffnet; in der Praxis wurde sie jedoch erst später wirksam. Nach der Landtagswahl von 1994 hatte sich die Frage einer Koalition zwischen SPD und PDS (noch) nicht gestellt: Für Gerd Schuchardt, den Spitzenkandidaten der SPD, kam sie (aus grundsätzlichen Erwägungen) ebensowenig infrage wie für die PDS, die unter der Devise „Veränderung beginnt in der Opposition" in den Wahlkampf gezogen war. Nachdem sich die Thüringer PDS jedoch seit Mitte der 1990er Jahre von dieser Devise abgewandt und die Duldung einer SPD-Minderheitsregierung („Magdeburger Modell") oder die eigene Regierungsbeteiligung in den Bereich des Möglichen gerückt hatte, war für die SPD die Chance, auch ohne die CDU an die Regierung zu kommen, real geworden.[23]

Allerdings erwies sich der Gewinn einer zusätzlichen Koalitionsoption für die SPD schon bald als ein Handicap, denn sowohl vor der Landtagswahl von 1999 als auch vor der von 2004 führte diese Wahlmöglichkeit zu schweren innerparteilichen Zerwürfnissen. Denn der Versuch einer „Enttabuisierung" der PDS stieß auf den heftigen Widerstand eines Parteiflügels, für den vor dem Hintergrund der Entstehungsgeschichte der SDP/SPD eine Zusammenarbeit mit der SED-Nachfolgepartei unter keinen Umständen akzeptabel war. Die Befürworter eines Öffnungskurses gegenüber der PDS hatten zudem in Rechnung zu stellen, dass die SPD angesichts ihrer zunehmend deutlich hinter die PDS zurückfallenden Landtagswahlergebnisse in einer Koalition nicht mehr als eine Juniorpartnerschaft würde beanspruchen können.

Deshalb setzte der Landesvorsitzende und Spitzenkandiat Christoph Matschie im Vorfeld der Landtagswahl 2009 gegen seinen Konkurrenten Richard Dewes die Position durch, ein Bündnis mit der LINKEN nur dann einzugehen, wenn die SPD bei der Wahl mehr Stimmen erhalten und damit den Ministerpräsidenten stellen würde. Nach der Wahl, in der dann die SPD mit 18,5 Prozent ein weiteres Mal klar hinter der LINKEN (27,4 Prozent) rangierte, hielt Matschie diesen Kurs durch, enttäuschte die Hoffnung der LINKEN, erstmals einen Ministerpräsidenten stellen zu können, und zog den Wahlverlierer CDU als Koalitionspartner vor. Dabei kam die aus der doppelten Koalitionsoption resultierende Rolle des „Königsmachers" der Verhandlungsmacht der SPD durchaus zugute. Allerdings zeigt schon die knappe Mehrheit des CDU-SPD-Bündnisses (vier Mandate bei einem gemeinsamen Stimmenanteil von lediglich 49,7 Prozent), die die Bezeichnung „große Koalition" nicht rechtfertigt, die prekäre Position der SPD. Daraus folgt: Die SPD wird das Potenzial ihrer Stellung in der Mitte des Thüringer Parteiensystems so lange nicht entfalten können, wie sie die schwächste Kraft zwischen den Polen CDU und LINKE bleibt.

3. Ursachen der Veränderung des Parteiensystems

Dass die 1990 in Thüringen entstandene Parteienkonstellation in den darauf folgenden beiden Jahrzehnten sich stark verändert hat, kann nicht überraschen. Denn die in den Wahlen von 1990 dokumentierten Parteipräferenzen waren vornehmlich Ausdruck von Erwartungen an die Zukunft; seither jedoch konnten sich in ihnen konkrete Erfahrungen mit der Landespolitik niederschlagen. Des Weiteren hatte sich seit 1990 ein Wechsel der politischen Tagesordnung vollzogen. An die Stelle der polarisierenden Frage nach dem Tempo und der Radikalität der Abkehr vom alten System war die nach dem Vollzug der Vereinigung getreten. Hier ging es um die Gestaltung des wirtschaftlichen und gesellschaftlichen Umbruchs und die Bewältigung von dessen Folgen; für die Parteien kam es darauf an, ihre Kompetenz zur Lösung dieser Probleme unter Beweis zu stellen, also auch dazu taugliches Führungspersonal zu präsentieren. Schließlich war zu erwarten, dass der Wechsel in der Agenda und der Bewertungsgrundlage der Parteien nicht ohne Folgen für ihre Wähler bleiben würde.

Erklärungen der Veränderung der Parteienkonstellation seit 1990 sind daher vornehmlich in zwei Bereichen zu suchen: zum einen in der eher langfristig verlaufenden Abkehr oder Zuwendung sozialer Gruppen zu Parteien, zum anderen im eher kurzfristigen Einfluss der Attraktivität des von den Parteien präsentierten Personals und der ihnen zugeschriebenen Kompetenz.

a) Sozialstruktur und Parteiensystem

Für eine Neupositionierung der Wähler auf Grund der veränderten Tagesordnung hatte die 1990 zutage getretene Zuordnung der sozialen Gruppen zu den Parteien (s. oben Abbildung 3) große Spielräume eröffnet. Diejenigen Gruppen nämlich, bei denen – durch die Formierung mehr oder minder fester Milieus abgestützte – Koalitionen mit Parteien entstanden waren (kirchlich gebundene Bevölkerung beider Konfessionen, alte SED-Führungsschicht) und deren Parteipräferenzen somit vergleichsweise festlagen, stellten lediglich eine Minderheit dar. Hingegen konnte nicht davon die Rede sein, dass die Arbeiterschaft und die abhängig Beschäftigten insgesamt, die 1990 mehrheitlich für die Union votiert hatten, mit ihr eine dauerhafte Koalition eingegangen waren. Denn sie hatten sich nicht zu einer gesellschaftlichen Großgruppe formiert – mangels ausgeprägten Sonderbewusstseins, mangels spezifischer Gruppennormen und auch mangels einer politisch handlungsfähigen Organisationsstruktur etwa in Gestalt von Gewerkschaften.

Tabelle 1: Wahlentscheidung der Arbeiter bei Landtagswahlen
(in Prozent)

	CDU			SPD			PDS[a]		
	ges.	Arb.	A+G	*ges.*	Arb.	A+G	*ges.*	Arb.	A+G
1990	*45,4*	51,0	n.e.	*22,8*	21,6	n.e.	*9,7*	4,7	n.e.
1994	*42,6*	43,7	41,7	*29,4*	32,0	35,1	*16,6*	14,4	15,4
1999	*51,0*	51,0	45,0	*18,5*	19,0	24,0	*21,4*	21,0	25,0
2004	*43,0*	44,0	35,0	*14,5*	14,0	18,0	*26,1*	26,0	32,0
2009	*31,2*	30,0	29,0	*18,5*	18,0	22,0	*27,4*	31,0	32,0

Anmerkung: A+G = Arbeiter und Gewerkschaftsmitglieder.

a. 1990-2004: PDS; 2009: DIE LINKE.

Quellen: Berichte der Forschungsgruppe Wahlen Nr. 60, 78, 98, 116 und 135.

Betrachtet man die Entwicklung der Wähleranteile der drei großen Parteien bei den Arbeitern von der Landtagswahl 1990 bis zu der von 2009 (Tabelle 1), so zeigt sich, dass die CDU in dieser Gruppe überproportional an Unterstützung verloren hat. Die im Vergleich zu Westdeutschland untypische Überrepräsentation der Arbeiter bei der CDU ist also nicht erhalten geblieben. Diese Verluste der CDU sind nicht der SPD zugutegekommen; deren Wähleranteile bei den Arbeitern entsprachen durchgängig denjenigen in der Wählerschaft insgesamt und blieben damit nach wie vor deutlich hinter denen der CDU zurück.[24] Vielmehr hat die PDS/LINKE hier über die beiden Jahrzehnte hinweg kontinuierlich einen weit überproportionalen Zuwachs erzielen können, der den Charakter ihrer Wählerschaft grundlegend verändert hat. Waren die Arbeiter bei der PDS 1990 die mit Abstand von allen am schwächsten vertretene Berufsgruppe (s.o. Abbildung 3), so war es 2009 genau umgekehrt.[25] Mehr noch, inzwischen ist die LINKE die Partei, die am stärksten von Arbeitern unterstützt wird. Aufschlussreich ist ein Blick auf die gewerkschaftlich organisierten Arbeiter: Im Vergleich zu den nicht organisierten tendieren sie seltener zur CDU und zur SPD und häufiger zur PDS/LINKEN – Frucht der nachhaltigen Gewerkschaftsarbeit der Partei.[26]

Relativ stabil war dagegen die Zuordnung der Konfessionsgruppen zu den Parteien (Tabelle 2). Zwar hat sich die Präferenz der katholischen und der evangelischen Kirchenmitglieder, die bis 2004 weit überwiegend die CDU wählten, beim Wahldesaster der CDU 2009 deutlich abgeschwächt, doch ist der Abstand zu den weit unterproportional die Partei wählenden Konfessionslosen gleich geblieben. Auch in dieser Hinsicht hat die SPD keinen Boden gutmachen können: Die SPD bleibt konfessionell eigentümlich profillos; auch der evangelische Theologe Christoph Matschie als langjähriger Partei- und Fraktionsvorsitzender hat die Partei für Protestanten nicht attraktiver gemacht. Die beiden Protestanten in Spitzenpositionen der CDU[27], Pfarrer Gottfried Müller und Pastorin Christine Lieberknecht, scheinen hier ein wirksames Gegengewicht zu bilden. Die PDS/LINKE hingegen hat seit Ende der 1990er Jahre kirchliche Wähler in nennenswerter Zahl für sich gewinnen können. Hatten Protestanten und Katholiken 1990 nur in Spurenelementen für die SED-Nachfolgepartei gestimmt, so war nun der Kirchenkampf der DDR-Zeit offensichtlich soweit verblasst, dass es keinem Tabubruch mehr gleichkommt, die im Landtag von dem bekennenden Protestanten Bodo Ramelow[28] geführte LINKE zu wählen.

Tabelle 2: Wahlentscheidung nach Konfessionen bei Landtagswahlen (in Prozent)

	CDU			SPD			PDS[a]		
	ev.	kath.	keine	ev.	kath.	keine	ev.	kath.	keine
1990	54,8	68,0	34,7	20,6	14,4	26,1	1,6	2,9	12,1
1994	53,4	61,6	31,9	27,6	22,2	32,1	7,2	5,6	25,2
1999	61,0	68,0	39,0	19,0	14,0	19,0	11,0	12,0	32,0
2004	52,0	66,0	33,0	15,0	10,0	14,0	15,0	9,0	36,0
2009	40,0	55,0	22,0	20,0	12,0	19,0	18,0	12,0	35,0

a. 1990-2004: PDS; 2009: DIE LINKE.

Quellen: Berichte der Forschungsgruppe Wahlen Nr. 60, 78, 98, 116 und 135.

b) Führungspersonal und Kompetenzen

Nicht nur die Entwicklung von Parteiloyalitäten von Konfessionsgruppen, sondern auch der Wandel des Thüringer Parteiensystems insgesamt lässt sich ohne Berücksichtigung des Führungspersonals der Parteien nicht erklären. Naturgemäß standen 1990 bei der Etablierung eines demokratischen Parteienstaates kaum Persönlichkeiten zur Verfügung, die politische Erfahrung und Autorität besaßen, ohne diskreditiert zu sein. Da Ausnahmeerscheinungen wie der Kirchenjurist Manfred Stolpe, der als Spitzenkandidat der SPD erster brandenburgischer Ministerpräsident wurde, in Thüringen nicht in Sicht waren, kamen hier politische Neulinge, Reformer der Blockparteien und deren Personal aus der zweiten und dritten Reihe zum Zug. Allein die Thüringer SPD griff in Gestalt von Friedhelm Fahrtmann, ehemaliger Minister und Fraktionsvorsitzender in Nordrhein-Westfalen, auf einen „West-Import" als Spitzenkandidat bei der Landtagswahl 1990 zurück, allerdings ohne Erfolg.

Abbildung 6: „Direktwahl" des Ministerpräsidenten (in Prozent)

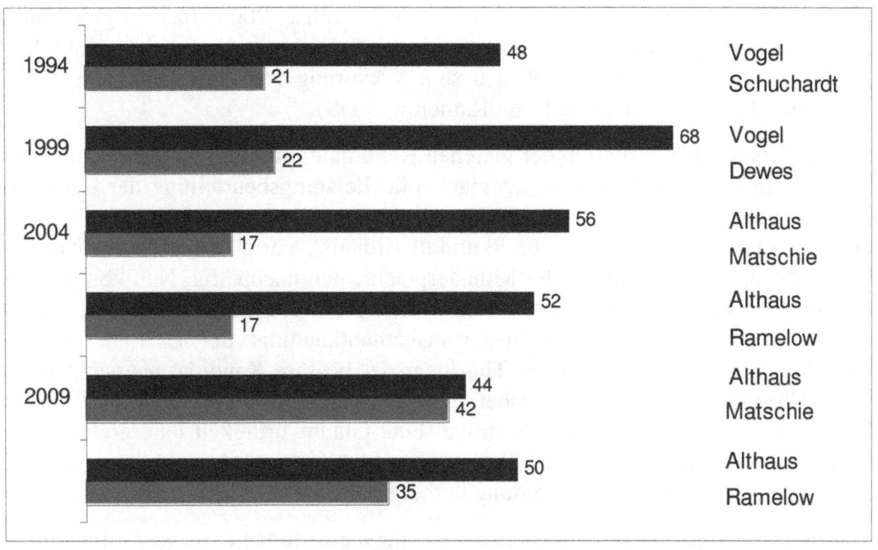

Quelle: Infratest dimap, Landtagswahl in Thüringen 1999 (S. 75) bzw. 2009 (S. 32); Forschungsgruppe Wahlen, Wahl in Thüringen 2004 (FGW-Bericht Nr. 116), S. 26f.

Dass das erste Aufgebot an politischen Neulingen den Anforderungen des politischen Betriebs nur teilweise gewachsen war, zeigte die Thüringer Regierungskrise Ende 1991. Als der erste Thüringer Ministerpräsident Josef Duchac im Januar 1992 zurückgetreten und der Versuch, einen einheimischen Nachfolger zu finden, gescheitert war, entschied sich auch die Thüringer CDU für einen Politiker aus dem Westen. Mit dem ehemaligen Ministerpräsidenten von Rheinland-Pfalz Bernhard Vogel, der über langjährige landes- und bundespolitische sowie (als Vorsitzender der Konrad-Adenauer-Stiftung) auch über internationale Erfahrung verfügte, betrat ein politisches Schwergewicht die Thüringer Bühne, die er über mehr als ein Jahrzehnt beherrschen sollte. Es gelang Vogel in den ihm seit seinem Amtsantritt bis zur Landtagswahl 1994 verbliebenen zweieinhalb Jahren, nicht nur seine zerstrittene Partei zu befrieden, sondern auch seine Regierung zu konsolidieren und dadurch parteiübergreifend Sympathien und Vertrauen in seine Person zu erwerben. Bei der Landtagswahl 1994 hätten ihn im Fall einer Direktwahl des Ministerpräsidenten knapp die Hälfte der Thüringer seinem Konkurrenten Gerd Schuchardt (SPD – 21 Prozent), bei der Landtagswahl 1999 dann mehr als zwei Drittel seinem damaligen Innenminister Richard Dewes (SPD – 22 Prozent) vorgezogen (Abbildung 6).

Zwar ließ sich das Ansehen Vogels, der in seiner Thüringer Amtszeit die Statur eines „Landesvaters" gewonnen hatte, nicht auf seinen Nachfolger übertragen. Jedoch hatte Dieter Althaus, seit 1990 in verschiedenen Funktionen in der Thüringer Landespolitik präsent, nach dem geglückten Stabwechsel 2003 einen so guten Start, dass er nach einem Jahr im Amt als beliebtester Politiker in die Landtagswahl 2004 gehen konnte. Entsprechend groß war sein Vorsprung vor seinen Herausforderern Christoph Matschie (SPD) und Bodo Ramelow (PDS).

Ganz anders die Konstellation der gleichen Kandidaten mit den gleichen Rollen vor der Landtagswahl 2009: Die wenig glanzvolle Leistungsbeurteilung der Landesregierung unter Althaus wurde durch die missglückte Regierungsumbildung im Mai 2008 noch bestätigt. Der tragische Skiunfall Althaus', vor allem aber sein Umgang damit, schadete dem Ansehen des Ministerpräsidenten nachhaltig. Nun konnte nicht nur der SPD-Kandidat Matschie in der Wählerpräferenz mit Althaus fast gleichziehen; auch Ramelow, der Ministerpräsidentenkandidat der LINKEN, war für immerhin mehr als ein Drittel der Thüringer der bessere Kandidat als der Amtsinhaber. Christoph Matschie kam dabei zugute, dass er im Unterschied zu 2004, als Streit in der SPD um die Koalitionsfrage seine Glaubwürdigkeit untergraben hatte, im Vorfeld der Landtagswahl 2009 eine Urwahl des Spitzenkandidaten und damit auch eine klare Richtungsentscheidung herbeigeführt hatte.

Präferenzen für Spitzenkandidaten und Leistungsbewertungen von Regierungen bieten Anhaltspunkte für Kompetenzzuschreibungen, sind jedoch nicht gleichbedeutend mit der Einschätzung darüber, welchen Parteien am ehesten zugetraut wird, die drängendsten Probleme eines Landes zu lösen. Auch mit Blick auf diesen wichtigen Faktor des Wählerverhaltens haben sich die Verhältnisse deutlich verschoben (Tabelle 3). Nach der ersten CDU-SPD-Koalition wurde vor der Landtagswahl 1999 in fast allen Politikfeldern der CDU die größte Kompetenz zugeschrieben. Nach fünf Jahren Regierungsbeteiligung war es für die SPD umso weniger befriedigend, dass sie erst weit abgeschlagen auf dem zweiten Rang folgte. Der PDS wurde wie zuvor auch 1999 wenig Kompetenz zugetraut – Nachhall ihrer früheren prinzipiellen Oppositionshaltung; sie blieb weit hinter CDU und SPD zurück. Dies gilt auch für die FDP und Bündnis 90/Die Grünen; letztere führten jedoch erwartungsgemäß in der Umweltpolitik.

Fünf Jahre später hatte sich die starke Stellung der CDU deutlich abgeschwächt. Zwar führte sie 2004 noch bei der Wirtschaftskompetenz; doch hielten in den übrigen Politikbereichen nur noch weniger als ein Drittel der Thüringer die CDU für die kompetenteste Partei. Zugewinne im Vergleich zu 1999 konnte jedoch nicht die SPD sondern die PDS verbuchen. Von 2004 bis 2009 setzte sich der Abwärtstrend der

CDU fort; in sämtlichen Bereichen verlor sie an Vertrauen in ihre Problemlösungskompetenz. Die SPD konnte in den meisten Bereichen das Niveau von 1999 wieder erreichen. In noch stärkerem Maße legte jedoch die LINKE zu; so zog sie im zentralen Feld der Bildungspolitik mit der CDU und der SPD gleich. Schon 2004 war ihr von allen Parteien am meisten zugetraut worden, für soziale Gerechtigkeit zu sorgen; jetzt wurde ihre Kompetenzführung noch deutlicher.

Tabelle 3: Kompetenteste Partei 1999, 2004 und 2009 (in Prozent)

		CDU	SPD	LINKE	FDP	B90/Gr.	Keine Partei
Wirtschaft in Thüringen voranbringen	*1999*	62	20	3	0	1	15
	2004	53	16	4	3	1	22
	2009	42	20	6	8	2	20
Arbeitplätze sichern / schaffen	*1999*	47	22	5	1	1	23
	2004	41	15	9	2	1	31
	2009	34	22	10	4	3	25
Schul- und Bildungspolitik	*1999*	43	29	8	1	1	18
	2004	32	27	17	3	3	17
	2009	28	23	25	3	5	14
Ausländer- und Integrationspolitik	*1999*	36	25	10	1	3	25
	2004	29	24	10	3	6	25
	2009	25	24	15	2	10	20
Soziale Gerechtigkeit	*1999*	32	33	18	1	1	14
	2004	23	25	26	2	2	21
	2009	16	28	30	4	4	16
Umweltpolitik	*1999*	27	19	5	0	32	17
	2004	18	12	5	2	46	16
	2009	14	9	5	1	54	16
Wichtigste Probleme Thüringens lösen	*1999*	50	21	6	0	1	22
	2004	39	17	8	2	2	31
	2009	34	21	11	4	2	26

Quelle: Infratest dimap Wahlreport, Landtagswahl in Thüringen 1999 (S. 25) bzw. 2009 (S. 37).

III. Bilanz und Perspektiven

Die Entwicklung der parteipolitischen Kräftekonstellation in Thüringen in den zwei Jahrzehnten seit 1990 hat zu einem Parteiensystem geführt, das alternierende, entweder von der CDU oder von der SPD geführte Mehrheitsregierungen bis auf weiteres ausschließt. Die LINKE hat eine Stärke erreicht, dass weder die SPD noch die CDU – auch im Bündnis mit FDP und/oder Bündnis90/Die Grünen – noch mehrheitsfähig sind. Einstweilen sind lediglich zwei Konstellationen möglich: eine CDU-SPD-Koalition und eine LINKE-SPD-Koalition. Ist die SPD in beiden Koalitionen für das Zustandekommen der Regierung wie für das Regieren selbst auch unverzichtbar, so doch stets nur als Juniorpartner. Ihre Schlüsselstellung in der Mitte des Parteiensystems bringt für die SPD deshalb die Gefahr mit sich, zwischen den Polen CDU und LINKE zerrieben zu werden.

Hintergrund der Verschiebung der Kräfteverhältnisse sind zum einen Faktoren, die allen östlichen Bundesländern gemeinsam sind. Nach dem Sturz der DDR-Diktatur stand die Bewältigung und soziale Absicherung des tiefgreifenden wirtschaftlichen und gesellschaftlichen Umbruchs, den die praktische Verwirklichung der deutschen Einheit mit sich brachte, auf der Tagesordnung. Damit waren Probleme in den Vordergrund der politischen Agenda gerückt, bei deren Bearbeitung die politische Linke (im weiteren Sinn) auf besondere Affinitäten der ostdeutschen Bevölkerung rechnen konnte. Denn trotz der Diskreditierung des „Sozialismus“ als staatlicher Planwirtschaft wurden und werden die „kleinen Sozialismen“ der staatlichen Daseinsfürsorge im Osten (noch) höher geschätzt als im Westen.

Innerhalb der politischen Linken war jedoch nicht die SPD die Nutznießerin dieser neuen Tagesordnung. Hatte es die SDP/SPD schon 1989 bei ihrer Neugründung nicht vermocht, an ihre Vorkriegstradition als Arbeiterpartei anzuknüpfen, so machte die neue Führungsschicht der Ost-SPD, die naturwissenschaftliche protestantische Intelligenz („Allianz aus Physikern und Metaphysikern“) auch seither die Durchsetzung von Arbeitnehmerinteressen nicht zur vorrangigen Aufgabe ihrer Politik. Spätestens als die SPD-geführte Bundesregierung ab 2003 im Zeichen der Globalisierung und des demographischen Wandels den Umbau der sozialen Sicherungssysteme einleitete (Agenda 2010, Hartz IV, Rente mit 67), öffnete sie ihre linke Flanke. Damit wurde im Osten Deutschlands die PDS/LINKE zur Hauptnutznießerin des Wechsels der Tagesordnung. Es gelang ihr, sich nicht nur als Vertreterin spezifisch ostdeutscher Interessen zu profilieren und über ihren Milieukern hinaus objektive und subjektive „Vereinigungsverlierer“ als Wähler zu rekrutieren, sondern darüber hinaus die Anziehungskraft einer gesamtdeutschen Programmpartei links von der SPD zu entfalten. Umgekehrt benachteiligte der Wechsel der vordringlichsten Probleme das Bündnis 90/Die Grünen, weil ihre Lösung nicht als Zentrum seiner Programmatik wahrgenommen wurde, sowie die FDP, deren wirtschaftsliberale Programmkomponenten auch in Thüringen, wo die FDP in der ersten Legislaturperiode das Wirtschaftsressort führte, nicht mit besonderer Popularität rechnen konnte.

Die Kräfteverschiebungen im Parteiensystem wurden dadurch erleichtert, dass im Unterschied zu den westlichen Bundesländern, wo gruppenbezogenes Wählen nach wie vor eine wichtige Rolle spielt, die 1990 im Osten entstandene Zuordnung von sozialen Gruppen und Parteien vergleichsweise labil war und ist; denn die Einbindung des größten Teils der Wählerschaft in festgefügte soziale Milieus fehlt. Dies ermöglichte Veränderungen des sozialstrukturellen Profils der Parteiwählerschaften in Thüringen. In der CDU hat in Angleichung an das westdeutsche Muster das Gewicht der Arbeiter abgenommen und das der Beamten und des selbständigen Mittelstandes zugenommen. Die Wählerschaft der PDS hat auf dem Weg zur LINKEN ein neues Profil erhalten: Nicht mehr die sozialistische Intelligenz macht den Schwerpunkt aus, sondern die organisierte Arbeitnehmerschaft. Das sozialstrukturelle Profil der SPD-Wähler ist hingegen diffus; zwar wird sie von den Beamten relativ am häufigsten gewählt, doch ist keine soziale Gruppe markant überrepräsentiert.

Zu den für alle östlichen Bundesländer geltenden Faktoren kamen Besonderheiten Thüringens hinzu, die insbesondere in der organisatorischen und personellen Ressourcenausstattung der Parteien liegen. So konnte sich die CDU nach den personellen Turbulenzen zu Beginn der ersten Wahlperiode durch den Amtsantritt von Ministerpräsident Vogel konsolidieren. Unterstützt durch die fast flächendeckende organisatorische Präsenz der Partei in allen Teilen des Landes hat Vogel mit der Souveränität eines „Landesvaters“ die Thüringer politische Bühne für mehr als ein Jahrzehnt beherrscht. Sein Nachfolger Dieter Althaus erlebte bei der Landtagswahl 2009, wie sich die Fokussierung auf eine Führungsperson in Partei und Regierung aus einer Stärke in eine Schwäche verwandelte. Es spricht für die Personalressourcen der CDU, dass mit Christine Lieberknecht eine in zwei Jahrzehnten Landespolitik erfahrene Persönlichkeit zur Verfügung stand, die auch noch auf diesem Tiefpunkt der Entwicklung der Partei den Führungsanspruch der CDU zur Geltung bringen konnte.

Das schlechte Abschneiden der SPD bei den Landtagswahlen in Thüringen ist – abgesehen vom diffusen programmatischen und sozialstrukturellen Profil – vor allem durch ein doppeltes Handicap zu erklären. Zum einen fehlt der SPD als Neugründung von 1989/90 eine breite Mitgliedschaft als Reservoir für Mandatsträger und ein auch in der Fläche außerhalb der größeren Städte präsenter Parteiapparat. Zum anderen hat der seit Ende der 1990er Jahre schwelende Richtungsstreit die Spitzenkandidaten beschädigt. Durch die Beilegung des Streits vor der Landtagswahl 2009 und durch die Durchsetzung der Koalition mit der CDU danach hat Christoph Matschie seine Führungsfähigkeit unter Beweis gestellt.

Der Aufstieg der PDS/LINKEN zur zweitstärksten politischen Kraft Thüringens wäre ohne die Organisationskraft des Parteiapparats nicht möglich gewesen. Ein deutlich verjüngter Funktionärskörper führte die Partei aus Nostalgie und Opposition in die Offensive: in den Kampf um die Beteiligung einer linken Programmpartei an der Thüringer Landesregierung. Die strategische Neuorientierung und personelle Neuprofilierung der Partei verkörpert der über seine Gewerkschaftsfunktionen aus dem Westen nach Thüringen gekommene und hier heimisch gewordene Bodo Ramelow, der der Außendarstellung (Spitzenkandidatur, Vorsitz der Landtagsfraktion) Schwung und Durchschlagskraft verlieh.

Da nur wenig dauerhafte Parteibindungen vorhanden sind, haben kurzfristige Faktoren wie die Überzeugungskraft des Führungspersonals der Parteien und der von diesen erbrachten politischen Leistungen für das Wählervotum großes Gewicht. Das bedeutet, dass die zukünftige Entwicklung der politischen Kräfteverhältnisse in Thüringen offen ist. So muss auch eine Antwort auf die Frage, ob es zu einer Zusammensetzung des Landtages kommt, die alternierende, von der CDU oder der SPD geführte Mehrheitsregierungen ermöglicht, oder ob auch in Thüringen Koalitionen unter Führung oder zumindest Beteiligung der LINKEN zu erwarten sind, eine Vielzahl von Faktoren berücksichtigen. Zu den wichtigsten gehören die Leistungsbilanz der CDU-SPD-Koalition insgesamt sowie die jeweilige ihrer beiden Partner bis zur Landtagswahl 2014, koalitionspolitische Entscheidungen und personalpolitische Entwicklungen. Dies wird auch den Spielraum der LINKEN sowie von FDP und Bündnis 90/Die Grünen bestimmen, sich erfolgreich als Alternative zu präsentieren.

Anmerkungen

1 Grundlegend *Hans Patze / Walter Schlesinger (Hrsg.)*, Geschichte Thüringens, 5. Band, 2. Teil, Köln / Wien 1978; *Ulrich Hess*, Geschichte Thüringens 1866-1914, Weimar 1991; zusammenfassend *Andreas Dornheim*, Thüringen, territorial und politisch-kulturell zersplittert, in: Der Bürger im Staat 43 (1993), S. 264-270.

2 Vgl. *Hess* (Anm. 1), S. 95ff.

3 Vgl. *Gerhard A. Ritter*, Wahlgeschichtliches Arbeitsbuch: Materialien zur Statistik des Kaiserreichs 1871–1918, München 1980.

4 *Jürgen W. Falter / Thomas Lindenberger / Siegfried Schumann*, Wahlen und Abstimmungen in der Weimarer Republik: Materialien zum Wahlverhalten, 1919–1933, München 1986.

5 Vgl. *Herbert Gottwald / Gerhard Müller*, Zur Geschichte des Parlamentarismus in Thüringen (Schriften zur Geschichte des Parlamentarismus in Thüringen, Bd. 1), Jena 1992, S. 8-41; *Hans Fenske*, Sachsen und Thüringen 1918–1933, in: *Klaus Schwabe (Hrsg.)*, Die Regierungen der deutschen Mittel- und Kleinstaaten 1815–1933, Boppard 1983, S. 185-204.

6 *Donald R. Tracey*, The Development of the National Socialist Party in Thuringia 1924-1930, in: Central European History 8 (1975), S. 23-50; *ders.*, Der Aufstieg der NSDAP in Thüringen, in: *Detlev Heiden / Gunther Mai (Hrsg.)*, Nationalsozialismus in Thüringen, Weimar u.a. 1995, S. 49-74. Zur Strategie Hitlers in Thüringen *Günter Neliba*, Wilhelm Frick und Thüringen als Experimentierfeld für die nationalsozialistische Machtergreifung, in: *Heiden / Mai*, S. 75-96; *Fritz Dickmann*,

Die Regierungsbildung in Thüringen als Modell der Machtergreifung, in: Vierteljahreshefte für Zeitgeschichte 14 (1966), S. 454-464; *Lothar Ehrlich / Jürgen John (Hrsg.)*, Weimar 1930. Politik und Kultur im Vorfeld der NS-Diktatur, Weimar u.a. 1998; *Manfred Overesch*, Hermann Brill in Thüringen 1895–1946. Ein Kämpfer gegen Hitler und Ulbricht, Bonn 1992, S. 165-236.

7 Eine genauere Betrachtung zeigt, dass diejenigen Hochburgen der Linken dem Ansturm des Nationalsozialismus besser standhielten, in denen sich, begünstigt durch die großindustrielle Struktur, ein fest gefügtes Arbeitermilieu mit ausdifferenziertem Vereinswesen und starker Parteiorganisation herausgebildet hatte. Hingegen wandten sich in den hausgewerblich und kleingewerblich geprägten Industriegebieten vornehmlich des Thüringer Waldes, in denen sich ein solches Milieu nur in Ansätzen entwickelt hatte, offensichtlich viele Arbeiter dem neuen Hoffnungsträger zu. Vgl. *Franz Walter*, Thüringen – einst Hochburg der sozialistischen Arbeiterbewegung?, in: Internationale wissenschaftliche Korrespondenz zur Geschichte der deutschen Arbeiterbewegung, H. 1, 1992, S. 21-39, 34ff.

8 *Karl-Heinz Hajna*, Die Landtagswahlen 1946 in der SBZ: Eine Untersuchung der Begleitumstände der Wahl, Frankfurt a.M. 2000.

9 Zu den Parteianteilen in den einzelnen Städten und Landkreisen vgl. die Tabelle im Anhang 1. Zur Korrelation der Parteianteile auf Kreisebene *Karl Schmitt*, Thüringen 1990: Die Neuformierung einer politischen Landschaft, in: *ders. / Torsten Oppelland (Hrsg.)*, Parteien in Thüringen. Ein Handbuch, Düsseldorf 2008, S. 21-39, 32. Vgl. *Jochen Hardt / Karl-Heinz Hajna / Britta Oltmer*, Thüringen 1946: Freie Wahlen im Übergang vom Nationalsozialismus zum Kommunismus, in: *Heiden / Mai* (Anm. 6), S. 507-530, deren detaillierte Analyse auf Gemeindeebene zum gleichen Ergebnis kommt. Zum Vergleich mit der SBZ bzw. DDR insgesamt *Karl Schmitt*, Politische Landschaften im Umbruch. Das Gebiet der ehemaligen DDR 1928–1990, in: *Oscar W. Gabriel / Klaus Troitzsch (Hrsg.)*, Wahlen in Zeiten des Umbruchs, Frankfurt a.M. 1993, S. 403-441.

10 Dieser Befund widerspricht der Interpretation von *Walter* (Anm. 7), formuliert in Wiederaufnahme der Thesen von *Rainer M. Lepsius*, Parteiensystem und Sozialstruktur: Zum Problem der Demokratisierung der deutschen Gesellschaft, in: *Wilhelm Abel u.a. (Hrsg.)*, Wirtschaft, Geschichte und Wirtschaftsgeschichte, Stuttgart 1966, S. 371-393. Eine differenziertere Argumentation später bei *Franz Walter*, Von der roten zur braunen Hochburg: Wahlanalytische Überlegungen zur Resonanz der NSDAP in den beiden thüringischen Industrielandschaften, in: *Heiden / Mai* (Anm. 6), S. 143-164.

11 *Jürgen Falter*, Kontinuität und Neubeginn. Die Bundestagswahl 1949 zwischen Weimar und Bonn, in: Politische Vierteljahresschrift 22 (1981), S. 236-263, 260.

12 Auf die CDU allein entfielen 52,5 Prozent; sie erzielte damit in Thüringen das mit Abstand beste Ergebnis im Vergleich der neuen Länder einschließlich Sachsens (CDU: 43,4 Prozent).

13 Zu den Parteianteilen in den einzelnen Städten und Landkreisen vgl. die Tabelle im Anhang 1 sowie die Karten in der 1. Auflage der Landeskunde (1996), S. 73.

14 Eine statistische Analyse (vgl. *Schmitt*, Thüringen 1990 [Anm. 9], S. 34) unterstreicht diese Veränderungen der Konturen der Thüringer Parteienlandschaft. Das PDS-Ergebnis von 1990 weist nur einen schwach positiven, das SPD-Ergebnis sogar einen leicht negativen Zusammenhang mit dem der SED von 1946 auf. Demgegenüber zeigen sich für die CDU und die Liberalen zwar jeweils positive statistische Zusammenhänge zwischen ihrem Abschneiden 1990 und 1946; diese fallen jedoch schwächer aus als diejenigen zwischen der Landtagswahl 1946 und den Weimarer Reichstagswahlen, und sind im Falle der CDU auf ihre wiedererstandene Hochburg im Eichsfeld (Kreis Worbis 1990: 70 Prozent) zurückzuführen. Dieses Bild ändert sich auch dann nicht wesentlich, wenn man die Weimarer Ära (Reichstagswahl 1928) in die Betrachtung einbezieht: Die Zusammenhänge bleiben schwach, Zeichen eines deutlichen Umbruchs der politischen Landschaft.

15 So am prägnantesten *Dieter Roth*, Die Wahlen zur Volkskammer in der DDR, in: Politische Vierteljahresschrift 31 (1990), S. 369-393.

16 *Ernst Richert*, Revolutionäre und evolutionäre Tendenzen im DDR-Gesellschaftsprozeß, in: Deutschland Archiv Sonderheft 1975, S. 19-45.

17 *Franz Urban Pappi*, Wahrgenommenes Parteiensystem und Wahlentscheidung in Ost- und Westdeutschland, in: APuZ B44/1991, S. 15-26.

18 *Forschungsgruppe Wahlen*, Wahltagbefragung. Wahl zur Volkskammer der DDR am 18. März 1990, Mannheim 1990.

19 Vgl. *Christoph Kleßmann*, Zur Sozialgeschichte des protestantischen Milieus in der DDR, in: Geschichte und Gesellschaft 19 (1993), S. 29-53.

20 *Arthur Meier*, Abschied von der sozialistischen Ständegesellschaft, in: APuZ B40/1990, S. 3-14.

21 Zum Folgenden im Einzelnen *Ursula Feist / Hans-Jürgen Hoffmann*, Die Landtagswahlen in der ehemaligen DDR am 14. Oktober 1990: Föderalismus im wiedervereinten Deutschland – Tradition und neue Konturen, in: Zeitschrift für Parlamentsfragen (ZParl) 22 (1991), S. 5-34; *Karl Schmitt*, Landtagswahlen 1994 im Osten Deutschlands. Früchte des Föderalismus: Personalisierung und Regionalisierung, in: ZParl 24 (1995), S. 261-295; *ders.*, Die Landtagswahlen in Brandenburg und Thüringen vom 5. und 12. September 1999: Landespolitische Entscheidungen im Schlagschatten der Bundespolitik, in: ZParl 31 (2000), S. 43-68; *ders.*, Die thüringische Landtagswahl vom 13. Juni 2004: Glückliche Bestätigung eines gelungenen Stabwechsels, in: ZParl 37 (2006), S. 126-144; *Heiko Gothe*, Die thüringische Landtagswahl vom 30. August 2009: Desaster für Althaus-CDU mündet in schwarz-rotem Bündnis, in: ZParl 41 (2010), S. 304-322; *Karl Schmitt / Torsten Oppelland*, Gelungene Konsolidierung? Parteien und Parteiensystem in Thüringen 1990-2007, in: *dies.* (Anm. 9), S. 471-493.

22 Die Stimmenverluste („Landesstimmen") der anderen Parteien (1990-2009): CDU von 635.000 auf 329.000; SPD von 318.000 auf 195.000; FDP von 130.000 auf 81.000; Bündnis 90/Die Grünen von 91.000 auf 65.000.

23 Zur Langzeitperspektive vgl. *Eckhard Jesse*, Die koalitionspolitische Haltung der SPD gegenüber der SED, der PDS, der Linkspartei und der Linken, in: *Antonius Liedhegener / Torsten Oppelland (Hrsg.)*, Parteiendemokratie in der Bewährung. Festschrift für Karl Schmitt, Baden-Baden 2009, S. 243-256. Zur landespolitischen Perspektive von SPD und Bündnis 90/Die Grünen *Karl Schmitt*, Koalitionsoptionen in Thüringen aus der Sicht der Parteimitglieder, in: *Othmar Nikola Haberl / Tobias Korenke (Hrsg.)*, Politische Deutungskulturen. Festschrift für Karl Rohe zum 65. Geburtstag, Baden-Baden 1999, S. 346-365.

24 Von allen Berufsgruppen wurde die SPD 2009 am stärksten von den Beamten unterstützt. Vgl. *Gothe* (Anm. 21), S. 312, Tabelle 3.

25 Ebd.

26 Prominente Gewerkschafter mit Nähe zur PDS/Die Linke: Frank Spieth, 1992-2006 Landesvorsitzender des DGB Thüringen, 2005-2009 MdB Die Linke; Bodo Ramelow, 1990-1999 Landesvorsitzender Thüringen der Gewerkschaft HBV, 2001-2005 und seit 2009 Fraktionsvorsitzender PDS/ Die Linke im Thüringer Landtag; Renate Licht, seit 2009 Landesvorsitzende des DGB Thüringen, 2009 im Kompetenzteam des Thüringer Spitzenkandidaten der Linken Bodo Ramelow. Vgl. den Beitrag von *Singe / Thieme* zu den Thüringer Gewerkschaften (in diesem Band).

27 Beide sind bereits im Herbst 1989 als Autoren des „Briefs aus Weimar", der die Reform der Block-CDU einleitete, in der breiten Öffentlichkeit hervorgetreten. Gottfried Müller war Minister in der DDR-Regierung Lothar de Maizières (1990) und Landtagspräsident (1990-1994); Christine Lieberknecht war Ministerin, Landtagspräsidentin sowie Fraktionsvorsitzende und ist seit 2009 Ministerpräsidentin. Vgl. den Beitrag zu den politischen Parteien in diesem Band.

28 Zu Ramelows Selbstdarstellung im Feld von Religion, Kirche und Politik vgl. *Hans-Dieter Schütt*, Gläubig und Genosse. Gespräche mit Bodo Ramelow, Berlin 2006.

Joachim Linck

Der Thüringer Landtag

I. Wiedergeburt der parlamentarischen Demokratie in Thüringen 1990[1]

Mit dem Beitritt der DDR zur Bundesrepublik Deutschland am 3.10.1990[2] erlebte Thüringen die Wiedergeburt seiner staatlichen Existenz.[3] Da für den Freistaat Thüringen als Gliedstaat der Bundesrepublik Deutschland zugleich das Grundgesetz in Kraft trat,[4] war Thüringens Weg zur parlamentarischen Demokratie auch verfassungsrechtlich vorgegeben. Nach Art. 28 Abs. 1 Satz 2 des Grundgesetzes muss das Volk in den Ländern eine Vertretung haben, die aus allgemeinen, unmittelbaren, freien, gleichen und geheimen Wahlen hervorgegangen ist.[5] Und in § 2 des Länderwahlgesetzes der DDR vom 22.7.1990 wurde bestimmt, dass die Wahlen zu den Landtagen am 14.10.1990 stattzufinden hätten.

Der neugewählte Landtag konstituierte sich in seiner 1. Sitzung am 25.10.1990 in feierlicher Form auf geschichtsträchtigem Boden im Deutschen Nationaltheater in Weimar. Neben der Wahl des Landtagspräsidenten wurde in dieser Sitzung eine Vorläufige Geschäftsordnung verabschiedet. Sitz des Thüringer Landtags wurde Erfurt; dort residiert er im Gebäude des ehemaligen Rates des Bezirks. In seiner 2. Sitzung am 26.10.1990 begann der Landtag seine Gesetzgebungsarbeit mit der ersten Lesung einer vorläufigen Verfassung, der „Vorläufigen Landessatzung für das Land Thüringen“,[6] die nach zwei vorbereitenden Ausschusssitzungen in der 3. Sitzung am 7.11.1990 verabschiedet wurde.

Sie beschränkte sich im Wesentlichen auf eine Regelung des Staatsorganisationsrechts und dabei – unter Aussparung der dritten Gewalt – insbesondere darauf, wie Landtag und Regierung zu bilden sind, welche Aufgaben sie haben und in welchem Verhältnis sie zueinander stehen; außerdem wurden Regelungen über das Finanzwesen getroffen. Erst mit der Verabschiedung der Verfassung des Freistaats Thüringen am 25.10.1993 und deren Annahme im Volksentscheid vom 16.10.1994 ist ein dauerhafter verfassungsrechtlicher Rahmen für die parlamentarische Arbeit in Thüringen geschaffen worden.[7]

II. Der Thüringer Landtag – das Parlament eines Landes der Bundesrepublik Deutschland

Die Bundesrepublik Deutschland ist ein Bundesstaat (Art. 20 Abs. 1 GG), in welchem nicht nur der Bund, sondern auch der Freistaat Thüringen als eines der 16 Länder Staatscharakter besitzt. Daraus ergibt sich die Notwendigkeit, die jeweiligen Zuständigkeiten von Bund und Ländern voneinander abzugrenzen. Wie dies im Einzelnen geschieht, hat gravierende Konsequenzen für die Stellung und die Aufgaben des Thüringer Landtags.

Die Zuständigkeiten zwischen dem Bund und den Ländern sind im Grundsatz in Art. 30 GG und im Übrigen differenziert nach den drei Staatsgewalten, der Legislative, der Exekutive und der Judikative, aufgeteilt. Für den Bereich der Gesetzgebung trifft Art. 70 Abs. 1 GG folgende Grundsatzregelung: „Die Länder haben das Recht der Gesetzgebung, soweit dieses Grundgesetz nicht dem Bunde Gesetzgebungsbefugnisse verleiht.“ Art. 73 GG zählt eine ganze Reihe von Materien auf, für die der Bund eine ausschließliche Gesetzgebungskompetenz besitzt, so zum Beispiel für auswärtige Angelegenheiten und für Bereiche des Verkehrswesens von bundesweiter Bedeutung. Darüber hinaus finden sich ausschließliche Gesetzgebungszuständigkeiten des Bundes – etwas versteckt – in zahlreichen Einzelbestimmungen des Grundgesetzes, so zum Beispiel in Art. 4 Abs. 3 zur Kriegsdienstverweigerung oder in Art. 21 Abs. 3 zum Parteienrecht. Darüber hinaus darf der Bund im Bereich der konkurrierenden Gesetzgebung die in großer Zahl in Art. 73 GG aufgelisteten Materien regeln, zum Teil aber nur, wenn dies aus gesamtstaatlichem Interesse erforderlich ist (Art. 72 Abs. 2 GG). Mit der Föderalismusreform des Jahres 2006 ist die frühere Rahmengesetzgebungskompetenz des Bundes (Art. 75 a.F. GG) entfallen; deren Materien sind auf den Bund und die Länder aufgeteilt worden.

Alle anderen nicht in die ausschließliche Kompetenz des Bundes fallenden Sachbereiche sowie die nicht vom Bund in Anspruch genommenen Materien der konkurrierenden Gesetzgebungskompetenz fallen in die Regelungshoheit der Landesgesetzgeber. Dieses verfassungsrechtliche Regel-Ausnahme-Verhältnis könnte den Eindruck vermitteln, das Schwergewicht der Gesetzgebung läge bei den Ländern. Das ist jedoch entgegen den ursprünglichen Intentionen des Verfassungsgebers in der konkreten Verfassungswirklichkeit nicht der Fall. Seit Erlass des Grundgesetzes sind zahlreiche Sachbereiche in die Gesetzgebungskompetenz des Bundes verlagert worden; und im Übrigen hat der Bund seine Zugriffsmöglichkeiten auf die Materien der konkurrierenden (und früher auch: der Rahmen-) Gesetzgebungskompetenz extensiv ausgeschöpft. Die Föderalismusreform von 2006, mit der unter anderem auch die Gesetzgebungskompetenzen der Länder gestärkt werden sollten, hat zwar einige, jedoch keine grundlegende Verbesserungen zu Gunsten der Landesparlamente gebracht.

Den Landesparlamenten – und damit auch dem Thüringer Landtag – verbleiben im Wesentlichen folgende Materien, die sie aufgrund ihrer ausschließlichen Gesetzgebungskompetenzen regeln können: das formelle und materielle Landesverfassungsrecht, Parlaments- und Wahlrecht, Bildungs- und Kultusrecht (Schulen, Hochschulen, Kirchen, Medien, Denkmalschutz), Kommunal-, Polizei- und Ordnungsrecht, Bauordnungs-, Landesplanungs- sowie Straßen- und Wegerecht.

III. Der Thüringer Landtag und seine Mitglieder

1. Wahl und Zusammensetzung des Landtags

Die Abgeordneten gelangen aufgrund allgemeiner, unmittelbarer, freier, gleicher und geheimer Wahl (Art. 46 Abs. 1 ThürVerf) in ihr Amt. Wahlen sind das Mittel zur Vermittlung personeller demokratischer Legitimation. Das Volk des Freistaats Thüringen ermächtigt dadurch die Abgeordneten als seine Repräsentanten, für und im Interesse des Volkes und in Verantwortung vor dem Volk zu handeln.

Tabelle 1: Sitzverteilung im Thüringer Landtag[a]

	1. WP 1990-94	2. WP 1994-99	3. WP 1999-2004	4. WP 2004-09	5. WP 2009-
CDU	44	42	49	45	30
SPD	21	29	18	15	18
Die LINKE[b]	9	17	21	28	27
FDP	9	0	0	0	7
B90 / Grüne[c]	6	0	0	0	6
Insgesamt	***89***	***88***	***88***	***88***	***88***

a. jeweils zu Beginn der Wahlperiode
b. 1990-1994: Linke Liste – PDS; 1994-2007: PDS
c. 1990-1994: Listenvereinigung Neues Forum / Grüne / Demokratie Jetzt (im Verlauf der Wahlperiode mehrfach umbenannt)

Der Thüringer Landtag „wird nach den Grundsätzen einer mit der Personenwahl verbundenen Verhältniswahl gewählt“ (Art. 40 Abs. 1 ThürVerf).[8] Der Wähler hat zwei Stimmen. Mit der „Wahlkreisstimme“ (im Bundestagswahlrecht missverständlich als „Erststimme“ bezeichnet) wählt er den Wahlkreiskandidaten und mit der „Landesstimme“ (Bund: „Zweitstimme“) die Liste einer Partei. Wenngleich das Wahlsystem eine Kombination aus Mehrheits- und Verhältniswahl ist, so kommt es für die Stärke, mit der eine Partei oder Wählervereinigung im Landtag vertreten ist, ausschließlich auf das Ergebnis der Listenwahl an (Verhältniswahl). Denn die aufgrund von Mehrheitswahlen erzielten Wahlkreissitze werden von der Gesamtzahl der Sitze abgezogen, die einer Partei oder Wählervereinigung nach dem Verhältnis der Landesstimmen zustehen (§ 5 Abs. 2, 3 Landeswahlgesetz). Erhält eine Partei oder Wählervereinigung mehr Direktmandate in den Wahlkreisen, als ihr Sitze nach den für sie abgegebenen Landesstimmen zustehen, so behält sie diese. Dadurch erhöht sich die Zahl der Abgeordneten des Landtags über die in der Verfassung als Regelfall vorgesehene Zahl von 88 hinaus („Überhangmandate"). Lediglich in der 1. Wahlperiode (1990-1994) ist dieser Fall bisher eingetreten: Dem Landtag gehörten in dieser Zeit 89 Abgeordnete an (Tabelle 1).[9] Um dadurch entstehende Nachteile für die übrigen Parteien zu kompensieren, sieht das Landtagswahlrecht für diese „Ausgleichsmandate" vor, die die Zahl der Sitze des Landtags über den Regelfall hinaus weiter erhöhen können (§ 5 Abs. 6 Landeswahlgesetz).[10] Weiterhin ist in Art. 49 Abs. 2 für die Wahl des Landtags eine Fünf-Prozent-Sperrklausel vorgeschrieben, um einer Parteienzersplitterung und einer Funktionsuntüchtigkeit des Landtags entgegenzuwirken.

Tabelle 2: Die Abgeordneten des Thüringer Landtags: Soziale Zusammensetzung[a] (in Prozent)

	1. WP 1990-94	*2. WP 1994-99*	*3. WP 1999-2004*	*4. WP 2004-09*	*5. WP 2009-*
Alter[b]	42,5	45,6	46,9	46,7	47,8
Weibliche Angeordnete	14,1	26,6	31,3	35,6	38,6
Hoch- und Fachhochschulabschluß	90,5	79,5	75,0	72,2	76,1
Beruf					
Freie Berufe	5,4	2,1	1,0	2,2	3,4
Selbst. Handwerker	4,3	3,2	1,0	1,1	4,5
Parteien, Gewerkschaften, Interessenorganisationen	14,1	21,3	24,0	30,0	27,3
Öffentlicher Dienst	32,5	35,2	33,7	31,4	31,8
Konfession					
Evangelisch	61,1	51,1	46,9	44,4	43,5
Katholisch	12,2	11,7	14,6	13,3	12,9
Konfessionslos	26,7	37,2	38,5	42,2	43,5

a. 1.-4. Wahlperiode alle Abgeordnete einschließlich Nachrücker; 5. Wahlperiode: Abgeordnete bei Konstituierung.

b. Altersdurchschnitt bei Mandatsantritt.

2. *Sozialstruktur und Besoldung der Abgeordneten*

Die nachstehend aufgeführten Daten zur sozialstrukturellen Zusammensetzung des Thüringer Landtags (Tabellen 2 und 3) lassen einige ostdeutsche Besonderheiten erkennen.[11] So ist mehr als ein Drittel der Abgeordneten konfessionslos (bei der PDS/DIE LINKE erreicht dieser Anteil knapp 90 Prozent), ein im Vergleich zu westdeutschen Parlamenten hoher Anteil.[12] Ebenso wie im geringen Anteil von Freiberuflern und selbständigen Handwerkern unter den Abgeordneten wird hier ein Erbe der DDR-Ära sichtbar, in der atheistische Orientierungen gefördert und freiberufliche Tätigkeiten beschränkt wurden.

Tabelle 3: Die Abgeordneten des Thüringer Landtags: Soziale Zusammensetzung nach Fraktionen[a] (in Prozent)

	CDU	*SPD*	*Die LINKE[c]*	*FDP*	*B90/ Grüne[d]*
Alter[b]	47,4	46,6	42,8	42,1	41,4
Weibliche Angeordnete	20,2	30,8	52,1	18,7	33,4
Hoch- und Fachhochschulabschluß	79,6	72,8	82,9	81,2	91,7
Beruf					
Freie Berufe	1,7	4,7	5,6	6,2	0
Selbst. Handwerker	1,7	4,7	2,8	6,3	0
Parteien, Gewerkschaften, Interessenorganisationen	17,1	21,5	45,1	0	25,0
Öffentlicher Dienst	37,8	37,5	20,5	43,8	25,0
Konfession					
Evangelisch	64,9	52,3	10	35,8	58,4
Katholisch	22,2	6,3	1,4	14,1	8,4
Konfessionslos	12,8	41,3	88,6	50,0	46,8

a. 1.-4. Wahlperiode: alle Abgeordnete einschließlich Nachrücker; 5. Wahlperiode: Abgeordnete bei Konstituierung.

b. Altersdurchschnitt bei Mandatsantritt.

c. 1990-94: Linke Liste - PDS; 1994-2007: PDS.

d. 1990-1994: Listenvereinigung Neues Forum / Grüne / Demokratie Jetzt (im Verlauf der Wahlperiode mehrfach umbenannt).

Hervorzuheben ist darüber hinaus, dass der Thüringer Landtag von Beginn an ein Parlament von Berufsabgeordneten war, also von Abgeordneten, die nach Max Weber „für die und von der Politik leben". Von den 89 Abgeordneten der ersten Wahlperiode übten gerade einmal sechs Abgeordnete neben ihrem Mandat - mehr oder weniger - einen zivilen Beruf aus (ein Mediziner, zwei Kleinunternehmer und drei Rechtsanwälte). Eine maßgebliche Ursache für diese hohe Anzahl von Berufsabgeordneten lag darin, dass nach der „Wende" viele Arbeitgeber von Abgeordneten, insbesondere große Kombinate, weggebrochen waren und der Thüringer Landtag insofern ihr neuer – einziger – „Arbeitgeber" wurde.

Der Thüringer Landtag ist jedoch auch nach seiner Aufbauphase bis heute im Wesentlichen ein Parlament von Berufsabgeordneten geblieben, und zwar in noch erheblich stärkerem Umfang, als dies in westdeutschen Parlamenten der Fall ist.[13] Vom Gesetzgeber wird die Abgeordnetentätigkeit auch in Thüringen als eine Vollzeitbeschäftigung bewertet und demgemäß auch als solche bezahlt. Der Teil der Diäten, der den Abgeordneten als steuerpflichtiges Einkommen zur Verfügung steht, beträgt zurzeit[14] 4.610,25 €. Damit bewegt sich das Einkommen eines Thüringer Landtagsabgeordneten im Rahmen des Gehalts von Landesbeamten der Besoldungsgruppe A 15/A 16 oder der Bürgermeister von Gemeinden mit 10.000 bis 15.000 Einwohnern.

IV. Verfassungsrechtliche Stellung des Landtags

Wenn Art. 48 Abs. 1 der Thüringer Verfassung bestimmt: „Der Landtag ist das vom Volk gewählte oberste Organ der demokratischen Willensbildung", dann sind damit zwei zentrale Aussagen zum Wesen der Demokratie in Thüringen getroffen.

Zum einen ist die Demokratie in Thüringen eine repräsentative Demokratie, in welcher die Staatsgewalt nur ausnahmsweise unmittelbar durch das Volk ausgeübt wird, in wesentlichen Angelegenheiten jedoch durch den Thüringer Landtag, dem unmittelbar durch Wahlen vom Volk legitimierten demokratischen Repräsentanten des Volkes. Diese repräsentative Demokratie mit der Vorrangstellung des Parlaments wird allerdings im Freistaat Thüringen wie in allen Bundesländern durch Elemente der unmittelbaren bzw. plebiszitären Demokratie ergänzt, die auf Bundesebene nur im Rahmen von Neugliederungen des Bundesgebietes gemäß Art. 29 GG vorgesehen sind. Der Sinn von Plebisziten liegt darin, den Gefahren entgegenzuwirken, denen eine repräsentative Demokratie, insbesondere mit einer Übermacht an reinen Berufspolitikern, unterliegt: den Verlust an Bodenhaftung und Bürgernähe. Abgesehen von der deklaratorischen Regelung in Art. 9, wonach jedem „das Recht auf Mitgestaltung des politischen Lebens im Freistaat" zuerkannt wird, sind als Formen der unmittelbaren Demokratie in Thüringen in erster Linie der Bürgerantrag (Art. 68) und die Volksgesetzgebung durch Volksbegehren und Volksentscheid

(Art. 82) zu nennen, die in dem „Thüringer Gesetz über das Verfahren bei Bürgerantrag, Volksbegehren und Volksentscheid“ näher geregelt werden.[15]

Zum anderen stellt Art. 48 Abs. 1 klar, dass zwar alle Staatsorgane demokratisch legitimierte Repräsentanten des Volkes sind, der Landtag jedoch dabei eine Vorrangstellung einnimmt: Er ist das „oberste“ Organ der demokratischen Willensbildung. Diese Vorrangstellung rührt daher, dass er als einziges Verfassungsorgan durch Wahlen unmittelbar demokratisch legitimiert ist, wohingegen die anderen Verfassungsorgane eine nur mittelbare demokratische Legitimation besitzen. Des weiteren ergibt sich der Vorrang aus der Gesetzgebungskompetenz des Landtags: Verwaltung und Gerichte sind an Gesetze gebunden; Eingriffe in Grundrechte bedürfen eines Gesetzes; und schließlich hat der Gesetzgeber ein grundsätzliches Zugriffsrecht zur Regelung sämtlicher Materien.

Allerdings kommt dem Landtag aufgrund dieser verfassungsrechtlich ausdrücklich hervorgehobenen Stellung gegenüber den anderen Verfassungsorganen keine Kompetenz-Kompetenz zu.[16] Aus der Qualifizierung des Landtags als „oberstem Organ der demokratischen Willensbildung“ lassen sich somit keine konkreten Kompetenzzuweisungen oder -ansprüche gegenüber anderen Gewalten begründen. Der Landtag darf folglich Entscheidungen, die verfassungsrechtlich ausschließlich einem anderen Staatsorgan zugewiesen sind, nicht an sich ziehen und sie an dessen Stelle treffen. Der Landtag darf sich auch nicht in Beschlüssen an andere Staatsorgane wenden und ihnen den Erlass konkreter Entscheidungen rechtsverbindlich vorschreiben. So hat der Landtag im Exekutivbereich aufgrund seiner Kontrollkompetenz nur die Befugnis zu Beschlüssen mit empfehlendem Charakter. Dennoch besitzt der Landtag aufgrund seiner Gesetzgebungskompetenz auch kompetenzrechtlich einen Vorrang gegenüber den anderen Staatsorganen. Im Hinblick auf die Offenheit des Gesetzesbegriffs[17] und die Gesetzesbindung der vollziehenden und rechtsprechenden Gewalt vermag der Landtag über die Gesetzgebung anderen Staatsorganen einen – mehr oder weniger engen – Entscheidungsrahmen vorzugeben.[18]

V. Aufgaben des Landtags

Die klassische Aufgabenumschreibung des Parlaments erfolgte durch Walter Bagehot.[19] Er unterschied zwischen der „elective“, „expressive“, „teaching“ sowie „informing function“ und der „function of legislation“. Daran anknüpfend werden heute im Wesentlichen unterschieden die Gesetzgebungs-, die Kreations-, die Kontroll- und die Repräsentationsfunktion von Parlamenten.[20] Im Gegensatz zum Grundgesetz, das keine besondere Bestimmung über die Aufgaben des Bundestags enthält, werden in Art. 48 Abs. 2 der Thüringer Verfassung die wesentlichen Aufgaben des Landtags aufgezählt: „Der Landtag übt gesetzgebende Gewalt aus, wählt den Ministerpräsidenten, überwacht die Ausübung der vollziehenden Gewalt, behandelt die in die Zuständigkeit des Landes gehörenden öffentlichen Angelegenheiten und erfüllt die anderen ihm nach dieser Verfassung zugewiesenen Aufgaben."

1. Gesetzgebung[21]

Der Landtag beschließt die Gesetze, soweit sie nicht durch Volksentscheid in Kraft gesetzt werden (Art. 81 Abs. 2). Das Gesetzgebungsverfahren ist – ansatzweise – in Art. 81 Abs. 1 geregelt.

a) Gesetzesbegriff, Zugriffsrecht des Gesetzgebers

Der Landtag besitzt zwar kein Rechtssetzungsmonopol, da auch zum Beispiel der Erlass von Rechtsverordnungen (Art. 84) oder von Satzungen Rechtssetzung darstellt, aber allein er hat die Befugnis zum Erlass förmlicher Gesetze. Es gibt nach der inzwischen herrschenden Meinung keinen inhaltlich verfassungsrechtlich vorgegebenen Gesetzesbegriff. Ein Gesetz ist vielmehr jeder Hoheitsakt, der im Parlament in dem dafür verfassungsrechtlich vorgesehenen Verfahren in der Form eines Gesetzes erlassen wird.[22] Aufgrund dieses inhaltlich offenen Gesetzesbegriffs bestehen auch keine prinzipiellen verfassungsrechtlichen Bedenken zum Beispiel gegenüber Maßnahme-, Einzelfall-, Individual- oder Zeitgesetzen.

In welchen Fällen eine Regelung durch ein Parlamentsgesetz getroffen werden *muss*, wirft die Frage nach dem Vorbehalt des Gesetzes auf.[23] Zum einen gibt es ausdrückliche verfassungsrechtliche Vorbehalte, in denen eine gesetzliche Regelung gefordert wird; zum anderen besteht ein grundrechtlich-rechtsstaatlich gesicherter Bereich, in den nur über ein Parlamentsgesetz eingegriffen werden darf. Aber auch wenn – nach der traditionellen Formel – keine Eingriffe in Freiheit und Eigentum in Rede stehen, bedürfen „wesentliche" Regelungen aufgrund der demokratischen Komponente der Lehre vom Gesetzesvorbehalt eines Gesetzes.[24] Der Begriff des „Wesentlichen" ist bisher nicht hinreichend geklärt. Wesentlich sind jedenfalls Entscheidungen, welche „wesentlich für die Verwirklichung der Grundrechte sind"[25] oder kollidierende verfassungsrechtliche Positionen im Wege praktischer Konkordanz zum Ausgleich bringen. Einen Totalvorbehalt des Parlamentsgesetzes in dem Sinne, dass für jegliches Handeln der Exekutive eine gesetzliche Ermächtigung erforderlich ist, gibt es hingegen nicht.[26]

Es stellt sich aber nicht nur die Frage, welche Regelungen der Gesetzgeber treffen *muss*, sondern auch die Frage, welche Regelungen er treffen *darf*. Diese Frage ist dahingehend zu beantworten, dass der Gesetzgeber grundsätzlich ein Zugriffsrecht auf jede Materie hat und dabei nur insoweit verfassungsrechtlichen Schranken unterliegt, als eine Materie einem anderen Verfassungsorgan zur ausschließlichen Wahrnehmung übertragen worden ist.[27]

b) Entstehung eines Landesgesetzes

Das Gesetzgebungsverfahren lässt sich in folgende Abschnitte einteilen:

Vorbereitung einer Gesetzesvorlage durch die Initiativberechtigten: Der erste Anstoß zur Erarbeitung eines komplett neuen Gesetzentwurfs oder zur Änderung eines geltenden Gesetzes kann aus dem Bereich derjenigen kommen, die mit der Anwendung des geltenden Rechts befasst sind und es entweder aufgrund eigener oder von Erfahrungen aus anderen Ländern für reformbedürftig halten; so wenden sich zum Beispiel nachgeordnete Landes- oder Kommunalbehörden mit ihren Anliegen an die Ministerialbürokratie oder direkt an die Politik (Minister, Landtagsfraktionen). Reformüberlegungen werden auch oft von Verbänden an die Politik herangetragen, um damit insbesondere Interessen ihrer Mitglieder zur Geltung zu bringen. Derartige Anregungen werden in der Landesregierung zuerst auf Ressortebene geprüft und bei einer grundsätzlichen Zustimmung des Kabinetts als sogenannte Referentenentwürfe mit allen daran interessierten Verbänden und ggf. mit Sachverständigen erörtert und danach ggf. überarbeitet. Erst danach beschließt das Kabinett darüber, ob es das Gesetzgebungsvorhaben als offiziellen Regierungsentwurf in den Landtag einbringt. Gar nicht selten bringen Landesregierungen auch Gesetzentwürfe in ihre Parlamente ein, die sie zuvor mit anderen, eventuell auch sogar allen anderen Landesregierungen abgestimmt haben. Beispiele aus der Vergangenheit sind Musterentwürfe zum Polizeigesetz, zum Bauordnungs- oder aus jüngster Zeit zum Strafvollzugsrecht. Diese Mustergesetzentwürfe laufen dem Föderalismus zuwider, weil sie wesentliche seiner Ziele, wie Eigenständigkeit, Pluralität und Wettbewerb, konterkarieren. Die Vorbereitungen von Gesetzentwürfen der Fraktionen finden in aller Regel weniger förmlich und gründlich statt.

Einleitung des Gesetzgebungsverfahrens durch die Einbringung einer Gesetzesinitiative in den Landtag (Art. 81) durch die Landesregierung, durch ein Volksbegehren oder „aus der Mitte des Landtags", somit durch eine Fraktion oder ein Quorum von zehn Abgeordneten (§ 61 Abs. 3 der Geschäftsordnung des Landtags – GO LT).

1. Beratung des Gesetzentwurfs im Plenum, wobei nach § 56 GO LT nur „die Grundsätze der Vorlage besprochen" werden und nur über Anträge auf Ausschussüberweisung abgestimmt wird. Heute werden Gesetzesvorlagen in der Regel in die Ausschüsse verwiesen – eine entsprechende Verpflichtung besteht allerdings nicht; früher war das mit Gesetzentwürfen der PDS-Fraktion oft nicht der Fall; insofern ist inzwischen parlamentarische Normalität in den Thüringer Landtag einbezogen.

Beratung des Gesetzentwurfs in den Ausschüssen: Diese Ausschussberatungen befassen sich zwar auch mit den politischen Aspekten des Gesetzentwurfs, gehen aber auch sachlich ins Detail. Dabei werden zumeist auch Interessenvertreter und Sachverständige angehört. Die Ausschussberatungen kennzeichnen die Parlamente als „Arbeitsparlamente". Die Gesetzesberatungen in den Ausschüssen finden nach der Thüringer Rechtslage in nichtöffentlicher Sitzung statt (entgegen jener in mehreren anderen Ländern). Diese Praxis ist höchst umstritten. Dagegen spricht das allgemeine Gebot parlamentarischer Öffentlichkeit und Transparenz, dafür die Optimierungschancen, die sich in einer nichtöffentlichen Sitzung durch offene, sach- und konsensorientierte Aussprachen ergeben. Schließlich besteht in der folgenden 2. Lesung des Gesetzentwurfs im Plenum des Landtags für alle Fraktionen die Möglichkeit, ihre Position öffentlich darzustellen und alle Kontroversen öffentlich auszutragen.

2. Beratung des Gesetzentwurfs im Plenum (eine 3. Beratung ist nur für Verfassungsänderungen vorgeschrieben und im Übrigen nach § 59 Abs. 2 GO LT möglich).

Beschlussfassung über den Gesetzentwurf durch den Landtag oder durch Volksentscheid.

Ausfertigung und Verkündung des Gesetzes durch den Landtagspräsidenten (Art. 85): In anderen, insbesondere den alten Ländern, steht diese Kompetenz noch traditionell den Ministerpräsidenten in ihrer Eigenschaft als Staatsoberhaupt zu. Für die Thüringer Lösung spricht, dass der letzte Akt der Gesetzgebung im Schoße des Parlaments und nicht der Exekutive, womöglich korrigierend, stattfinden sollte.

c) Die Gesetzgebungstätigkeit des Thüringer Landtags

Zu Beginn lag der Schwerpunkt der Arbeit des Thüringer Landtags in der Gesetzgebung, galt es doch mehr als 40 Jahre Gesetzgebungsarbeit der alten Länder möglichst schnell nachzuholen. Der 1. Thüringer Landtag (1990-1994) war daher enorm fleißig (Tabelle 4): In insgesamt 125 Sitzungen mit 1.477 Tagesordnungspunkten wurden 253 Gesetzentwürfe beraten und 188 Gesetze verabschiedet,[28] wobei es sich bei ca. 150 Gesetzen um ziemlich umfassende Kodifikationen und nicht etwa nur um punktuelle Novellierungen von Gesetzen handelte. Als die politisch brisantesten und arbeitsaufwendigsten Gesetzgebungsvorhaben sind die Beratungen zur Landesverfassung und zur kommunalen Neugliederung hervorzuheben. Der Verfassungsausschuss hatte außer den Stellungnahmen von 33 Verbänden und Institutionen knapp 400 Zuschriften mit rund 3.000 Einzelanregungen zu behandeln. Dem mit den kommunalen Neugliederungsgesetzen befaßten Innenausschuss gingen 493 Zuschriften zu. Die politische Bedeutung dieser beiden Gesetzesvorhaben lässt sich auch aus der Zahl der hierzu im Plenum des Landtags durchgeführten namentlichen Abstimmungen ablesen: zur Landesverfassung waren es 25, zu den Neugliederungsgesetzen 34.

Allerdings bestand die Gesetzgebung vielfach aus der Übernahme von Gesetzen westdeutscher Länder, vorwiegend aus Thüringens Partnerländern Hessen und Rheinland-Pfalz sowie in geringerem Umfang (im Bereich des Innenministeriums) aus Bayern.[29] Diese Gesetze gelten in ihren Grundstrukturen nach wie vor; grundlegende Novellierungen hat es später in größerem Umfang nicht gegeben. Diese Entwicklung ist nicht weiter verwunderlich; auch viele Gesetze westdeutscher Länder weisen große Ähnlichkeiten miteinander auf, da sie im Rahmen des – insofern sich selbst *ad absurdum* führenden – kooperativen Föderalismus in gemeinsamen Gremien der Länder als Mustergesetzentwürfe erarbeitet und dann in allen Ländern weitgehend einheitlich übernommen wurden.[30]

Tabelle 4: Gesetzinitiativen und ihr Erfolg

Gesetzentwürfe der …	*1. WP 1990-94*	*2. WP 1994-99*	*3. WP 1999-2004*	*4. WP 2004-09*
Landesregierung				
Eingereicht	147	121	126	111
Angenommen	142	118	119	108
Regierungsfraktion(en)				
Eingereicht	31	19	8	14
Angenommen	22	17	8	14
Oppositionsfraktion(en)				
Eingereicht	63	22	47	64
Angenommen	2	0	4	2
Regierungs- und Oppositionsfraktionen gemeinsam				
Eingereicht	12	0	2	4
Angenommen	11	0	2	4

Quelle: Archiv des Thüringer Landtags.

Über die Tätigkeit des Thüringer Landtags als Gesetzgeber von der 1. bis zur 4. Wahlperiode gibt Tabelle 4 einen differenzierten Überblick. Dabei ist bemerkenswert, dass die allermeisten Gesetzesinitiativen von der Landesregierung in den Landtag eingebracht wurden. Dieser im Bund und in allen Ländern anzutreffende Sachverhalt ist nicht weiter verwunderlich. Die Regierung besitzt im Vergleich zu den Fraktionen des Landtags ein Vielfaches an personellen und sachlichen Ressourcen, um Gesetzgebungsvorhaben vorzubereiten und auf den Weg zu bringen. Berücksichtigt man außerdem noch, dass auch Gesetzentwürfe der Regierungsfraktion(en) zumeist aus der Feder der Regierung stammen, die diesen Weg wählt, um ihre Vorhaben (u. a. durch Umgehung ansonsten vorgeschriebener Anhörungen) zu beschleunigen, dann verschiebt sich das Verhältnis zwischen den Gesetzesinitianten noch stärker zu Gunsten der Regierungen.

Des Weiteren haben die Gesetzentwürfe von Regierung und Regierungsfraktionen einerseits und die der Oppositionsfraktion(en) andererseits völlig unterschiedliche Erfolgschancen. Entwürfe der Regierung und der Regierungsfraktionen finden weit überwiegend die Zustimmung des Landtags und werden Gesetz, während dies der Opposition nur sehr selten gelingt. Hier spiegelt sich die Funktionslogik parlamentarischer Systeme, in denen der Regierung nicht das Parlament als Ganzes, in denen vielmehr der Regierung und den Regierungsfraktionen als Handlungseinheit die Opposition gegenübersteht. Die Landesregierung hat somit eine große Chance, ihre Gesetzesvorhaben mit Unterstützung der Mehrheitsfraktionen im Landtag zu realisieren, vorausgesetzt, sie kann mit diesen hinreichenden inhaltlichen Konsens herstellen.

2. *Die Wahlfunktion*

Wenn in Art. 48 Abs. 2 der Thüringer Verfassung zur Wahlfunktion des Thüringer Landtags auf die Wahl des Ministerpräsidenten abgehoben wird, dann ist das zwar zutreffend (Art. 70 Abs. 3), sie wird damit jedoch nur unzulänglich beschrieben. So wählt der Landtag zum Beispiel auch die Mitglieder des Thüringer Verfassungsgerichtshofs (Art. 79 Abs. 3, Satz 3), den Präsidenten und die Vizepräsidenten des Landesrechnungshofs (Art. 103 Abs. 2, Satz 2), Mitglieder von Rundfunkräten, Datenschutzbeauftragte etc. Darüber hinaus gibt es parlamentsinterne Wahlen, wie zum Beispiel die Wahl des Landtagspräsidenten oder der Ausschussvorsitzenden.

Die wichtigste Wahl ist die des Ministerpräsidenten, weil damit nicht nur die Entscheidung über dessen Person, sondern zugleich mittelbar über die Regierung getroffen wird. Denn deren Mitglieder werden ohne Mitwirkung des Landtags vom Ministerpräsidenten ernannt (Art. 70 Abs. 2). Mit der Wahl des Ministerpräsidenten wird darüber hinaus auch über die Grundzüge der künftigen Regierungspolitik entschieden.

Der Ministerpräsident wird vom Landtag ohne Aussprache in geheimer Abstimmung gewählt (Art. 70 Abs. 3).[31] Sofern der Kandidat im ersten Wahlgang nicht die absolute Mehrheit, das heißt die Mehrheit der gesetzlichen Mitgliederzahl des Landtags erhält, sieht Art. 70 Abs. 3 einen weiteren entsprechenden Wahlgang vor; im dritten und ggf. weiteren Wahlgängen reicht die einfache Mehrheit der Abgeordneten, die sich an der Abstimmung beteiligen (Tabelle 5).

Tabelle 5: Wahl der Thüringer Ministerpräsidenten 1.-5. Wahlperiode (1990-2009)

Gewählte(r) Ministerpräsident(in)	Datum	Zahl der Wahlgänge	Stimmen			
			Gültig	Ja	Nein	Enthaltung
Josef Duchač	8.11.1990	1	87	52	30	5
Dr. Bernhard Vogel	5.2.1992	1	85	50	27	8
Dr. Bernhard Vogel	30.11.1994	1	87	67	20	0
Dr. Bernhard Vogel	1.10.1999	1	88	49	36	3
Dieter Althaus	5.6.2003	1	83	47	34	2
Dieter Althaus	8.7.2004	1	88	45	42	1
Christine Lieberknecht	30.10.2009	3[a]	87	55	27	5

a. Ergebnisse des 3. Wahlgangs.

Quelle: Archiv des Thüringer Landtags.

3. *Parlamentarische Kontrolle*[32]

a) Gegenstand, Grenzen, Inhalt

Auch in Thüringen hat sich die parlamentarische Arbeit seit der 1. Wahlperiode der Praxis in den alten Ländern angeglichen; ihr Schwerpunkt liegt heute bei der parlamentarischen Kontrolle. Diese wird in Art. 48 Abs. 2 mit den Worten umschrieben: Der Landtag „überwacht die Ausübung der vollziehenden Gewalt." Diese Formulierung ist zumindest missverständlich. Gegenstand parlamentarischer Kontrolle ist nicht etwa nur die Exekutive, die Rechtsnormen „vollzieht", sondern das gesamte Tun und Unterlassen der Regierung und der Verwaltung, unabhängig davon, ob sie aufgrund gesetzlicher Ermächtigungen handelt oder ob sie sich – wie zum Beispiel bei Subventionsentscheidungen – im Rahmen einer – zulässigen – gesetzesfreien Verwaltung bewegt. Gegenstand der parlamentarischen Kontrolle sind auch die juristischen Personen des öffentlichen Rechts (Körperschaften, Anstalten, Stiftungen), soweit ihnen nicht, wie etwa Hochschulen oder Rundfunkanstalten, autonome Bereiche verfassungsrechtlich gewährleistet sind. Die Parlamente dürfen in begrenztem

Umfang sogar Vorgänge bei Privaten durchleuchten, soweit sie öffentliche Aufgaben wahrnehmen oder um bei ihnen zum Beispiel die Ordnungsmäßigkeit staatlicher Subventionen an Wirtschaftsunternehmen zu kontrollieren.

Grenzen für die parlamentarische Kontrolle des Landtags gibt es im Hinblick auf die föderalistische Kompetenzordnung, die richterliche Unabhängigkeit, die kommunale Selbstverwaltung und den geheimen Initiativ- und Beratungsbereich der Regierung. Staatliche und private Geheimnisse können hingegen keinen absoluten Schutz beanspruchen; hier muss die Kontrolle allerdings in vertraulichen oder geheimen Sitzungen ausgeübt werden.[33]

Inhalt der parlamentarischen Kontrolle ist die Überwachung der gesamten Exekutive im zuvor beschriebenen Umfang am Maßstab des Rechts, aber auch daraufhin, ob sie darüber hinaus ihre Aufgaben fachlich qualifiziert erledigt hat. Der Landtag will damit auf die Regierung durch eine öffentliche, medienwirksame Debatte politisch Einfluss nehmen, um Fehler im Regierungs- oder Verwaltungshandeln anzuprangern, abzustellen oder die Regierung zu veranlassen, neue oder veränderte politische Ziele in Angriff zu nehmen.

Bei der parlamentarischen Kontrolle kann der Landtag Vorgänge aus der Vergangenheit untersuchen, er kann aber die Regierung im Rahmen einer „vorgängigen" parlamentarischen Kontrolle durch sog. „schlichte" Parlamentsbeschlüsse zu einem bestimmten parlamentarischen Handeln oder Unterlassen zwar nicht rechtlich verpflichten, aber politisch auffordern („Die Landesregierung wird aufgefordert, mit den angrenzenden Ländern ein gemeinsames Flughafenkonzept zu entwickeln und dem Landtag bis zum … vorzulegen").

Kontrolle wird in erster Linie von der Opposition ausgeübt, aber auch von einer Regierungsfraktion, wenn auch von ihr in der Regel nicht vor den Augen der Öffentlichkeit, soweit sie sich als „Libero" der Regierung versteht. Die politische Wirkung von Kontrollinitiativen der Opposition, die in aller Regel von der/den Regierungsfraktion(en) abgeblockt werden, hängt wesentlich davon ab, in welchem Maße und wie sie von den Medien aufgegriffen werden.

b) Mittel der parlamentarischen Kontrolle

aa) Misstrauensvotum, Zitierrecht, Rechenschaftspflicht

Der Landtag hat das Recht, dem Ministerpräsidenten das Misstrauen dadurch auszusprechen, dass er mit der Mehrheit seiner Mitglieder einen Nachfolger wählt („konstruktives Misstrauensvotum" gemäß Art. 73).[34] Er und seine Ausschüsse können die Anwesenheit jedes Mitglieds der Landesregierung verlangen (Zitierrecht gemäß Art. 66 Abs. 1), das den Abgeordneten Rede und Antwort zu stehen hat.[35] Der Finanzminister hat dem Landtag zur Entlastung über alle Einnahmen und Ausgaben

Rechnung zu legen sowie eine Übersicht über das Vermögen und die Schulden des Landes vorzulegen, auf deren Grundlage der Landtag über die Entlastung der Landesregierung entscheidet (Art. 102).[36]

bb) Selbständige Anträge zur Verabschiedung „schlichter" Parlamentsbeschlüsse

Der Landtag kann auch durch einfache („schlichte") Beschlüsse auf politische Entwicklungen Einfluss nehmen,[37] indem er beispielsweise die Landesregierung auffordert, bestimmte Maßnahmen zu ergreifen, Gesetzesvorlagen einzubringen oder Planungsvorstellungen zu entwickeln. Allerdings sind derartige Beschlüsse für die Landesregierung rechtlich nicht verbindlich. Die Landesregierung muss in eigener Verantwortung prüfen, ob sie einem auf diese Weise geäußerten Willen des Landtags Rechnung trägt oder möglicherweise den politischen Konflikt mit dem Landtag in Kauf nimmt. Da diese Beschlüsse nur mit Zustimmung der Regierungsfraktion(en) zustande kommen können, geht von ihnen faktisch ein erheblicher politischer Druck aus. Anträge, die auf solche schlichte Parlamentsbeschlüsse abzielen, nehmen nach Zahl und Debattenumfang den größten Raum in den Tagesordnungspunkten des Thüringer Landtags ein; ca. die Hälfte dieser Anträge befasst sich mit Bundesangelegenheiten (s. unten Tabelle 6).

cc) Informationspflichten der Landesregierung zu staatsleitenden Regierungsentscheidungen als Grundlage parlamentarischer Anträge

Darüber hinaus ist der Landtag von der Landesregierung rechtzeitig über bestimmte staatsleitende Regierungsentscheidungen zu unterrichten (Art. 67 Abs. 4).[38] Die zuständigen Ausschüsse des Landtags können sich daher beispielsweise bereits vor dem Abschluss von Staatsverträgen und sonstigen Abkommen von erheblicher politischer Bedeutung eine Meinung über deren Gegenstand und den Gang der Beratung bilden und diese Meinung auch gegenüber der Landesregierung zum Ausdruck bringen. Ebenso können sie sich auf diese Weise rechtzeitig mit bestimmten Bundesratsangelegenheiten und Angelegenheiten von Fachministerkonferenzen befassen. Diese Unterrichtungen sollen verhindern, dass der Landtag durch Entscheidungen der Exekutive präjudiziert wird. Ihm soll die Möglichkeit gegeben werden, auf die Willensbildung der Landesregierung Einfluss zu nehmen, bevor in deren Verhandlungen mit dem Bund und den anderen Ländern die Weichen für eine bestimmte Konzeption gestellt werden.

Eine immer größere Bedeutung erlangt diese Form der parlamentarischen Kontrolle in Angelegenheiten der Europäischen Union. Die Europäische Union setzt Recht, das in den Mitgliedstaaten unmittelbar, vorrangig vor dem deutschen Bundes- und Landesrecht gilt, und beeinflusst durch Richtlinien die deutsche Gesetzgebung in

Bund und Ländern. Damit wird das nationale deutsche Recht zu mindestens einem Drittel, im Bereich des Umweltschutzes zum Beispiel sogar zu ca. zwei Drittel durch EU-Recht bestimmt. Da auch die deutschen Landesparlamente durch diese Entwicklung in ihrer Rechtsetzungskompetenz geschmälert oder präjudiziert werden, versuchen sie, auf die EU-Politik Einfluss zu nehmen. Dies geschieht auf folgendem Weg: Die Landesregierung informiert den Landtag möglichst rechtzeitig über landesspezifische EU-Vorhaben. Der Landtag kann die Landesregierung auffordern, über den Bundesrat auf die Bundesregierung einzuwirken, in den EU-Gremien, insbesondere im Rat oder der Kommission, die Landesinteressen entsprechend zur Geltung zu bringen. Das ist ein langer, beschwerlicher Weg, auf dem die Chancen des Thüringer Landtags, seine politischen Ziele auf EU-Ebene durchzusetzen, in der politischen Realität jedoch ziemlich gering sind.

Tabelle 6: Kontrolltätigkeit des Thüringer Landtags 4. Wahlperiode (2004-2009)

eingereicht durch Fraktion und/ oder Abgeordnete der ...	Selbstständige Anträge	Kleine Anfragen	Große Anfragen	Mündliche Anfragen
CDU	90	171	4	75
Die LINKE	165	2.144	12	664
SPD	168	625	6	197
CDU + Die LINKE + SPD	9	0	0	0
CDU + SPD	2	1	0	0
Die LINKE + SPD	13	4	0	0
Insgesamt	**447**	**2.945**	**22**	**936**

Quelle: Archiv des Thüringer Landtags.

dd) Parlamentarisches Fragerecht

Einen breiten Raum in der Kontrolle der Landesregierung nehmen die parlamentarischen Anfragen (Art. 67 Abs. 1) ein,[39] welche an die Regierung gerichtet werden. Die Funktion parlamentarischer Anfragen kann sehr unterschiedlich sein; zu nennen sind die Information, die kritische Kontrolle durch das Offenlegen von Missständen und – damit zum Teil auch verbunden – eine inhaltliche politische Einflussnahme auf das Regierungshandeln (Tabelle 6).

Große Anfragen (§§ 85ff. GO LT) dienen im Wesentlichen der allgemeinen politischen Richtungskontrolle und befassen sich deshalb mit gewichtigen politischen Problemkomplexen. Sie können von einer Fraktion oder von mindestens zehn Abgeordneten eingebracht werden. Große Anfragen werden von der Landesregierung schriftlich beantwortet. Auf Antrag findet darüber in einer Sitzung des Landtags oder in öffentlicher Sitzung eines Ausschusses eine Besprechung statt.

Die *Kleinen Anfragen* (§ 90 GO LT) zielen auf eine Detailkontrolle exekutiven Handelns; sie beziehen sich daher nur auf einzelne Fälle, überschaubare Fallgruppen oder einzelne Maßnahmen der Landesregierung oder der ihr unterstehenden Verwaltung; sie können von jedem Abgeordneten schriftlich gestellt werden, und sie werden von der Landesregierung schriftlich beantwortet.

Durch *Mündliche Anfragen* (§ 91 GO LT) können die Abgeordneten in öffentlicher Plenarsitzung von der Landesregierung zu bestimmten Fragen kurzfristig Aufklärung und Stellungnahmen verlangen. Mündliche Anfragen können von jedem einzelnen Abgeordneten eingereicht werden. Bei den Kleinen und Mündlichen Anfragen handelt es sich in den heute vorherrschenden Fraktionenparlamenten um eine der wenigen parlamentarischen Befugnisse, die dem einzelnen Abgeordneten zustehen. Die Abgeordneten nutzen diese parlamentarischen Instrumente vorrangig, um örtliche Probleme ihrer Wahlkreise aufzugreifen und sich damit als engagierte Vertreter von Anliegen der Bürger in ihrem Wahlkreis zu profilieren.

Die *Aktuelle Stunde* (§ 93 GO LT) dient der Diskussion politischer Tagesfragen von allgemeinem Interesse im Plenum des Landtags; Anträge zur Sache dürfen nicht gestellt werden. Sie wurde eingeführt, um die parlamentarische Arbeit lebendiger zu gestalten und eine möglichst große Aktualität zu erreichen. Die Aktuelle Stunde kann von einer Fraktion oder von mindestens zehn Abgeordneten beantragt werden. Worauf schon der Name hindeutet, dauert die Aussprache nur eine Stunde, wobei jedem Abgeordneten nur eine Redezeit von fünf Minuten zusteht.

ee) Untersuchungsausschüsse

Schärfste „Waffe" der parlamentarischen Kontrolle ist das Recht des Landtags. einen Untersuchungsausschuss einzusetzen (Art. 64).[40] Seine Aufgabe ist es, Sachverhalte zu untersuchen, deren Aufklärung im öffentlichen Interesse liegt. Zumeist werden Missstände untersucht, so dass es sich um die Form einer investigativen parlamentarischen Kontrolle handelt. Notwendige Beweiserhebungen werden grundsätzlich in öffentlicher Sitzung durchgeführt. Der Untersuchungsausschuss hat zudem das Recht, von strafprozessualen Zwangsmitteln Gebrauch zu machen, wenn Zeugen nicht erscheinen oder nicht aussagen. Ein Untersuchungsausschuss muss auf Antrag eines Fünftels der Mitglieder des Landtags eingesetzt werden. Dadurch ist gewährleistet, dass auch in der Minderheit befindliche Oppositionsfraktionen oder eine sonstige Minderheit von Abgeordneten die Einsetzung eines Untersuchungsausschusses erzwingen kann.

Untersuchungsausschüsse schließen mit Berichten über das Ergebnis ihrer Untersuchungen ab. Minderheiten können dazu in Sondervoten abweichende Ansichten darlegen. Anders als die Urteile unabhängiger Gerichte sind die Berichte und Sondervoten vom Untersuchungsausschuss parteipolitisch gefärbt. Untersuchungsausschüsse können eventuelle Missstände nicht selbst beseitigen, sondern nur die Regierung dazu auffordern. Manchmal erreichen sie ihr Ziel allerdings schon allein durch die öffentliche Aufdeckung von exekutivem Fehlverhalten, in dessen Folge die angeprangerten Fehler beseitigt werden und die dafür Verantwortlichen „freiwillig" zurücktreten oder aus ihren Ämtern entfernt werden.

Der Thüringer Landtag hat seit der 1. Wahlperiode bisher insgesamt zwölf Untersuchungsausschüsse eingesetzt (s. unten Tabelle 8). Die vier Untersuchungsausschüsse der 4. Wahlperiode (2004-2009) beschäftigten sich mit folgenden Themen:

„Möglicher Missbrauch von öffentlichen Mitteln und mutmaßliche unzulässige Subventionierung durch den Freistaat Thüringen zur Errichtung des Kongress-Hotels in Suhl sowie des Dom-Hotels in Erfurt und dessen Betreibung" *(Drs. 4/454)*
„Einsatz öffentlicher Mittel zur Erfüllung des Zwecks der ehemaligen Stiftung Thüringer Industriebeteiligungs-Fonds" *(Drs. 4/5462)*
„Ausbau und Förderung des Flughafens Erfurt durch den Freistaat und Aufsicht des Freistaats als Mehrheitsgesellschafter der Flughafen Erfurt GmbH (FEG)" *(Drs. 4/2562)*
„Strategien und Entscheidungen zur Sicherung der Thüringer Roh- und Fernwasserversorgung und mögliche Fehlverwendungen öffentlicher Mittel durch den Freistaat Thüringen, namentlich die Landesregierung und die TFW" *(Drs. 4/3215)*

ff) Enquête-Kommissionen[41]

Von den Untersuchungsausschüssen, die im Hinblick auf ihre übliche Funktion auch als „Missbrauchsenquêten" bezeichnet werden, sind die Enquête-Kommissionen zu unterscheiden. Sie werden zur Vorbereitung von Entscheidungen über umfangreiche und bedeutsame Sachverhalte eingesetzt. Aufgabe dieser Kommissionen ist es, dem Parlament das zur Klärung komplizierter Sachgebiete erforderliche Material zu erarbeiten, das Ergebnis der Untersuchungen zu bewerten und dem Landtag politische Lösungen zu empfehlen. Zu Mitgliedern der Enquête-Kommissionen können auch

Personen berufen werden, die nicht Mitglieder des Landtags sind. Die Enquête-Kommissionen gehören daher auch nicht zu den Fachausschüssen des Parlaments; ihre Tätigkeit ist jedoch der parlamentarischen Arbeit zugeordnet. Die Ergebnisse ihrer Arbeit können über die Diskussion ihrer Schlussberichte und im Wege gesonderter parlamentarischer Initiativen Eingang in die Beratungen des Landtags finden.

Der Thüringer Landtag hat seit seiner 1. Wahlperiode bisher insgesamt fünf Enquête-Kommissionen eingesetzt (s. unten Tabelle 8). Die letzte in der 4. Wahlperiode eingesetzte Enquête-Kommissionen hatte sich mit einer Reform der kommunalen Gebietsreform und Kommunalverfassung befasst (Beschluss vom 2.6.2005 in *Drs. 4/943).*

gg) Petitionen

Nach der Verfassung hat jedermann das Recht, sich mit Eingaben (Petitionen) an die zuständigen Stellen oder an die Volksvertretung zu wenden (Art. 14). Dieses Recht verleiht dem Bürger einen Anspruch darauf, dass diese seine Eingabe nicht nur entgegennimmt, sondern auch sachlich prüft und ihm zumindest die Art der Erledigung schriftlich mitteilt. Ein darüber hinausgehender Anspruch, etwa darauf, dass die Sache materiell oder gar im Sinne seines Anliegens entschieden wird, besteht dagegen nicht. Die Entscheidung über die Eingaben ist von der Verfassung dem Petitionsausschuss des Landtags übertragen (Art. 65).[42] Für diese Aufgabe ist er mit einer Reihe besonderer Rechte und Kontrollmöglichkeiten ausgestattet. Der Petitionsausschuss überweist die Eingabe mit einer bestimmten Empfehlung an die Landesregierung oder er stellt fest, dass dem Anliegen nicht abgeholfen werden kann. Schon während der 1. Wahlperiode (1990-1994) zählte der Petitionsausschuss mit 56 Sitzungen, auf denen er mehr als 3.000 Petitionen behandelte, zu den aktivsten Ausschüssen.

hh) Kontrolle des Verfassungsschutzes, Datenschutz

Die parlamentarische Kontrolle über die Tätigkeit des Verfassungsschutzes wird durch die vom Landtag zu Beginn jeder Wahlperiode gebildete und aus fünf Abgeordneten bestehende Parlamentarische Kontrollkommission ausgeübt. Diese Kommission wird vom Innenminister viermal jährlich umfassend über die allgemeine Tätigkeit des Verfassungsschutzes und über Vorgänge von besonderer Bedeutung unterrichtet.

Zur Überwachung der Einhaltung der Vorschriften über den Datenschutz durch die Behörden und öffentlichen Stellen des Landes hat der Landtag im Landesdatenschutzgesetz die Einsetzung eines Datenschutzbeauftragten bestimmt, der vom Landtag auf Vorschlag der Landesregierung gewählt wird.[43]

4. Behandlung der in die Zuständigkeit des Landes gehörenden öffentlichen Angelegenheiten

Im Hinblick auf die Schwierigkeit, die Aufgaben eines Landtags umfassend und abschließend in einer Verfassung aufzuführen, hat der Verfassungsgeber in Art. 48 Abs. 2 eine Art Auffangtatbestand normiert, um bei der zentralen Teilhabe des Landtags an dem dynamischen Prozess politischer Willensbildung Aufgaben zu erfassen, die in der Literatur mit Begriffen wie Repräsentations-, Integrations- oder Öffentlichkeitsfunktion umschrieben werden. Dort wird auf die „öffentlichen Angelegenheiten“ abgehoben, um zu verdeutlichen, dass es sich dabei nicht nur um staatliche Angelegenheiten handeln muss.

Die Kompetenzbegrenzung auf die zur „Zuständigkeit des Landes“ gehörenden öffentlichen Angelegenheiten ergibt sich bereits aus der föderalistischen Kompetenzverteilung des Grundgesetzes. Damit wird jedoch weder eine Kontrolle der Landesregierung in Bundesratssachen noch in sonstigen Bundesangelegenheiten ausgeschlossen, da die gesamten bundesrechtlichen und -politischen Aktionsmöglichkeiten der Landesregierung Gegenstand der parlamentarischen Kontrolle durch den Landtag sein können. Der Landtag darf also zum Beispiel die Landesregierung auffordern, im Bundesrat einem bestimmten Gesetzgebungsvorhaben des Bundes die Zustimmung zu verweigern.

5. Andere dem Landtag zustehende Aufgaben

Die Landesverfassung hat dem Landtag zusätzlich die folgenden Kompetenzen ausdrücklich zugewiesen: die Überprüfung von Landtagswahlen (Art. 49 Abs. 3), die Verabschiedung der Geschäftsordnung des Landtags (Art. 57 Abs. 5), die Zustimmung zur Aufhebung der Immunität und sonstige Entscheidungen im Rahmen der Immunität (Art. 55 Abs. 2 und 3), den Ausschluss der Öffentlichkeit von Plenarsitzungen (Art. 60 Abs. 2 – der bisher aber nie vorgekommen ist), die Zustimmung zu Staatsverträgen (Art. 77 Abs. 2) oder die Entlastung der Landesregierung (Art. 102 Abs. 3).

VI. Die Organisation des Landtags

Nach dem Grundsatz der Parlamentsautonomie regelt der Landtag in seiner Geschäftsordnung seine Organisation und Arbeitsweise unter Beachtung der Landesverfassung nach seinem Ermessen.

Tabelle 7: Vorstände des Thüringer Landtags

1. Wahlperiode 1990-1994			
Präsident	Dr. Gottfried Müller	CDU	1990-1994
Vizepräsident	Peter Friedrich	SPD	1990-1994
Vizepräsident	Peter Backhaus	FDP	1990-1994
2. Wahlperiode 1994-1999			
Präsident	Dr. Frank-Michael Pietzsch	CDU	1994-1999
Vizepräsident	Dr. Roland Hahnemann	PDS	1994-1999
Vizepräsident	Peter Friedrich	SPD	1994-1998
	Hans-Jürgen Döring	SPD	1998-1999
3. Wahlperiode 1999-2004			
Präsidentin	Christine Lieberknecht	CDU	1999-2004
Vizepräsidentin	Dr. Birgit Klaubert	PDS	1999-2004
Vizepräsidentin	Irene Ellenberger	SPD	1999-2004
4. Wahlperiode 2004-2009			
Präsidentin	Prof. Dr. Dagmar Schipanski	CDU	2004-2009
Vizepräsidentin	Dr. Birgit Klaubert	PDS/Die LINKE	2004-2009
Vizepräsidentin	Birgit Pelke	SPD	2004-2009
5. Wahlperiode seit 2009			
Präsidentin	Birgit Diezel	CDU	seit 2009
Vizepräsidentin	Dr. Birgit Klaubert	Die LINKE	seit 2009
Vizepräsident	Heiko Gentzel	SPD	seit 2009
Vizepräsidentin	Franka Hitzing	FDP	seit 2009
Vizepräsidentin	Astrid Rothe-Beinlich	B90/Grüne	seit 2009

1. Organe

Wichtigstes Leitungsorgan des Landtags ist der Präsident, ihm zur Seite stehen der Vorstand und Ältestenrat (Art. 57 in Verbindung mit §§ 2; 10 GO LT). Der Präsident führt die Geschäfte des Landtags. Er ernennt und entlässt die höherrangigen Bediensteten des Landtags im Benehmen mit dem – aus ihm und seinen Stellvertretern (Vizepräsidenten) bestehenden – Vorstand und führt über sie die Dienstaufsicht. Er vertritt das Land in allen Angelegenheiten seiner Verwaltung, und übt das Hausrecht sowie die Polizeigewalt im Landtagsgebäude aus (§§ 4; 5 GO LT). Der Präsident oder einer seiner Stellvertreter leitet die Plenarsitzungen; er wird hierbei von den Schriftführern unterstützt.

Ein wichtiges Leitungsgremium ist der Ältestenrat. Ihm gehören neben dem Vorstand weitere Abgeordnete an, die sich auf die Fraktionen nach ihrem Stärkeverhältnis verteilen. Der Ältestenrat unterstützt den Präsidenten bei der Führung der Geschäfte. Dabei hat er insbesondere eine Verständigung zwischen den Fraktionen über den Arbeitsplan des Landtags, die Besetzung der Stellen der Ausschussvorsitzenden und ihrer Stellvertreter herbeizuführen sowie den Entwurf der Tagesordnung für die Plenarsitzungen zu erstellen.

2. *Gliederung, Fraktionen, Ausschüsse*

Die Gesamtheit aller Abgeordneten bildet das Plenum, das „Hauptorgan" des Landtags. Politisch gliedert sich der Landtag in Fraktionen. Das Thüringer Abgeordnetengesetz (§ 44 Abs. 1) versteht darunter den Zusammenschluss von Abgeordneten, die derselben in den Landtag gewählten Partei oder Wählervereinigung angehören. Die Fraktionen strukturieren die parlamentarische Arbeit und koordinieren die parlamentarische Arbeit ihrer Mitglieder. Ihnen ist eine zur Erfüllung ihrer Aufgaben erforderliche Ausstattung zu gewährleisten, wobei die Opposition einen Oppositionsbonus erhält (§ 49 des Thüringer Abgeordnetengesetzes).

Die Arbeit des Plenums des Landtags wird durch Ausschüsse vorbereitet (Tabelle 8). In ihrer Zusammensetzung spiegeln diese die Zusammensetzung des Plenums nach Fraktionen wider. Die Verfassung schreibt einige Ausschüsse zwingend vor (Petitionsausschuss, Wahlprüfungsausschuss). Im Übrigen steht die Einrichtung von Ausschüssen im Organisationsermessen des Landtags. In der 5. Wahlperiode (seit 2009) hat der Landtag zehn ständige Fachausschüsse gebildet. Ihnen gehören jeweils 11 oder 14 Mitglieder an. Grundsätzlich bereiten die Ausschüsse lediglich die Entscheidung des Plenums vor und entscheiden nur ausnahmsweise an dessen Stelle. Sie können sich aber auch mit Angelegenheiten aus ihrem Zuständigkeitsbereich befassen, die ihnen nicht vom Plenum überwiesen worden sind, ohne dazu aber Beschlüsse in der Sache fassen zu dürfen (sogenannte Selbstbefassungsangelegenheiten gemäß § 74 Abs. 2 GO LT).

Tabelle 8: Ausschüsse und Kommissionen

	1. WP 1990-94	*2. WP 1994-99*	*3. WP 1999-2004*	*4. WP 2004-09*
Ständige Ausschüsse	13	12	13	19
Sitzungen	786	721	659	748
Anhörungen	133	115	85	86
Anzuhörende	1.765	1.409	967	1.280
Enquete-Kommissionen	1	-	3	1
Sitzungen	10		95	26
Anhörungen	2		6	6
Anzuhörende	12		151	82
Untersuchungsausschüsse	4	-	4	4
Sitzungen	77		87	114
Anhörungen / Zeugenvernehmungen	24		29	47
Zeugen / Sachverständige	115		58	160

Quelle: Archiv des Thüringer Landtags.

3. Landtagsverwaltung

Der Landtagsverwaltung obliegen Servicefunktionen für den Landtag, seine Organe, seine Mitglieder sowie für die Fraktionen. Sie gliedert sich unter einem Landtagsdirektor als dem ständigen Vertreter des Präsidenten in der Verwaltung in zwei Abteilungen und das Büro des Präsidenten. Eine Abteilung bereitet im Auftrag von Abgeordneten oder Fraktionen parlamentarische Initiativen vor und erstellt Gutachten. Sie begleitet außerdem die parlamentarischen Initiativen von der Einbringung bis zu ihrer Verkündung in fachlicher und technischer Hinsicht. Der anderen Abteilung sind unter anderem die Referate für Abgeordnetenangelegenheiten, Personal, Haushalt, EDV sowie das Archiv und die Bibliothek zugeordnet. Das Büro des Präsidenten ist mit Aufgaben der Presse- und Öffentlichkeitsarbeit, des Protokolls und des Besucherdienstes betraut. Die Landtagsverwaltung im engeren Sinne beschäftigt ca. 120 Personen.

VII. Bilanz und Zukunft des Thüringer Landtags[44]

Die 1. Wahlperiode des Thüringer Landtags war durch den Aufbau seiner Strukturen, seine Einarbeitung in die vielfältigen Bedingungen eines parlamentarischen Regierungssystems sowie die zeitaufwendige Rezeption des Landesrechts westdeutscher Prägung gekennzeichnet. Inzwischen hat der Thüringer Landtag nicht nur auf dem Gebiet der Gesetzgebung sondern auch bei der Wahrnehmung seiner sonstigen Aufgaben im Vergleich zu allen übrigen deutschen Landesparlamenten einen „normalen" Standard erreicht.

Die parlamentarische „Laienschauspielerschar" der ersten Stunde gehört schon längst der Vergangenheit an. Im Thüringer Landtag sitzen heute ganz überwiegend „politische Profis", die „für und von der Politik leben" (Max Weber). Diese Entwicklung hat allerdings auch durchaus ihre Schattenseiten: Berufsabgeordnete unterliegen der Gefahr, dass dadurch zum Beispiel ihre Unabhängigkeit und Bodenhaftung geschwächt werden, sie ihr Handeln zu stark auf den Erhalt ihres Berufs und damit zu eigennützig und zu wenig gemeinwohlorientiert ausrichten, womit sie als demokratische Repräsentanten das Vertrauen der Bürger verlieren können.

Diese Gesichtspunkte sprechen dafür, in den Bundesländern im Grundsatz wieder zu Teilzeitabgeordneten zurückzukehren, die neben ihrem Mandat auch noch einen Beruf ausüben. Auch der permanente Verlust an Landeskompetenzen – und damit auch an Gestaltungsmöglichkeiten der Landtage – legt diesen Schritt nahe. Die Bundesrepublik Deutschland hat sich zu einem unitarischen Bundesstaat entwickelt. Dafür gibt es im Wesentlichen drei Gründe: Erstens haben sich die Gesetzgebungskompetenzen der Länder zunehmend auf den Bund und die Europäische Union verlagert. Zweitens hängen die Landesparlamente im Bereich der Haushaltsgestaltung sowohl am „goldenen Zügel" des Bundes als auch der Europäischen Union. Drittens ist die Finanzautonomie der Länder, insbesondere bei der Steuergesetzgebung, rudimentär.

Diese Entwicklung wurde allgemein und parteiübergreifend als Bedrohung für die föderalistische Ordnung empfunden. Daher wurde im Jahr 2003 eine Föderalismusreform eingeleitet, deren vorrangiges Ziel darin bestand, die verfassungsrechtliche Stellung der Länder und deren Parlamente zu stärken. Der erste Teil der Föderalismusreform wurde im Jahr 2006 mit einer Reihe von Änderungen des Grundgesetzes abgeschlossen.[45] Ein großer Wurf zu Gunsten der Länder und ihrer Parlamente ist dabei nicht herausgekommen. Die Verlagerung von Gesetzgebungskompetenzen auf die Länder (zum Beispiel Strafvollzug, Versammlungs-, Ladenschluss-, Gaststättenrecht und das Besoldungs- und Versorgungsrecht der Beamten und Richter in den Ländern) ist gering, und der angestrebte Abbau der Mischverwaltungen und Mischfinanzierungen zwischen Bund und Ländern im Rahmen der Gemeinschaftsaufgaben (Art. 91a, b GG) betraf nur den Hochschulbau und die Bildungsplanung.

Die weitere Revitalisierung der Landtage muss also auf der Agenda der Politik bleiben. Die Landesparlamente abzuschaffen, ist hingegen keine Alternative. Sie verbietet sich nicht nur verfassungsrechtlich nach Art. 79 Abs. 3 GG selbst im Wege der Verfassungsänderung, sondern auch politisch, weil damit ein unersetzlicher Verlust für die demokratischen Mitwirkungsrechte der Bürger in unserer repräsentativen Mehr-Ebenen-Demokratie verbunden wäre.

Anmerkungen

1 Vgl. dazu i.e. *Joachim Linck*, Haus demokratischer Willensbildung: Wiedergeburt der parlamentarischen Demokratie, in: Der Thüringer Landtag. Politisches Zentrum eines neuen Bundeslandes, *hg.v. Thüringer Landtag*, Erfurt o.J., S. 97-111.

2 § 1 Abs. 1 des Ländereinführungsgesetzes v. 22.7.1990 - GBl. der DDR I, S. 955 -, der noch die Bildung der neuen Länder „in der DDR" mit Wirkung vom 14.10.1990 vorsah, wurde durch Art. 1 des Einigungsvertragsgesetzes v. 23.9.1990 (BGBl. II, S. 885 i.V.m. Kap. I, Art. 1 des Einigungsvertrages - BGBl. II, S. 890) zeitlich überholt. Hierzu auch *Ulrich Rommelfanger* in diesem Band.

3 Zur Staatsqualität der Länder vgl. BVerfGE 36, 360f.; *Roman Herzog*, in: *Theodor Maunz / Günter Dürig*, Grundgesetz: Kommentar, München 1991, Art. 20 Abs. 4, Rn. 4ff. insbes. 16; *Joachim Linck*, in: *ders. / Siegfried Jutzi / Jörg Hopfe*, Die Verfassung des Freistaats Thüringen, Stuttgart u.a. 1994, Art. 44, Rdnr. 10.

4 Art. 1 Einigungsvertragsgesetz i.V.m. Art. 3 Einigungsvertrag.

5 Gleichlautend § 3 Abs. 2 Satz 2 Ländereinführungsgesetz.

6 Dieser Name wurde gewählt, um damit nicht nur die Vorläufigkeit, sondern auch die Unvollständigkeit hervorzuheben. Dass es sich trotz dieser Namensgebung um eine Verfassung im formalen Sinn handelte, war jedoch unzweifelhaft. Zu Qualität, Inhalt und den parlamentarischen Beratungen der Vorläufigen Landessatzung *Joachim Linck*, Die Vorläufige Landessatzung für das Land Thüringen, in: Thüringer Verwaltungsblätter 1 (1992), S. 1-10. Der vollständige Text der Vorläufigen Landessatzung ist abgedruckt in: *Karl Schmitt (Hrsg.)*, Die Verfassung des Freistaats Thüringen, Weimar u.a. 1995, S. 217-223.

7 Vgl. dazu *Würtenberger / Wiater* in diesem Band.

8 Die personalisierte Verhältniswahl ist damit im Freistaat Thüringen verfassungsrechtlich – also nicht nur wie im Bund (vgl. § 1 Abs. 1 Satz 2 Bundeswahlgesetz) einfachgesetzlich – festgeschrieben und machtpolitischer Manipulation weitgehend entzogen. – Verweise auf Artikel ohne weitere Verweisungen beziehen sich im folgenden auf die Verfassung des Freistaats Thüringen.

9 Da die CDU bei der Landtagswahl 1990 alle 44 Direktmandate gewann, erhielt sie ein Mandat mehr, als ihr nach dem Anteil der Landesstimmen zugestanden hätte.

10 Diese Regelung galt für die Landtagswahl 1990 noch nicht, da diese nach dem noch von der Volkskammer beschlossenen „Gesetz über die Wahlen zu Landtagen in der Deutschen Demokratischen Republik" vom 22. Juli 1990 durchgeführt wurden, das keine Ausgleichsmandate vorsah.

11 Vgl. *Thüringer Landtag (Hrsg.)*, Der Thüringer Landtag und seine Abgeordneten 1990-2005. Studien zu 15 Jahren Landesparlamentarismus, Erfurt 2005.

12 Dazu generell *Karl Schmitt*, Christliche Verantwortung in der Demokratie. Evangelische und katholische Abgeordnete im Thüringer Landtag, in: *Thüringer Landtag (Hrsg.)*, Kirchen und kirchliche Aufgaben in der parlamentarischen Auseinandersetzung in Thüringen vom frühen 19. bis ins ausgehende 20. Jahrhundert, Erfurt 2005, S. 303-324.

13 Diese Entwicklung ist problematisch, weil Abgeordnete damit unter anderem Gefahr laufen, ihre Unabhängigkeit, Bürgernähe und Gemeinwohlbindung zu verlieren (s. unten, Abschnitt VII. „Bilanz und Zukunft des Thüringer Landtags").

14 Ab 1.11.2002 (GVBl. 2009, S. 420). Zur jährlichen Veränderung der Diäten nach dem thüringischen Modell einer Indexierung vgl. *Joachim Linck,* Indexierung der Abgeordnetendiäten. Das Thüringer Modell gegen den bösen Schein der Selbstbedienung, in: Zeitschrift für Parlamentsfragen 26 (1995), S. 372-379.

15 Dazu im Einzelnen der Beitrag von *Würtenberger / Wiater*, Abschnitte II. 3. und 4 (in diesem Band).

16 BVerfGE 49, 125.

17 Siehe unten, Abschnitt V.1.a.

18 *Linck* (Anm. 3), Art. 48, Rdnr. 3f.

19 *Walter Bagehot*, The English Constitution, London 1964 (1. Ausg. 1867), S. 151ff.

20 *Klaus Stern*, Das Staatsrecht der Bundesrepublik Deutschland, Bd. II, München 1980, § 26 Abs. 2, 2a; vgl. auch *Uwe Thaysen*, Parlamentarisches Regierungssystem in der Bundesrepublik Deutschland. Daten, Fakten und Urteile im Grundriß, 2. Aufl., 1976, S. 17-68.

21 Vgl. dazu i.e. *Linck* (Anm. 3), Rdnrn. 8ff.

22 BVerfGE 18, 391; *Norbert Achterberg*, Parlamentsrecht, Tübingen 1984, S. 735f.; *Konrad Hesse*, Grundzüge des Verfassungsrechts der Bundesrepublik Deutschland, 18. Aufl., Heidelberg 1991, Rdnr. 506.

23 Vgl. dazu *Stern* (Anm. 20), § 37 Abs. 1, 4b.

24 Zur sog. Wesentlichkeitstheorie des Bundesverfassungsgerichts vgl. z.B. BVerfGE 34, 192f.; 77, 230f.

25 BVerfGE 47, 79.

26 BVerfGE 68, 109.

27 *Joachim Linck*, Zum Vorrang des Parlaments gegenüber den anderen Gewalten, in: Die Öffentliche Verwaltung (1979), S. 165ff.; allgemein zu den verfassungsrechtlichen Grenzen des legislativen Zugriffsrechts *Albert Janssen*, Über die Grenzen des legislativen Zugriffsrechts. Untersuchungen zu den demokratischen und grundrechtlichen Schranken der gesetzgeberischen Befugnisse, Tübingen 1990.

28 Die Zahl von 188 „verabschiedeten" Gesetzen weicht von der sich aus Tabelle 4 ergebenden Summe von 177 in der 1. Wahlperiode „angenommenen" Gesetzentwürfen ab, da beiden Statistiken unterschiedliche Zählweisen zugrundeliegen.

29 Noch heute ist erkennbar, aus welchem Land der Aufbauhelfer stammte, der den ersten Entwurf („Referentenentwurf") erarbeitet hatte, der später als Regierungsentwurf in den Landtag eingebracht wurde.

30 An dieser Art der Gesetzgebung ist insbesondere aus Kreisen der Wissenschaft viel Kritik geübt worden: Der Aufbau eines fast komplett neuen Normensystems in Ostdeutschland hätte unbedingt zu einer grundlegenden Reform mit dem Ziel weniger und einfacherer Normen, einer stärkeren Deregulierung sowie einer verbesserten Gesetzesfolgeabschätzung genutzt werden sollen. Dieser Kritik hat der damalige Landtagspräsident Gottfried Müller zu Recht entgegengehalten: „Was in 40

Jahren Bundesrepublik Deutschland nicht geschafft worden ist, das sollte nun plötzlich in kürzester Zeit im Osten erreicht werden." Die Kritik war auch insofern realitätsfern, als die westdeutsche Landesgesetzgebung aus politischen und wirtschaftlichen Gründen schnellstens übernommen werden musste und überhaupt keine personellen Ressourcen zur Verfügung standen, um dabei zugleich grundlegende Reformen auf den Weg zu bringen. Man schaffte die schlichte Rezeption des westdeutschen Landesrechts ja gerade mit Müh und Not.

31 Diese Regelung ist im Hinblick auf das grundsätzliche Gebot parlamentarischer Öffentlichkeit in einer repräsentativen Demokratie verfassungspolitisch problematisch und lässt sich nur damit rechtfertigen, dass Abgeordneten dadurch gewährleistet werden soll, ihr Mandat frei und unabhängig auszuüben. Vgl. dazu näher *Joachim Linck,* Geheime Wahlen der Ministerpräsidenten - eine Sünde wider den Geist des Parlamentarismus, in: Deutsches Verwaltungsblatt 120 (2005), S. 793-798.

32 *Linck* (Anm. 3), Art. 48, Rdnrn. 22f.

33 Ebd., Art. 48, Rdnrn. 41ff.

34 Ebd., Art. 73, Rdnrn. 1f.

35 Ebd., Art. 66, Rdnrn. 4ff.

36 *Jörg Hopfe,* Art. 102, Rdnrn. 3ff., in: *Linck / Jutzi / Hopfe* (Anm. 3).

37 *Linck* (Anm. 3), Art. 48, Rdnrn. 30ff.

38 Ebd., Art. 67, Rdnrn. 19ff.

39 Ebd., Art. 67, Rdnrn. 2ff.

40 Ebd., Art. 64, Rdnrn. 1ff.

41 Art. 63 ThürVerf, § 84 GO LT, *Linck* (Anm. 3), Art. 63, Rdnrn. 1ff.

42 *Linck* (Anm. 3), Art. 65, Rdnr. 1.

43 §§ 35ff. Datenschutzgesetz.

44 Dazu näher *Joachim Linck,* Haben die deutschen Landesparlamente noch eine Zukunft?, in: Zeitschrift für Politikwissenschaft 14 (2004), S. 1215-1234.

45 BGBl. I, 2006, Nr. 41.

Torsten Oppelland / Sven Leunig

Die Thüringer Landesregierung

I. Regierungsfunktionen

Die Funktionen der Landesregierungen in Deutschland unterscheiden sich im Grundsatz nicht von denen der Bundesregierung, sehr wohl aber im Umfang ihrer Wirkmöglichkeiten. Dies gilt auch für die Regierung des Freistaats Thüringen. Im Wesentlichen lassen sich die Aufgaben von Regierungen in die klassische der „Exekutiven" („ausführende Gewalt") und die modernere der „Politikformulierung" unterscheiden. Während erstere auch in den Landesverfassungen ihren Niederschlag findet, („die Landesregierung ist das oberste Organ der vollziehenden Gewalt" – Art. 70 Abs. 1 ThürVerf) ist letztere verfassungsrechtlich kaum normiert.[1]

Politikformulierung, also die Inhalte und Ziele der Staatstätigkeit zu bestimmen, war von Anfang an Aufgabe der Regierung. Tat sie dies in der konstitutionellen Monarchie noch weitgehend unabhängig von parlamentarischer Unterstützung, wurde die Formulierung ihrer Programme mit der Einführung parlamentarischer Regierungssysteme eng an die politischen Vorstellungen der Parlamentsmehrheit gebunden. Heute basiert das Handeln oder Untätigbleiben einer Regierung in einem bestimmten Politikfeld im Wesentlichen auf Programmen der sie stützenden Mehrheitspartei(en) im Parlament. Handelt es sich dabei um eine Koalitionsregierung, so sind die Vereinbarungen zwischen den Partnern dieser Koalition entscheidend. Auf diesen bzw. dem Programm der Regierungspartei im Falle einer Alleinregierung beruhen wiederum die in regelmäßigen Abständen vor dem Parlament abgegebenen Regierungserklärungen. Diese werden sowohl – zu Beginn einer neuen Regierungsperiode oder etwa bei den alljährlichen Haushaltsberatungen – zur generellen Politik der Regierung als auch zu einzelnen Sachthemen abgegeben.

Die zentrale Rolle der Landesregierung im Politikformulierungsprozess ergibt sich daraus, dass die allgemeinen programmatischen Zielsetzungen der Regierungspartei(en) erst mit Hilfe des ministeriellen Apparats der Regierung in praktische Politik umgeformt werden müssen. Da beim Wechsel von Mehrheiten der größte Teil der Beamten in den Ministerien nicht oder nur schwer ausgetauscht werden kann, ist es von besonderer Bedeutung, dass die Minister als Leiter ihrer Ressorts in der Lage sind, ihre politischen Präferenzen durchzusetzen – ohne dabei mit der „Brechstange" vorzugehen und erfahrene Fachbeamte vor dem Kopf zu stoßen.

In jedem Fall sind die Landesregierungen „gesuchte Gesprächspartner"[2]. Interessenverbände versuchen, ihre Positionen über Kontakte mit der Ministeriumsspitze und leitenden Fachbeamten in den Gesetzgebungsprozess einzubringen bzw. in Erfahrung zu bringen, was das Ressort plant. Gleiches gilt für die regionalen und überregionalen Medien. Zugleich gehört die Kontaktpflege mit anderen deutschen Landesregierungen sowie mit europäischen und weltweiten Regierungsvertretern zum Aufgabenbereich der Landesregierung.

Freilich sind die Regierungen nicht in der Lage, das Programm ihrer Partei(en) eins zu eins umzusetzen. Vielmehr müssen sie dabei die durch Maßnahmen ihrer Vorgängerregierungen geschaffene politische Lage zum Zeitpunkt ihres Amtsantritts maßgeblich berücksichtigen. Dies gilt natürlich auch für den weiteren Zeitablauf: Politische, wirtschaftliche, gesellschaftliche Entwicklungen im Verlauf der Zeit erzeugen politische Handlungsnotwendigkeiten und lassen programmatisch vielleicht gewünschte, aber nicht realisierbare Inhalte hinter anderen zurücktreten.

II. Landesregierungen im Föderalismus

Im deutschen Bundesstaat ist die „Programmhoheit" einer Landesregierung naturgemäß auch durch die Verteilung der Zuständigkeiten zwischen dem Bund und den Ländern begrenzt.[3] Im Bereich der Gesetzgebung gilt zwar der Grundsatz, dass die Länder generell das Recht der Gesetzgebung haben, solange das Grundgesetz nichts anderes bestimmt (Art. 70 GG). Faktisch jedoch liegt die Gesetzgebungskompetenz heute weit überwiegend beim Bund. Die Landeskompetenz beschränkt sich auf die Kernbereiche der Innenpolitik (Staatsorganisations-, Polizei- und Kommunalrecht), der Wirtschafts- und Strukturpolitik sowie der Kulturhoheit (Bildungs- und Schulpolitik, Medien).

Was den Ländern an Befugnis zu eigener Gesetzgebung abgeht, steht ihnen umso mehr bei der Gesetzesausführung zu. Dies gilt nicht nur für ihre eigenen, die Landesgesetze, sondern auch für die des Bundes. Denn dieser verfügt nur für wenige Aufgabenbereiche über eigene ausführende Behörden. Die Länderverwaltungen sind daher zu großen Teilen mit dem Vollzug von Bundesgesetzen befasst. Dabei können die Landesregierungen durchaus politische Akzente setzen und eigenständig Politik betreiben, zum Beispiel hinsichtlich der Art der Ausführung von Bundesgesetzen. Allerdings ist der Spielraum der Länder in zweifacher Hinsicht begrenzt: Zum einen resultieren aus bundesgesetzlichen Bestimmungen oft Ausgaben für die Länder, ohne dass diese über die Möglichkeit verfügen, ihre Einnahmen nennenswert zu steigern – denn die Gesetzgebungshoheit über Steuern liegt weitgehend beim Bund.[4] Zum anderen kann der Bund mit Zustimmung des Bundesrates „die Einrichtung der Behörden und das Verwaltungsverfahren" bei der Durchführung von Bundesgesetzen regeln (Art. 84 Abs. 1 GG).

Die Föderalismusreform I von 2006 hat die Gewichte etwas zu Gunsten der Länder verschoben. Sie hat die Gesetzgebungskompetenzen der Länder in einigen Punkten gestärkt. Wie die meisten andern Länder hat auch der Freistaat Thüringen begonnen, seinen erweiterten Spielraum zu nutzen: so mit der Verabschiedung eines Rauchverbots in Gaststätten, der Neuregelung der Ladenöffnungszeiten und des Jugendstrafvollzugs; die Neuregelung des Heimrechts ist geplant.[5] Des Weiteren wurde im Hinblick auf die Ausführung von Bundesgesetzen Art. 84 GG dahingehend geändert, dass der Bund nur noch in Ausnahmefällen das Verwaltungsverfahren zwingend regeln kann und dass die Länder in den Fällen, in denen er dies ohne Zustimmung des Bundesrates tut, von diesem Verfahren abweichen dürfen. Wollen die Länder bei der Ausführung der Bundesgesetze also eigene Akzente setzen, können sie dies nunmehr in weitaus größerem Maße tun als bisher.

Obwohl die Föderalismusreform die Zahl der Bundesgesetze, die der Zustimmung des Bundesrates bedürfen, deutlich gesenkt hat, bleibt der Einfluss der Länderkammer in der Mehrzahl der zentralen Politikbereiche erhalten, so etwa in der auch für die Länder sehr bedeutsamen Steuer- und Haushaltspolitik. Da die Länder im Bundesrat von den Landesregierungen vertreten werden, ist dieser auch ein wesentlicher Bereich der Aktivitäten der Landesregierungen, dessen Bedeutung sich auch darin widerspiegelt, dass es in allen Kabinetten die Position eines „Bundesratsministers" gibt. Hinzu kommt ein Beauftragter des Landes beim Bund, der in der Regel den Rang eines Staatssekretärs in der jeweiligen Staatskanzlei einnimmt. Seit den 1970er Jahren werden in Koalitionsverträge auch „Bundesratsklauseln" aufgenommen, nach denen sich die Vertreter des Landes im Bundesrat bei Uneinigkeit über das Abstimmungsverhalten enthalten.[6]

III. Aufbau und Arbeitsweise der Landesregierung

1. Die Landesregierung

Die Landesregierung, „das oberste Organ der vollziehenden Gewalt", ist ein Kollegialorgan, das „aus dem Ministerpräsidenten und den Ministern" besteht (Art. 70 ThürVerf).[7] Um möglichen Interessenkonflikten vorzubeugen, dürfen Regierungsmitglieder kein anderes besoldetes Amt, keinen Beruf oder Gewerbe neben ihrer Mitgliedschaft in der Landesregierung ausüben (berufliche Inkompatibilität). Tätigkeiten von Regierungsmitgliedern in Aufsichtsgremien oder Vorständen eines „auf Erwerb gerichteten Unternehmens" sind allerdings mit Genehmigung des Landtags grundsätzlich möglich (Art. 72 Abs. 2 ThürVerf).

Mit der Bildung der Koalition aus CDU und SPD im Oktober 2009 gibt es neben der Ministerpräsidentin acht Ressortminister. Hinzu kommt der bereits erwähnte Minister für Bundes- und Europaangelegenheiten, der zugleich Chef der Staatskanzlei ist.[8]

Organisation und Funktionsweise der Landesregierung sind in ihren Grundzügen stark an das Grundgesetz angelehnt.[9] Das Kollegialprinzip ist in der Verfassung ausdrücklich gegenüber dem Ressortprinzip abgegrenzt, denn Art. 76 Abs. 2 ThürVerf legt fest, dass die Landesregierung als Ganze „insbesondere über die Abgrenzung der Geschäftsbereiche, die Einbringung von Gesetzentwürfen, den Abschluss von Staatsverträgen und die Stimmabgabe im Bundesrat“ entscheidet.[10] Maßgeblich für die Arbeitsweise des Kabinetts ist die Verfassung; Einzelheiten sind in der Geschäftsordnung der Landesregierung[11] geregelt. In der Praxis tritt das Kabinett jeweils zu Wochenbeginn zusammen, wobei die Beschlussvorlagen zumeist interministeriell vorab geklärt sind; Mehrheitsentscheidungen bilden die Ausnahme.

Die Amtszeit der Regierungsmitglieder einschließlich des Ministerpräsidenten endet spätestens mit dem Ende der Legislaturperiode des Landtags, für deren Dauer sie gewählt werden, d.h. mit dem Zusammentritt des neu gewählten Landtags (Art. 75 Abs. 2 ThürVerf). Die besondere Bindung der Regierungsmitglieder an den Chef der Regierung, der sie ernannt hat, wird darin deutlich, dass mit dessen Rücktritt bzw. jeder anderen Art der Beendigung seines Amtes (Tod, gescheiterte Vertrauensfrage, Misstrauensvotum) auch deren Amtszeit endet. Ansonsten hat jedes Regierungsmitglied das Recht, jederzeit zurückzutreten. In jedem Fall haben die Mitglieder der Regierung die Geschäfte so lange weiterzuführen, bis eine neue Regierung gebildet bzw. ein Nachfolger für das zurückgetretene oder abberufene Regierungsmitglied gewählt bzw. ernannt worden ist. Das hat zur Folge, dass eine Regierung über mehrere Monate geschäftsführend im Amt bleiben kann, wenn sich der neu gewählte Landtag nicht auf eine neue Regierung einigen kann.[12] 2009 dauerte es in Thüringen immerhin zwei Monate, bis nach der Landtagswahl (30. August) schließlich am 30. Oktober eine Ministerpräsidentin gewählt und eine neue Regierung gebildet werden konnte.

2. *Der Ministerpräsident*[13]

Der Ministerpräsident hat in vielerlei Hinsicht die zentrale Führungsposition im Kabinett inne. Insofern entspricht das Regierungssystem in Thüringen dem Modell der „Kanzlerdemokratie“ des Grundgesetzes, wenngleich die Stellung des Kanzlers wie auch des Ministerpräsidenten in der Verfassungswirklichkeit von vielen politischen Faktoren abhängig ist.

In erster Linie ist hier die Abhängigkeit des Regierungschefs vom Vertrauen des Landtages zu nennen. Der Ministerpräsident wird als einziges Mitglied der Landesregierung vom Landtag ohne Aussprache in geheimer Abstimmung gewählt.[14] Dazu bedarf es in einem ersten und einem zweiten Wahlgang der Mehrheit seiner Mitglieder (Art. 70 Abs. 3 ThürVerf). Erst, wenn diese absolute Mehrheit nicht zustande kommt, sind weitere Wahlgänge möglich, bei denen die einfache Mehrheit der abgegebenen Stimmen ausreicht.[15] Welche Auswirkungen der geheime Charakter einer Wahl haben kann, hat sich 2009 bei der Wahl der Thüringer Ministerpräsidentin

Christine Lieberknecht gezeigt, bei der sich offenbar Abgeordnete der Koalitionsfraktionen in zwei Wahlgängen enthalten und sie so in einen dritten Wahlgang gezwungen haben (bei dem sie dann allerdings mit deutlicher Mehrheit gewählt wurde). In jedem Fall ermöglicht die Wahl des Ministerpräsidenten mit einfacher Mehrheit bewusst die Bildung von Minderheitsregierungen.

In modernen parlamentarischen Systemen kann die Wahlfunktion des Parlaments als dessen wichtigste Funktion überhaupt gelten. Damit ist das klassische System der Gewaltenteilung durch ein System der Gewaltenverschränkung ersetzt worden. Das bedeutet, dass die Regierung nicht mehr vom Parlament insgesamt kontrolliert wird, wie dies in Systemen der Fall ist, in denen der Chef der Exekutive entweder durch einen Monarchen ernannt (z.B. Deutsches Kaiserreich) oder in einer Wahl direkt vom Volk gewählt wird (z.B. USA) und somit vom Vertrauen des Parlamentes unabhängig ist. Vielmehr wird der Regierungschef von der Mehrheit des Parlaments gewählt und von dieser Mehrheit auch getragen.[16] Der Dualismus von Regierung und Parlament hat sich insofern ins Innere des Parlaments verlagert und spiegelt sich in dem Gegensatz von Mehrheits- bzw. Koalitionsfraktionen und Opposition wider. In der Praxis heißt dies, dass die Regierung und speziell der Regierungschef nur solange eine starke Position hat, wie er das Vertrauen der Mehrheitsfraktion(en) genießt, denn er ist das einzige Regierungsmitglied, das durch das „konstruktive Misstrauensvotum" gestürzt werden kann (Art. 74 ThürVerf).[17] Misstrauensvoten werden in der Praxis zwar gelegentlich eingeleitet, insbesondere von der Opposition, haben aber fast nie Erfolg. So wird der Ministerpräsident, der das Vertrauen seiner Regierungsfraktion(en) verloren hat, eher zurücktreten, als dass er sich der für die Partei problematischen Abwahl durch ein Misstrauensvotum aussetzt.

In Thüringen wurde dies beim Sturz des ersten Ministerpräsidenten, Josef Duchac, sehr deutlich.[18] Dieser war wegen seiner angeblich zu großen Nähe zum früheren Regime, aber vor allem auch wegen einer gewissen Entscheidungsschwäche in die öffentliche Kritik geraten. Ein Misstrauensvotum, das von der größten Oppositionsfraktion, der SPD, im Dezember 1991 eingebracht worden war, überstand er, da die Koalitionsfraktionen von CDU und FDP noch zu ihm hielten.[19] Die öffentliche Kritik verstummte jedoch nicht; der Abstimmung über einen zweiten Misstrauensantrag der SPD im Januar 1992 kam der Ministerpräsident, der sich des Vertrauens seiner eigenen Fraktion nicht mehr sicher sein konnte, durch seinen Rücktritt zuvor. Die Koalitionsfraktionen von CDU und FDP haben dann Bernhard Vogel zum neuen Ministerpräsidenten gewählt, dessen Stellung sich insbesondere stabilisierte, nachdem er im Januar 1993 den Vorsitz der CDU Thüringens übernommen hatte.

Der thüringische Ministerpräsident hat auch die Möglichkeit, die Vertrauensfrage zu stellen (Art. 74 ThürVerf). Dies kann mit dem Ziel geschehen, die eigene Mehrheit hinter sich zu sammeln. Denkbar ist auch, wie im Bundestag, das Ziel einer Auflösung des Landtags, um eine neue, gestärkte Regierung zu bilden. Dies erscheint zwar auf den ersten Blick weniger bedeutsam, da der Landtag – anders als der

Bundestag – zugleich das Recht hat, seine Wahlperiode auf eigenen Beschluss vorzeitig zu beenden (Art. 50 Abs. 2 Nr. 1 ThürVerf). Allerdings kann es durchaus Gründe geben, dass der Ministerpräsident den Weg über die Vertrauensfrage geht:[20] wenn nämlich die für die nötige Zwei-Drittel-Mehrheit für die Selbstauflösung des Landtages nicht zu Stande kommt. Dann gäbe es alternativ die Möglichkeit, dass der Ministerpräsident den Antrag stellt, ihm das Vertrauen auszusprechen. Ein solcher Antrag ist abgelehnt, wenn er nicht die Zustimmung der Mehrheit der Mitglieder des Landtags findet. Dies wäre vergleichsweise leicht dadurch zu erreichen, dass sich zumindest Teile der Mitglieder der Regierungsfraktion(en) bei der Abstimmung der Stimme enthalten.[21]

Der Ministerpräsident – einziges vom Landtag gewähltes Regierungsmitglied – ernennt und entlässt die Minister (Art. 70 Abs. 4 ThürVerf). In der politischen Praxis ist diese Kompetenz weniger bedeutsam, als es auf den ersten Blick erscheinen mag, denn normalerweise ist der Regierungschef keineswegs frei in seiner Wahl, wen er zum Minister ernennt, und er kann die Minister in der Praxis auch nicht nach Belieben entlassen. Vielfältige Rücksichtnahmen auf die Kräfteverhältnisse in seiner Partei und Fraktion, vor allem aber auch die Koalitionsvereinbarungen schränken die Freiheit des Ministerpräsidenten erheblich ein. In Koalitionsregierungen, die es in Thüringen bis zur Erringung der absoluten Mehrheit durch die CDU 1999 gegeben hat und erneut seit 2009 gibt, haben die Koalitionsfraktionen in der Regel das Recht, ihre Minister zu nominieren. In der politischen Praxis sind überdies formelle Entlassungen sehr selten. In der Regel wird der Minister, dessen Vertrauensverhältnis zum Ministerpräsidenten oder zu seiner Parteiführung gestört ist, aus Parteiraison selbst „den Hut nehmen".

Die Richtlinienkompetenz wird gemeinhin als eine der stärksten „Waffen" eines Regierungschefs betrachtet. Für sie gilt jedoch Ähnliches wie für die Ernennung der Minister, über die der Thüringer Ministerpräsident entsprechend dem Modell des Grundgesetzes ebenso wie der Bundeskanzler verfügt (Art. 76 Abs. 1 ThürVerf und § 1 ThürGGO): De facto wurde in allen bisherigen Koalitionsvereinbarungen in Thüringen – auch in der von 2009 – festgelegt, dass politische Grundsatzfragen, auf die sich theoretisch die Richtlinienkompetenz erstreckt, nicht gegen den Willen eines der Koalitionspartner entschieden werden können, sondern im Koalitionsausschuss vorzubereiten sind.[22] Dennoch bietet die Richtlinienkompetenz dem Ministerpräsidenten je nach dessen Führungskraft und -willen gewisse Einflussmöglichkeiten, denn die Minister sind verpflichtet, ihn „über Vorhaben und Maßnahmen, die die Richtlinien der Politik berühren, sowie über Angelegenheiten von besonderer politischer Bedeutung" zu unterrichten (§ 2 ThürGGO).

Darüber hinaus ist der Ministerpräsident zugleich das Staatsoberhaupt des Freistaats Thüringen, da es nicht, wie im Bund, zusätzlich zum Regierungschef einen Präsidenten gibt. Diese Funktion beinhaltet, dass er Thüringen nach außen repräsentiert, die Beamten und Richter ernennt und das Begnadigungsrecht ausübt (Art. 77 Abs. 1,

Art. 78 ThürVerf). Dies sind indes eher repräsentative bzw. notarielle Funktionen, die kaum eine politische Substanz enthalten. Lediglich die Repräsentation nach außen hat insofern politische Bedeutung, als dem Ministerpräsidenten der Geschäftsverkehr mit dem Bundespräsidenten, dem Bundeskanzler, den Regierungschefs der anderen Länder sowie den Spitzen der Organe der Europäischen Union vorbehalten bleibt (§ 42 ThürGGO).

3. *Die Staatskanzlei*

„Der Ministerpräsident bedient sich zur Führung seiner Geschäfte und der Geschäfte der Landesregierung der Staatskanzlei" (§ 3 ThürGGO). Hinter dieser harmlos klingenden Formulierung der Geschäftsordnung der Landesregierung verbirgt sich das in der politischen Praxis wohl wichtigste Führungsinstrument des Ministerpräsidenten (Abbildung 1).[23] Die Staatskanzlei ist in erster Linie ein Koordinierungsorgan, das die Arbeit der Ressorts im Hinblick auf die Gesetzesvorlagen[24] sowie die Kabinettsarbeit allgemein abstimmt; diese Aufgabe wird nach der seit 2009 geltenden Geschäftsverteilung vor allem von der Abteilung 2 („Spiegelreferate") wahrgenommen. Hinzu kommt die Koordinierung der Öffentlichkeitsarbeit der Landesregierung, da der Regierungssprecher nach Weisung der Ministerpräsidentin und des Ministers für Bundes- und Europaangelegenheiten, der zugleich Chef der Staatskanzlei ist, arbeitet (§ 8 ThürGGO).

Daneben ist die Staatskanzlei zuständig für die Vertretung Thüringens beim Bund, für Staatsverträge, für Grundsatzfragen der föderativen Entwicklung, der Europapolitik[25], der Medienpolitik[26] sowie für eine Reihe weiterer, eher verwaltungstechnischer Aufgaben. Neben diesen Funktionen als Koordinationsinstrument und als *think tank* in Fragen allgemeiner Landespolitik kann die Staatskanzlei aber auch zu einem eigenständigen Machtzentrum werden. Dies war in Thüringen beispielsweise nach dem Amtsantritt von Bernhard Vogel 1992 zunächst insofern der Fall, als unter den damaligen Ministern in der Staatskanzlei Franz Schuster und Andreas Trautvetter die Wirtschaftspolitik aufgrund der allgemeinen Kritik an dem jugendlichen Wirtschaftsminister Bohn (FDP) zunehmend zur „Chefsache" gemacht wurde.

Die Bundesratszuständigkeit ist in Thüringen durch häufige organisatorische Wechsel gekennzeichnet. Sie war ursprünglich dem Justizministerium zugeordnet; im ersten Kabinett Vogel (1992) wurde ihr zusammen mit den Europaangelegenheiten ein eigenes Ressort gewidmet. Dieses neue Ressort fiel den Koalitionsverhandlungen bei der Bildung der CDU-SPD-Koalition 1994 zum Opfer; die Bundesratsangelegenheiten ressortierten seitdem beim Minister für Bundesangelegenheiten in der Staatskanzlei. Während die Europaangelegenheiten in der ersten Großen Koalition (1994-1999) beim SPD-geführten Justizministerium angesiedelt waren, wurden diese unter der Alleinregierung der CDU 1999 mit der Bundesratszuständigkeit in

Abbildung 1:
Die Thüringer Staatskanzlei

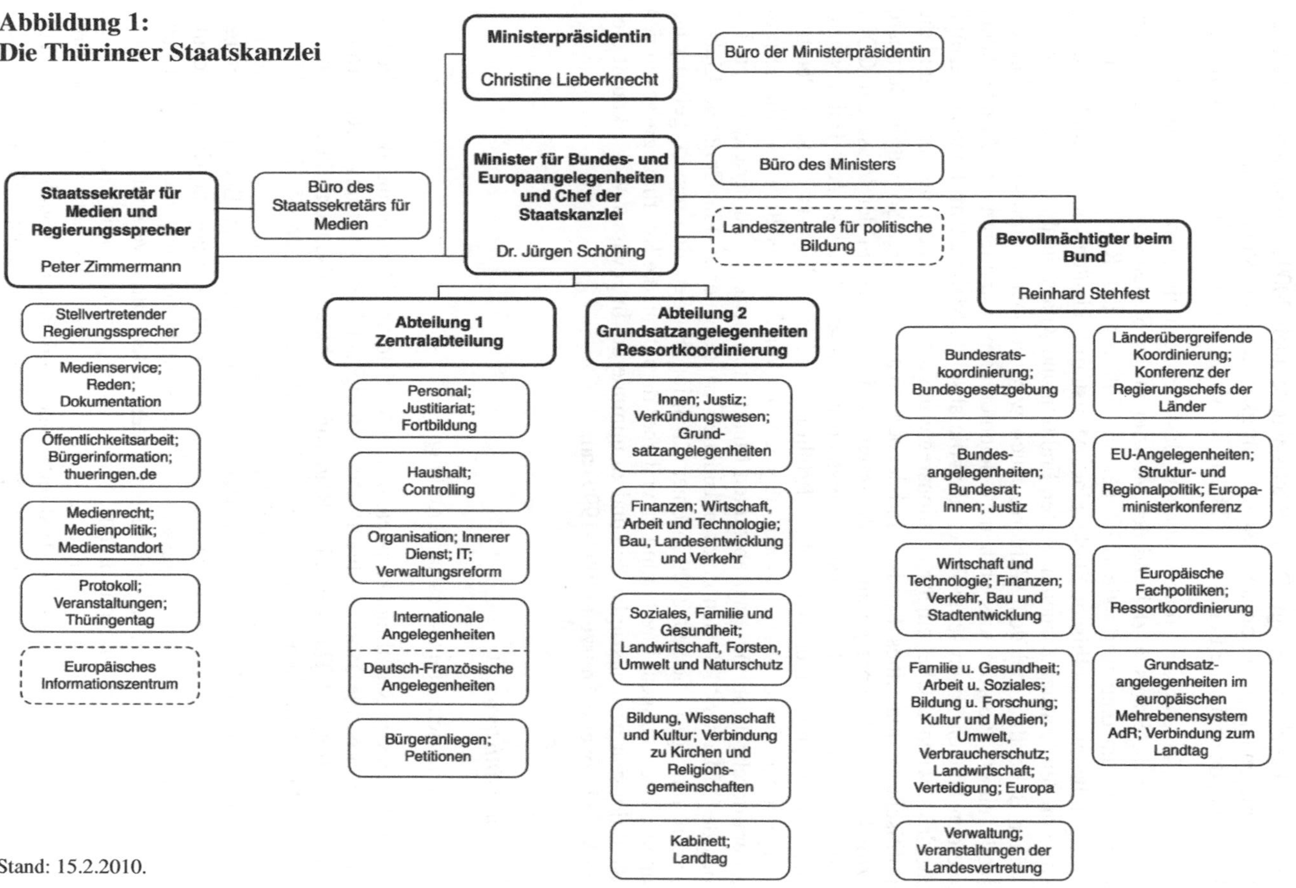

Stand: 15.2.2010.

der Staatskanzlei vereinigt. Diese Praxis wurde auch 2009 beibehalten. Neben der koordinierenden Funktion umfasst die Tätigkeit des Ministers auch repräsentative Pflichten, da er für die Leitung der Thüringer Vertretung in Berlin verantwortlich ist.

Zusammenfassend kann man festhalten, dass der administrative Unterbau, also insbesondere die Staatskanzlei und der Minister in der Staatskanzlei, für einen Ministerpräsidenten eine wertvolle Hilfe bei der Führung des Kabinetts sein kann. Im Übrigen hängt die politische Stärke eines Ministerpräsidenten von seinem Führungsstil, von den Konstellationen in Partei, Fraktion und Koalition ab, vor allem aber von seiner Beliebtheit bei den Wählern. Auch wird ein Ministerpräsident – über die Rolle eines „Koordinators“ hinaus – leichter zum dominierenden „Landesvater“ werden können, wenn seine Partei über die absolute Mehrheit im Landtag verfügt, als dann, wenn er Chef einer Koalitionsregierung ist. Persönlichkeitsstruktur und die politische Kultur eines Landes sind jedoch ebenso wichtig. So wurde Bernhard Vogel während seiner gesamten Amtszeit, und nicht erst in der Phase der CDU-Alleinherrschaft als „Landesvater“ verstanden, was zweifellos seinem Habitus, seinem Alter und seiner politischen Erfahrung zuzuschreiben ist.[27] Sein deutlich jüngerer Nachfolger Dieter Althaus dagegen, der von 2003 bis 2009 als Ministerpräsident durchgehend mit einer absoluten Mehrheit regierte, verkörperte eher den Typus des „Machers“ als den eines präsidialen Landesvaters.[28] Für Christine Lieberknecht hingegen, die seit 2009 in einer Koalition mit der SPD regiert, gelten ganz andere Bedingungen; hier kommt es viel eher darauf an, die Konflikte zwischen den Koalitionspartnern auszugleichen und zu minimieren. In gewisser Weise knüpft dies an Vogels zweite Amtszeit (1994-1999) an.

4. *Die Ministerien*

a) Ressortzuschnitt und Ressortverteilung

Im Rahmen der Richtlinienkompetenz des Ministerpräsidenten und des Kollegialprinzips führen die Minister ihre Ressorts in eigener Verantwortung („Ressortprinzip“, Art. 76 Abs. 1 ThürVerf). Der Regierungschef kann also nicht „über den Kopf“ seines Ministers hinweg in dessen Ressort „hineinregieren“. Die Zahl der Ministerien ist – den begrenzten Schwerpunkten der Gesetzgebungskompetenzen der Länder entsprechend – deutlich kleiner als auf Bundesebene. Bedenkt man aber, dass die Länder in ihrer Gesetzgebung weitgehend auf die Bereiche Kultus (Schule, Hochschule), Medien- und Presserecht, Kommunalverfassung sowie Polizei- und Ordnungsrecht beschränkt sind, mag auf den ersten Blick verwundern, dass es in Thüringen, wie in anderen Ländern auch, beispielsweise ein Sozial- oder ein Wirtschaftsministerium gibt. Dies erklärt sich daraus, dass neben der originären Landesgesetzgebung auch die Ausführungsbestimmungen für viele Bundesgesetze formuliert werden müssen, was ohne eine entsprechende Ministerialbürokratie nicht zu leisten wäre. Zum Anderen reichen die Aufgaben von Ministerien – auch auf Bundesebene – über die Formulierung von Gesetzen und Ausführungsbestimmungen hinaus. Sie umfassen die politische Planung und Steuerung von Maßnahmen ebenso wie die Verwaltung und die Aufsicht. So geht es im Zuständigkeitsbereich des Ministeriums für Wirtschaft, Arbeit und Technologie (Abbildung 2) etwa um die Konzipierung, Programmierung, Koordinierung und Abwicklung von Fördermaßnahmen des Landes, des Bundes und der EU, um die fachliche Begleitung von landeseigenen Gesellschaften, um die Aufsicht über die Industrie- und Handelskammern, um die Weiterentwicklung des Messewesens, um die Arbeitsmarktbeobachtung und um die Zusammenarbeit mit Gewerkschaften und Arbeitgeberverbänden.[29]

Der Zuschnitt der Ressorts erfolgt in der Regel in enger Koordination mit der Führung der Regierungspartei(en), ggf. in einer Koalitionsvereinbarung als Ergebnis von Koalitionsverhandlungen.[30] Die politische Bedeutung der Abgrenzung von Geschäftsbereichen und der (Neu-)Zuordnung bestimmter Sachgebiete zu ihnen ergibt sich daraus, dass bereits die Einrichtung oder Nicht-Einrichtung eines Ministeriums bzw. die damit einhergehende Auf- oder Abwertung von Politikfeldern eine politische Richtungsentscheidung darstellt. Zugleich kann die Errichtung neuer Ministerien zur Befriedigung personalpolitischer Wünsche von Koalitionspartnern von Bedeutung sein.

Angesichts des hohen Grades öffentlicher Aufmerksamkeit, die Ministern zu Teil wird, ist es für die einzelnen Parteien einer Koalition nicht unwichtig, wie viele Ministerposten sie in einem Kabinett besetzen können und welcher Art die Ministerien sind. Dabei wird auch keineswegs immer einer rechnerischen Proportionalität gefolgt: So hat die CDU in der seit Oktober 2009 amtierenden Regierung (die Ministerpräsidentin und den Chef der Staatskanzlei nicht eingerechnet) ebensoviele Minister wie ihr Koalitionspartner SPD, obwohl dieser mit deutlich weniger Mandaten im Landtag arithmetisch viel „kleiner“ ist. Hier hat sich offenbar die SPD durchgesetzt, um nach außen hin ihre Gleichwertigkeit mit der CDU darzustellen. Bei der Verteilung der Ministerien wird auch auf deren jeweilige Bedeutung geachtet. So besetzen beide Parteien je zwei klassische Schlüsselressorts (CDU: Finanzen und Inneres; SPD: Justiz sowie Wirtschaft, Arbeit und Technologie) und je zwei „weiche“ Ressorts (CDU: Landwirtschaft, Forsten, Umwelt und Naturschutz sowie Bau, Landesentwicklung und Verkehr; SPD: Bildung, Wissenschaft und Kultur sowie Soziales, Familie und Gesundheit). Allerdings ist zu beachten, dass aufgrund der Konzentration der Landesgesetzgebung auf Politikfelder wie Bildung und Kommunalrecht das Gewicht der Ressorts von dem auf der Bundesebene abweicht. So kann das Bildungsministerium durchaus als gewichtiger als das Wirtschaftsministerium betrachtet werden – nicht umsonst ist das Amt des stellvertretenden Ministerpräsidenten gegenwärtig dem Bildungs- und nicht dem ebenfalls von der SPD gestellten Wirtschaftsminister zugeordnet.

Abbildung 2: Thüringer Ministerium für Wirtschaft, Arbeit und Technologie

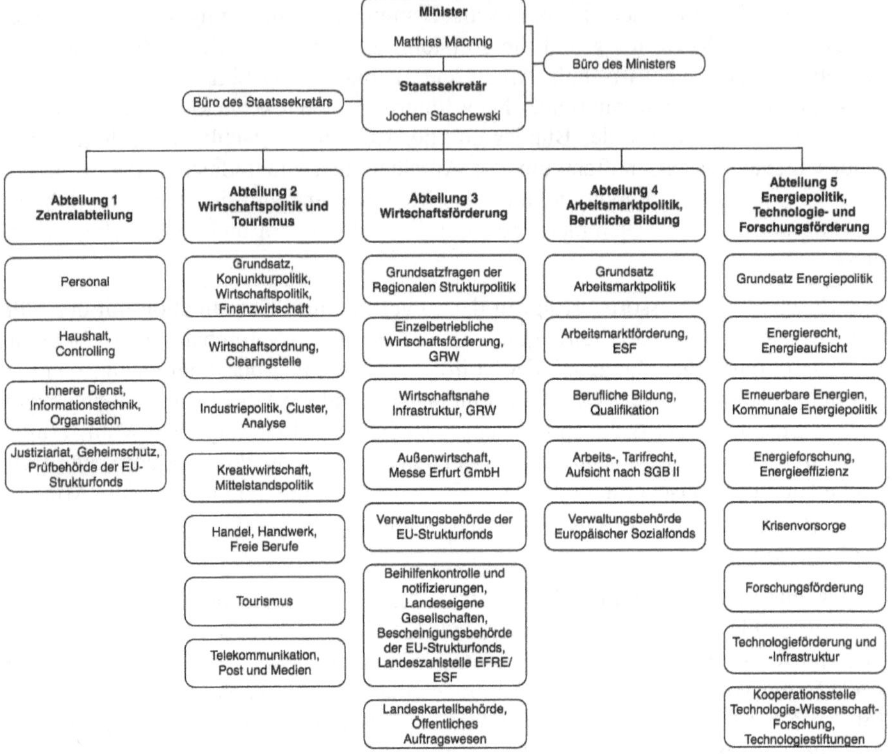

Stand: 1.8.2010.

b) Das Thüringer Innenministerium

Die hervorgehobene Stellung des Innenministeriums wird bereits in der Geschäftsordnung der Landesregierung deutlich, denn dort heißt es, dass „das Innenministerium ... bei allen allgemeinen Fragen der Organisation, in Grundsatzfragen des Datenschutzes sowie des öffentlichen Dienstes ... zu beteiligen“ ist (§ 7 Abs. 2 ThürGGO). Das Innenministerium ist, wie schon aus dieser Bestimmung hervorgeht, einerseits das Verwaltungsministerium schlechthin und andererseits das für die innere Sicherheit zuständige Ressort.

Zum Verwaltungsbereich gehören eine ganze Reihe von Aufgaben, z.B. die Behördenorganisation, die Ausbildung der Angehörigen des öffentlichen Dienstes an der Thüringer Verwaltungsschule bzw. -fachhochschule, das öffentliche Dienstrecht, die Vorbereitung und Durchführung von Wahlen und Abstimmungen, das Ausländer-

und Asylrecht, d.h. auch die Unterbringung von Flüchtlingen und Asylbewerbern, sowie der gesamte Bereich der Kommunalaufsicht und des Finanzausgleichs zwischen Land und Kommunen.[31]

Unter einer Vielzahl großer Herausforderungen des Innenministeriums im Bereich der Kommunalangelegenheiten gehört die Gebietsreform zu den brisantesten und dauerhaftesten. Bereits der zweite Innenminister, Franz Schuster (1992-94), hat die Kreisgebietsreform durchgesetzt. Sie war ein politisches Thema, das wie kaum ein anderes in der Öffentlichkeit umstritten war, nicht zuletzt weil ein sehr großer Teil der Bevölkerung direkt betroffen war. Die Notwendigkeit einer Neueinteilung der Kreise und Gemeinden war offenkundig, weil der aus der DDR-Zeit stammende Kreis- und Gemeindezuschnitt für moderne, leistungsfähige kommunale Verwaltungseinheiten zu klein war. Vor allem galt die überkommene Verwaltungsstruktur als Hemmnis für Investoren. Insgesamt wurden aus 35 Landkreisen 17 neue geschaffen, die nunmehr zwischen 80.000 und 150.000 Einwohner haben und somit den Anforderungen eher entsprechen können. Von den kreisfreien Städten blieben Erfurt, Gera, Jena, Weimar und Suhl bestehen und wurden durch Eingemeindungen zum Teil beträchtlich vergrößert. 1998 hat auch Eisenach diesen Status erhalten.

Der größte Widerstand gegen die Kreisgebietsreform kam aus Süd- und Westthüringen, denn die Zusammenlegung der Kreise Meiningen und Schmalkalden sowie der von Eisenach und Bad Salzungen zum Wartburgkreis hatte besonders heftigen Unmut der Bevölkerung hervorgerufen, der auch die Regierungsparteien zeitweilig sehr in Mitleidenschaft zog. Einzelne Kreise hatten sogar eine Abspaltung vom Freistaat Thüringen angedroht. Die Diskussion wurde insbesondere dann, wenn der Status der Kreisstadt bedroht war, sehr emotional geführt, doch war dies angesichts der Erfahrung der Bevölkerung mit „von oben“ dekretierten Reformen und Vorschriften verständlich; so wurde vielfach die mangelnde Einbeziehung der Bevölkerung und der Kommunalpolitiker in den Entscheidungsprozeß kritisiert. Dem versuchte man dadurch Rechnung zu tragen, dass Prüfaufträge (unter anderem für den Bereich der Stadt Suhl) in das Gesetz aufgenommen wurden, die allerdings keine nachträgliche Änderung der Kreis- bzw. Stadtgebietszuschnitte erbrachten. Auch Klagen einzelner Gemeinden gegen die Zuordnung zu neuen Kreisen scheiterten Ende der 1990er Jahre.

Parallel zur Kreisgebietsreform wurde eine Gemeindegebietsreform eingeleitet, die zunächst freiwillige Zusammenschlüsse kleinerer Gebietseinheiten ermöglichen sollte, die den Anforderungen moderner Verwaltung nicht mehr gewachsen schienen.[32] Dies wurde auch von vielen Gemeinden genutzt, zumal klar war, dass sie, wenn sie den Bedingungen der Kommunalordnung für die Mindestgröße und Struktur effizienter Gemeinden nicht entsprechen würden, ggf. gesetzlich zum Zusammenschluss gezwungen werden konnten. Die gesetzliche Grundlage dafür wurde mit dem Gemeindeneugliederungsgesetz vom 23. Januar 1996 geschaffen, in dessen Folge bis 2009 86 Verwaltungsgemeinschaften mit 696 Mitgliedsgemeinden, dazu

36 „erfüllende Gemeinden“ eingerichtet wurden. Im Ergebnis hat sich die Zahl der Gemeinden in Thüringen insgesamt von 1.707 (1990) auf 951 (2009) reduziert.

Um die Verwaltungskraft der Kommunen weiter zu stärken, andererseits aber auch der Kleinteiligkeit der Thüringer Siedlungsstruktur Rechnung zu tragen, wurde 2008 die „Thüringer Landgemeinde“ geschaffen, zu der sich Gemeinden mit insgesamt über 3.000 Einwohnern zusammenschließen können. In diesem Konzept sollen die Vorteile von Einheitsgemeinden (Synergieeffekte, direkte demokratische Legitimation) mit den Stärken gemeindlicher Zusammenarbeit (Gestaltungsspielräume der Ortschaften) miteinander verbunden werden. Ein Gesetzentwurf des Innenministeriums vom Juni 2010 sieht die Umwandlung von bisherigen Verwaltungsgemeinschaften mit weniger als 5.000 Einwohnern in Landgemeinden vor. Weiterhin sollen in Zukunft keine neuen Verwaltungsgemeinschaften mehr zugelassen werden.[33]

Daneben ist das Innenministerium für die innere Sicherheit zuständig. Dieser Bereich umfasst nicht nur die Polizei und das Landeskriminalamt, sondern auch das Landesamt für Verfassungsschutz, den Katastrophenschutz, die Zivilverteidigung und vieles andere. Die innere Sicherheit bleibt eine der wichtigsten genuin landespolitischen Aufgaben, da in der Bevölkerung gerade in den neuen Bundesländern die Gefahr, Opfer eines Verbrechens zu werden, sicherlich immer noch als hoch empfunden wird, ungeachtet der seit 2004 kontinuierlich sinkenden Kriminalitätsraten.[34]

c) Das Thüringer Finanzministerium

Ähnlich wie der Innenminister in allen Fragen der Organisation hat der Finanzminister bei allen Entscheidungen, die Geld kosten, ein Mitspracherecht (§ 7 Abs. 2 ThürGGO). Dass dies in einem Land, das auch 20 Jahre nach der Wiedervereinigung noch mit erheblichen finanziellen Problemen zu kämpfen hat, eine fast permanente Auseinandersetzung mit den Kabinettskollegen um sparsame Haushaltsführung bedeutet, versteht sich fast von selbst.

Damit ist bereits die wichtigste Aufgabe des Finanzministers genannt, dem Landtag jährlich den Haushalt, das „Schicksalsbuch“ des Landes (Wittkämper), vorzulegen. Darin ist gewissermaßen das Regierungsprogramm, sind die Prioritäten der jeweiligen Landesregierung in Zahlen festgeschrieben. Das Finanzministerium stellt jedoch nicht nur den Haushalt auf, sondern vollzieht ihn nach der Zustimmung des Landtages auch und ist insofern für das Haushalts-, Rechnungs- und Kassenwesen des Freistaats zuständig. Dazu gehört auch die Steuerverwaltung und weit weniger die Steuerpolitik, die im Wesentlichen vom Bund gemacht wird. Die Steuerverwaltung betrifft nicht nur die Landessteuern, sondern auch die Bundes- und die Kirchensteuern, soweit die Landesfinanzbehörden mit ihrer Erhebung und Verwaltung beauftragt sind. Darüber hinaus gehört die Verwaltung des Vermögens und der Schulden des Freistaats Thüringen zum Aufgabenbereich des Finanzministers.[35]

Thüringen verfügt wie die übrigen Bundesländer im Wesentlichen über drei *Einnahmequellen*: Steuern, Zuweisungen vom Bund und aus dem Länderfinanzausgleich sowie Kreditaufnahme. Im Jahr 2007 erzielte Thüringen bei einem Gesamthaushaltsvolumen von 9,3 Mrd. Euro 4,9 Mrd. Euro (54 Prozent) aus Steuereinnahmen und 415 Mio. Euro (vier Prozent) aus vom Land erhobenen Verwaltungsgebühren (Abbildung 3).[36] Dabei fielen die Thüringen ausschließlich zustehenden Landessteuern (wie die Kfz-, die Grunderwerbs- oder die Erbschaftssteuer) wenig ins Gewicht; sie machten nur weniger als ein Zehntel des Thüringen zur Verfügung stehenden Steueraufkommens aus. Die ertragsstärksten Steuern wie z.B. die Einkommen-, die Körperschaft- und vor allem die Umsatzsteuer sind „Gemeinschaftssteuern", deren Aufkommen nach festen Quoten zwischen dem Bund und den Ländern geteilt wird. Aus diesen Anteilen stammt die weit überwiegende Masse der von Thüringen vereinnahmten Steuern. Auch 20 Jahre nach der Wiedervereinigung ist das Steueraufkommen Thüringens vergleichsweise niedrig; pro Kopf der Bevölkerung lag es 2007 bei 42,9 Prozent des Durchschnitts der deutschen Länder.[37]

Abbildung 3: Landeshaushalt 2007: Einnahmen

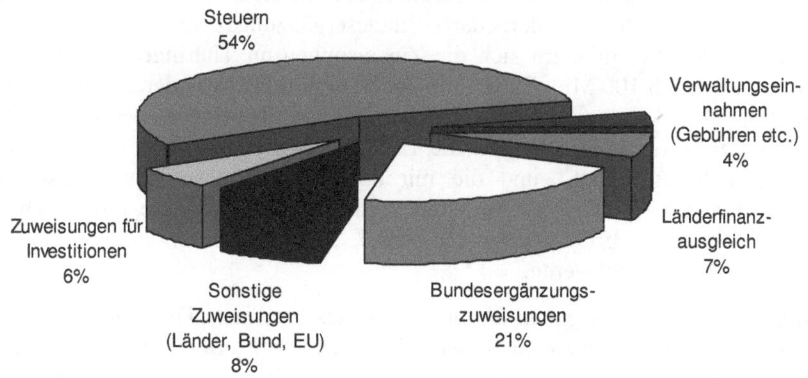

Deshalb ist Thüringen wie alle anderen ostdeutschen und auch ein Teil der westdeutschen Länder auf Leistungen aus dem bundesstaatlichen Finanzausgleich angewiesen. Dieser hat die Aufgabe, alle Länder finanziell in die Lage zu versetzen, ihre verfassungsmäßigen Aufgaben zu erfüllen, und so zur Herstellung gleichwertiger Lebensverhältnisse beizutragen.[38] Mit sieben Prozent der Einnahmen wird der kleinere Teil aus dem Länderfinanzausgleich erbracht, also durch Ausgleichszahlungen der finanzstarken an die finanzschwachen Länder. Der weitaus größere Teil der Ausgleichszahlungen (21 Prozent) wird vom Bund geleistet. „Allgemeine Bundesergänzungszuweisungen“ erhalten alle Länder, deren Finanzkraft auch nach dem Länderfinanzausgleich noch unter 99,5 Prozent des Durchschnitts liegt. Zusätzlich erhalten die ostdeutschen Länder „Sonderbedarfs-Bundesergänzungszuweisungen wegen teilungsbedingter Lasten“ aus Mitteln des Solidarpakts II. Zu diesen im Landeshaushalt weitgehend frei disponiblen Mitteln kommen weitere Zuweisungen für Investitionen (vier Prozent) und sonstige Zuweisungen hinzu, die vom Bund, von anderen Ländern und von der EU stammen.

Nachdem über viele Jahre hinweg Defizite im Landeshaushalt durch Kredite gedeckt werden mussten, kam der Haushalt 2007 erstmals ohne Neuverschuldung aus, was im Wesentlichen der bis Ende 2008 positiven Wirtschaftsentwicklung und dem dadurch auch in Thüringen gesteigerten Steueraufkommen zu verdanken war. Auch 2008 und 2009 nahm Thüringen keine neuen Schulden auf, während der Haushaltsplan für 2010 eine Nettokreditaufnahme in Höhe von 880 Mio. Euro vorsieht.[39] 2007 konnten trotz der Aufwendungen für den Schuldendienst von knapp 700 Mio. Euro (acht Prozent) 220 Mio. Euro (zwei Prozent) der Rücklage zugeführt werden.

Insgesamt ist hervorzuheben, dass der Thüringer Landeshaushalt sich zwar abnehmend aus Ausgleichszahlungen und Zuschüssen von anderen Ländern, vom Bund und von der EU finanziert – von 2000 bis 2008 stieg die Steuerdeckungsquote von 46,3 auf 55,2 Prozent.[40] Allerdings wird die Deckung der Finanzierungslücke in Zukunft ohne Kürzungen auf der Ausgabenseite schwieriger werden. Zum einen laufen die teilungsbedingten Sonderbedarfs-Bundesergänzungszuweisungen 2019 aus;[41] schon seit 2009 vermindern sich die Zuweisungen an Thüringen (2007: 1,5 Mrd. Euro) um jährlich 100 Mio. Euro. Zum anderen wird der Weg der Finanzierung über den Kapitalmarkt zunehmend versperrt. Das in Thüringen bereits 2009 (mit Wirkung zum 1. Januar 2011) in die Landeshaushaltsordnung hineingeschriebene Neuverschuldungsverbot[42] und die mit der Föderalismusreform II beschlossene Schuldenbremse (Verbot zur Aufnahme neuer Schulden für die Länder ab 2020) wird eine weitere Erhöhung der bis 2007 aufgelaufenen Schulden Thüringens (15,7 Mrd. Euro) erschweren.

Ein großer Teil der *Ausgaben* (Abbildung 4) des Freistaats Thüringen ist durch gesetzliche Leistungen, etwa im Bereich des Sozialministeriums, aber auch im Rahmen des kommunalen Finanzausgleichs und anderer Zuweisungen und Zuschüsse an die Kommunen (24 Prozent, ohne Investitionsmittel) vorgegeben. Gerade hier werden in den nächsten Jahren weitere Belastungen auf das Land zukommen, nachdem die Thüringer Kommunen vor dem Landesverfassungsgerichtshof eine angemessene Deckung ihrer Ausgaben unabhängig von der jeweiligen Haushaltslage des Landes durchgesetzt haben.[43]

Mehr als ein Viertel des gesamten Haushaltes wird trotz aller Sparbemühungen für Personalausgaben, d.h. für die ca. 65.000 Landesbediensteten aufgewandt. Mit einer Investitionsquote von 17,6 Prozent liegt Thüringen 2007 im Vergleich der fünf neuen Länder im unteren Feld. Gleichwohl liegt diese Quote immer noch deutlich über dem Schnitt der alten Bundesländer. Dies zeigt, welche Leistungen Thüringen, ebenso wie die anderen neuen Länder, noch immer zur Verbesserung seiner teilungsbedingt schwachen Infrastruktur erbringt.

Abbildung 4: Landeshaushalt 2007: Ausgaben

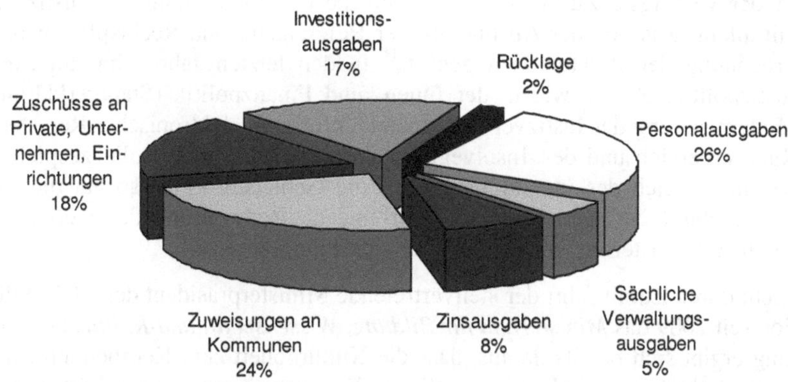

Spezifisch für die Situation in den neuen Bundesländern und speziell in Thüringen ist die Aufsicht des Finanzministeriums über die umfangreichen Industriebeteiligungen des Landes. Diese sind entstanden, als der Freistaat von der Treuhandverwaltung Industrieunternehmen übernommen hat, um mit Hilfe öffentlicher Mittel einen vollständigen Zusammenbruch dieser zum Teil sehr bedeutenden Arbeitgeber zu vermeiden. Das bekannteste Beispiel dürfte die Jenoptik, Jena, sein, die zunächst als hundertprozentige Tochter des Freistaats Thüringen aus dem früheren Carl-Zeiss-Kombinat hervorgegangen ist. Nach der Umwandlung in eine Aktiengesellschaft wurden die Anteile des Landes sukzessive verringert, bis der Freistaat 2007 seinen noch verbliebenen Anteil von 14,7 Prozent veräußerte. Die Industriebeteiligungen des Landes waren seit 1993 großenteils in der Stiftung Thüringer Industriebeteiligungsfonds zusammengefasst, die 2003 aufgelöst wurde. In diesem Zusammenhang ist auch die Thüringer Aufbaubank zu nennen, die vor allem den Aufbau des Mittelstandes mit zinsgünstigen Krediten und Bürgschaften unterstützen soll und ebenfalls der Aufsicht des Finanzministeriums untersteht.

d) Weitere Ministerien

Die größten Einzeletats im Haushalt waren bislang die des Kultus-, des Wirtschafts- und des Sozialministeriums, während etwa das Landwirtschafts- oder das Justizministerium deutlich kleinere Etats aufweisen. Freilich ist nicht allein die Größe eines Etats für die Bedeutung von Ministerien entscheidend, wie die Behandlung des Innen- und des Finanzministeriums gezeigt hat.

Ähnlich wie die beiden gesondert behandelten Ministerien hat auch der *Justizminister* als „Verfassungsminister" eine hervorgehobene Stellung (§ 7 Abs. 2 ThürGGO); alle Gesetzentwürfe der Landesregierung werden vom Justizministerium nach Rechtmäßigkeitskriterien geprüft (§ 24 ThürGGO). Neben den Verfassungsfragen ist der wichtigste Zuständigkeitsbereich dieses Ministeriums die Justizverwaltung mit allem, was von der Ausbildung der Referendare und Rechtspfleger bis hin zur Ernennung der Richter dazu gehört.[44] In den letzten Jahren hat im Bereich der Justizpolitik, ebenso wie in der Innen- und Finanzpolitik (Steuererklärungen) die Modernisierung der Justizverwaltungen (Einführung elektronischer Register, z.B. im Katasterbereich und den Insolvenzverfahren) eine zentrale Rolle gespielt. Ähnlich wie im Bereich des Innenministeriums die Gebietsreformen so hat die mit einem Neuzuschnitt der Gerichtsbezirke verbundene Reduzierung der Gerichtsstandorte das Justizministerium vor große Herausforderungen gestellt.

Nicht durch Zufall führt der stellvertretende Ministerpräsident der CDU-SPD-Koalition seit 2009 das *Ministerium für Bildung, Wissenschaft und Kultur*. Dessen Bedeutung ergibt sich bereits daraus, dass die Kulturhoheit zum Kernbereich der Länderzuständigkeiten in der bundesstaatlichen Kompetenzverteilung gehört. Das Ministerium verfügt über den bei weitem größten Etat: Im Haushaltsjahr 2010 sind es 2,25 Mrd. Euro, davon 1,2 Mrd. Euro für Personalausgaben. Das aus zwei bis 2004 getrennt geführten Häusern, dem Kultusministerium und dem Ministerium für Wissenschaft, Forschung und Kunst, hervorgegangene Ressort widmet sich einem außerordentlich breiten und vielgestaltigen Aufgabenfeld.[45] Es reicht von der Bildung (vom Hort bis zur Hochschule) über die wissenschaftliche Forschung, das Archivwesen und die Bibliotheken, die Theater und Orchester, die Museen, Denkmalpflege und Gedenkstätten bis hin zu Angelegenheiten der Kirchen und Religionsgemeinschaften, die dem Kultusministerium einst den Namen gaben. In einem Land, das zugleich ein ungewöhnlich reiches kulturelles Erbe für die heutigen und zukünftige Generationen lebendig halten, und das als Hochtechnologieland bedeutende Innovationspotentiale mobilisieren kann, besitzt das Ministerium große Gestaltungschancen. Dies gilt besonders für den Bereich der Bildung – trotz aller Restriktionen, die aus der freiwilligen Koordinierung der Länder untereinander bzw. mit dem Bund gerade hier hervorgehen. Wie bei vielen bedeutenden Zukunftsfragen sind auch im Zuständigkeitsbereich des Ministeriums für Bildung, Wissenschaft und Kultur divergierende Antworten und Wege vorstellbar, werden heftige Kontroversen und Konflikte ausgetragen. Besonders umstritten waren hier in den vergangenen Jahren die Art der Vorschulbildung zwischen Familie und öffentlichen Einrichtungen, der Umfang der Förderung und die Struktur der Theater- und Orchesterlandschaft sowie die Reformen der Thüringer Hochschulen. Der Koalitionsvertrag 2009 sieht auf Betreiben der SPD den Einstieg in eine Strukturreform des allgemeinbildenden Schulwesens („längeres gemeinsames Lernen“) vor, die bald nach dem Amtsantritt der Regierung in Angriff genommen wurde.

Anmerkungen

1 Eine Ausnahme stellt insofern nur die sächsische Verfassung dar, in der ausdrücklich davon die Rede ist, dass der Staatsregierung neben der Verwaltung auch die „Leitung“ des Landes obliege. Insbesondere habe sie „nach Maßgabe der Verfassung Anteil an der Gesetzgebung“, was sich im Wesentlichen auf ihr Initiativrecht bezieht. Vgl. Art. 59 Abs. 1 SächsVerf und ebenso Art. 64 Abs. 1, wonach die Landesregierung über „Fragen von grundsätzlicher und weittragender Bedeutung“ entscheidet.

2 *Klaus-Eckart Gebauer*, Landesregierungen, in: *Herbert Schneider / Hans-Georg Wehling (Hrsg.)*, Landespolitik in Deutschland. Grundlagen – Strukturen – Arbeitsfelder, Wiesbaden 2006, S. 130-147, hier S. 131.

3 Zur föderalen Kompetenzverteilung vgl. Abschnitt II des Beitrags von *Linck* (in diesem Band).

4 *Siegfried Mielke / Werner Reutter*, Länderparlamentarismus in Deutschland, in: *dies. (Hrsg.),* Länderparlamentarismus in Deutschland. Geschichte – Struktur – Funktionen, Wiesbaden 2004, S. 19-51.

5 Vgl. Antwort auf die Große Anfrage der FDP-Bundestagsfraktion zu den Auswirkungen der ersten Stufe der Föderalismusreform vom 2.4.2008, BT-Drs. 16/8688; Vereinbarung zwischen Christlich-Demokratischer Union (CDU) Landesverband Thüringen und Sozialdemokratischer Partei Deutschlands (SPD) Landesverband Thüringen über die Bildung einer Koalitionsregierung für die Fünfte Legislaturperiode des Thüringer Landtags vom 27. Oktober 2009, Abschnitt II, Kapitel 8; Kleine Anfrage des Abg. Günther (CDU) im Thüringer Landtag vom 8.12. 2009, LT-Drs. 5/150A.

6 Diese Praxis wurde auch in der jüngsten Koalitionsvereinbarung zwischen CDU und SPD beibehalten. Vgl. Vereinbarung vom 27. Oktober 2009 (Anm. 5), Abschnitt III, Kapitel 4.

7 Wie in der Verfassung sind in diesem Beitrag auch die weiblichen Inhaber eines Amtes gemeint, wenn die männliche Form der Amtsbezeichnung gewählt wird.

8 Zu Zuschnitt und Besetzung der Ressorts seit 1990 vgl. Anhang 2 in diesem Band.

9 *Peter M. Huber*, Die Verfassung des Freistaats Thüringen – ein Überblick, in: *Karl Schmitt (Hrsg.)*, Die Verfassung des Freistaats Thüringen, Weimar / Köln / Wien 1995, S. 69-100, hier S. 97.

10 *Huber* (Anm. 9) sieht in dieser Verfassungsbestimmung nicht nur die Abgrenzung von Ressort- und Kollegialprinzip, sondern auch eine Schutzbestimmung für den „Kernbereich eigenständiger Kompetenzen ... der Exekutive“ gegenüber dem Gesetzgeber, d.h. dem Landtag.

11 Die genaue Bezeichnung lautet: Gemeinsame Geschäftsordnung für die Landesregierung sowie für die Ministerien und die Staatskanzlei des Freistaats Thüringen (ThürGGO) vom 31. August 2000, zuletzt geändert durch Beschluss vom 10. Juli 2008 (GVBl., S. 307).

12 So ist es bereits zwei Mal (1982-84 und 2008) in Hessen geschehen.

13 Die Amtsbezeichnung wird hier unabhängig von der Tatsache, dass Thüringen seit 2009 von einer Ministerpräsidentin regiert wird, geschlechtsneutral verwandt.

14 Vgl. Abschnitt V.2. des Beitrags von *Linck* in diesem Band.

15 Gelingt es auch nach mehreren Anläufen keinem Kandidaten, eine zumindest relative Mehrheit auf sich zu vereinigen, so ist der Landtag analog Art. 50 Abs. 2 Nr. 2 ThürVerf (gescheiterte Vertrau-

ensfrage) innerhalb von drei Wochen nach dem Tag des ersten Wahlgangs aufzulösen und Neuwahlen auszuschreiben. Diese Auffassung vertreten *Joachim Linck / Siegfried Jutzi / Jörg Hopfe,* Die Verfassung des Freistaats Thüringen, 1994, Art. 70 Rdnr. 14ff. Dies entspräche auch den Regelungen in Brandenburg, Baden-Württemberg, Sachsen und dem Saarland, in denen dieses Verfahren ausdrücklich festgelegt ist; vgl. Art. 83 Abs. 3 BraVerf, Art. 47 BaWüVerf, Art. 60 Abs. 3 SächsVerf und Art. 87 Abs. 4 SaarVerf. Wie die Vorgänge um die missglückte Wahl von Heide Simonis 2005 in Schleswig-Holstein gezeigt haben, geht es hier keineswegs um eine rein abstrakte Frage.

16 In der Regel kommt die Verschränkung auch darin zum Ausdruck, dass die Regierungsmitglieder dem Landtag angehören. Vgl. *Viktoria Kaina / Sabine Kropp*, Der Thüringer Landtag, in: *Mielke / Reutter* (Anm. 4), S. 477-503, hier S. 486. Dies muss aber nicht der Fall sein. So waren etwa Ministerpräsident Bernhard Vogel (seit seiner Wahl im Februar 1992) und Innenminister Franz Schuster (seit seinem Amtsantritt im September 1992) bis zur Landtagswahl 1994 nicht zugleich Mitglieder des Landtags.

17 Anders in Baden-Württemberg, Berlin und Rheinland-Pfalz, wo das Parlament auch andere Regierungsmitglieder zum Rücktritt zwingen kann.

18 Die zu diesem Zeitpunkt in Kraft befindliche Vorläufige Landessatzung (§ 12 Abs. 1) sah im Unterschied zur Thüringer Verfassung kein konstruktives Misstrauensvotum, sondern die Abwahl der Landesregierung mit der Mehrheit der Mitglieder des Landtages vor.

19 *Joachim Linck* (Die Vorläufige Landessatzung für das Land Thüringen, in: *Schmitt* [Anm. 9], S. 30-54, hier S. 36f.) vermutet, dass einzelne Abgeordnete der CDU-Fraktion den Misstrauensantrag unterstützt hätten, wenn nicht entsprechend der Landessatzung mit dem Misstrauensvotum die gesamte Regierung und nicht nur der Ministerpräsident gestürzt worden wäre.

20 Vgl. die Vorgehensweise in Schleswig-Holstein im Sommer 2009.

21 Der thüringische Ministerpräsident befindet sich dabei in einer komfortableren Lage als die überwiegende Mehrzahl seiner Amtskollegen: Nur in zwei (bzw. unter bestimmten Bedingungen: vier weiteren) Ländern ist das Instrument der Vertrauensfrage vorgesehen.

22 Vgl. zuletzt den Koalitionsvertrag zwischen CDU und SPD vom Oktober 2009 (Anm. 5), Abschnitt III, Kapitel 2 und 3. Hier ist auch die Zusammensetzung des Koalitionsausschusses geregelt. Dass die Fraktionsvorsitzenden zu seinen Mitgliedern gehören, macht deutlich, wie wichtig es ist, dass die Fraktionen die Arbeit der Regierung tragen.

23 *Klaus König* (Staatskanzleien. Funktionen und Organisation, Opladen 1993, S. 9) bezeichnet die Staatskanzleien insbesondere der neuen Länder als „Hauptakteure auf Landesebene".

24 Hier ist vor allem die „Vorkonferenz" der Staatssekretäre unter dem Vorsitz des Chefs der Staatskanzlei von Bedeutung (§ 13 ThürGGO). Für die ersten Kabinette des Freistaats vgl. *Erhard H. M. Lange*, Thüringen, in: *Jürgen Hartmann (Hrsg.)*, Handbuch der deutschen Bundesländer, 2. Aufl., Frankfurt a.M. / New York 1994, S. 593-639, hier S. 615f.

25 Diese Zuständigkeit gründet sich darauf, dass die Bundesländer über den Bundesrat aufgrund Art. 23 GG an der Europapolitik beteiligt und im Ausschuss der Regionen der EU repräsentiert sind.

26 Dies ist heute einer der wichtigsten Bereiche der Landeskompetenz. So schon *Peter Haungs*, Regierung und Opposition, in: *ders. (Hrsg.)*, 40 Jahre Rheinland-Pfalz. Eine politische Landeskunde, Mainz 1986, S. 173-220, hier S. 177.

27 Dieses „Bedürfnis nach Personifizierung" erkennt nach eigener Aussage *Bernhard Vogel* durchaus an; vgl. Regieren in Thüringen. Erfahrungen aus der Praxis, in: *Antonius Liedhegener / Torsten Oppelland (Hrsg.)*, Parteiendemokratie in der Bewährung. Festschrift für Karl Schmitt, Baden-Baden 2009, S. 287-295, hier S. 290.

28 Vgl. *Karl-Rudolf Korte u.a.*, Regieren in Nordrhein-Westfalen. Strukturen, Stile und Entscheidungen 1990-2006, Wiesbaden 2006, S. 220ff., die für den Übergang von Johannes Rau zu Wolfgang Clement einen deutlichen Stilwechsel konstatieren.

29 Die Abgrenzung der einzelnen Geschäftsbereiche ist geregelt im Beschluss der Landesregierung vom 15. März 2010: Zuständigkeit der einzelnen Ministerien nach Art. 76 Abs. 2 Satz 1 der Verfassung des Freistaats Thüringen (GVBl., S. 67ff.), im Folgenden zit. als Kabinettsbeschluss vom 15. März 2010.

30 Anders als etwa der Bundeskanzler und die Ministerpräsidenten einiger anderer Länder verfügt der thüringische Regierungschef nicht über das formale Recht, die Geschäftsbereiche der Minister in eigener Verantwortung festzulegen. Dies erfolgt vielmehr durch die Regierung als Kollektivgremium (Art. 76 Abs. 2 ThürVerf).

31 Vgl. Kabinettsbeschluss vom 15. März 2010 (Anm. 29), S. 5ff., Geschäftsbereich des Thüringer Innenministeriums.

32 Vgl. Abschnitt III des Beitrags von *Ruffert* in diesem Band.

33 Medieninformation 27/10 des Thüringer Innenministeriums vom 30. Juni 2010.

34 Vgl. dazu die vom Thüringer Innenministerium herausgegebene Kriminalstatistik des Jahres 2008.

35 Zu den Aufgaben des Finanzministeriums vgl. Kabinettsbeschluss vom 15. März 2010 (Anm. 29), S. 14ff., Geschäftsbereich des Thüringer Finanzministeriums.

36 Diese und die folgenden Angaben zum Landeshaushalt 2007 nach *Landesrechnungshof Thüringen*, Jahresbericht 2009.

37 2009 lag Thüringen bei 47,6 Prozent des Durchschnitts. Anteile vor Umsatzsteuerausgleich. Vgl. *Bundesfinanzministerium*, Ergebnisse des Länderfinanzausgleichs 2007 (2009), Berlin 2008 (2010).

38 Der Finanzausgleich nach Art. 107 GG ist im Finanzausgleichsgesetz und den entsprechenden Durchführungsverordnungen geregelt.

39 Rede von Finanzministerin Marion Walsmann zur Einbringung des Landeshaushalts 2010, Thüringer Landtag, 25. 2. 2010.

40 *Thüringer Finanzministerium*, Haushaltsrechnung 2008, Bd. I, S. 20. Die Steuerdeckungsquote der westdeutschen Flächenländer betrug 2007 80,4 Prozent (*Landesrechnungshof Thüringen*, Jahresbericht 2009, S. 39). Bei Berücksichtigung des Ausgleichseffekts der Umsatzsteuerverteilung (Effekt für Thüringen 2007: 1,4 Mrd. Euro) lag die Steuerdeckungsquote 2007 nicht bei 54 sondern bei 39 Prozent. Vgl. *Bundesfinanzministerium* (Anm. 37).

41 § 11 Finanzausgleichsgesetz. Vgl. *Wolfgang Renzsch,* Der bundesstaatliche Finanzausgleich, in: *Wolfgang Renzsch / Klaus Detterbeck / Stefan Schieren (Hrsg.),* Föderalismus in Deutschland, München 2010, S. 119-139.

42 Der Versuch, dieses Verbot auch in die Landesverfassung hineinzuschreiben, scheiterte am Widerstand von SPD und Linke.

43 Vgl. *Wolfgang Förster u.a.*, Länderfinanzbericht Haushaltsjahr 2008, in: *Martin Junkernheinrich u.a. (Hrsg.),* Jahrbuch für öffentliche Finanzen, Baden-Baden 2009, S. 40.

44 Zu den Aufgaben des Justizministeriums vgl. Kabinettsbeschluss vom 15. März 2010 (Anm. 29), S. 12ff., Geschäftsbereich des Thüringer Justizministeriums.

45 Vgl. Kabinettsbeschluss vom 15. März 2010 (Anm. 29), S. 8ff., Geschäftsbereich des Thüringer Ministeriums für Bildung, Wissenschaft und Kultur.

Matthias Ruffert

Das Kommunalrecht

I. Entwicklungslinien und Rechtsgrundlagen

Das Thüringer Kommunalrecht wird durch verschiedene Entwicklungen geprägt.[1] Zunächst kann 20 Jahre nach der Wiedervereinigung Deutschlands festgestellt werden, dass sich die Entwicklungslinien des Thüringer Kommunalrechts vor allem in die generelle Fortbildung des deutschen Kommunalrechts einflechten lassen. Die Herausforderungen an die kommunale Selbstverwaltung und an die Strukturen der Kommunalverfassung unterscheiden sich über weite Strecken nicht von denjenigen in anderen Bundesländern. Daher sind nicht alle Erörterungen in einer Darstellung des Thüringer Kommunalrechts thüringenspezifisch.

Diese erfreuliche Einbindung in den gesamtdeutschen kommunalrechtlichen Kontext kann jedoch nicht über zwei offenkundige Besonderheiten hinwegtäuschen, die sich aus der vereinigungsbedingten Situation ergeben.

Erstens hatten die Gemeinden in der DDR 1957 ihre Rechtsfähigkeit verloren.[2] Die Gemeinden und Kreise waren nach dem Prinzip des „Demokratischen Zentralismus", das keinen Raum für rechtlich selbständige Körperschaften ließ und so mit der jahrhundertealten deutschen Tradition kommunaler Selbstverwaltung brach, in den Staatsaufbau eingegliedert. Einheiten der lokalen Verwaltung bildeten eine lediglich nachgeordnete und weisungsabhängige Ebene im streng hierarchisch gegliederten Verwaltungsapparat der DDR. Die Räte von Gemeinden und Kreisen waren örtliche Organe der zentralen Staatsgewalt. Daher mussten Gemeinden und Kreise nach der „Wende" neu errichtet werden. Dies vollzog die 1990 demokratisch gewählte Volkskammer durch das „Gesetz über die Selbstverwaltung der Gemeinden und Landkreise der DDR" vom 17. Mai 1990.[3] Eine rechtliche Kontinuität zwischen den untergeordneten Verwaltungseinheiten in der DDR und den heutigen Gemeinden und Landkreisen besteht infolge dieses Neugründungsaktes nicht. Das Thüringer Oberverwaltungsgericht hat – bestätigt durch das Bundesverwaltungsgericht – dies im Rechtsstreit um den Fortbestand gemeindlicher Kirchenbaulasten in neuerer Zeit eindeutig klargestellt.[4] Das Thüringer Kommunalrecht markiert einen Neuanfang, der gleichzeitig die durch zwei Diktaturen unterbrochene Kontinuität kommunaler Selbstverwaltung wieder aufgreift.

Die zweite Sonderentwicklung ist eine rechtstatsächliche und problematische. Die zentrale Herausforderung für die Entwicklung des Kommunalrechts in Thüringen ist die demographische Entwicklung.[5] Während die Bevölkerung in Deutschland insgesamt von 1990 bis 2007 um 3,1 Prozent zugenommen hat, ist diejenige Thüringens im gleichen Zeitraum um 11,9 Prozent von 2,6 auf 2,3 Millionen Einwohner geschrumpft. Die Thüringer Entwicklung ist derjenigen in Sachsen und Mecklenburg-Vorpommern vergleichbar. Nur in Brandenburg ist der Bevölkerungsverlust signifikant geringer; nur in Sachsen-Anhalt ist die Situation noch schlechter. Dieser Schrumpfungsprozess durch Wegzug und Geburtendefizit wird sich in der Zukunft fortsetzen. Bis 2020 wird mit einem weiteren Verlust von 200.000 Einwohnern gerechnet, so dass der Bevölkerungsschwund in Thüringen viermal schneller ablaufen wird als in Deutschland insgesamt und nur noch in Sachsen-Anhalt ungünstiger sein wird. Dabei ist auch zu berücksichtigen, dass der Bevölkerungsverlust die Thüringer Kommunen mit unterschiedlicher Intensität trifft. Jena und Weimar sind seit 1990 nicht geschrumpft, andere kreisfreie Städte, namentlich Gera, aber auch Suhl, um so stärker. Für Weimar und Jena wird bis 2020 mit einem Bevölkerungszuwachs gerechnet, für Suhl mit einem Verlust von weiteren 20 Prozent, für die Landkreise Altenburger Land, Greiz und Kyffhäuserkreis mit weiteren 15 Prozent.

Die ungünstige demographische Entwicklung muss in den kommunalen Strukturen verarbeitet werden. Verwaltungsreformen (Struktur- und Gebietsreformen) stehen auf der Agenda aller neuen Bundesländer. Der Thüringer Landtag hat in der 4. Wahlperiode hierzu die Enquetekommission „Zukunftsfähige Verwaltungs-, Gemeindegebiets- und Kreisgebietsstrukturen in Thüringen und Neuordnung der Aufgabenverteilung zwischen Land und Kommunen“ eingesetzt. Auf die Ergebnisse in ihrem Bericht, dem auch die vorgenannten statistischen Daten entnommen sind, wird noch zurückzukommen sein. Auch nach der Landtagswahl 2009 steht die Verwaltungsreform auf der politischen Agenda.[6]

Kommunalrecht ist Landesrecht. Die erwähnte Kommunalordnung von 1990 blieb daher nach der Wiedervereinigung zunächst im Rang eines Landesgesetzes in den neuen Ländern in Kraft. Auf die daran anschließende „Vorläufige Kommunalordnung für das Land Thüringen“ (1992) folgte am 16. August 1993 die „Thüringer Kommunalordnung“ (ThürKO), die am 28. Januar 2003 neu bekanntgemacht wurde.[7] Auch seither hat es zahlreiche Änderungen gegeben.

Zentrale Verwaltungssubjekte des Kommunalrechts sind Gemeinden und Landkreise. Der Begriff der Gemeinde, der umgangssprachlich auf kleinere, ländliche Gemeinden beschränkt ist, umfasst rechtlich auch Städte, sowohl die kreisangehörigen als auch die (noch) sechs kreisfreien Städte in Thüringen: Eisenach, Erfurt, Gera, Jena, Suhl und Weimar.

Eine gesetzestechnische Besonderheit des Thüringer Kommunalrechts ist die Regelung von Gemeinde- und Kreisrecht in einem Gesetz, während die überwiegende Zahl der Länder zwischen Gemeinde- und Kreisordnungen unterscheidet. Über die Thüringer Kommunalordnung hinaus, die sich mit Organisation und Aufgaben von Gemeinden und Kreisen, der inneren Kommunalverfassung sowie der Stellung der kommunalen Körperschaften im Rechtsverkehr befasst, regeln besondere Gesetze namentlich zur Kommunalwahl und den Kommunalfinanzen einzelne Sachfragen, worauf am jeweiligen Ort zurückzukommen sein wird.

II. Kommunale Selbstverwaltung als Grundlage des Thüringer Kommunalrechts

1. Konzept und Gewährleistung

Die Garantie kommunaler Selbstverwaltung ist in Art. 28 Abs. 2 GG verankert. Art. 91 ThürVerf enthält eine textlich und inhaltlich entsprechende Gewährleistung. Außerdem ist – was vielfach übersehen wird – in Art. 4 Abs. 2 des EU-Vertrages in der Fassung des Reformvertrages von Lissabon die Garantie der kommunalen Selbstverwaltung als Bestandteil der nationalen Identität geschützt.

Die verfassungsrechtlichen Gewährleistungen differenzieren nach der Selbstverwaltung der Gemeinden und Kreise. Im Mittelpunkt steht in Art. 28 Abs. 2 S. 1 GG (entsprechend Art. 91 Abs. 1 ThürVerf) das Recht der Gemeinden, „alle Angelegenheiten der örtlichen Gemeinschaft im Rahmen der Gesetze in eigener Verantwortung zu regeln"; die Garantie für die Kreise ist separat zu erörtern (s.u. Abschnitt 5).

Art. 28 Abs. 2 S. 1 GG enthält vor allem eine objektive, institutionelle Garantie der Gemeinden. Der subjektivrechtliche, auf die einzelne Gemeinde bezogene Schutzgehalt ist gering. Die einzelne Gemeinde als solche ist in ihrem Bestand nicht geschützt. Dies zeigt sich vor allem bei Gebiets- und Bestandsveränderungen im Rahmen von Gebietsreformen. Nach einfachem, insoweit verfassungskonformem Recht (§§ 9, 92 ThürKO) können Gemeinden (und Landkreise) in ihren Grenzen oder in ihrem Bestand geändert, neu gebildet oder aufgelöst werden. Allein einfache Gebietsänderungen können (soweit nicht die Landkreisgrenzen betroffen sind) durch Vereinbarung der betroffenen Gemeinden mit Genehmigung der Rechtsaufsichtsbehörde erfolgen. Bestandsänderungen (und auch unfreiwillige Gebietsänderungen) bedürfen hingegen eines Landesgesetzes nach Anhörung der betroffenen Anwohner. Sie sind unter Beachtung dieser Voraussetzungen aus Gründen des öffentlichen Wohls ohne weitere Beschränkungen möglich. Im öffentlichen Wohl kann es beispielsweise liegen, nicht leistungsfähige kommunale Gebietskörperschaften „einzugemeinden" oder zusammenzufassen. Bei der Beurteilung des öffentlichen Wohls verfügt der Landesgesetzgeber über einen weiten Einschätzungsspielraum. Die Akzeptanzprobleme von Gebietsreformen lassen sich rechtlich nur begrenzt ausräumen. Ihre Bewältigung ist eine Frage politischen Geschicks.

2. Angelegenheiten der örtlichen Gemeinschaft

Art. 28 Abs. 2 S. 1 GG gewährleistet den Gemeinden, *alle Angelegenheiten der örtlichen Gemeinschaft* im Rahmen der Gesetze in eigener Verantwortung zu regeln. Das Bundesverfassungsgericht hat diese Angelegenheiten in der berühmten Rastede-Entscheidung[8] als solche gekennzeichnet, „die in der örtlichen Gemeinschaft wurzeln oder auf die örtliche Gemeinschaft einen spezifischen Bezug haben". Infolge der Beschränkung auf den Rahmen der Gesetze ist es nicht leicht, den Aufgabenkreis örtlicher Allzuständigkeit (Universalität) festzulegen. Örtlichen Aufgaben, denen sich der Gesetzgeber noch nicht gewidmet hat, können sich die Gemeinden ohne weiteres annehmen. Darüber hinaus gibt es keinen verfassungsrechtlich fixierten Kreis örtlicher Aufgaben. Für die Garantie eines Kernbereichs orientiert sich das Bundesverfassungsgericht an historischen Aufgabenzuordnungen. Änderungen durch Gesetz sind aber möglich, wenn sie sich aus Gemeinwohlgründen vertreten lassen. Der Gesetzgeber verfügt dabei über einen entsprechenden Einschätzungsspielraum. Auf die Verwaltungskraft der jeweiligen Gemeinde soll es bei der Bestimmung der Angelegenheiten der örtlichen Gemeinschaft nicht ankommen. Die örtliche Allzuständigkeit schützt außerdem vor der erdrosselnden Überbürdung mit überörtlichen Aufgaben.

Nicht nur in Thüringen sind Rechtsprobleme durch ein fehlerhaftes Verständnis oder Ignorieren des Örtlichkeitsbezuges aufgetreten. Mit dem verfassungsrechtlichen Leitbild nur schwer vereinbar ist die partielle Ermächtigung zur überörtlichen wirtschaftlichen Betätigung der Gemeinden, namentlich in der Energiewirtschaft, in § 71 Abs. 4 ThürKO. Der Verweis auf die Interessen der dadurch berührten anderen kommunalen Gebietskörperschaften wird dem objektiv aufgabengliedernden Gehalt des Art. 28 Abs. 2 GG nicht gerecht. Noch gravierender sind offenkundige Kompetenzüberschreitungen durch die Wahrnehmung eines „allgemeinpolitischen Mandats" in manchen Stadt- und Gemeinderäten. Ein solches Mandat steht den Gemeinden nicht zu; die jeweilige Aufgabe muss örtlich radiziert sein. Daher sind Verlautbarungen über „atomwaffenfreie Zonen" mangels verteidigungspolitischer Kompetenz seinerzeit als rechtswidrig angesehen worden.[9] Auch Beschlüsse zur friedlichen Nutzung der Kernenergie oder - auch in Thüringen aktuell - zur Klimapolitik sind mit dem Örtlichkeitsgrundsatz des Art. 28 Abs. 2 S. 1 GG nicht vereinbar.[10] Nicht zuletzt hieran zeigt sich, dass die örtlichen Vertretungsorgane (Gemeinderat, Stadtrat, Kreistag) der (Selbst-)Verwaltung zuzuordnen sind; die häufig im allgemeinen Sprachgebrauch (und im Selbstverständnis) vorzufindende Bezeichnung „Parlament" ist juristisch unzutreffend.

3. Eigenverantwortlichkeit

Art. 28 Abs. 2 S. 1 GG gewährleistet den Gemeinden die Regelung aller Angelegenheiten der örtlichen Gemeinschaft *in eigener Verantwortung*. Das bedeutet, dass das Ob, Wann und Wie der Aufgabenerfüllung durch die Gemeinde selbst festgelegt werden.

Als Beschreibungshilfe werden hierfür in Lehre und Rechtsprechung vielfach die fünf sog. *„Gemeindehoheiten"* herangezogen. Sie sind zum Verständnis der Eigenverantwortlichkeit nützlich, bezeichnen jedoch keinen Raum absoluter Abschirmung gegenüber äußeren Einflüssen.

Als erste ist die *Planungshoheit* zu nennen. Durch Bauleitpläne (Flächennutzungspläne und Bebauungspläne) können die Gemeinden die räumliche Gestaltung ihres Territoriums regeln. An der überörtlichen Raumordnung sind sie beteiligt. Bei Baugenehmigungen außerhalb von Planungen müssen sie ihr Einvernehmen erteilen (§ 36 Baugesetzbuch). Praktische Probleme können aus begrenzter Verwaltungskapazität sowie der nicht immer transparenten und gemeinwohlorientierten Verknüpfung mit privaten Interessen bei der Planung entstehen.

Die *Personalhoheit* ermöglicht den Gemeinden, ihre Mitarbeiter einzustellen, sie zu befördern und ihnen ihre Aufgaben zuzuweisen. Gegenüber kommunalen Beamten ist die Gemeinde Dienstherr, gegenüber Arbeitnehmern kommt ihr Arbeitgebereigenschaft zu. Faktisch eingeengt ist der personalhoheitliche Spielraum durch Personalüberhang aus der Zeit der DDR sowie dadurch, dass in den ersten Jahren nach der Wende dringend Personal eingestellt werden musste, ohne in allen Fällen die für den öffentlichen Dienst unabdingbare Strenge in der Auswahl obwalten lassen zu können.[11]

An dritter Stelle ist die *Organisationshoheit* zu nennen. Sie umfasst die Befugnis, die Gemeinde intern räumlich zu untergliedern, Aufbau und Zusammenspiel der eigenen Beschluss- und Vollzugsorgane zu regeln sowie die gemeindeeigenen Einrichtungen und Betriebe zu steuern. Hierzu gehört – entgegen der häufig im Schrifttum noch vertretenen Ansicht – auch der gesamte Bereich der Kommunalwirtschaft.[12] Diese ist – auch nicht unter der Chiffre „Daseinsvorsorge" – keine Angelegenheit der örtlichen Gemeinschaft, sondern organisatorischer Modus der Aufgabenerbringung – Erfüllung von Aufgaben durch wirtschaftliche Betätigung. Die Organisationshoheit ist gegenüber gesetzgeberischem Zugriff besonders schwach abgeschirmt, weil die kommunalrechtlichen Gesetze die Organisationsformen überhaupt erst schaffen.[13]

Die *Rechtsetzungshoheit* ermöglicht den Gemeinden viertens, eigenverantwortlich Ortsrecht in Gestalt von Satzungen (s. § 19 Abs. 1 ThürKO) zu setzen. Nicht verwechselt werden darf diese Rechtsetzungsmöglichkeit mit der Ermächtigung zum Erlass von Rechtsverordnungen (s. Art. 84 Abs. 1 S. 1 ThürVerf) für die durch Gesetz übertragenen Aufgaben (s. vor allem § 27 Abs. 1 Ordnungsbehördengesetz für das Ordnungsrecht).

Im Mittelpunkt der öffentlichen Diskussion steht die fünfte „Gemeindehoheit", die *Finanzhoheit.* Die Finanzprobleme der Kommunen sind ein Gemeinplatz. Partielle Ertragshoheiten nach dem Grundgesetz (Art. 106 Abs. 5-7 GG: Grund- und Gewerbesteuer, örtliche Verbrauch- und Aufwandsteuer, Gemeindeanteile an Einkommensteuer, Umsatzsteuer und Gemeinschaftssteuern) haben diese Probleme ebensowenig einer Lösung zugeführt wie die Garantie in Art. 28 Abs. 2 S. 3 GG, wonach zur Selbstverwaltung auch eine finanzielle Grundlage gehört. Einen einklagbaren Anspruch auf eine bestimmte Finanzierung enthält die letztgenannte Garantie nur begrenzt. In diesem Kontext ist auch Art. 93 ThürVerf zu beachten.

Der Thüringer Verfassungsgerichtshof hat mit seinem Urteil zum kommunalen Finanzausgleich vom 21. Juni 2005[14] festgestellt, dass der unantastbare Kernbereich der kommunalen Selbstverwaltung eine von der Leistungskraft des Landes unabhängige Sicherung der Wahrnehmung freiwilliger Selbstverwaltungsaufgaben durch die Kommunen erfordert, und dass aufgrund von Art. 93 Abs. 1 S. 1 ThürVerf auch darüber hinaus eine angemessene Finanzausstattung der Gemeinden und Gemeindeverbände gesichert werden müsse. Aufgabenverantwortung und Kostenlast müssten strikt verknüpft werden (Konnexität), so dass zur Zuweisung einer Aufgabe immer auch die Sicherung der Finanzierung gehört. Ein solcher „Mehrbelastungsausgleich" (s. Art. 93 Abs. 1 S. 2 ThürVerf) ist an der Durchschnittsbelastung auszurichten. Bei der allgemeinen Finanzausstattung kommt dem Gesetzgeber hingegen ein großer Einschätzungsspielraum zu. Diese Kautelen sind beim vertikalen (Land - Kreise - Kommunen) und horizontalen (Kommunen untereinander) Finanzausgleich zu berücksichtigen, was der Gesetzgeber mit dem Thüringer Finanzausgleichsgesetz (ThürFAG) vom 20. Dezember 2007 erstrebt.[15]

4. Gesetzlicher Aufgabenzuschnitt

a) Eigener Wirkungskreis

§ 2 Abs. 1 ThürKO verwirklicht die verfassungsrechtliche Gewährleistung, indem den Gemeinden als *Aufgaben des eigenen Wirkungskreises* diejenigen Aufgaben zugewiesen werden, „die in der Gemeinde wurzeln oder auf sie einen spezifischen Bezug haben". Abs. 2 der Vorschrift enthält eine exemplarische Auflistung, die nicht abschließend ist („insbesondere"). Danach gehören zum eigenen Wirkungskreis „die harmonische Gestaltung der Gemeindeentwicklung unter Beachtung des Umwelt- und des Naturschutzes, des Denkmalschutzes und der Belange von Wirtschaft und Gewerbe, die Bauleitplanung, die Gewährleistung des öffentlichen Personennahverkehrs, die Versorgung mit Energie und Wasser, die Abwasserbeseitigung und -trennung, die Sicherung und Förderung eines bedarfsgerechten öffentlichen

Angebots an Bildungs- und Kinderbetreuungseinrichtungen, die Entwicklung der Freizeit- und Erholungsbedingungen sowie des kulturellen Lebens, der öffentliche Wohnungsbau, die gesundheitliche und soziale Betreuung, die Aufrechterhaltung der öffentlichen Reinlichkeit, das Bestattungswesen und der Brandschutz". Die exemplarische Natur der Aufzählung ermöglicht den Gemeinden die Entdeckung und Wahrnehmung neuer eigener Aufgaben. Ein Beispiel hierfür sind Städtepartnerschaften, die für Thüringer Städte und Gemeinden gerade in der Wendezeit von besonderer Bedeutung waren. Ein Sonderfall sind Aufgaben, die den Gemeinden als eigene zwingend zugeordnet werden (sog. Pflichtaufgaben, § 2 Abs. 3 ThürKO). Beispiele hierfür sind die Bauleitplanung (§ 10 Baugesetzbuch) und – in kreisfreien Städten – die soziale Grundsicherung (§ 3 Abs. 2 Sozialgesetzbuch XII).

Die Wahrnehmung eigener Aufgaben spiegelt sich in der Struktur der Vorschriften über die Kommunalaufsicht. Gemäß § 117 Abs. 1 ThürKO ist die Aufsicht auf eine *Rechtsaufsicht* beschränkt. So ist sichergestellt, dass die Kommune „im Rahmen der Gesetze" handelt. Gleichzeitig wird die Eigenverantwortlichkeit betont, denn die Rechtsaufsicht kann nicht die Art und Weise der fachlichen Aufgabenerledigung korrigieren, sofern nur die Grenzen des Rechts eingehalten sind.

Die Rechtsaufsichtsbehörden sind hierarchisch gegliedert. Über die kreisangehörigen Gemeinden übt das jeweilige Landratsamt die Rechtsaufsicht aus, über kreisfreie Städte das Landesverwaltungsamt in Weimar, das auch als obere Rechtsaufsichtsbehörde über die kreisangehörigen Gemeinden fungiert (§ 118 ThürKO). Das Thüringer Innenministerium steht als oberste Rechtsaufsichtsbehörde an der Spitze der Aufsichtshierarchie (§ 118 Abs. 3 ThürKO).

Werden Verwaltungsakte einer Gemeinde angefochten, entscheidet darüber die Rechtsaufsichtsbehörde, § 124 Abs. 1 Nr. 1 ThürKO (mit § 73 Abs. 1 Nr. 3 Verwaltungsgerichtsordnung). Weil sie nur die Rechtmäßigkeit überprüfen kann, bleibt der sachliche Entscheidungsspielraum der Gemeinde in der Zweckmäßigkeitsprüfung gewahrt (Abhilfeentscheidung, § 72 Verwaltungsgerichtsordnung).

b) Übertragener Wirkungskreis

Außerdem können den Gemeinden durch Gesetz Aufgaben übertragen werden, § 3 Abs. 1 ThürKO. Im so entstehenden *übertragenen Wirkungskreis* ist die Selbstverwaltung auf einen Minimalbestand der Eigenverantwortlichkeit reduziert, der darin besteht, dass die Gemeinde als Rechtsträger mit den ihr zur Verfügung stehenden organisatorischen Mitteln und nicht als Landesbehörde handelt.

Die Aufgabenübertragung war bis zur Föderalismusreform I durch Bundes- oder Landesgesetz möglich. Bundesgesetzliche Aufgabenzuweisungen sind nun gemäß Art. 84 Abs. 1 S. 7 GG ausgeschlossen; ältere Zuweisungen gelten gemäß Art. 125a Abs. 1 S. 1 GG fort. Die wichtigsten Aufgabenzuweisungen sind und bleiben aber solche des Landesrechts: vor allem das allgemeine Ordnungsrecht sowie das Bauordnungsrecht, ferner das Naturschutzrecht, Gaststättenrecht und Melderecht gehören neben anderen zum übertragenen Wirkungskreis. Bei der Aufgabenübertragung sind die notwendigen Mittel bereitzustellen.

Abgesehen davon, dass die Gemeinden wie gezeigt auch bei der Wahrnehmung von Aufgaben im übertragenen Wirkungskreis ihre Eigenschaft als Selbstverwaltungskörperschaften nicht verlieren, ist sie keine Selbstverwaltung in der Sache. Dementsprechend unterliegt sie der *Fachaufsicht* (§ 117 Abs. 2 ThürKO), d.h. die übergeordnete Behörde – die durch das zu vollziehende Fachrecht bestimmt wird – kann die fachliche Ermessensausübung durch die Gemeinde beeinflussen, im Einzelfall durch Weisungen.

5. Selbstverwaltungsgarantie der Landkreise

Auch die Kreise genießen Selbstverwaltungsrecht. Art. 28 Abs. 2 S. 2 GG spricht von „Gemeindeverbänden", womit aber – was sich aus Art. 28 Abs. 1 S. 2 und 3 GG ergibt – die Kreise gemeint sind. Existenz und Selbstverwaltungsrecht von Kreisen sind im Grundgesetz garantiert. Art. 91 Abs. 2 ThürVerf enthält eine entsprechende Garantie.

Aufgrund der ungünstigen demographischen Entwicklung wird auch in Thüringen eine Gebietsreform der 1993 geschaffenen 17 (aus zuvor 35) Landkreise diskutiert, wie sie in anderen Ländern im Beitrittsgebiet bereits vollzogen worden ist. Die politischen Reformoptionen haben zu berücksichtigen, dass die Bildung von großflächigen Kreisgebietsstrukturen im Sinne von Regionalkreisen an verfassungsrechtliche Grenzen stößt – wenn sie überhaupt zu den erwarteten Effizienzgewinnen führen kann.[16] Auch in Thüringen wird eine Kreisgebietsreform Rationalitäts- und Selbstverwaltungsaspekte miteinander verbinden müssen. Vieles spricht dafür, dass Effizienzgewinne eher in der Nutzung von Kooperations- und „e-Government"-Strategien erreicht werden können als durch die Bildung von Großkreisen. Hinzu kommen im politischen Raum teilweise ahistorische Gliederungsvorschläge (Orientierung an den Planungsregionen) bis hin zur nicht ganz unbegründeten Befürchtung, die Gebietsstruktur der alten DDR-Bezirke könnte wiederbelebt werden.

Nach seinem Wortlaut gewährleistet Art. 28 Abs. 2 S. 2 GG die Selbstverwaltungsgarantie der Kreise nur eingeschränkt.[17] Die Bestimmung des Aufgabenbereiches ist dem Gesetzgeber überantwortet. Allerdings darf der Gesetzgeber bei der Ausfüllung seines Gestaltungsspielraums das Selbstverwaltungsrecht der Kreise nicht entwerten. Die Kreise bedürfen kraft Verfassungsrechts eines Mindestbestandes an Aufgaben von substantiellem Gewicht im eigenen Wirkungskreis. Dieser Mindestbestand darf auch durch übermäßige Aufgabenzuweisung an anderer Stelle nicht beeinträchtigt werden. Allerdings gibt es keinen allgemeinen Abwehranspruch gegen Aufgabenzuweisungen.

Abbildung 1: Kreiseinteilung Thüringen seit 1993

Auch bei den Landkreisen wird zwischen eigenem und übertragenem Wirkungskreis entschieden (Art. 86 Abs. 2 S. 2, 87 und 88 ThürKO). Eigene Aufgaben sind überörtliche Aufgaben im Kreisgebiet. Wichtige Anwendungsfälle sind die Trägerschaft von Kreiskrankenhäusern oder die Eigenschaft als Sozialhilfeträger. Die Rechtsaufsicht liegt beim Thüringer Landesverwaltungsamt in Weimar.

Die Tätigkeit im übertragenen Wirkungskreis unterliegt der Fachaufsicht (Beispiel: Bauordnungsrecht). Über die Einbindung in die Weisungshierarchie der Fachaufsicht hinaus sind die Kreise nicht nur Selbstverwaltungskörperschaften, sondern gleichzeitig die Bereiche der unteren staatlichen Verwaltungsbehörde (§ 91 S. 2 ThürKO). Das Landratsamt kann also auch als unterste Behörde des Freistaates

Thüringen agieren. Diese Eingliederung in die Landesverwaltung ist allerdings nur noch für eine einzige Verwaltungsaufgabe relevant, nämlich die Rechtsaufsicht über die kreisangehörigen Gemeinden (§ 111 Abs. 2 ThürKO). Im Zuge der sog. „Kommunalisierung" ist die traditionelle „Janusköpfigkeit" des Kreises bzw. Landrats (staatliche Behörde und Selbstverwaltungseinrichtung) so gut wie beseitigt worden.

6. *Prozessuale Absicherung*

Art. 28 Abs. 2 GG enthält eine institutionelle Garantie, jedoch kein Grundrecht. Gleichwohl gehört zu seiner Gewährleistung die gesicherte Rechtsstellung im Prozess, vor allem im Verwaltungsprozess. Daneben besteht die Möglichkeit einer Kommunalverfassungsbeschwerde zum Bundesverfassungsgericht in Karlsruhe (Art. 93 Abs. 1 Nr. 4b GG) bzw. zum Thüringer Verfassungsgerichtshof in Weimar (Art. 80 Abs. 1 Nr. 2 ThürVerf). Dies ist beispielsweise bei Gebiets- und Bestandsänderungen im Rahmen von Gebietsreformen möglich.

III. Kommunale Verwaltungsgliederung

1. *Gemeinden*

Im Mittelpunkt der kommunalen Verwaltungsgliederung stehen die Gemeinden. Die legitimationsstiftende Selbstverwaltungsgarantie aufgreifend formuliert § 1 Abs. 1 ThürKO: „Die Gemeinden bilden die Grundlage des demokratischen Staates." Wie bereits angesprochen, gehören entgegen dem allgemeinen Sprachgebrauch auch die Städte zu den Gemeinden. Als „Stadt" kann sich eine Gemeinde bezeichnen, wenn ihr diese Bezeichnung nach altem Recht zusteht oder die Landesregierung diese Bezeichnung nach objektiven Kriterien verleiht (§ 5 Abs. 1 ThürKO). Die Stadt Erfurt führt die Bezeichnung Landeshauptstadt (§ 5 Abs. 1 S. 5 ThürKO). Die Landesregierung kann mit Zustimmung des Landtags Städten mit Hochschulen die Bezeichnung „Universitätsstadt" oder „Hochschulstadt" verleihen (§ 5 Abs. 1 S. 5 ThürKO). Von der Antragsbefugnis wird in der Thüringer Praxis umgekehrt proportional zur Bedeutung der in der Stadt befindlichen Einrichtung Gebrauch gemacht. Andere überlieferte Bezeichnungen können weitergeführt werden.

Eine Differenzierung von rechtlich höherer Relevanz betrifft die Unterteilung nach „kreisangehörigen Gemeinden" und „kreisfreien Städten" (§ 6 Abs. 1 ThürKO). 2008 ist die „Thüringer Landgemeinde" hinzugetreten (§ 6 Abs. 5 ThürKO).

Kreisangehörige Gemeinden: Die meisten Thüringer Gemeinden sind kreisangehörig. Sie nehmen die örtlichen Aufgaben bürgernah wahr. Überörtliche Aufgaben und

Aufsicht liegen beim Kreis. Thüringen ist ländlich geprägt. 2008 hatten 387 der 959 Thüringer Gemeinden unter 500 Einwohner, weitere 229 zählten 500 bis 1.000 Einwohner.[18] Angesichts solcher Zahlen drängen sich Verwaltungsreformen auf.

Kreisfreie Städte: Die gegenwärtig sechs kreisfreien Städte Eisenach, Erfurt, Gera, Jena, Suhl und Weimar erfüllen in ihrem Bereich auch die Aufgaben der Landkreise im eigenen und übertragenen Wirkungskreis (§ 6 Abs. 3 ThürKO) und unterstehen insoweit der Aufsicht des Thüringer Landesverwaltungsamts. Der Status, der rechtlich nur durch Gesetz geändert werden kann, ist politisch nur für Erfurt gesichert. Ob insbesondere Gera (wegen des großen Bevölkerungsschwundes) sowie Eisenach und Suhl (auch wegen der geringen Einwohnerzahl) kreisfrei bleiben, steht immer wieder zur Diskussion.

Landgemeinden: Der Kleinteiligkeit der örtlichen Gliederung muss einerseits durch Reformen begegnet werden, andererseits darf es durch solche Reformen nicht zu politischen Legitimationsproblemen und Identitätsdefiziten kommen. Der Landesgesetzgeber hat sich durch die nach Ortschaften gegliederte „Thüringer Landgemeinde“ dieser Problematik genähert (§§ 6 Abs. 5, 45a ThürKO). Benachbarte Gemeinden eines Kreises mit insgesamt über 3.000 Einwohnern können freiwillig in einer Landgemeinde ihre Verwaltungskraft bündeln. Das Thüringer Konzept bewegt sich dabei zwischen dem Modell der großen Einheitsgemeinden (Nordrhein-Westfalen, Hessen, Saarland) und der Alternative der gemeindlichen Zusammenarbeit.

Große kreisangehörige Städte: Nach § 6 Abs. 4 ThürKO können bestimmten Städten mit der notwendigen Verwaltungs- und Finanzkraft durch Rechtsverordnung der Landesregierung Aufgaben des Landratsamts übertragen werden. Sie werden dadurch zu großen kreisangehörigen Städten. Politisch dient die Verleihung dieses Status' dazu, bei zwei ähnlich gewichtigen Städten in einem Landkreis die Vergabe des Kreissitzes an die andere Stadt zu kompensieren (Beispiel: Kreisstadt Arnstadt – ehemalige Kreisstadt Ilmenau).

2. *Landkreise*

Thüringen ist außerhalb der kreisfreien Städte in 17 Landkreise untergliedert (s. Tabelle). Auch die Landkreise sind mit Einwohnerzahlen von z.T. deutlich unter 100.000 Einwohnern verhältnismäßig klein. Verwaltungsreformen haben sich indes an den beschriebenen verfassungsrechtlichen Vorgaben aus dem Selbstverwaltungsrecht der Kreise zu orientieren.

Landkreise in Thüringen

Landkreis	Zahl der Gemeinden	Bevölkerung	Fläche in km²
Altenburger Land	40	100.215	569
Eichsfeld	89	106.052	940
Gotha	57	138.857	936
Greiz	62	109.003	843
Hildburghausen	43	67.816	937
Ilmkreis	44	112.804	843
Kyffhäuserkreis	50	82.650	1.035
Nordhausen	32	90.357	711
Saale-Holzland-Kreis	93	87.400	817
Saale-Orla-Kreis	76	88.632	1.148
Saalfeld-Rudolstadt	40	118.303	1.035
Schmalkalden-Meiningen	65	131.312	1.210
Sömmerda	55	73.688	804
Sonneberg	16	60.560	433
Unstrut-Hainich-Kreis	47	109.606	975
Wartburg-Kreis	61	131.820	1.305
Weimarer Land	75	84.935	803

Quelle: Thüringer Landesamt für Statistik, Stand 31.12.2009.

3. *Kommunale Zusammenarbeit*

a) Verwaltungsgemeinschaften

Weil die zahlreichen kleinen Gemeinden eine Reihe von Aufgaben nicht selbst erfüllen können, eröffnet § 47 ThürKO die Möglichkeit des Zusammenschlusses zu Verwaltungsgemeinschaften (2009: 86 Verwaltungsgemeinschaften mit 695 Mitgliedsgemeinden). Die Verwaltungsgemeinschaft nimmt dann *per se* alle Angelegenheiten des übertragenen Wirkungskreises ihrer Mitgliedsgemeinden wahr, ist also eigentlicher Aufgabenträger einer Vielzahl von Aufgaben. Auch bei der Erfüllung der Aufgaben des eigenen Wirkungskreises, für den die Mitgliedsgemeinden in der Sache zuständig bleiben, bedienen sie sich der Verwaltungsgemeinschaft als von ihren Weisungen abhängiger Behörde. Die Verwaltungsgemeinschaft ist mithin Verwaltungsstelle der in ihr zusammengeschlossenen Gemeinden. Zentrale Organe sind die Gemeinschaftsversammlung aus Vertretern der Mitgliedsgemeinden und der von ihr gewählte Gemeinschaftsvorsitzende als Verwaltungsspitze. Hinzu kommt die Möglichkeit, dass eine Gemeinde mit mindestens 3.000 Einwohnern für eine benachbarte Gemeinde als sog. *erfüllende Gemeinde* Aufgaben einer Verwaltungsgemeinschaft erfüllt, § 51 ThürKO. Auch hiervon wird häufig Gebrauch gemacht: 2009 bestanden 36 erfüllende Gemeinden für 101 beauftragende Gemeinden.

b) Zweckverbände

In Zweckverbänden sind einzelne kommunale Gebietskörperschaften – Gemeinden oder Kreise – zur gemeinsamen Aufgabenerfüllung verbunden. Sie finden ihre Regelung in den §§ 16ff. des Thüringer Gesetzes über die kommunale Gemeinschaftsarbeit (ThürKGG). Anders als die Verwaltungsgemeinschaften sind Zweckverbände auf eine bestimmte Aufgabe hin orientiert. Das ermöglicht jedoch eine breitere Öffnung für Akteure der Zusammenarbeit. Kreisangehörige Gemeinden, kreisfreie Städte und Kreise können in Zweckverbänden auch „gemischt" zusammenwirken. Zweckverbände sind Körperschaften des öffentlichen Rechts mit Dienstherreneigenschaft.

Die Kooperation in Zweckverbänden ist ausgesprochen üblich im Bereich der Abfallentsorgung sowie der Wasserwirtschaft. Ihre Aufgaben werden in der Verbandssatzung geregelt.

Als lockerere Form der kommunalen Zusammenarbeit können durch öffentlichrechtlichen Vertrag kommunale Arbeitsgemeinschaften gebildet werden (§§ 4ff. ThürKGG). Während die einfache Arbeitsgemeinschaft lediglich Empfehlungen ausspricht, kann die besondere Arbeitsgemeinschaft bindende Beschlüsse fassen.

IV. Kommunalverfassung

Die Regelungen des Kommunalverfassungsrechts sind das Herzstück des inneren Aufbaus der Gemeinden und Kreise in Thüringen. Der Begriff „Kommunalverfassung" ist gebräuchlich, darf aber nicht zu dem Missverständnis führen, es gehe um (höherrangiges) Verfassungsrecht im materiellen Sinn. Vielmehr geht es um spezifische Fragen und Formen der Verwaltungsgliederung.

1. Gemeinden

a) Gemeinderat[19]

Der Gemeinderat wird von den Bürgern auf die Dauer von fünf Jahren gewählt (§ 23 Abs. 2 ThürKO). Abhängig von der Einwohnerzahl besteht er aus mindestens sechs, höchstens aber 50 Mitgliedern (§ 23 Abs. 3 ThürKO). Seine Zusammensetzung ist in § 23 ThürKO geregelt. Danach besteht der Gemeinderat aus dem Bürgermeister und den Gemeinderatsmitgliedern. Der Bürgermeister führt den Vorsitz, im Falle seiner Verhinderung sein Stellvertreter, auch wenn dieser nicht dem Gemeinderat angehört. Abweichend von der gesetzlichen Regelung kann die Hauptsatzung vorsehen, dass ein anderes Gemeinderatsmitglied zum Vorsitzenden des Gemeinderates gewählt wird.

Ein Mitglied des Gemeinderats kann nicht zugleich hauptamtlicher Beamter oder hauptberuflicher Angestellter der Gemeinde sein. Wollen solche Personen dennoch in den Gemeinderat gewählt werden, müssen sie sich von der inkompatiblen Tätigkeit beurlauben oder die sich aus dieser Tätigkeit ergebenden Rechte und Pflichten für die Zeit ihrer Mitgliedschaft im Gemeinderat ruhen lassen.

Der Gemeinderat beschließt über die Aufgaben des eigenen Wirkungskreises der Gemeinde, soweit er die Beschlussfassung nicht einem beschließenden Ausschuss übertragen hat, oder der Bürgermeister zuständig ist (§ 22 Abs. 3 S. 1 ThürKO). Er wacht darüber, dass seine Beschlüsse ausgeführt und eventuelle Mängel abgestellt werden (§ 22 Abs. 3 S. 2 ThürKO). Über den Vollzug hat der Bürgermeister dem Gemeinderat und den Ausschüssen regelmäßig zu berichten. Der Gemeinderat hat das Recht und auf Verlangen eines Viertels seiner Mitglieder die Pflicht, vom Bürgermeister in diesen Angelegenheiten Auskunft zu fordern und Akteneinsicht durch damit beauftragte Ausschüsse oder Gemeinderatsmitglieder zu nehmen.

Die erste Sitzung eines neu gewählten Gemeinderates hat spätestens am 14. Tag nach dem Beginn seiner Amtszeit stattzufinden (§ 35 Abs. 1 S. 2 ThürKO). Mindestens einmal im Quartal soll eine Sitzung anberaumt werden. Darüber hinaus muss der Bürgermeister bzw. der Vorsitzende des Gemeinderates eine Sitzung unverzüglich einberufen, wenn ein Viertel der Gemeinderatsmitglieder dies schriftlich unter Angabe des Beratungsgegenstandes verlangt (§ 35 Abs. 1 S. 3 ThürKO).

Die Mitglieder des Gemeinderates dürfen weder beratend noch entscheidend an den Verhandlungen des Gemeinderats mitwirken, wenn die Entscheidung eine Angelegenheit betrifft, die ihnen oder ihren Angehörigen oder einer von ihnen vertretenen natürlichen oder juristischen Person einen unmittelbaren Vorteil oder Nachteil bringen kann (§ 38 ThürKO). Diese Vorschrift ist vor allem deshalb wichtig, weil sich der Ausschluss von Gemeinderatsmitgliedern aufgrund persönlicher Beteiligung (Befangenheit) auf die Beschlussfähigkeit des Gemeinderats (§ 36 ThürKO) auswirken kann. Die Mitwirkung eines befangenen Gemeinderatsmitgliedes an einem

Beschluss stellt grundsätzlich einen Verfahrensfehler dar, der den Beschluss rechtswidrig machen kann. Normen (Satzungen, Verordnungen), die auf einem rechtswidrigen Beschluss der Gemeindevertretung beruhen, sind grundsätzlich nichtig, Verwaltungsakte rechtswidrig und aufhebbar.

Eine besondere Heilungsvorschrift enthält § 38 Abs. 4 S. 2 ThürKO. Wird danach die Verletzung der Bestimmungen über die persönliche Beteiligung nicht innerhalb von drei Monaten nach der Beschlussfassung unter Bezeichnung der Tatsachen, die eine solche Verletzung begründen können, gegenüber der Gemeinde geltend gemacht, gilt der Beschluss als von Anfang an wirksam. Diese Regelung dient der Rechtssicherheit und ist auch aus Praktikabilitätsgründen geboten.

Die Verhandlungen des Gemeinderats laufen grundsätzlich nach der Tagesordnung ab (§ 35 Abs. 4 ThürKO), sofern nicht alle Mitglieder mit der Aufnahme weiterer Beratungsgegenstände einverstanden sind oder diese Aufnahme dringlich ist (§ 35 Abs. 5 ThürKO). Die Sitzungen des Gemeinderats sind öffentlich, soweit nicht im Einzelfall die Öffentlichkeit aus besonderem Grund ausgeschlossen wird (§ 40 Abs. 1 ThürKO). Die Beschlüsse des Gemeinderats werden grundsätzlich mit einfacher Mehrheit der anwesenden stimmberechtigten Mitglieder gefaßt (§ 39 Abs. 1 ThürKO). Sie sind in ortsüblicher Weise den Bürgern bekannt zu machen. Dies ist ein Gebot des aus dem demokratischen Prinzip abgeleiteten Öffentlichkeitsgrundsatzes. Über die Sitzung des Gemeinderats ist eine Niederschrift anzufertigen.

Die Wahrnehmung des kommunalen Mandats ist ein Ehrenamt, bei dessen Ausübung die Gemeinderatsmitglieder nur dem Gesetz unterworfen sind, im Übrigen aber nach ihrem Gewissen entscheiden. Sie sind an Aufträge nicht gebunden. Damit schließt auch die Thüringer Kommunalordnung ein imperatives Mandat aus (§ 24). Die Mitglieder des Gemeinderats können sich in Fraktionen zusammenschließen (§ 25 Abs. 5 ThürKO). Diesen stehen in der Regel besondere Antragsrechte und Kompetenzen zu, über deren nähere Ausgestaltung die Geschäftsordnung entscheidet.

Der Gemeinderat wäre, insbesondere in größeren Gemeinden, personell, sachlich und zeitlich überfordert, wollte er alle Angelegenheiten, die die Thüringer Kommunalordnung in seine Zuständigkeit verweist, selbst wahrnehmen. Er kann sich deshalb der Hilfe von Ausschüssen bedienen. Dabei ist zwischen ständigen und zeitweiligen, beschließenden und beratenden sowie zwischen obligatorischen und fakultativen Ausschüssen zu unterscheiden:

Der zentrale Ausschuss des Gemeinderates ist der *Hauptausschuss*. Er tritt im Rahmen der gesetzlichen Regelungen an die Stelle des Gemeinderats, weshalb ihm nach § 26 Abs. 1 S. 2 ThürKO auch der Bürgermeister von Amts wegen vorsitzt. Aufgabe des Hauptausschusses ist es, die Arbeit der übrigen Ausschüsse zu koordinieren und über Verwaltungsaufgaben von besonderer Bedeutung zu entscheiden.

Der *Finanzausschuss* hat die Haushaltssatzung der Gemeinde vorzubereiten. Die Beschlussfassung über die Haushaltssatzung, Nachtragshaushaltssatzungen etc. behält die Thüringer Kommunalordnung dagegen dem Gemeinderat als Ganzes vor (§ 26 Abs. 2 Nr. 7 ThürKO).

Beratende Ausschüsse werden nicht anstelle des Gemeinderats tätig, sondern bereiten den Sach- und Rechtsstand vor einer anstehenden Beschlussfassung im Gemeinderat lediglich auf.

Beschließende Ausschüsse können demgegenüber an die Stelle des Gemeinderates treten und – wie der Name sagt – Beschlüsse fassen. Diese haben dieselbe rechtliche Qualität wie die Beschlüsse des Gemeinderats, können von diesem freilich auch aufgehoben und geändert werden (§ 26 Abs. 3 ThürKO).

Aufgabe eines mitunter vorhandenen *Rechnungsprüfungsausschusses* ist es, die Haushaltsführung der Gemeinde während des Haushaltsjahres zu begleiten und die Feststellung der Jahresrechnung (§ 80 Abs. 1 ThürKO), der Jahresabschlüsse der Eigenbetriebe und die Beschlussfassung über die Entlastung (§ 80 Abs. 3 ThürKO) vorzubereiten.

Für die Zusammensetzung der Ausschüsse gilt der Grundsatz der „Spiegelbildlichkeit“, d.h. dass politische Parteien, Vereinigungen und Gruppierungen entsprechend ihrer Stärke im Gemeinderat auch in den Ausschüssen vertreten sein müssen (§ 27 Abs. 1 S. 3 ThürKO). Der Gemeinderat kann darüber hinaus auch Gemeindebürger und Sachverständige in die Ausschüsse berufen bzw. diese hinzuziehen (§ 27 Abs. 5 und 6 ThürKO), freilich ohne Stimmrecht.

b) Bürgermeister und Gemeindeverwaltung

aa) Bürgermeister

Als zweites Hauptorgan benennt die ThürKO den Bürgermeister, der nach § 28 Abs. 3 ThürKO unmittelbar von den Bürgern der Gemeinde gewählt wird. Seine Amtzeit beträgt sechs Jahre, wenn es sich um einen hauptamtlichen, fünf Jahre, wenn es sich um einen ehrenamtlichen Bürgermeister handelt (§ 28 Abs. 3 ThürKO). Hauptamtliche Bürgermeister gibt es nur in Gemeinden mit mehr als 3.000 Einwohnern (§ 38 Abs. 2 ThürKO). In kreisfreien und großen kreisangehörigen Städten führt er die Amtsbezeichnung Oberbürgermeister (§ 28 Abs. 1 S. 2 ThürKO).

Die zentrale Norm für die Aufgabenzuweisung an den Bürgermeister ist § 29 ThürKO. Ihm sind vor allem die Angelegenheiten des übertragenen Wirkungskreises der Gemeinde übertragen, und vor allem hierfür agiert er als Spitze der Gemeindeverwaltung, beispielsweise im Ordnungsrecht. Im eigenen Wirkungskreis der Gemeinde handelt vornehmlich der Gemeinderat. Dessen Beschlüsse hat der Bürgermeister zu vollziehen, wobei ihm eine Rechtmäßigkeitskontrolle mit der Möglichkeit obliegt, Beschlüsse zu beanstanden und ggf. die Rechtsaufsichtsbehörde einzuschalten (§ 44 ThürKO). Außerdem kann er durch Eilentscheidung unter engen Voraussetzungen solche Beschlüsse bei unaufschiebbaren Entscheidungen vorwegnehmen (§ 30 ThürKO). Vor allem kann er die laufenden Angelegenheiten erledigen, die für die Gemeinde keine grundsätzliche Bedeutung haben und keine erheblichen Verpflichtungen erwarten lassen. Was solche „laufenden Angelegenheiten" sind, ist jeweils im Einzelfall zu ermitteln, wobei sich in der Praxis aller Bundesländer eine verhältnismäßig einheitliche Linie herausgebildet hat. Es wird auf Größe und Finanzkraft der handelnden Gemeinde einerseits und den Umfang des betreffenden Geschäfts andererseits abgestellt.

Der Bürgermeister vertritt die Gemeinde im Rechtsverkehr – nicht nur bei der Repräsentation – nach außen (§ 31 Abs. 1 ThürKO). Rechtsverbindliche Erklärungen bedürfen der Schriftform (§ 31 Abs. 2 ThürKO). Diese Bestimmung wird nicht als Formvorschrift in dem Sinne verstanden, dass eine nur mündlich abgegebene Erklärung gemäß § 125 S. 2 BGB nichtig wäre. Für eine solche Regelung fehlte dem Landesgesetzgeber die Kompetenz (Bundeskompetenz für Bürgerliches Recht: Art. 74 Abs. 1 Nr. 1 GG). Vielmehr geht es um die Regelung der Vertretungsbefugnis des Bürgermeisters. Handelt er ohne Wahrung der Schriftform, so ist das Geschäft schwebend unwirksam und bedarf der nachträglichen Genehmigung durch den Gemeinderat. Der Bundesgerichtshof schließt dies in seiner neueren Rechtsprechung allerdings aus und geht – ohne sichere Rechtsgrundlage – von der unheilbaren Unwirksamkeit der formwidrigen Erklärung des Bürgermeisters aus.[20]

bb) Gemeindeverwaltung

Zentrale Aufgabe des Bürgermeisters ist die Leitung der Gemeindeverwaltung. Ihm obliegt die Organisation, und er ist Dienstvorgesetzter der Gemeindebediensteten.

Die Gemeinde- und Stadtverwaltungen sind neben der Landesverwaltung Kern der Verwaltung in Thüringen, sowohl in der Bewältigung der Verwaltungsaufgaben als auch in der Personalstärke (vgl. Abbildung 2). Das Zahlenverhältnis von Landesbedienstete zu kommunalen Mitarbeitern hat die Relation von etwa 2 zu 1: Am 30.6.2009 standen 64.700 Landesbediensteten 34.700 kommunale Bedienstete (Gemeinden/Landkreise/Gemeindeverbände) gegenüber. Die ThürKO regelt die Tätigkeit der Kommunalverwaltungen nur punktuell in § 29 Abs. 3 (Leitungsfunktion des Bürgermeisters in Personalangelegenheiten) und ausführlicher in den haushaltsrechtlichen Bestimmungen zur Gemeindewirtschaft (§ 53ff.). Im übrigen kommen auf die kommunalen Verwaltungen die Regelungen des allgemeinen und besonderen Verwaltungsrechts insgesamt zur Anwendung.

Abbildung 2: Stadtverwaltung Jena

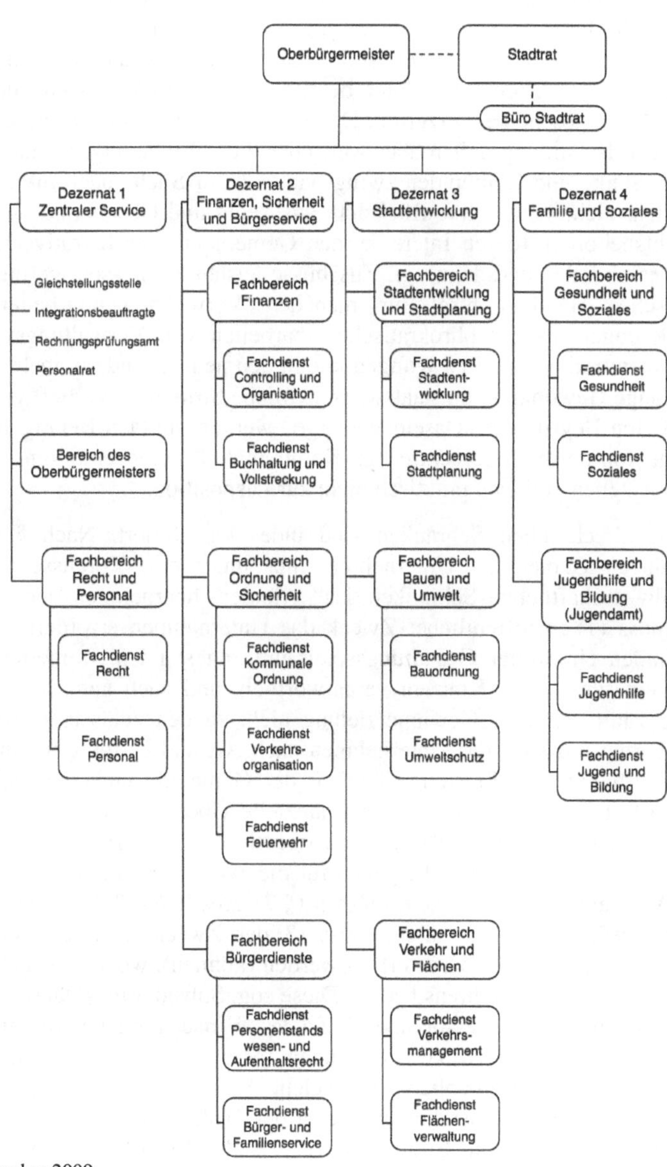

Stand: November 2009.

Innerhalb der Verwaltungstätigkeit ist die *wirtschaftliche Betätigung* von eigenständiger Bedeutung. Für ihr besonderes politisches Gewicht gibt es bundesweit, aber gerade auch in den neuen Bundesländern und damit in Thüringen eine Reihe von Gründen. Institutionenökonomisch kann staatliche wirtschaftliche Betätigung, der die Kommunalwirtschaft zuzuordnen ist, in Marktversagenssituationen sinnvoll sein, wenn beispielsweise öffentliche Güter bereitgestellt werden müssen oder externe Effekte das Marktgeschehen verzerren. Die eigentlichen Gründe für die kommunalwirtschaftliche Betätigung gehen aber weit über diese Erwägungen hinaus. Die Finanznot der Städte und Gemeinden zwingt vielfach zur Suche nach lukrativen Einnahmequellen, nicht selten ohne Rücksicht auf Recht und Gesetz und ohne Zugriff der Aufsichtsbehörden (deren Interesse, den Gemeinden eine lukrative Einnahmequelle zu verschließen und dann ggf. Zuschüsse leisten zu müssen, gering ist). Unternehmerisches Handeln birgt für manchen Verwaltungsmitarbeiter größere Herausforderungen als das bürokratische Abarbeiten von Verwaltungsvorgängen. Hinzu kommen traditionale Erwägungen, die in den neuen Ländern noch durch eine jahrzehntelange Gewöhnung an staatswirtschaftliche Strukturen vertieft werden. Mit dem unscharfen Begriff der „Daseinsvorsorge“ werden vielfach Betätigungen ohne tiefere Reflexion politisch gerechtfertigt. Kommunale Energieversorgung und Sparkassenwesen stehen politisch praktisch nicht zur Disposition.[21]

Die kommunalrechtlichen Schranken sind indes klar fixiert. Nach § 71 Abs. 1 ThürKO dürfen Gemeinden Unternehmen nur unter den Voraussetzungen der „kommunalwirtschaftlichen Schrankentrias“ gründen, übernehmen oder erweitern. Zunächst muss (1) ein öffentlicher Zweck das Unternehmen erfordern. Hier wird den Gemeinden ein weiter Gestaltungsspielraum zugestanden. Immerhin sind sie jedoch für ein schlüssiges Konzept verantwortlich, und nach ganz überwiegender Auffassung zählt die reine Gewinnerzielung nicht zu den zulässigen öffentlichen Zwecken. Ferner muss (2) das Unternehmen nach Art und Umfang in einem angemessenen Verhältnis zur Leistungsfähigkeit der Gemeinde und zum voraussichtlichen Bedarf stehen. Dadurch soll die finanzielle Überforderung der Kommunen verhindert werden. Die nur in Thüringen vorgesehene Vorschrift, wonach die dem Unternehmen zu übertragenden Aufgaben für die Wahrnehmung außerhalb der allgemeinen Verwaltung geeignet sein müssen (§ 71 Abs. 1 Nr. 3 ThürKO), ist unbedeutend. Schließlich und vor allem muss (3) der Zweck nicht ebenso gut und wirtschaftlich durch einen anderen erfüllt werden (können), wozu es gegebenenfalls eines Markterkundungsverfahrens bedarf. Diese sog. Subsidiaritätsklausel soll ein in den privatwirtschaftlichen Sektor übergreifendes Wirtschaften unterbinden. Durch die in § 71 Abs. 1 Nr. 4 ThürKO rechtlich kaum fassbare Ausnahme für die Daseinsvorsorge wird sie jedoch erheblich aufgeweicht. Was „Daseinsvorsorge“ sein soll, ist vollkommen unklar – scherzhaft wurde in der Diskussion der 1990er Jahre die morgendliche Versorgung mit Brötchen dazu gezählt. Hinzu kommt, dass die Verwaltungsrechtsprechung gestützt auf eine Entscheidung des Bundesverwaltungsgerichts aus dem Jahr 1972 Schutz privater Konkurrenten gegen gemeindewirtschaftliche Eingriffe über Jahrzehnte verwehrt hatte und der zivilrechtlich-wettbewerbsrechtliche Schutz vor den ordentlichen Gerichten nur unter engen Voraussetzungen zulässig ist, wenn ein Missbrauch amtlicher Autorität, die unlautere Ausnutzung amtlich erlangter Informationen oder der Einsatz öffentlicher Mittel unter Umgehung ihrer Zweckbindung nachgewiesen werden kann. Immerhin ist in die Verwaltungsrechtsprechung Bewegung gekommen. Das Oberverwaltungsgericht für das Land Nordrhein-Westfalen und der Baden-Württembergische Verwaltungsgerichtshof sowie der Rheinland-Pfälzische Verfassungsgerichtshof erkennen einen verwaltungsrechtlichen Konkurrentenschutz mittlerweile an. Das Thüringer Oberverwaltungsgericht sollte sich diesem Trend nicht versperren, hatte aber bislang noch nicht die Gelegenheit zur Entscheidung.[22] Überdies steht noch aus, dass die Rechtsprechung die wirtschaftlichen Grundrechte (vor allem Art. 12 Abs. 1 GG) der betroffenen Privaten gegen eine überbordende Kommunalwirtschaft aktiviert.

2. *Landkreise*[23]

Aufbau und Organisation der Landkreise in Thüringen folgen im Wesentlichen dem Leitbild der Gemeinde (s. Abbildung 3). Die Besonderheiten durch die Doppelstellung des Landratsamtes als Behörde des Landkreises und gleichzeitig als untere staatliche Verwaltungsbehörde (s. § 111 Abs. 1 und 2 ThürKO) sind im Wesentlichen entfallen, weil nur noch die Kommunalaufsicht als staatliche Aufgabe beim Landratsamt verblieben ist (sog. Kommunalisierung). Einziger Landesbediensteter im Landratsamt ist nun ein leitender staatlicher Beamter für die Kommunalaufsicht (§ 111 Abs. 4 ThürKO zur Rechtsstellung).

Der Landrat: Soweit es um die Stellung des Landrats als Organ des Landkreises geht, unterscheidet sich diese nicht wesentlich von den Regelungen, die für Bürgermeister in den Gemeinden gelten. Nach § 106 Abs. 2 ThürKO wird der Landrat auf die Dauer von sechs Jahren unmittelbar von den Bürgern des Landkreises gewählt.

Der Landrat leitet das Landratsamt und vollzieht die Beschlüsse des Kreistages und seiner Ausschüsse (§ 107 Abs. 1 ThürKO). In eigener Zuständigkeit erledigt er die Geschäfte der laufenden Verwaltung, die für den Landkreis keine grundsätzliche Bedeutung haben und keine erheblichen Verpflichtungen erwarten lassen (§ 107 Abs. 2 ThürKO). In Selbstverwaltungsangelegenheiten des Landkreises entscheidet er, soweit der Kreistag die Angelegenheiten nicht an sich gezogen hat. Der Landrat ist Vorsitzender des Kreisausschusses (§ 105 Abs. 1, 2. Hs. ThürKO) und gesetzlicher Vertreter des Landkreises nach außen (§ 109 Abs. 1 ThürKO).

Der Kreistag: Repräsentativkörperschaft des Landkreises ist der Kreistag. Dieser besteht aus dem Landrat und – je nach Größe des Landkreises – 40 bis 50 gewählten Kreistagsmitgliedern. Die näheren Bestimmungen über seine Zusammensetzung, die

Rechtstellung der Kreistagsmitglieder, über Fraktionen und Ausschüsse finden sich in den §§ 102ff. ThürKO.

Abbildung 3: Das Landratsamt des Saale-Holzland-Kreises

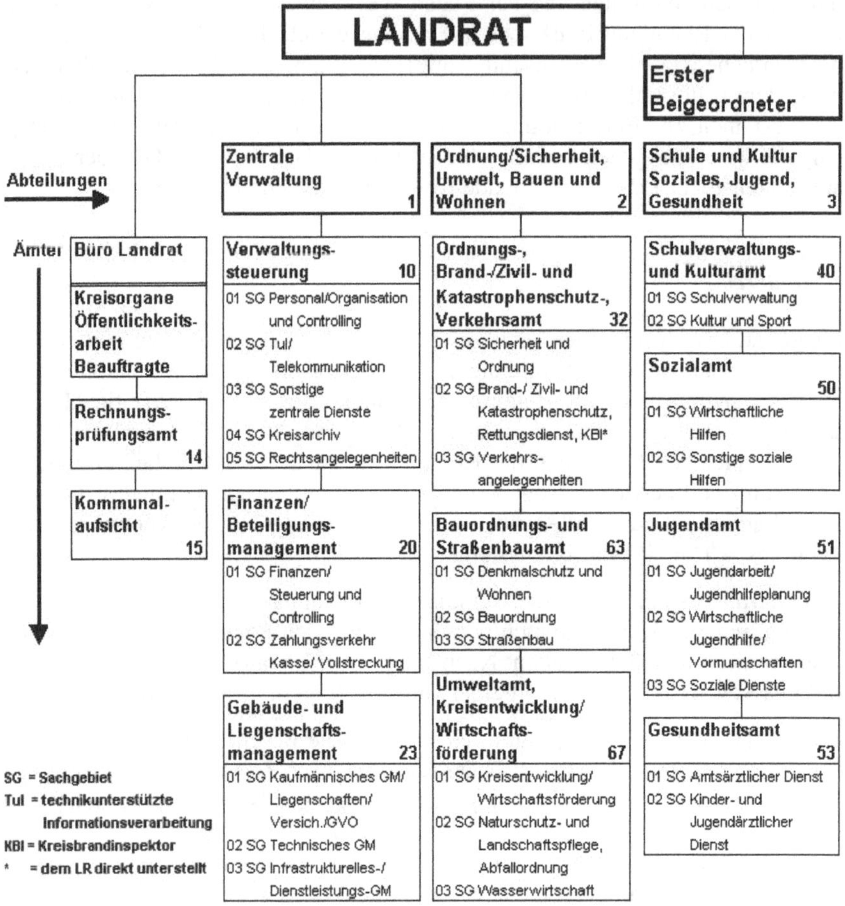

LANDRAT

Erster Beigeordneter

Abteilungen →

Ämter ↓

- **Büro Landrat**
  - **Kreisorgane Öffentlichkeitsarbeit Beauftragte**
  - **Rechnungsprüfungsamt** 14
  - **Kommunalaufsicht** 15

- **Zentrale Verwaltung** 1
  - **Verwaltungssteuerung** 10
    - 01 SG Personal/Organisation und Controlling
    - 02 SG TuI/ Telekommunikation
    - 03 SG Sonstige zentrale Dienste
    - 04 SG Kreisarchiv
    - 05 SG Rechtsangelegenheiten
  - **Finanzen/ Beteiligungsmanagement** 20
    - 01 SG Finanzen/ Steuerung und Controlling
    - 02 SG Zahlungsverkehr Kasse/ Vollstreckung
  - **Gebäude- und Liegenschaftsmanagement** 23
    - 01 SG Kaufmännisches GM/ Liegenschaften/ Versich./GVO
    - 02 SG Technisches GM
    - 03 SG Infrastrukturelles-/ Dienstleistungs-GM

- **Ordnung/Sicherheit, Umwelt, Bauen und Wohnen** 2
  - **Ordnungs-, Brand-/Zivil- und Katastrophenschutz-, Verkehrsamt** 32
    - 01 SG Sicherheit und Ordnung
    - 02 SG Brand-/ Zivil- und Katastrophenschutz, Rettungsdienst, KBI*
    - 03 SG Verkehrsangelegenheiten
  - **Bauordnungs- und Straßenbauamt** 63
    - 01 SG Denkmalschutz und Wohnen
    - 02 SG Bauordnung
    - 03 SG Straßenbau
  - **Umweltamt, Kreisentwicklung/ Wirtschaftsförderung** 67
    - 01 SG Kreisentwicklung/ Wirtschaftsförderung
    - 02 SG Naturschutz- und Landschaftspflege, Abfallordnung
    - 03 SG Wasserwirtschaft

- **Schule und Kultur Soziales, Jugend, Gesundheit** 3
  - **Schulverwaltungs- und Kulturamt** 40
    - 01 SG Schulverwaltung
    - 02 SG Kultur und Sport
  - **Sozialamt** 50
    - 01 SG Wirtschaftliche Hilfen
    - 02 SG Sonstige soziale Hilfen
  - **Jugendamt** 51
    - 01 SG Jugendarbeit/ Jugendhilfeplanung
    - 02 SG Wirtschaftliche Jugendhilfe/ Vormundschaften
    - 03 SG Soziale Dienste
  - **Gesundheitsamt** 53
    - 01 SG Amtsärztlicher Dienst
    - 02 SG Kinder- und Jugendärztlicher Dienst

SG = Sachgebiet
TuI = technikunterstützte Informationsverarbeitung
KBI = Kreisbrandinspektor
* = dem LR direkt unterstellt

3. *Bürgerschaftliche Mitwirkung*

a) Kommunalwahlen

Die Kommunalverfassung kann nur durch bürgerschaftliche Mitwirkung mit Leben erfüllt werden. Im Gegensatz zur Einwohnereigenschaft, die durch das bloße Wohnen in der Gemeinde bzw. im Kreis vermittelt wird (§§ 10 Abs. 1/93 Abs. 1 ThürKO) und die vor allem zur Nutzung der öffentlichen Einrichtungen der Gemeinde bzw. des Kreises berechtigt (§§ 14 Abs. 1/96 Abs. 1 ThürKO), ist die Stellung des Bürgers an das Wahlrecht gekoppelt (§§ 10 Abs. 2/93 Abs. 2 ThürKO). Seit dem Vertrag von Maastricht sind auch ausländische Unionsbürger auf kommunaler Ebene wahlberechtigt (jetzt: Art. 22 Abs. 1 AEUV), was angesichts des geringen Ausländeranteils in Thüringen keine große Rolle spielt. Darüber hinausgehend ist das deutsche Verfassungsrecht dem Kommunalwahlrecht von Ausländern gegenüber sehr zurückhaltend.

Die einfachgesetzlichen Grundlagen der Kommunalwahlen finden sich im Thüringer Gesetz über die Wahlen in den Landkreisen und Gemeinden. Danach hat bei der Wahl zu Gemeinderat und Kreistag jeder Wähler bis zu drei Stimmen. Er kann eine Liste wählen, innerhalb einer Liste die Stimmen auf einen Kandidaten vereinigen („kumulieren“) oder die Stimmen auf Kandidaten unterschiedlicher Listen verteilen („panaschieren“).

Bürgermeister und Landrat werden direkt gewählt. Verfassungsfeindliche Einstellungen oder Stasi-Mitarbeit schließen die Wählbarkeit aus. Gewählt ist, wer die meisten der abgegebenen gültigen Stimmen erhalten hat. Die 2008 abgeschaffte Regelung, wonach es im ersten Wahlgang der absoluten Mehrheit bedarf und bei Nichterreichen eine Stichwahl stattfindet, ist gemäß der Koalitionsvereinbarung zwischen CDU und SPD nach der Landtagswahl 2009 im Februar 2010 wieder eingeführt worden.

b) Direkte Demokratie

Hinzu treten auf kommunaler Ebene plebiszitäre Elemente zur Ergänzung der repräsentativ-demokratisch konzipierten Kommunalverfassung. Während das Grundgesetz hier aufgrund der Erfahrungen der Weimarer Republik mit Recht Zurückhaltung übt und auch das Volksbegehren auf Landesebene (Art. 82 ThürVerf) nur geringe Bedeutung hat, kann im kleineren Rahmen der örtlichen Gemeinschaft eine konkrete Frage eher den Bürgern zur Entscheidung unterbreitet werden. Die rechtspolitischen Bedenken gegen Plebiszite behalten aber auch hier ihre Gültigkeit. Kommunale „Volks-“Abstimmungen sind vor demagogischer Überformung nicht gefeit, und extreme Gruppen erzielen bei geringer Wahlbeteiligung erfahrungsgemäß größere Erfolge, was angesichts der Zusammensetzung der Thüringer Parteienstruktur bedeutsam ist. Dementsprechend sind die Grenzen direktdemokratischer kommunaler Mitwirkungsrechte ein ständiger landespolitischer Streitpunkt.

Einen Antrag auf Befassung des Gemeinderates (für die Organe des Kreises gilt entsprechendes) kann sogar ein Prozent der Gemeindeeinwohner (maximal 300 Einwohner) beantragen (§ 16 ThürKO). Über einen zulässigen Einwohnerantrag hat der Gemeinderat in einem Vierteljahr zu entscheiden.

Weiter reicht das Bürgerbegehren, das auf die Durchführung eines Bürgerentscheides zielt (§§ 17ff. ThürKO). Es ist über alle Fragen der örtlichen Gemeinschaft zulässig außer über Aufgaben, die kraft Gesetzes dem Bürgermeister obliegen, den Erlass oder die Änderung der Geschäftsordnung des Gemeinderates, die Beschlussfassung über die Haushaltssatzung sowie über weitere finanzwirksame Fragen. Ebensowenig können durch Bürgerentscheid kommunale Unternehmen gegründet werden. Anträge, die ein gesetzwidriges Ziel verfolgen, sind selbstverständlich unzulässig.

Entscheidende Hürde für ein Bürgerbegehren ist das Quorum. Es liegt höher, wenn die Unterschriften für das Begehren in freier Sammlung oder in amtlich ausgelegten Eintragungslisten erfolgt. Bei freier Sammlung beträgt es sieben Prozent der Bürger (höchstens 7.000 Bürger) in vier Monaten, bei Sammlung in amtlich ausgelegten Listen sechs Prozent in zwei Monaten. Man geht davon aus, dass die Durchführung der Sammlung in „Amtsstuben" die Anzahl der teilnehmenden Bürger senkt, gleichzeitig aber eine seriösere Entscheidung des Unterschreibenden gewährleistet.

Ist das Quorum erreicht, wird das gestellte Begehren den Bürgern zur geheimen Abstimmung vorgelegt. Der im Bürgerbegehren gestellte Antrag ist angenommen, wenn er die Mehrheit der gültigen Stimmen auf sich vereinigt, wobei diese Mehrheit in Gemeinden mit bis zu 10.000 Bürgern 20 vom Hundert, bis zu 50.000 Bürgern 15 vom Hundert und über 50.000 Bürgern zehn vom Hundert der Stimmberechtigten beträgt. Auch hier muss also ein Quorum erreicht werden. Fristenregelungen verhindern, dass sich ein Bürgerentscheid zu häufig wiederholt oder durch eine Entscheidung des Gemeinderates konterkariert wird. Ob die hier geschilderte Neuregelung, die zu einer Ausweitung plebiszitärer Elemente geführt hat, ihre Inanspruchnahme steigert, ist derzeit ungewiss.

Anmerkungen

1 Der Beitrag aktualisiert denjenigen von *Peter Michael Huber* in der Vorauflage. Zwei Passagen, die aus der Vorauflage übernommen wurden, weil keine Rechtsänderung stattgefunden hat, sind gekennzeichnet.

2 S. Gesetz über die örtlichen Organe der Staatsmacht vom 18. Januar 1957 (GBl. der DDR, 1957, Teil I, S. 65ff.).

3 GBl. der DDR, 1990, Teil I, S. 255.

4 Diese Kirchenbaulasten sind daher 1957 mit der Abschaffung selbständiger Gemeinden in der DDR untergegangen: ThürOVG, Urt. v. 11.4.2007, 1 KO 491/05, ThürVBl. 2007, S. 280 (281), bestätigt durch BVerwG, Urt. v. 11.12.2008, 7 C 1/08, ThürVBl. 2009, S. 102 (103).

5 Zum Folgenden der Bericht der Enquetekommission „Zukunftsfähige Verwaltungs-, Gemeindegebiets- und Kreisgebietsstrukturen in Thüringen und Neuordnung der Aufgabenverteilung zwischen Land und Kommunen", LT-Drs. 4/5172, S. 20ff. (s. auch den Zwischenbericht: LT-Drs. 4/2515).

6 Die entscheidende Passage im Koalitionsvertrag CDU/SPD 2009 lautet: „Die Landesregierung lässt im Licht der demographischen Entwicklung, der allgemeinen Haushaltsentwicklung und vor dem Hintergrund der Degression des Solidarpaktes II durch unabhängige Gutachter prüfen, ob, in welchem Umfang und in welchem Zeitrahmen eine Funktional- und Gebietsreform zu Einsparungen und Effizienzgewinnen auf kommunaler Ebene und im Landeshaushalt führt. In Auswertung dieses Gutachtens wird die Landesregierung eine Entscheidung über weitergehende Maßnahmen treffen. Die Bereitschaft zum bürgerschaftlichen Engagement vor Ort muss dabei berücksichtigt werden."

7 GVBl. 2003, S. 41. Jeweils aktuelle Fassung unter http://landesrecht.thueringen.de.

8 BVerfGE 79, 127 (146ff.).

9 Grundlegend BVerwGE 87, 228.

10 Zum Ganzen *Andreas Glaser,* „Angelegenheiten der örtlichen Gemeinschaft" im Umweltschutz, in: Die Verwaltung 41 (2008), S. 483.

11 Umfassend und differenzierend *Jürgen Maier / Karl Schmitt,* Kommunales Führungspersonal im Umbruch. Austausch, Rekrutierung und Orientierungen in Thüringen, Wiesbaden 2008.

12 In der Zuordnung wie hier *Thomas Mann,* in: *Peter J. Tettinger / Wilfried Erbguth / ders.*, Besonderes Verwaltungsrecht, 10. Aufl., Heidelberg 2009, Rn. 57.

13 S. BVerfGE 91, 228 – Gleichstellungsbeauftragte.

14 ThürVerfGH, 21.6.2005, 28/03, ThürVBl. 2005, S. 228.

15 GVBl. 2007, S. 259. Gegen das Gesetz ist eine kommunale Verfassungsbeschwerde vor dem Thüringer Verfassungsgerichtshof anhängig (Beschwerdeführerinnen: Städte Gera und Bad Langensalza sowie die Gemeinde Straufhain).

16 Der Verfassungsgerichtshof Mecklenburg-Vorpommern hat in einer viel beachteten und auch nicht völlig unumstrittenen Entscheidung zur gleichlautenden Garantie der dortigen Verfassung entschieden, dass in der Abwägung zur Bestimmung des öffentlichen Wohls, das eine Kreisgebietsreform trägt, Rationalitätsüberlegungen einerseits und Selbstverwaltungsaspekte andererseits ohne vorherige Vorfestlegung miteinander in Ausgleich gebracht werden müssen. Vor allem muss die Kreiseinteilung in der Fläche es ermöglichen, dass es den Bürgern typischerweise „möglich ist, nachhaltig und zumutbar ehrenamtliche Tätigkeit im Kreistag und seinen Ausschüssen zu entfalten." Weiter heißt es: Kraftvolle Selbstverwaltung ist darauf angewiesen, dass sich Vertreter aus möglichst vielen gesellschaftlichen Gruppen zusammenfinden." Urt. v. 26.7.2007, 9/06, 10/06, 11/06, 12/06, 13/06, 14/06, 15/06, 16/06 und 17/06, DVBl. 2007, S. 1102.

17 Zum Folgenden BVerfGE 119, 331 – Hartz IV-Arbeitsgemeinschaften.

18 Zwischenbericht der Enquetekommission „Zukunftsfähige Verwaltungs-, Gemeindegebiets- und Kreisgebietsstrukturen in Thüringen und Neuordnung der Aufgabenverteilung zwischen Land und Kommunen" v. 6.12.2006, LT-Drs. 4/2515.

19 Dieser Abschnitt ist – mit inhaltlich unwesentlichen Modifikationen – der Vorauflage entnommen, weil sich die Rechtslage nicht geändert hat.

20 BGHZ 174, 381.

21 Der Umfang wirtschaftlicher Betätigung der Kommunen variiert in Thüringen beträchtlich. Eine Spitzenstellung nimmt die Kreisfreie Stadt Jena ein. Während die Stadt Erfurt außerhalb ihres Kernhaushalts (ca. 3.100 Beschäftigte) lediglich ca. 600 Personen beschäftigt (Weimar: ca. 800 Beschäftigte im Kernhaushalt, 50 außerhalb), beschäftigt die Stadt Jena über ihren Kernhaushalt (ca. 1.000 Beschäftigte) hinaus weitere 800 Personen allein in ihren vier Eigenbetrieben (Kultur, Immobilien, Kommunalservice, Arbeit). Hinzu kommen ca. 1.200 Beschäftigte in den Eigengesellschaften (Stadtwerke, Nahverkehr, Bäder etc.) der Stadt Jena (Stand jeweils 30.6.2008).

22 Rechtsprechung zum Thema: BVerwGE 39, 329; VGH Mannheim, VBl.BW 2006, S. 348; OVG Münster, DVBl. 2004, S. 133 und NVwZ-RR 2005, S. 198; VerfGHRhPf, NVwZ 2000, S. 801.

23 Dieser Abschnitt ist bis auf die Rechtsänderungen zur Kommunalisierung von Aufgaben des Landratsamtes der Vorauflage entnommen.

Die Religionsgemeinschaften

Thomas A. Seidel

Die evangelische Kirche

Die jüngere Geschichte der evangelischen Kirche im Thüringer „Kernland der Reformation" ist mit der Geschichte dieses Landes eng verwoben.[1] Beide, Land Thüringen und Landeskirche, sind institutionelle Reaktionen auf die mit der Novemberrevolution von 1918 verbundene „Fürstenenthebung". Bis dahin galt Thüringen – scherzhaft-liebevoll das „Nest der Zaunkönige" genannt – als „Prototyp deutscher Kleinstaaterei". Neben den preußischen und kurhessischen Gebieten (Erfurt-Nordhausen als preußischer Regierungsbezirk Erfurt sowie Schmalkalden als preußischer Regierungsbezirk Kassel) gab es in Thüringen zwischen 1826 und 1918 noch vier sächsische (wettinisch-ernestinische), zwei schwarzburgische und zwei reußische Staaten.

Innerhalb dieser bis 1918 existierenden Thüringer Kleinstaaten (Großherzogtum Sachsen-Weimar-Eisenach, Herzogtum Sachsen-Coburg-Gotha, Herzogtum Sachsen-Meiningen, Herzogtum Sachsen-Altenburg, Fürstentum Schwarzburg-Sondershausen, Fürstentum Schwarzburg-Rudolstadt, Fürstentümer Reuß-Schleiz und Reuß-Greiz) waren die Landeskirchen seit der lutherischen Reformation unter dem „landesherrlichen Kirchenregiment" organisiert. Der jeweilige Fürst war als „Summus Episcopus" Landesherr und Bischof in einer Person. Die kirchliche (geistliche wie verwaltungsmäßige) Leitung lag jeweils bei einem Generalsuperintendenten, dem juristische und theologische Beamte zur Seite standen.

Noch vor der Gründung des Landes Thüringen beschloss der Landeskirchentag (die Landessynode) im Dezember 1919 den Zusammenschluss dieser Territorialkirchentümer zur „Thüringer evangelischen Kirche" (TheK). Nach der NS-Diktatur wurde diese 1948, in den Jahren der kommunistischen „Diktatur der Arbeiterklasse" zur „Evangelisch-Lutherischen Kirche in Thüringen" (ELKTh) umbenannt und umgeprägt.

Neunzig Jahre nach der Gründung der Thüringer evangelischen Kirche, im zwanzigsten Jahr der Friedlichen Revolution von 1989, endete die Geschichte einer eigenständigen Thüringer Landeskirche. Zum 1. Januar 2009 erfolgte der Zusammenschluss der „Evangelisch-Lutherischen Kirche in Thüringen" und ihrer

Nachbarlandeskirche, der „Evangelischen Kirche der Kirchenprovinz Sachsen“ (EKKPS), zur „Evangelischen Kirche in Mitteldeutschland“ (EKM).

I. Eine Heimat evangelischer Freiheit und Duldsamkeit (1918-1933)

1. Die Bildung einer Thüringer Landeskirche 1918-1921

Die Initiative zur Bildung einer geeinten Thüringer Landeskirche ging von der Jenaer Universität aus. Einige theologisch-liberale Professoren der Theologischen Fakultät, genannt seien hier vor allem Wilhelm Tümmel (1856-1928) und Heinrich Weinel (1874-1936), luden bereits im November 1918 zu einer Kirchenversammlung ein, aus der dann Vorsynode und Synode hervorgingen.

Zwar hatte es schon seit 1848 Einheitsbestrebungen gegeben. Diese waren jedoch in Ansätzen stecken geblieben. Eine nicht zu unterschätzende einigende Kraft ging gleichwohl von den evangelischen Vereinen aus, wie etwa dem Gustav-Adolf-Verein, der Inneren Mission oder der Thüringer Kirchlichen Konferenz und den „Freunden der Christlichen Welt“. Sie organisierten bzw. trafen sich über die Teilkirchengrenzen hinweg. Der Zusammenschluss der einzelnen Pfarrvereine erfolgte erst 1925, doch schon seit 1910 wurde ein gemeinsames Thüringer Pfarrerblatt herausgegeben. Auch andere Periodika erschienen thüringenweit, so das „Thüringer Kirchliche Jahrbuch“, das „Thüringer evangelische Sonntagsblatt“ und die Zeitschrift „Christliche Freiheit für Thüringen“.

Parallel zum Gründungsprozess der Thüringer Landeskirche in den Jahren 1918 bis 1920 verlief die Bildung des Landes Thüringen. Wie das Land entstand auch die Thüringer evangelische Kirche nur in der kleinthüringischen Variante (also ohne die preußischen und kurhessischen Gebiete) und auch ohne das Coburger Land, das sich 1919 durch Volksentscheid Bayern angeschlossen hatte. In der Thüringer Landeskirche fehlte zunächst auch die Landeskirche von Reuß ältere Linie (Greiz), die sich als streng lutherische Territorialkirche nicht zu einem Beitritt zu der neuen, theologisch liberalen Landeskirche hatte entschließen können. 1934 ist sie unter politischen Druck beigetreten.

Neben dem Verlangen nach kirchlicher Einheit in Thüringen stand auch die Angst vor einem kirchenfeindlichen, KPD- oder SPD-geführten „roten Thüringen“ bei der Geburt der Landeskirche Pate, bis hin zur Entscheidung für Eisenach gegenüber dem USPD-dominierten Gotha als Hauptsitz der neuen Landeskirche. Die heftigen religions- und kultuspolitischen Auseinandersetzungen in der Mitte der zwanziger Jahre unter der SPD-Regierung Max Greil zeigten, dass diese Sorgen nicht unbegründet waren.

Die neue Thüringer evangelische Kirche wollte, wie es in einem Schreiben an den Volksrat hieß, „das letzte Einheitsband des Thüringer Volkes“ bilden. Der Landeskirchenrat, der am 1. Januar 1921 in Eisenach seine Arbeit aufnahm, formulierte dies mit kulturprotestantischem Pathos: „Gerade in einer Zeit äußerer Knechtung und innerer Zerrissenheit will die staatsfreie Volkskirche über alles Trennende hinweg in der Liebe Jesu Christi die Herzen einen und unserm Volkstum die edelsten Güter erhalten, die ihm gegeben und anvertraut sind: Christentum, Reformation und deutsche Kultur.“[2]

2. *Der Aufbau in den Jahren der Weimarer Republik*

Der Zusammenschluss zu einer Landeskirche implizierte eine strukturelle und letztlich auch mentale Umgestaltung des jahrhundertelang gewohnten landesherrlichen Kirchenregiments zu einer staatsfreien Volkskirche. Dies wiederum bedeutete, dass in den Teilstaaten von den Staatsministerien unabhängige Kirchenleitungen zu bilden waren. Synodalverfassungen gab es bis dato nur in Sachsen-Weimar-Eisenach und Sachsen-Meiningen. Folglich mussten in den anderen (Teil-)Landeskirchen zunächst Synoden (Kirchentage) gewählt werden.

Mit einem klaren Blick auf die verschiedenen theologischen und kirchenpolitischen Strömungen, die es einzubinden galt, wollte (und musste) die neue Kirche eine „Heimat evangelischer Freiheit und Duldsamkeit“ sein, ohne ihre lutherische Prägung zu leugnen oder gar zu verlieren.[3] Kirchlichen Minderheiten wurde ausdrücklich ein Recht auf religiöses Eigenleben zugestanden.[4] Die Thüringer evangelische Kirche verstand sich als „freie Volkskirche“. Das hieß, in der Diktion eines ihrer Gründungsväter: „keine Obrigkeitskirche, keine Pfarrerkirche, keine Notablenkirche!“[5]

Die verschiedenen volkskirchlichen Vorstellungen liefen zusammen in dem Bestreben, eine dem Volk zugewandte und vom Kirchenvolk (von den Gemeinden) getragene Landeskirche zu bauen. Nicht nur auf der kirchgemeindlichen, sondern auch auf der landeskirchlichen Ebene wurde die Legislative von den Gemeindegliedern gewählt. Nur die Mittlere Ebene entstand indirekt. Die jeweils leitenden Geistlichen (Pfarrer, Oberpfarrer, Landesoberpfarrer) waren Mitglied von Kirchenvorstand, Kreiskirchenrat bzw. Landeskirchenrat. Neben dem Landeskirchentag (der Landessynode) bestanden noch bis 1929 die Synoden (Landeskirchentage) der Teilkirchen. Erst als die vermögensrechtlichen Fragen mit dem Land Thüringen geklärt worden waren, konnten diese aufgelöst werden.

Der erste „Landesoberpfarrer“ (Landesbischof) der neuen Kirche, Wilhelm Reichardt (1871-1941), erläuterte diese, dem Parlamentarismus folgende Nachbildung der Kirche wie folgt: „Die neue Zeit hat den Neubau des Staates in die Hände des Volkes gelegt. Wir müssen den Neubau der Kirche ebenso in die Hände des Kirchenvolkes legen. In dieser Zeit darf die Kirche nicht hinter dem Staate zurückstehen und weniger Vertrauen zeigen, weniger Recht geben. Wir haben bei diesem Neubau uns mit dem Staate auseinanderzusetzen. […] Wir haben von vornherein das Vertrauen des Staates nicht, wenn wir nicht sein Wahlrecht haben."[6]

Diese Anpassung an „die neue Zeit" wurde von vielen der handelnden Akteure, aber auch von Gemeindemitgliedern selbst eher als notwendige Konzession an den Zeitgeist denn als freiwillige Entscheidung zu innerkirchlicher Demokratie verstanden. Die strukturelle Umgestaltung wurde mental nicht oder nur wenig angenommen. Insofern verwundert es nicht, dass diese demokratisch-parlamentarische Ordnung unter den neuen Bedingungen des „Führerstaates" nach 1933 ohne große Widerstände wieder aufgegeben wurde.

3. Die Gruppen im Thüringer kirchlichen Protestantismus 1918-1933

Entsprechend der verschiedenen theologischen und kirchenpolitischen Richtungen bildeten sich im ersten Thüringer Landeskirchentag drei Fraktionen: 1. der „Christliche Volksbund für Thüringen" (Vertreter der sogenannten positiven Theologie, Neulutheraner, zumeist in der „Thüringer Kirchlichen Konferenz" und Neupietisten, häufig im „Thüringer Gemeinschaftsbund" organisiert)[7], 2. „Einigungsbund für praktisch-kirchliches Christentum", der sich als Mittelpartei verstand[8] und 3. der „Thüringer Volkskirchenbund". Der Thüringer Volkskirchenbund, der zur Plattform der jungreformatorischen Bewegung in Thüringen wurde, nannte sich 1933 in „Einigungsbund für reformatorisches Christentum" um. Leitende Mitglieder der 1934 gegründeten Lutherischen Bekenntnisgemeinschaft kamen aus seinen Reihen.[9]

Für den politischen Liberalismus in Thüringen bedeutsam sind die beiden „alten Naumannianer" August César (1863-1959), Pfarrer in Jena und Schriftleiter der „Freien Volkskirche", und Kirchenrat D. Rudolf Herrmann (1875-1952), der als „Meister der Thüringischen Kirchengeschichtsschreibung" 1929 zu den Mitbegründern der „Gesellschaft für Thüringische Kirchengeschichte" gehört. Diese beiden sehr agilen und profilierten liberalen Protestanten waren in den Jahren der Weimarer Republik Mitglieder der Deutschen Demokratischen Partei (DDP) und gehörten nach 1945 zu den Gründungsgestalten der Liberal-Demokratischen Partei Deutschlands in der SBZ / DDR.

Die spätere Entwicklung in der Thüringer Landeskirche kann nicht losgelöst von der gesamtgesellschaftlichen Großwetterlage gesehen werden. In den Jahren 1924/25 vollzog sich in Thüringen ein gravierender Umbruch im politischen und mentalen Klima. Aus dem „roten" wurde in nur wenigen Monaten das „braune" Thüringen. Die Thüringer evangelische Kirche blieb hierbei politisch nicht unbeteiligt. Nach den kulturkampf-ähnlichen Erfahrungen mit den kirchenfeindlichen links-sozialdemokratischen Regierungen in den Jahren zuvor hatte sich die Kirchenleitung unmittelbar vor den Landtagswahlen im Februar 1924 indirekt für den bürgerlichen „Ordnungsbund" ausgesprochen.[10] Ausdruck fand der Klima- und Politikwechsel auch darin, dass nun völkische (nationalsozialistische) Gruppen sowohl in den Landtag (1924) als auch in den Landeskirchentag (1927) einzogen.

Im kirchlichen Protestantismus bildete sich auf der anderen Seite 1924/25 als Abspaltung aus dem „Thüringer Volkskirchenbund" der „Bund der Religiösen Sozialisten" (RS) in Thüringen unter der Führung von Emil Fuchs (1874-1971), Pfarrer in Eisenach. Die Pfarrer und Laien, die zumeist auch Mitglied der SPD gewesen sind, versuchten durch bewusste Parteinahme und ihr sozialdiakonisches Engagement eine Brücke zur kirchenfernen Arbeiterschaft zu schlagen.[11]

Die nächste Generation unter den Religiösen Sozialisten, die sich sehr früh gegen den aufkommenden Nationalsozialismus engagierten, gehörte durchweg dem Jahrgang 1902 an: Aurel von Jüchen (1902-1991), Erich Hertzsch (1902-1995) und Karl Kleinschmidt (1902-1978). Würde man ihre weiteren Lebenswege nachzeichnen (wozu hier nicht der Raum ist), träten uns sehr unterschiedliche Verhältnisbestimmungsversuche von Christentum und Sozialismus vor Augen. Dabei erhielten wir zum Teil erschreckende Einblicke in die Abgründe kommunistischer Realisierungsformen und Korrumpierungen dieser sozialen bis sozialromantischen politischen Ideen des 19. Jahrhunderts.[12]

4. *Der weitere Aufbau der Landeskirche*

Um dieser jungen Thüringer Landeskirche Stabilität zu verleihen, bildete von Anfang an die Integration der verschiedenen theologischen Strömungen und der unterschiedlich geprägten vormaligen Teilkirchen eine unerlässliche Aufgabe. Dazu gehörte selbstverständlich auch und vor allem die Zusammensetzung des Landeskirchenrates (LKR). Sorgfältig wurde darauf geachtet, dass alle Gruppen und Territorien in diesem Leitungsgremium vertreten waren. Mit großer Mehrheit wurde der dem Einigungsbund nahestehende Generalsuperintendent der Altenburgischen Landeskirche, Wilhelm Reichardt (1871-1941), zum „Landesoberpfarrer" (Landesbischof) gewählt.

In den Folgejahren erfolgte die weitere organisatorische Absicherung der Landeskirche durch die Gründung und den Aufbau wichtiger kirchlicher Institutionen. Dazu gehörten der „Volksdienst" (1921, mit Otto Senffleben; 1929 Ernst Otto), der ab 1924 auch das Monatsblatt „Glaube und Heimat" herausgab, das Thüringer Predigerseminar in Eisenach (1922), die Einrichtung und Berufung wichtiger, übergemeindlicher Dienste, wie z.B. des „Kirchenmusikwarts" (1925, mit Rudolf Mauersberger, 1930 Erhard Mauersberger), des „Sozialpfarrers" (1928, mit Ludwig Rodenberg) und des „Jugendpfarrers" (1925, mit Walter Baudert). Bedeutsam war auch die Neubildung einer mittleren Ebene, der „Kirchenkreise" mit der Einrichtung der

Kreiskirchentage (Kreissynoden) im Jahre 1927. Als eine der ersten Landeskirchen in Deutschland führte die Thüringer evangelische Kirche die Frauenordination ein, allerdings begrenzt auf den Pfarrdienst als Klinik- oder Gefängnisseelsorgerin.

II. Gleichschaltung und Kirchenkampf (1933-1945)

1. Das Ende der Weimarer Republik in Thüringen

Das Land, in dessen „kultureller Hauptstadt" Weimar die erste parlamentarische Demokratie auf deutschem Boden entstanden war, legte als erstes die Axt an die Wurzel dieser Regierungsform. Dass die Thüringer evangelische Kirche diesem politischen Umbruch kaum etwas entgegenzusetzen hatte, lag nicht allein an den sehr vitalen völkischen Netzwerken, auf die die NSDAP im Zuge ihrer „Machtergreifung" zurückgreifen konnte. Vielmehr standen hier – wie überhaupt im deutschen Protestantismus – Demokratie und Parlamentarismus nicht sonderlich hoch im Kurs. Viele Zeitgenossen befürworteten in jenen politisch und wirtschaftlich krisenhaften Zeiten einen autoritären (keinen totalitären) Staat. Für die Deutschen Christen (DC), die offenkundig in der Lage waren, ihr autoritär-nationalistisches und populistisch-volksmissionarisches „Schwärmertum" mit politischer Modernität und kirchlicher Traditionalität zu verknüpfen, bildete diese Autoritätsorientierung weiter Teile der Bevölkerung eine (unheilvoll-)fruchtbare Ausgangslage.

Schon 1930 gab es in Thüringen eine Regierung unter Beteiligung der NSDAP. Den Vorsitz im Staatsministerium hatte Erwin Baum vom Thüringer Landbund inne, der als Mitglied des Einigungsbundes Mitglied des Thüringer Landeskirchentages war. 1932 übernahm die NSDAP als stärkste Partei in Thüringen die Regierung.

Im Thüringischen Osten, im Wieratal, an der Grenze zu Sachsen, war 1927/28 die „Kirchenbewegung Deutsche Christen" entstanden. Mit großem Erfolg trugen die beiden vormaligen bayrischen Vikare, Siegfried Leffler (1900-1983) und Julius Leutheuser (1900-1942), ihre protestantisch-häretische Symbiosemischung aus Nationalsozialismus und Christentum von Niederwiera und Flemmingen aus nach Thüringen und darüber hinaus „ins Reich". Aus der Wahl zum 3. Landeskirchentag im Januar 1933 gingen die Deutschen Christen bereits als stärkste kirchenpolitische Fraktion hervor. Im Anschluss daran übernahmen sie relativ rasch die Leitung der Kirche.[13]

2. Die „Gleichschaltung" der Landeskirche

Zu Beginn des Jahres 1934 war der Landeskirchenrat nahezu vollständig in der Hand der Deutschen Christen.[14] Zum Landesbischof wurde der glühende Antisemit und SA-Mann Martin Sasse (1890-1942) gewählt. Als dieser 1942 verstarb, kam mit Hugo Rönck (1908-1990) gleichfalls ein „treuer Gefolgsmann des Führers" an die Spitze der Landeskirche.[15] Rönck legte sich den (ungeistlichen, aber politisch vermeintlich wohlklingenderen) Titel „Kirchenpräsident" zu. Kurz vor Kriegsende, den Untergang der NS- und DC-Diktatur vor Augen, ließ sich der Kirchenpräsident von den ihm ergebenen DC-Pröpsten zum „Landesbischof" ernennen.[16]

Bereits 1933 waren mit dem „Ermächtigungsgesetz" nahezu sämtliche Befugnisse des Landeskirchentages (der Legislative) auf den Landeskirchenrat (die Exekutive) übergegangen. Gleichzeitig wurde mit der Einführung des „Arierparagrafen" die mitlaufende Gleichschaltung der Landeskirche mit der nationalsozialistischen Rassenpolitik in Gang gesetzt.[17] Als beschämende Beispiele seien hier genannt: die massenhafte Publikation eines Pamphletes mit antijudaistischen Ausfällen des „alten" Luther durch Landesbischof Sasse im Anschluss an die November-Pogrome 1938, das „Gesetz über die kirchliche Stellung evangelischer Juden" (1939) sowie die Gründung des „reichsweit" tätigen Instituts zur „Erforschung und Beseitigung des jüdischen Einflusses auf das deutsche kirchliche Leben" (1939), das unter der wissenschaftlichen Leitung von Walter Grundmann (1906-1976) ein sogenanntes „entjudetes Neues Testament" und ein deutsch-christliches Gesangbuch erarbeitete.[18]

Zu den Thüringer Märtyrern der NS- und DC-Diktatur gehörte der Pfarrer Werner Sylten (1893-1942), der nach einem medialen Angriff durch den „Völkischen Beobachter" und einer unmittelbar darauf folgenden Distanzierung durch den Landesbischof Sasse 1936 als Leiter des Mädchenheimes in Bad Köstritz entlassen wurde. Nachdem er das Büro der Lutherischen Bekenntnisgemeinschaft in Gotha geleitet und anschließend im Berliner „Büro Pfarrer Grüber" gearbeitet hatte, wurde er 1941 wegen seiner jüdischen Abstammung ins KZ Dachau eingeliefert und 1942 im KZ Schloss Hartheim ermordet.[19]

3. Kirchenkampf in Thüringen

Den Deutschen Christen gelang es, ihren Einfluss rasch und nachhaltig auszubauen, indem sie unter anderem den gemeindemissionarischen „Volksdienst" oder das Predigerseminar der Landeskirche für ihre Arbeit funktionalisierten. Von kirchenpolitisch kaum zu unterschätzender Bedeutung ist auch, dass Siegfried Leffler ab 1933 als Oberregierungsrat im Thüringer Volksbildungsministerium tätig war. Aufgrund seiner damit gegebenen Nähe zum Gauleiter Fritz Sauckel konnte er erheblichen Einfluss auf die kirchlicherseits relevante Personalpolitik der Pfarrer oder Kirchenbediensteten und auch auf die Besetzung der Lehrstühle an der Theologischen Fakultät der Jenaer Universität nehmen.[20]

Gegen diese dominante DC-Theologie und -Kirchenpolitik formierte sich ab 1934 eine innerkirchliche Opposition. Im Nachgang zur Gründung der „Bekennenden Kirche" 1933 in Berlin kamen die Thüringer Gegner der DC zumeist aus dem vormaligen Einigungsbund und dem Christlichen Volksbund und gründeten die „Lutherische Bekenntnisgemeinschaft" (LBG), während die theologisch Liberalen sich im „Wittenberger Bund" (WB) zusammen schlossen.

Die kircheninterne Kampfansage an die DC-Kirchenleitung erfolgte 1935. In diesem Jahr verfasste die LBG die „Erfurter Erklärung", mit der die Unterzeichner dem Landeskirchenrat und Landesbischof die geistliche Führung absprachen. Der Gründer und Leiter der LBG Ernst Otto (1891-1941) wurde zum „Notbischof" ernannt. Er wurde 1938 in den Wartestand versetzt und verließ ein Jahr darauf die Landeskirche. Gesundheitlich stark angeschlagen, leitete er in Au im Siegerland ein evangelisches Heim, bis er 1941 im Alter von fünfzig Jahren starb. Die führenden Akteure[21] in der Lutherischen Bekenntnisgemeinschaft, die nicht selten aus theologisch-kommunitären Gemeinschaften, wie der Sydower Bruderschaft kamen, bildeten gemeinsam den Bruderrat der Lutherischen Bekenntnisgemeinschaft, zu dessen amtierenden Vorsitzendem 1943 der Eisenacher Pfarrer Moritz Mitzenheim (1891-1977, zunächst DC-Mitglied, dann ab 1936 Mitglied der LBG) gewählt wurde. Ab 1936 gab es eine mehr oder minder rege Zusammenarbeit mit dem Wittenberger Bund, die über einen gemeinsam gebildeten Vertrauensrat organisiert wurde.

Die DC-Kirchenleitung reagierte auf dieses widerständige Verhalten u.a. mit Suspendierung bzw. Versetzung in den Wartestand, mit Ablehnung der Übernahme aus der Vorbereitungszeit oder mit der Verweigerung einer Festanstellung. Knapp 100 Pfarrer, Hilfspfarrer oder Vikare waren davon betroffen, doch der kirchgemeindliche und politische Schaden, der angerichtet wurde, lässt sich nur schwer ermessen.[22]

III. Thüringer Wege (1945-1989)

1. „Selbstreinigung" und Neubeginn

Nach einigen, zunächst erfolglosen Verhandlungen kirchenoppositioneller Pfarrer Eisenachs um Erich Herzsch (RS) und Moritz Mitzenheim (LBG) mit dem selbsternannten und äußerst rücktrittsunwilligen Landesbischof Rönck machte erst seine Verhaftung durch die amerikanische Militärpolizei Anfang Mai 1945 den Weg für einen Machtwechsel und für einen Neubeginn innerhalb der Thüringer Landeskirche frei.[23] Moritz Mitzenheim übernahm den Vorsitz im Landeskirchenrat und somit die Leitung der Landeskirche. Er wurde zum Landesoberpfarrer und noch 1945 zum Landesbischof ernannt.[24]

Mit dem „Reinigungsgesetz“ vom 12. Dezember 1945 und der damit verbundenen Einrichtung einer Spruchstelle wurde auf die theologischen Häresien und politischen Verirrungen von Pfarrern und kirchlichen Mitarbeitern reagiert. Aufgrund interner kirchenpolitischer Rücksichtnahmen und vor dem Hintergrund eines großen pastoralen Bedarfs, den die Gemeinden mit dem Zuwachs durch die Flüchtlinge aus den deutschen Ostgebieten erlebten, tendierte die Spruchstelle zu einer personalschonenden Praxis. Paul Dahinten (1885-1972, WB), Mitglied der Spruchstelle, seit 1937 Vorsitzender des Pfarrvereins, hielt als Fazit auf dem ersten Superintendentenkonvent 1947 in Eisenach fest: „Die Reinigung der Kirche zog sich über zwei Jahre hin. ... (Das Reinigungsgesetz) trug ein Doppelgesicht: Grimmig nach außen, aber mit der Möglichkeit, Milde walten zu lassen. In schlimmen Fällen war auf Entlassung zu erkennen mit vorläufiger kommissarischer Beschäftigung und der Möglichkeit einer Wiedereinstellung nach einer Bewährungsfrist. So wurde meistens entschieden.“[25]

Vor allem dem zielstrebigen Lutheraner Moritz Mitzenheim ist es zu danken, dass 1948, während der ersten Synode nach dem Neubeginn 1945, die „Thüringer evangelische Kirche“ in „Evangelisch-Lutherische Kirche in Thüringen“ (ELKTh) umbenannt wurde. Gleichzeitig erfolgte der Beitritt der Landeskirche zur „Evangelischen Kirche in Deutschland“, zur „Vereinigten Evangelisch-Lutherischen Kirche Deutschlands“ und zum „Lutherischen Weltbund“. Dies alles markierte nicht nur eine betont lutherische Neuausrichtung der Landeskirche, sondern auch eine bewusste Rückkehr einer vormals „zerstörten“ Landeskirche in die Kirchengemeinschaft des deutschen Protestantismus.

In der DDR geformte theologische und politische Positionen sind nur verständlich vor dem Hintergrund, dass sich die Kirche(n) als Alternative zum politischen System verstand(en). Der Alltag unter der „Diktatur der Arbeiterklasse und ihrer Partei“ war geprägt vom Gegenüber zur Totalität des Politischen. Ähnlich wie in den Jahren des Nationalsozialismus stieß die Kirche im marxistisch-leninistischen Weltanschauungsstaat auf ein politisches System, das einen allgemeingültigen, den Menschen in all seinen Lebensbezügen treffenden Wahrheitsanspruch formulierte. Dieser Anspruch verband und trennte Staat und Kirche auf eigentümliche Weise. Über die theologische, politische und gemeindepraktische Enge oder Weite dieser Grenzziehung gingen die Meinungen auch innerhalb der Thüringer Kirche auseinander.

1951 verabschiedete die ELKTh-Synode eine neue Verfassung. Anstelle von „Urwahl-Prinzip“ und Parlamentarismus wurde die Landeskirche nun nach dem „Prinzip der konzentrischen Kreise“ aufgebaut.[26] Unter Verweis auf die Erfahrungen des Kirchenkampfes zielte diese Verfassung darauf ab, „die Rechte der Synode einzuschränken und die des Bischofs zu stärken“.[27]

2. *„Thüringer Weg"?*

Mit der Bezeichnung „Thüringer Weg" wird ein Kurs der Landeskirche verbunden, der stark auf Kompromiss und Kooperation mit dem SED-Staat gerichtet war. Nach einer Phase heftigen Widerstandes des Landesbischofs (1945-1955) sowie vieler Pfarrer und Gemeinden ist vor allem die zweite Hälfte der Amtszeit von Moritz Mitzenheim bis 1970 von dieser Haltung gekennzeichnet. Aus Sorge, die Handlungsfähigkeit der Kirche in der kommunistischen Weltanschauungsdiktatur zu gefährden, äußerte sich der Thüringer Landesbischof öffentlich kaum noch kritisch, häufig sogar pauschal zustimmend zu den politischen Entwicklungen in der DDR. Einige Indizien sprechen dafür, dass der eher unpolitische Moritz Mitzenheim dabei von pro-sozialistischen Überzeugungstätern wie Gerhard Lotz und anderen kirchenpolitisch benutzt wurde.[28] Von Schaden für die politische Urteilskraft des Bischofs und seine Kirchenpolitik war sicherlich auch eine falsch verstandene lutherische „Zwei-(Be-)Reiche-Lehre", die nicht nur die Botschaft des Evangeliums schwächte, sondern überdies eine Art Politik-Abstinenz nahezulegen schien. Der Titel „Ein Lebensraum für die Kirche", unter dem die Rundbriefe von Landesbischof Mitzenheim an die Pfarrerschaft veröffentlicht wurden, gibt sehr gut die Intention seiner Kirchenpolitik wieder. Vor allem über direkte Spitzen-Gespräche mit den in der SBZ/DDR Verantwortlichen verfolgte er dieses Ziel, setzte sich und die Thüringer Kirche damit allerdings auch dem „teile und herrsche" der SED-Kirchenpolitik aus.

Diese Rundbriefe zeigen, wie Moritz Mitzenheim sich bis in die Mitte der fünfziger Jahre gegen staatliche Übergriffe, wie z.B. die gewaltsame Durchsetzung der Bodenreform (1946ff.), die Zwangsumsiedlungen von Gemeindegliedern aus dem DDR-Grenzgebiet (1952) oder die Repressalien gegenüber der kirchlichen Jugend- und Studentenarbeit (1953) deutlich und entschieden zur Wehr setzte. Die „Entscheidungsschlacht um die Jugend", wie die SED ihre Kampagne zur Einführung der Jugendweihe und den Kampf gegen die „Junge Gemeinde" nannte, konnte nicht gewonnen werden.

Der Leitende Jurist der Thüringer Landeskirche, Oberkirchenrat Gerhard Lotz, versuchte diese Niederlagen als Notwendigkeiten im vermeintlich fortschrittlichen Lauf der Geschichte umzudeuten. Mit seinem Kommentar zum SED-Kommuniqué vom 21. Juli 1958[29] kritisierte er jeglichen kirchlichen Konservatismus und dämonisierte eine daraus erwachsende Form kirchlichen Widerstands aus Bekenntnisgründen.

Lotz lobte eine heftig umstrittene Rede von Landesbischof Mitzenheim, die dieser 1959 anlässlich der Zehnjahresfeier der DDR gehalten hatte, weil der Thüringer Bischof – im Unterschied zu vielen „weniger fortschrittlichen Amtsbrüdern" mit dieser Rede öffentlich „dem Irrtum wehrte", „als ob der Mensch, der von der Botschaft des Evangeliums ergriffen ist, … aus Glaubensgründen für eine andere Ordnung als die, die in der Deutschen Demokratischen Republik gilt, einzutreten verpflichtet sei."[30]

Mit dem Ende der Ära Mitzenheim 1970 begann das Ende des Thüringer Weges. Bereits unter Landesbischof Ingo Braecklein (1906-2001, Bischof von 1970-1978), der auch das Amt des Präsidenten der Synode des Bundes der Evangelischen Kirchen in der DDR bekleidete, und mit der Wahl von Werner Leich zum Landesbischof (*1927, Bischof von 1978-1992), der ab 1986 außerdem mit dem Vorsitz in der Konferenz der Kirchenleitungen in der DDR betraut worden war, kehrte die ELKTh als eine zuverlässige Partnerin in die Zeugnis- und Dienstgemeinschaft der ostdeutschen Landeskirchen zurück.

Dass die „besondere Gemeinschaft" der Kirchen der EKD in Ost und West – gegen den erbitterten Widerstand der SED – nicht aufgegeben wurde, gehört zu den kirchenpolitischen Erfolgen des deutschen Protestantismus. So konnten auch die zahlreichen Gemeindepartnerschaften zwischen der Thüringer und der Württemberger Landeskirche als ein einigendes Band und als eine Quelle der Ermutigung über Stacheldraht und Selbstschussanlagen des „antifaschistischen Schutzwalls" hinweg wirksam werden.

3. Kerzen und Gebete – die Friedliche Revolution 1989

Neben den zahlreichen kleinen, privaten Nischen gehörten die Kirchen zu den wenigen Groß-Nischen des „ersten Arbeiter- und Bauernstaates auf deutschem Boden". In dieser relativ autonomen Subkultur war es möglich, eine begrenzte, von menschlicher Offenheit und Wärme, von Resten bürgerlicher Bildung und demokratischen Verfahrensformen geprägte Gegen-Öffentlichkeit zu vertreten und zu leben.

Trotz interner Auseinandersetzungen um die Rolle und „Kirchlichkeit" von oppositionellen Gruppen und trotz zahlreicher Versuche der SED, über die Staatssicherheit die Hauptakteure dieser Gruppen zu disziplinieren, hatten nicht wenige Pfarrerinnen und Pfarrer sowie engagierte Gemeinden Verständnis für die Anliegen der Gruppen. Aus der kirchlichen Arbeit heraus entstanden in den siebziger und vor allem dann in den achtziger Jahren in Thüringen – wie auch andernorts im Osten Deutschlands – Gruppen zu Friedens-, Menschenrechts- und Umweltfragen. In den Friedensgebeten wurden die Fragen und Probleme, die die Menschen bewegten, zur Sprache gebracht. Hier liegen – neben den weiter ausgreifenden (ost-)europäischen Rahmenbedingungen – wichtige Voraussetzungen für die Friedliche Revolution 1989 und ihren epochalen Erfolg.

Solche Gruppen entstanden in den Klein- und Mittelstädten von Eisenach bis Altenburg. Zu nennen sind hier u.a. der Arbeitskreis „Solidarische Kirche" (Regionalgruppe Thüringen), der Jenaer Friedenskreis, die Initiative „Frauen für den Frieden" oder die verschiedenen Initiativen, die sich gegen die ungebremsten Umweltkatastrophen einer industrialisierten und politisch gelenkten Landwirtschaft wendeten (Schweinemast in Knau, Uranbergbau in Ronneburg o.ä.).[31]

Die Teilnahme zahlreicher Pfarrerinnen und Pfarrer sowie engagierter Gemeindeglieder am konziliaren Prozess für Frieden, Gerechtigkeit und Bewahrung der Schöpfung und die öffentlichkeitswirksamen kirchlichen Veranstaltungen (Landesjugendsonntage in Eisenach, Kirchentage in Erfurt und an anderen Orten) sorgten für eine weitreichende Politisierung des ostdeutschen Protestantismus, die die DDR-Machthaber in ihrem Total-Anspruch auf die gesellschaftliche Wahrheit herausforderte, aber auch die Kirche selbst veränderte. Zunächst sorgten im Herbst 1989 jedoch die überaus zahlreichen „Kerzen und Gebete", die Montagsgebete in den Städten und Dörfern dafür, dass von den Kirchen die Friedliche Revolution nicht nur ihren Ausgang nahm, sondern dass sie auch gewaltlos verlief.

IV. Kirche und freiheitlich-demokratische Grundordnung (seit 1990)

1. Umbruch und Aufbruch

Nicht wenige Pfarrer und Gemeindeglieder verließen in jenen Wochen und Monaten des Umbruchs ihre Tätigkeit in der Kirche und traten den Weg in die aktive (Partei-)Politik an. Einige von ihnen gestalten und prägen seitdem an herausgehobener Stelle die Politik (auch) in Thüringen.[32] Nicht nur deshalb wurde die kirchliche Standortfindung in Ostdeutschland und so auch in Thüringen erschwert. Zu einem gewissen Teil trug auch die Dynamik des Wiedervereinigungsprozesses dazu bei. Zuweilen hatte es den Anschein, als liefe die deutsche Vereinigung unter klaren Prämissen ab, die die Führungseliten der „alten Bundesrepublik" bereits zu Beginn des Jahres 1990 festgelegt hatten. Dem Ziel einer schnellstmöglichen Angleichung der Institutionenlandschaft in beiden Teilen Deutschlands wurde die Debatte um mögliche oder unmögliche Alternativen geopfert. Da in manchen Diskussionen unterschiedliche Erwartungen aufeinanderprallten, waren Verletzungen auf beiden Seiten die unvermeidliche Folge. Viele Westdeutsche erwarteten eine rasche Anpassung und nicht zuletzt Dankbarkeit der „Ossis". Viele Ostdeutsche verlangten nach einer raschen Angleichung des Wohlstandes. Die überschießenden Hoffnungen auf die „blühenden Landschaften" bildeten die Grundlage für maßlose Enttäuschungen, als ein zweites Wirtschaftswunder ausblieb. Manche der „friedlichen Revolutionäre" wollten vom Westen lernen, aber dabei ihre Erfahrungen stärker mit einbringen. Als sie erlebten, dass dieses nicht gewollt oder einfach nicht möglich war, fühlten sie sich überrumpelt, verletzt und gekränkt.

Auch kirchliche Mitarbeiterinnen und Mitarbeiter gerieten durch die andere Verortung von Kirche (und Pfarramt und akademischer Theologie) in Westdeutschland und eine andere Definition des Beziehungsgefüges Kirche-Gesellschaft-Staat in eine beträchtliche Verwirrung. Orientierungs- und Anpassungsstress bestimmten den Alltag. Die Rolle des Pfarrers und der Pfarrerin als Repräsentanten von Tradition, Institution und Transzendenz war (und ist) für viele nicht nur völlig neu, sondern oft auch völlig unannehmbar. Damit verbundene „Indienstnahmen" im öffentlichen Raum und die Aufforderung zur politischen und gesellschaftlichen Mitgestaltung verstanden und verstehen manche der Pfarrerinnen und Pfarrer als unangemessene, theologisch nicht vertretbare Stabilisierung des „Establishments".

Die Evangelisch-Lutherische Kirche in Thüringen ging nach 1989 daran, unter den neuen Bedingungen eines demokratischen Rechtsstaates ihrer Verantwortung gerecht zu werden. Viele Aufgabenfelder galt es mit Augenmaß und Courage neu zu bestellen: den raschen Ausbau des Diakonischen Werkes, die Übernahme von Kindergärten und Schulen, den Aufbau des Religionsunterrichts, die Seelsorge in Krankenhäusern, in der Bundeswehr und der Polizei, im Strafvollzug. Allein im Bereich der Diakonie betreiben die zur Evangelischen Kirche in Mitteldeutschland zusammengeschlossenen Kirchen heute ca. 900 Einrichtungen mit knapp 20.000 Mitarbeitern.

Als Körperschaft des öffentlichen Rechts nimmt die Kirche viele Aufgaben wahr, sofern sie den staatlichen Raum berühren. Am 15. März 1994 wurde dies auf die Grundlage des „Vertrages des Freistaates Thüringen mit den evangelischen Kirchen in Thüringen" gestellt.[33] Alle relevanten Bereiche, von Religionsfreiheit, Sonn- und Feiertagsschutz bis zu Rundfunkrecht, Denkmalschutz und den finanziellen Fragen des Vermögensrechts, der Staatsleistungen und Baulastverpflichtungen sind in diesem Vertrag geregelt. Viele der 1.500 Kirchen und Kapellen in Thüringen konnten in den beiden zurückliegenden Jahrzehnten seit 1990 restauriert werden. Dies konnte aufgrund erheblicher finanzieller Förderung seitens des Freistaates, aber auch dank vieler Kirchbauvereine geschehen, die nicht selten von Menschen unterstützt werden, die keiner Kirche angehören.

Die Evangelischen Kirchen auf dem Gebiet des Freistaats Thüringen haben zur Wahrnehmung und Pflege ihrer Beziehungen zu den staatlichen Stellen eine Dienststelle in Erfurt, das „Evangelische Büro Thüringen", für den Beauftragten der Evangelischen Kirchen in Thüringen eingerichtet.[34] Der Beauftragte hält die Verbindung zu den Landtagsabgeordneten und zu den Mitgliedern und Dienststellen der Regierung. Er ist Seelsorger, theologischer und politischer Gesprächspartner und Berater, Lobbyist der Kirche und des Evangeliums. Diese Aufgabe erfüllt er in enger und vertrauensvoller ökumenischer Zusammenarbeit mit dem Leiter des Katholischen Büros und Beauftragten des katholischen Bistums Erfurt.

Am Beginn der 1990er Jahre wurden auch das Pädagogisch-Theologische Zentrum in Reinhardsbrunn (nun im Zinzendorfhaus Neudietendorf, als Pädagogisch-Theologisches Institut), die Evangelische Akademie Thüringen in Neudietendorf, die Evangelische Erwachsenenbildung etc. gegründet. Das spirituelle Leben in der Landeskirche wurde und wird zudem von Einrichtungen wie dem Pastoral- und Gemeindecolleg in Tabarz (jetzt: Drübeck), der Jugendbildungsstätte „Neulandhaus" in Eisenach sowie durch geistliche Gemeinschaften und Kommunitäten, wie etwa die

Jesus-Bruderschaft in Kloster Volkenroda, die Familienkommunität Siloah in Neufrankenroda, die Schwestern vom Casteller Ring im Erfurter Augustinerkloster (CCR) oder das Collegiat St. Peter & Paul vom Petersberg Erfurt (CPP) mit Impulsen versehen.

Tabelle 1: Diakonische Einrichtungen der Evangelischen Kirche in Mitteldeutschland[a]

	Landeskirche Thüringen		Kirchenprovinz Sachsen		Evangelische Kirche in Mitteldeutschland	
	Anzahl	Mitarb.	Anzahl	Mitarb.	Anzahl	Mitarb.
Einrichtungen für Behinderte	147	2.447	157	3.100	304	5.547
Kitas	139	1.309	155	1.319	294	2.628
Alten- und Pflegeheime	30	1.364	57	2.073	87	3.437
Sozialstationen	28	670	45	730	73	1.400
Krankenhäuser	8	2.721	15	3.748	23	6.469
Beratungsstellen	65	242	59	160	124	402
Insgesamt	***417***	***8.753***	***488***	***11.130***	***905***	***19.883***

a. Nur Einrichtungen in Thüringen und Sachsen-Anhalt; Berechnungsstand: 1. Januar 2009.

Neben den gewählten Gremien auf den verschiedenen Ebenen, den Konventen und den Werken, die sich zum Teil auch wieder als Verein konstituiert haben, gibt es in der Landeskirche auch unterschiedlich geprägte Gruppen, die sich an den Diskussionen um den Weg der Landeskirche beteiligen: die Lutherische Bekenntnisgemeinschaft, das Forum Offene Kirche in Thüringen, der Arbeitskreis Solidarische Kirche sowie der Thüringer Pfarrverein.

In der DDR-Ära hatte sich die Zahl der evangelischen Kirchenmitglieder im Thüringer Kernland der Reformation drastisch vermindert. Waren 1946 noch mehr als drei Viertel der Thüringer evangelisch gewesen, so war dieser Anteil bis 1989 auf weniger als ein Drittel gefallen. Den ca. 1,5 Millionen Mitgliedern, die die Thüringer Landeskirche in ihrer Aufbauphase in den 1920er Jahren umfasste, standen 2008 nicht einmal mehr eine halbe Million Gemeindeglieder gegenüber. Im Durchschnitt sind also gerade noch 300 Gemeindeglieder für ein Kirchgebäude verantwortlich. Die kirchenfeindliche Politik der Nationalsozialisten und die SED-staatlich vorangetriebene Entkirchlichung haben hier in Verbindung mit den die Moderne kennzeichnenden Säkularisierungsprozessen gravierende Spuren und Kulturabbrüche hinterlassen.[35]

Tabelle 2: Eckdaten der Evangelischen Kirche in Mitteldeutschland

	Thüringer Landeskirche	Kirchenprovinz Sachsen	Evangel. Kirche in Mitteldeutschland
Gemeindeglieder	415.316	466.489	881.805
Kirchengemeinden	1.313	1.996	3.309
Propstsprengel	3	4	5
Kirchenkreise	18	20	38
Pastorinnen und Pfarrer	407	423	830
Kirchen und Kapellen	1.573	2.312	3.885
Eigentum an Grund und Boden in ha	20.000	67.000	87.000
Gottesdienste 2008	37.487	45.374	82.861
Taufen 2008	3.253	3.519	6.772
Wiedereintritte 2008	422	413	835
Trauungen 2008	986	1.032	2.018
Bestattungen 2008	5.482	7.151	12.633
Kirchenaustritte 2008	2.365	2.833	5.198

Auch seit 1990 war die Zahl der Mitglieder der Thüringer Landeskirche weiterhin rückläufig: Sie sank von 679.000 (1991) auf 415.000 im Jahr 2008 (s. Tabelle 2). Die wichtigsten Ursachen dieser Entwicklung sind in der Demografie zu suchen: die im Vergleich zur Sterberate deutlich niedrigere Geburtenziffer sowie die starken Abwanderungsverluste Thüringens. Hinzu kommen Kirchenaustritte, die um einen Anteil von etwa 0,5 Prozent der Kirchenmitglieder pro Jahr schwanken. Dem Mitgliederverlust entspricht, dass sich auch die Zahl der Pfarrstellen in der Evangelisch-Lutherischen Kirche in Thüringen im Vergleich von 1925 zu 2005 in etwa halbiert hat; 2008 waren gut 400 Pfarrer angestellt.

2. *Der Föderationsprozess und die Evangelische Kirche in Mitteldeutschland*

Seit der Mitte der 1990er Jahre war die Thüringer Landeskirche damit befasst, ihre Organisations- und Verwaltungsstruktur den Erfordernissen der Gemeindearbeit und der staatlichen Gebietsgliederung anzupassen. So wurden Kreissynoden gebildet und damit eine „Mittlere Ebene" eingeführt, um die regionale kirchliche Arbeit und Verantwortung zu stärken. Aufgrund rückläufiger Mitgliederzahlen musste am Ende der 1990er Jahre ein heftiger Einschnitt in Haushalt und Stellenpläne der Landeskirche vorgenommen werden.

Die Konsolidierung 1997/98 wurde auch begleitet von Überlegungen zur zukünftigen Gestalt der Thüringer Landeskirche. Die Landessynode setzte eigens dafür eine Perspektivkommission ein. Das von dieser erarbeitete Papier trägt den programmatischen Titel „Auf dem Weg zu einer beteiligungsoffenen Gemeindekirche" (1999).[36]

Darüber hinaus haben die demografischen, personellen und strukturellen Entwicklungen in der zweiten Hälfte der 1990er Jahre in den beiden mitteldeutschen Teilkirchen, der Evangelisch-Lutherischen Kirche in Thüringen und der Evangelischen Kirche der Kirchenprovinz Sachsen, die Einsicht reifen lassen, dass eine Vertiefung der Zusammenarbeit bis hin zu einer Fusion die kirchliche Handlungsfähigkeit sichern und entwickeln helfen könnte. Hinzu kam die damit verbundene Perspektive, dass eine Arrondierung der Kirchengrenzen der anachronistischen Situation Erfurts (die als Thüringer Landeshauptstadt „kirchlich" zu Sachsen-Anhalt gehörte) ein Ende bereitet werden könnte. Vorsichtig bis zaghaft wurde dieser Prozess unter Landesbischof Roland Hoffmann begonnen, kraftvoll unter seinem Nachfolger Christoph Kähler fortgesetzt und zu Ende geführt.[37] Im Jahre 2004 wurden diese beiden mitteldeutschen Kirchen zunächst als „Föderation Evangelischer Kirchen in Mitteldeutschland" miteinander verbunden.

In einem aufwendigen und sorgfältigen etwa zweijährigen Verfahren wurde eine neue Kirchenverfassung erarbeitet. Die Föderationssynode der Föderation Evangelischen Kirchen in Mitteldeutschland hat diese am 3. Juli 2008 beschlossen. Mit verfassungsändernder Zwei-Drittel-Mehrheit mussten nun die beiden Synoden der Thüringer und der provinzsächsischen Teilkirchen dieser Verfassung zustimmen. Dies erfolgte, nach monatelangem hartem Ringen um die Eckpunkte des Kooperationsvertrages, die sich zuletzt vor allem auf die Standorte von Kirchenamt (Erfurt) und Bischofssitz (Magdeburg) fokussiert hatten, dann endlich am 5. Juli 2008.[38]

Zum 1. Januar 2009 wurde nun die „Evangelische Kirche in Mitteldeutschland" (EKM) gegründet. Die begrenzten finanziellen und personellen Mittel der im bundesweiten Vergleich eher kleinen Landeskirchen konnten mit der Fusion gebündelt werden. Die neue Kirche folgt aber nicht nur einem Sparprogramm, sondern einem Ziel: Eine starke Evangelische Kirche in Mitteldeutschland für die Menschen in dieser Region.

Die beiden Bischöfe Christoph Kähler und Axel Noack haben im Juni 2009 ihre Ämter als Leitende Geistliche niedergelegt. Die neue Landesbischöfin Ilse Junkermann (*1957) wurde am 20./21. März 2009 von der Synode gewählt und am 29. August 2009 im Magdeburger Dom in ihr Amt eingeführt. Der Bischofssitz ist Magdeburg. Mit der Überschrift ihres ersten Bischofsberichtes vor der EKM-Landessynode am 18. November 2009 in der Lutherstadt Wittenberg machte die neue Landesbischöfin Ilse Junkermann auf eine regionale und internationale Besonderheit der neuen Kirche aufmerksam, die zugleich eine besondere theologische und gemeindepraktische Herausforderung für die künftige Identität und Vitalität der EKM darstellt: „Wir sind Kirche – in Luthers Heimat".[39]

Die Organe der Evangelischen Kirche in Mitteldeutschland sind die 84-köpfige Landessynode, der Landeskirchenrat, der Landesbischof/die Landesbischöfin sowie das Kollegium des Kirchenamtes. Zu dem 23-köpfigen Landeskirchenrat gehören neben den Mitgliedern des Kollegiums die Pröpste (Regionalbischöfe), der Präses der Landessynode und acht von der Synode gewählte Mitglieder sowie der Leiter der Diakonie Mitteldeutschland. Das Kirchenamt arbeitet derzeit noch an zwei Standorten – in Eisenach und Magdeburg. Im Frühjahr 2011 wird es nach Erfurt in das *collegium maius* (die Alte Universität) umziehen. Das Kirchenamt gliedert sich in sechs Dezernate.[40]

Die kirchliche Bindung ist regional unterschiedlich ausgeprägt. Während in den zur Evangelischen Kirche in Mitteldeutschland gehörenden Gebieten des Bundeslandes Brandenburg 23 Prozent der Bevölkerung zur evangelischen Kirche gehören, sind es in den entsprechenden Gebieten der Bundesländer Sachsen 17 Prozent, Sachsen-Anhalt 15 Prozent und Thüringen 24 Prozent der Bevölkerung. Auch innerhalb der Bundesländer lassen sich regionale Besonderheiten feststellen. So existiert im Bundesland Sachsen-Anhalt ein tendenzielles Nord-Süd-Gefälle beim Anteil der Gemeindeglieder an der Gesamtbevölkerung. Während die Kirchenkreise der Altmark bei Werten von 28 bzw. 21 Prozent liegen, sinkt der Wert in den Kirchenkreisen Halle-Saalkreis und Merseburg auf Werte um die zehn Prozent. Im Bundesland Thüringen nimmt tendenziell der Anteil der Gemeindeglieder an der Gesamtbevölkerung von Ost nach West und von Nord nach Süd hin zu. So beträgt dieser Anteil in den Kirchenkreisen Sömmerda, Mühlhausen, und Altenburger Land unter 20 Prozent und steigt in Richtung Südwesten des Bundeslandes Thüringen auf Werte über 30 Prozent (Kirchenkreise Eisenach-Gerstungen, Bad Salzungen-Dermbach, Meiningen, Sonneberg, Schleiz). Den höchsten Anteil von Gemeindegliedern an der Gesamtbevölkerung weist der Kirchenkreis Hildburghausen-Eisfeld mit 42 Prozent auf.

Generell ist die Tendenz erkennbar, dass in den ländlich geprägten Kirchenkreisen ein wesentlich größerer Anteil der Bevölkerung zur evangelischen Kirche gehört, als in den größeren Städten und deren Umfeld. Der Kirchenkreis Magdeburg hat mit neun Prozent den geringsten Anteil von Gemeindegliedern an der Gesamtbevölkerung. Aber auch die Kirchenkreise Halle-Saalkreis, Jena, Erfurt, Weimar und Gotha-Gräfentonna liegen im Anteil der Gemeindeglieder an der Gesamtbevölkerung unterhalb des Durchschnitts der Umgebung.

3. Erinnerung und Versöhnung

Das vormalige Leben inmitten und gegen zwei deutsche Diktaturen sowie der christliche Selbstanspruch der Vergegenwärtigung von Schuld sowie die Übung von Buße und Beichte erfordern auch von der Evangelischen Kirche in Mitteldeutschland am Ende des 20. und am Beginn des 21. Jahrhunderts eine sorgfältige theologische und geschichtspolitische Auseinandersetzung.[41] Im November 1988 hatte die Thüringer Landessynode in einer Erklärung die Aufgaben beschrieben, die in Anbetracht des Irrweges zur Zeit des Nationalsozialismus für die Landeskirche anstehen. Dazu gehöre die „gründliche Aufarbeitung und Dokumentation der kirchengeschichtlichen Fakten in der Zeit des Nationalsozialismus“ und auch die „verständliche Darstellung für einen breiteren Leserkreis“.[42]

Die letzte Thüringer Landessynode hat zwanzig Jahre später, am 14. November 2008, diesen Impuls aufgenommen und mit einem „Wort der Landessynode der Evangelisch-Lutherischen Kirche in Thüringen im Übergang zur Evangelischen Kirche in Mitteldeutschland“ bekräftigt. Sie hat die Gesellschaft für Thüringische Kirchengeschichte in die Pflicht genommen, zu einer „angemessenen evangelischen Auseinandersetzung mit dem ‚Erbe‘ der SED-Diktatur“ beizutragen, die den „Opfern des früheren MfS, der SED- und der Behördenwillkür der DDR besondere Aufmerksamkeit (schenkt) und deren Lebensperspektive stärker in der gesellschaftlichen Wahrnehmung (verankert).“[43] Am Ende dieses Wortes der Landessynode von 2008 heißt es: „Wir erfahren beim aufmerksamen, kritischen und dankbaren Rückblick auf das knappe Jahrhundert des Bestehens unserer Landeskirche, dass die in der Freiheit eines Christenmenschen gewonnene und in Buße und Beichte gegründete Wahrheit uns frei macht. Von daher können wir die gegenwärtigen Herausforderungen annehmen, um in unserer globalisierten Welt glaubwürdig als Christen zu leben. Wir bewahren ein Erbe, das ‚das lutherische Bekenntnis ebenso einschließt wie das gesungene und das gebaute Gotteslob‘ (Christoph Kähler).“[44]

Ilse Junkermann hat diesen Impuls aufgegriffen. In dem bereits erwähnten ersten Bischofsbericht vor der Landessynode ging sie auf das Thema „Versöhnung“ ein.

Auf dem Wege eines kreuzestheologisch-meditativen Gedankengangs redete sie einer von Sorgfalt und Empathie getragenen Seelsorge das Wort, die Opfer und Täter gleichermaßen in den Blick nimmt: „Für mich ist dieses Kreuz (das neu gestaltete Bischofskreuz, d.Verf.), das ‚sichtbare Spuren der Werkzeuge trägt', ein Hinweis, dass unser Auftrag als Evangelische Kirche in Mitteldeutschland uns ganz dorthin führt – zu den Menschen, die verletzt sind, die mit Brüchen und Versagen leben, die vom Leben gezeichnet sind und nach Heilung und Erlösung suchen. Modern gesprochen: Wo Menschen nach einem Sinn mitten im Widersprüchlichen suchen, nach einem Ausweg aus dem, was nicht zueinander passt, sollten wir das Gespräch anregen. So ist Versöhnung oder zumindest Schritte dorthin mit denen, die einen einst bespitzelt und verraten haben, eine Aufgabe, die noch mehr vor als hinter uns liegt. Auch wenn viele in unserer Kirche während und unter der DDR-Zeit gelitten haben und sich berechtigt als Opfer verstehen, sollten wir Menschen, die dem Regime nahe standen, nicht in Schubladen sperren. Mit Menschen in Schubladen lässt sich nicht reden und nicht Gesellschaft bauen."[45]

Die Heftigkeit der kircheninternen und öffentlichen Reaktionen ist zu einem Gutteil einer medial forcierten Pressepolitik unter dem Leiter des Pressereferates der EKM, Ralf-Uwe Beck, geschuldet, die von den Medien entsprechend (partei-)politisch polarisierend aufgenommen wurde. Zum anderen lässt die Debatte aber gleichfalls erkennen, dass dieses Thema auch zwanzig Jahre nach Friedlicher Revolution und Wende von 1989/90 noch keineswegs abgeschlossen ist. Dass die Lösung dieser Aufgabe, „die noch mehr vor als hinter uns liegt", ein hohes Maß an historischer und theologischer Genauigkeit sowie kommunikativer und seelsorgerlicher Achtsamkeit verlangt, haben die unversöhnlichen Töne dieser Versöhnungsdebatte kenntlich gemacht.

Anmerkungen

1 Zur jüngeren Geschichte der Evangelischen Kirche in Thüringen v.a. *Susanne Böhm*, Deutsche Christen in der Thüringer evangelischen Kirche 1927-1945, Leipzig 2008; *Rudolf Herrmann*, Thüringische Kirchengeschichte, Bd. 1 (1937) und 2 (1947), Reprint Waltrop 2000; *Hans-Peter Hübner / Gabriele Schmidt (Hrsg.)*, Landhaus und Landeskirche auf dem Eisenacher Pflugensberg. Beiträge zur Geschichte der Evangelisch-Lutherischen Kirche in Thüringen und ihrer Kirchenleitung in Eisenach, Weimar 2006, hier (S. 39-76) insbesondere der Beitrag von *Dietmar Wiegand*, Kleine Geschichte der Thüringer Landeskirche, dessen Gliederung und Gedankengang dieser Artikel über weite Strecken folgt; *Ernst Koch*, 75 Jahre Protestantismus in Thüringen 1921–1996. Beobachtungen zum Weg einer jungen mitteldeutschen Landeskirche, in: Blätter des Vereins für Thüringische Geschichte 7 (1997) 1, S. 6-14; *Thomas A. Seidel (Hrsg.)*, Thüringer Gratwanderungen, Beiträge zur fünfundsiebzigjährigen Geschichte der evangelischen Landeskirche Thüringens, Leipzig 1998; *ders.*, Im Übergang der Diktaturen. Eine Untersuchung zur kirchlichen Neuordnung in Thüringen 1945-1951, Stuttgart 2003; *Rainer Stahl*, Die evangelische Kirche, in: *Karl Schmitt (Hrsg.)*, Thüringen. Eine politische Landeskunde, Weimar / Köln / Wien 1996, S. 180-200.

2 *Ernst Koch*, Neuanfang vor 75 Jahren. Kircheneinheit in Thüringen, in: Glaube und Heimat 51 (1995), Heft 1, S. 7.

3 Handausgabe der Verfassung und anderer wichtiger Bestimmungen der Thüringer evangelischen Kirche (TheK). Im Verlag des Landeskirchenrates der TheK in Eisenach, 1926, S. 4, § 3: „Sie ist ihrem Ursprung und Wesen nach eine Kirche lutherischen Bekenntnisses."

4 Handausgabe der Verfassung (Anm. 3), S. 2, § 2.

5 *Heinrich Weinel*, Die neue Thüringer evangelische Kirche, in: Thüringer Jahrbuch. Politik und Wirtschaft, Kunst und Wissenschaft im Lande Thüringen 1 (1926), S. 151f.

6 *Erich W. Reichardt*, Die Altenburger Landeskirche in den Jahren 1918 bis 1928, in: Beiträge zur Thüringischen Kirchengeschichte, Bd. 1, Gotha 1929, S. 141.

7 Führende Vertreter: Friedrich Georg von Eichel-Streiber, Landeskirchentagspräsident ab 1925 und Fraktionsvorsitzender der DNVP im Thüringer Landtag; Ernst Seidel, Oberpfarrer aus Themar; Richard Otto, Pfarrer an der (lutherischen) Stiftsgemeinde im (liberalen) Eisenach.

8 Führende Vertreter: Landesoberpfarrer der Landeskirche von Sachsen-Gotha und Leiter des Volksdienstes Otto Senffleben. Hauptinitiator der Mittelpartei war Konsistorialrat und Superintendent D. Richard Eckardt, der 1921 Wilhelm Reichardt im Amt des Altenburger Oberpfarrers (Superintendenten) folgte, sie kamen zumeist aus der „Dorfkirchenbewegung."

9 Führende Vertreter: Prof. Heinrich Weinel, Kirchenrat D. Karl König (der auch als „Vater der Verfassung" bezeichnet wurde) und Oberpfarrer Karl Arper (der ab 1925 dem Thüringer Pfarrerverein vorstand).

10 Die SPD(/USPD)-Regierung (1921-1923) hatte eine dezidiert kirchlichenfeindliche Schulpolitik betrieben (Greilsche Schulreform). Der Reformationstag und der Buß- und Bettag waren als Feiertage für den 1. Mai und den 9. November gestrichen worden. Die staatlichen Verpflichtungen der Kirche gegenüber wurden generell in Frage gestellt, die Auszahlung der Pfarrergehälter verzögert bzw. in ihrer Höhe nicht angepasst.

11 Zu nennen wären, innerhalb der Pfarrerschaft: Paul Kohlstock, Erhard Boehm, Edmund Strecker und Hermann Heß, unter den Nichttheologen: die Mitglieder der Jenenser Kirchgemeinde Dr. Hans Müller und Dr. Hans Boegehold.

12 Aurel von Jüchen: 1949 aus der SED ausgeschlossen, von 1950 bis 1955 im sowjetischen Speziallager VI Workuta interniert, 1956 Strafanstaltspfarrer in Berlin (West); Erich Hertzsch: ab 1948 Prof. in Jena, bis 1952 SED-Landtagsabgeordneter in Thüringen, 1953 Austritt aus der SED (vgl. dazu

Seidel, Im Übergang der Diktaturen [Anm. 1], S. 238ff.); Karl Kleinschmidt: von 1934 bis 1968 Domprediger in Schwerin, SED-Volkskammerabgeordneter und u.a. führendes Mitglied im Kulturbund der DDR, Mitbegründer des SED-treuen „Bundes ev. Pfarrer in der DDR“, blieb bis zu seinem Tode SED-Mitglied.

13 Als eine ihrer ersten Aktionen im Landeskirchentag (April/Mai 1933) betrieben die DC den Ausschluss der Religiösen Sozialisten. Nachdem die Religiösen Sozialisten einen Beschluss gegen den Marxismus und materialistische Weltanschauung in der Kirche mitgetragen hatten, sollte dieser auf sie angewendet werden. Diesem Ausschluss kamen sie zuvor, indem sie aus dem Landeskirchentag austraten.

14 Lediglich der leitende Jurist Otto Volk (1877-1974) gehörte nicht den Deutschen Christen an. Unter dem „Kirchenpräsidenten“ Hugo Rönck wurde er 1943 (bei gleichzeitiger Verleihung der Amtsbezeichnung „Vizepräsident a.D.“) in den Wartestand versetzt.

15 Zunächst war Julius Leutheuser zum Nachfolger bestimmt worden. Nachdem dieser bei Stalingrad gefallen war, setzten heftige interne Machtkämpfe ein, die vor allem von Kirchenrat Paul Lehmann (einem Gestapo-Spitzel innerhalb der Kirchenleitung), geschürt wurde. Hugo Rönck entließ Lehmann (mit einem Forschungsauftrag versehen) aus der Kirchenleitung.

16 *Seidel*, Im Übergang der Diktaturen (Anm. 1), S. 55.

17 Lediglich der Einspruch des Landesoberpfarrers (zuletzt: Landesbischofs) Wilhelm Reichardt verhinderte eine rückwirkende Geltung des „Arierparagrafen“.

18 Vgl. *Susanne Böhm* (Anm. 1), besonders die Kapitel III, IV und V. In den entsprechenden Auseinandersetzungen nach 1945, die im Zusammenhang der Befragungen der DC- und NS-Belasteten auf der Grundlage des landeskirchlichen „Reinigungsgesetzes“ vom 12.12.1945 und an anderer Stelle geführt wurden, wurde von den DC-Vertretern häufig als Entschuldigung vorgebracht, dass ihr antijudaistisches bis antisemitisches Engagement wie ihre DC-Volksmission allein dem Überleben der Kirche in einem zunehmend kirchenfeindlicher agierenden NS-Weltanschauungsstaat gedient habe. Vgl. *Thomas A. Seidel*, Lefflers Beichte – Anmerkungen zur „Vergangenheitsbewältigung“ in der Thüringer evangelischen Kirche nach 1945, in: *Volkhard Knigge / Immanuel Baumann (Hrsg.)*, „...mitten im deutschen Volke“. Buchenwald, Weimar und die nationalsozialistische Volksgemeinschaft, Göttingen 2008, S. 134-149.

19 Zur Biografie von Werner Sylten vgl. *Harald Schultze / Andreas Kurschat (Hrsg.)*, „Ihr Ende schaut an...“ Evangelische Märtyrer des 20. Jahrhunderts, Leipzig 2006, S. 452-454 und *Christoph Kähler*, Zum Umgang der Thüringer Landeskirche mit dem Widerstand in zwei deutschen Diktaturen. Beobachtungen am Beispiel des Martyriums von Werner Sylten, in: *Martin Leiner u.a. (Hrsg.)*, Gott mehr gehorchen als den Menschen – Christliche Wurzeln, Zeitgeschichte und Gegenwart des Widerstands, Göttingen 2005, S. 231-278.

20 Vgl. *Tobias Schüfer*, Die Theologische Fakultät Jena und die Landeskirche im Nationalsozialismus, in: *Seidel*, Thüringer Gratwanderungen (Anm. 1), S. 94-110.

21 U.a. Gerhard Bauer (1896-1958), Ernst Köhler (1899-1970), Walter Zimmermann (1902-1972) und Gerhard Säuberlich (1901-1959). Letzterer übernahm 1939 die Leitung der Lutherischen Bekenntnisgemeinschaft.

22 *Minnamari Helaseppä*, Die Lutherische Bekenntnisgemeinschaft und der Kampf um die Thüringer evangelische Kirche 1933/34-1939, Helsinki 2004, S. 192, 285-288.

23 *Seidel*, Im Übergang der Diktaturen (Anm. 1), S. 75ff.

24 In dem (mehrfach umbesetzten) Landeskirchenrat waren im Juni 1945 als theologisch-geistliche Mitglieder vertreten: Moritz Mitzenheim, Gerhard Säuberlich, Ernst Köhler, Wolfgang Schanze und Walter Zimmermann (alle LBG), Oskar Ziegner (WB), Erich Hertzsch (RS). Daneben blieb zunächst noch der DC-Finanzdezernent Robert Tegetmeyer in der Kirchenleitung mit der Aufgabe betraut, das finanzielle Fiasko der DC zu beheben. Als erkennbar wurde, dass er dies nicht leisten

konnte, wurde er 1946 (aufgrund des Reinigungsgesetzes) entlassen. Gerhard Phieler (1891-1963), ebenfalls DC, der seit 1934 den Landesverband der Inneren Mission leitete, wurde als Dezernent für Innere Mission in den Landeskirchenrat geholt.

25 *Thomas A. Seidel*, „... in Sturm und Gericht der Gegenwart", in: *ders.*, Thüringer Gratwanderungen (Anm. 1), S. 179. Um die Regionen Thüringens in die kirchenleitende Arbeit einzubinden, wurden – einer Anregung von Oberkirchenrat (OKR) Ernst Köhler folgend – vier Visitationsgebiete unter der Leitung von vier Visitatoren gebildet: OKR Ernst Köhler für Südthüringen in Meiningen, OKR Oskar Ziegner für Westthüringen in Gotha, OKR Wolfgang Schanze für die Thüringer Mitte in Weimar und OKR Gerhard Säuberlich für Ostthüringen in Gera.

26 Der entscheidende Autor dieser Kirchenverfassung war OKR Gerhard Lotz (1911-1981), der von Landesbischof Mitzenheim gelegentlich der „Architekt des Thüringer Weges" genannt wurde.

27 *Rudolf Lotz*, Die Synode der Evangelisch-Lutherischen Kirche in Thüringen. Ihre Geschichte und ihr rechtliches Verhältnis zu Landesbischof und Landeskirchenrat, in: Domine Dirige Me In Verbo Tuo. Festschrift zum 70. Geburtstag von Moritz Mitzenheim, Berlin 1961, S. 293.

28 *Klaus-Peter Hertzsch*, Selbstverständnis und Weg der Thüringer Kirche von 1945-1989. Vortrag auf der ELKTh-Frühjahrssynode 1993 in Eisenach. Auszugsweise veröffentlicht in: Glaube und Heimat 48 (1993), Nr. 14, S. 5.

29 „Gemeinsame Erklärung von Vertretern der Regierung der Deutschen Demokratischen Republik und den Evangelischen Kirchen in der Deutschen Demokratischen Republik"; dazu *Gerhard Lotz*, Die Bedeutung des Kommuniqués vom 21. Juli 1958, in: Domine Dirige Me (Anm. 27), S. 340-350.

30 *Lotz* (Anm. 29, S. 342) zitierte Mitzenheims Rede anlässlich des Festaktes des zehnjährigen Bestehens der DDR am 7. Oktober 1959 in der Berliner Werner-Seelenbinder-Halle.

31 *Thomas A. Seidel*, Thüringer Weg und Thüringer Initiative. Eine Regionalgruppe der Solidarischen Kirche am Ende der DDR, in: *Joachim Goertz (Hrsg.)*, Die Solidarische Kirche in der DDR. Erfahrungen, Erinnerungen, Erkenntnisse, Berlin 1999, S. 35-54.

32 Zu nennen sind hier exemplarisch: Christine Lieberknecht (*1958, MdL, Ministerin verschiedener Ressorts in Thüringen, CDU-Fraktionsvorsitzende, seit Oktober 2009 Thüringer Ministerpräsidentin und CDU-Landesvorsitzende), Christoph Matschie (*1961, u.a. MdB, parl. Staatssekretär, MdL, SPD-Landesvorsitzender, seit November 2009 Thüringer Kultusminister und stellv. Ministerpräsident), Katrin Göring-Eckardt (*1966, u.a. MdB, Fraktionsvorsitzende Bündnis 90/Die Grünen, Vizepräsidentin des Deutschen Bundestages).

33 GVBl. Thüringen 1994, S.1221ff.

34 Evangelische Beauftragte waren von 1991-1998 KR Jürgen Bär, von 1998-2004 KRn Gundula Bomm und von 2005-2010 KR Dr. Thomas A. Seidel (seit 2010 OKR).

35 Vgl. *Ehrhard Neubert*, „gründlich ausgetrieben". Eine Studie zum Profil und zur psychosozialen, kulturellen und religiösen Situation von Konfessionslosigkeit in Ostdeutschland und den Voraussetzungen kirchlicher Arbeit (Mission), Berlin 1996.

36 Beteiligungsoffene Gemeindekirche: Ergebnis der Arbeitsgruppe: Zukünftige Gestalt der Kirche. hg. v. Gemeindedienst der EKLTh (Endredaktion: Michael Dorsch, Thomas A. Seidel, Hanfried Victor). Drucksache 16/1 der 7. Tagung der IX. Landessynode Oktober 1999.

37 Von 1991 bis 2001 hatte der vormalige Dermbacher Superintendent und Meininger Oberkirchenrat Roland Hoffmann (*1938) das Amt des Landesbischofs inne. Ihm folgte bis 2009 Prof. Dr. Christoph Kähler (*1944), der zuvor Gemeindepfarrer und Hochschullehrer in Leipzig war.

38 Einer der wichtigsten Berater in diesem Verfassungsbildungsprozess, Prof. Dr. Michael Germann (Universität Halle-Wittenberg), vertritt die Auffassung, dass „der beschlossene Text ... die Verfassungstradition der Evangelischen Kirche der Kirchenprovinz Sachsen und der Evangelisch-Lutheri-

schen Kirche in Thüringen behutsam weiter (entwickelt). Sowohl in seiner Funktion als Verfassung einer aus zwei Landeskirchen vereinigten neuen Landeskirche als auch in seiner inhaltlichen Anlage kann er als einen vorbildliche evangelische Kirchenverfassung gelten." Verfassung der Evangelischen Kirche in Mitteldeutschland vom 5.7.2008. Sonderdruck. Hg. v. Kirchenamt der EKM in Zusammenarbeit mit Michael Germann, Halle 2008. Der Verfassungsbildungsprozess wurde nach dem Weggang des leitenden Juristen des gemeinsamen Kirchenamts, Oberkirchenrat Dr. Hans-Peter Hübner im Herbst 2007 von Oberkirchenrätin Ruth Kallenbach übernommen.

39 Bischofsbericht der Landesbischöfin Ilse Junkermann auf der 3. Tagung der 1. Landessynode der EKM vom 18. bis 21. November 2009, Drucksache 1/2, S. 1.

40 Die Repräsentanten der EKM: Landesbischöfin Ilse Junkermann; Brigitte Andrae, Präsidentin des Kirchenamtes; OKR Dr. Christian Frühwald, Personaldezernent; OKR Stefan Große, Finanzdezernent und Vizepräsident des Kirchenamtes; OKR Christoph Hartmann, Leiter des Dezernates Gemeinde; OKRn Ruth Kallenbach, Rechtsdezernentin; OKR Christhard Wagner, Bildungsdezernent.

41 Vgl. dazu u.a. *Klaus-M. Kodalle*, Im Rückblick auf die Wende: Wie mit Schuld umgehen?, Würzburg 2009; *Thomas A. Seidel*, Gottlose Jahre? Rückblicke auf die Kirche im Sozialismus der DDR, Leipzig 2002.

42 Erklärung der Synode der ELKTh auf ihrer Tagung vom 3. bis 6. November 1988, in: Amtsblatt der ELKTh 42 (1889), Nr. 6, S. 55. Der dort genannten Aufgabe haben sich sowohl die 1929 von Karl Heussi und Rudolf Herrmann gegründete „Gesellschaft für Thüringische Kirchengeschichte e.V." als auch die mit der Landeskirche verbundene Theologische Fakultät Jena und die Evangelische Akademie Thüringen jeweils auf ihre Weise angenommen.

43 Erklärung der X. Landessynode der ELKTh auf ihrer 12. Tagung vom 13. bis 14. November 2008, Drucksache 1/3.

44 Ebd., Drucksache 1/2.

45 Bischofsbericht (Anm. 39), S. 4.

Josef Pilvousek / Elisabeth Preuß

Die katholische Kirche

I. Die Entstehung der katholischen Bistümer in Thüringen

Die katholische Kirche in Thüringen ist eine Diasporakirche, die zudem gemeinsam mit den größeren evangelischen Schwesterkirchen in einer Minderheit lebt. Dies drückt sich nicht nur in Zahlen, sondern auch in Struktur, Verfassung und Aufgabenstellung aus. Im Freistaat Thüringen gibt es heute ein Bistum und zwei Bistumsanteile. Das Bistum Erfurt umfasst den größten Teil Thüringens; seine westliche und seine nördliche Grenze sind mit denen des Landes identisch. Ostthüringen gehört zum Bistum Dresden-Meißen, die im Südwesten Thüringens gelegene Rhön zum Bistum Fulda. Komplizierte historische Prozesse liegen den heutigen Gebietseinteilungen zugrunde, die vor allem in der dynastisch bedingten territorialen Parzellierung Thüringens ihren Grund haben.

1. *Bistum Erfurt*[1]

Im heutigen, 1994 gegründeten Bistum Erfurt[2] können vier Gebiete unterschiedlicher Struktur und Tradition unterschieden werden: die Stadt Erfurt, die „thüringische Diaspora“, das Eichsfeld sowie das ehemalige Bischöfliche Kommissariat Meiningen.

Möglicherweise geht die Stadt Erfurt auf einen Königshof des Thüringer Königreiches zurück, der nach dem Sieg der Franken 531 Verwaltungszentrum und Ausgangspunkt der Christianisierung wurde. Erstmals erwähnt wurde Erfurt 742 in einem Bonifatiusbrief im Zusammenhang mit der Gründung eines Bistums Erfurt, das aber bald unterging. Um 746/47 gehörten Erfurt und Thüringen jurisdiktionell zum Bistum Mainz, später, vermutlich seit Otto I. (912-973), bis 1802 verstanden sich die Erzbischöfe von Mainz auch als Territorialherren Erfurts und seiner Gebiete. In dieser Zeit entwickelte sich Erfurt zu einer Stadt, die im Spätmittelalter kirchlich und wirtschaftlich zu den führenden Städten Deutschlands zählte. Träger der kirchlichen Organisation auch in weiten Teilen Thüringens war das Kollegiatsstift St. Marien, dessen Kirche (Dom) mit dem benachbarten Severistift den Mittelpunkt des kirchlichen Lebens bildete.[3]

Der Siegeszug der Reformation in Erfurt wurde durch den Hammelburger Vertrag 1530, der im äußeren Bereich konfessionelle Besitzstände regelte, kaum beeinflusst.

Die 1664 durch Johann Philipp von Schönborn mit Waffengewalt durchgesetzte Landeshoheit und die Tätigkeit der Jesuiten (seit 1587) ließen den Minderheitenstatus der Katholiken unverändert. Durch die Säkularisation (1803) wurden alle Klöster, bis auf das der Ursulinen, und Stifte aufgelöst. Die Territorialherrschaft des Mainzer Erzbischofs erlosch, Erfurt kam an Preußen. Nach einer interimistischen kirchlichen Verwaltung durch einen Apostolischen Vikar von Aschaffenburg aus wurde Erfurt 1821 Teil des Bistums Paderborn, bis es durch das „Preußenkonkordat" von 1929 dem Bistum Fulda zugeordnet wurde, zu dem es amtlich, trotz gewisser jurisdiktioneller Selbständigkeit, bis 1994 gehörte.[4]

Unter „thüringischer Diaspora"[5] versteht man heute jene Gebiete, die bis zur Reformation zum Erzbistum Mainz zählten und in die Archidiakonate St. Marien, St. Severi, Jechaburg, Dorla/Langensalza eingeteilt waren.[6] Politisch gehörten diese Gebiete um 1500 vor allem zu Sachsen (Albertiner / Ernestiner), zur Grafschaft Schwarzburg bzw. zur Grafschaft Henneberg; weiterhin lagen auf diesem Gebiet mit Mühlhausen und Nordhausen zwei Reichsstädte.[7] Seit der Reformation bis ins 18. Jahrhundert gab es hier kaum Katholiken. Durch den Zuzug katholischer Händler, Saisonarbeiter und Soldaten kam es allmählich zu gelegentlichen katholischen Gottesdiensten, die immer der Genehmigung des jeweiligen Landesherren bedurften. Ab Mitte des 19. Jahrhunderts entstanden sog. Missionspfarreien, die als Basis heutiger Pfarreien und Vikarien anzusehen sind.[8]

Nachdem im 19. Jahrhundert ein Teil dieses Gebiets (preußische Provinz Sachsen, Herzogtum Gotha, Fürstentümer Schwarzburg-Rudolstadt und Schwarzburg-Sondershausen)[9] zum Bistum Paderborn, ein anderer Teil (Großherzogtum Sachsen-Weimar-Eisenach) zum Bistum Fulda gehört hatte,[10] erfolgte durch das „preußische Konkordat" von 1929 die Eingliederung des gesamten Territoriums in das Bistum Fulda.

Der thüringische Teil des Eichsfeldes[11], das Obereichsfeld, ist mit einem Katholikenanteil von ca. 80 Prozent[12] an der Bevölkerung das einzige größere geschlossen katholische Gebiet in den neuen Bundesländern. Um 750 zum Bistum Mainz gekommen, wurde es 1583 durch Zusammenfassung Mainzer Streubesitzes im heutigen Umfang Mainzer Territorium. Bedeutende mittelalterliche Klöster wurden im Bauernkrieg zum Teil zerstört und nach 1803 säkularisiert. Träger kirchlicher Organisation war das Kollegiatsstift St. Martin in Heiligenstadt, dessen Kompetenz durch die Errichtung eines Kommissariats 1449 in Heiligenstadt wesentlich eingeschränkt wurde.[13] In der Reformationszeit fast vollständig evangelisch geworden, haben vor allem die Jesuiten (seit 1575 in Heiligenstadt) eine Rekatholisierung vorangetrieben. Politisch gehörte das Eichsfeld seit 1802 zu Preußen, kirchlich zu Regensburg. Die kirchliche Verwaltung erfolgte bis zur Eingliederung in das Bistum Paderborn 1821 von Corvey aus. Zu schweren Beeinträchtigungen kirchlichen Lebens führte der Kulturkampf. 1929 kam das Obereichsfeld zum Bistum Fulda.

Das ehemalige Bischöfliche Kommissariat Meiningen[14] würde heute die Landkreise Hildburghausen, Sonneberg und Teile des Landkreises Schmalkalden-Meiningen, Saalfeld-Rudolstadt und des Saale-Orla-Kreises umfassen. Seit 742 gehörte Südthüringen zum Bistum Würzburg und war im Mittelalter durch den IX. Würzburgischen Archidiakonat und dessen Landkapitel Mellrichstadt[15] und Coburg[16] verwaltet worden. Das zum Hochstift Würzburg gehörende Dorf Wolfmannshausen war nach der Reformation der einzige katholische Ort geblieben. Nach der Säkularisation des Hochstifts 1803 kam Wolfmannshausen schließlich politisch an Sachsen-Meiningen (1808), verblieb aber kirchlich bei Würzburg. Nachdem die Meininger Regierung 1837 dem Pfarrer von Wolfmannshausen zugestanden hatte, auch in der Zukunft die Seelsorge für die Katholiken in Meiningen und Hildburghausen auszuüben, wurde Wolfmannshausen zur „Keimzelle erwachten katholischen Lebens in Sachsen-Meiningen."[17] Nach der Erbteilung von 1826 erhielt Sachsen-Meiningen einen beachtlichen Gebietszuwachs, neben Saalfeld das Herzogtum Hildburghausen, das Amt Themar und das Amt Camburg. Auch die Seelsorgestellen, die im Laufe des 19. Jahrhunderts im Sachsen-Meiningischen Gebiet entstanden, konnten in das Bistum Würzburg übernommen werden. Die förmliche Eingliederung erfolgte 1913, die Erhebung zum Bischöflichen Kommissariat 1917. Die Stadtpfarrer von Meiningen wurden Bischöfliche Kommissare.

2. *Bistum Fulda: Das Dekanat Geisa in der Rhön*[18]

Das im heutigen Wartburgkreis liegende Dekanat hat einen überwiegend katholischen Bevölkerungsanteil. Seit dem Mittelalter gehörte das Geisaer Gebiet der thüringischen Rhön politisch zur Fürstabtei Fulda, kirchlich zum Bistum Würzburg. Die kirchliche Verwaltung geschah durch den IX. Würzburger Archidiakonat und dessen Landkapitel Geisa. In der Folge der Reformation blieben nur neun Orte, altfuldisches Gebiet, katholisch. Seit 1575 wurde dieses Territorium wegen der Reformationswirren auch kirchlich von Fulda verwaltet. Infolge der Säkularisation gingen auch die fuldischen Gebiete, die Ämter Geisa und Dermbach in der Rhön, politisch an Sachsen-Weimar-Eisenach über. Die damals neun katholischen Gemeinden der Rhön blieben kirchlich beim Bistum Fulda, zu dem sie bis heute gehören.

3. *Bistum Dresden-Meißen: Das Dekanat Gera*

Das Dekanat Gera umfasst die gleichnamige Stadt, die Kreise Greiz und Altenburger Land sowie Teile des Saale-Orla- und des Saale-Holzland-Kreises.[19] Bis zur Reformation gehörte der weitaus größte Teil dieses Gebietes zum Bistum Naumburg (-Zeitz) und wurde durch die Archidiakonate der Dompropstei Naumburg und Pleissenland verwaltet.[20]

Politisch ursprünglich zum Kurfürstentum Sachsen und zu den Herren von Reuß gehörend, hat es seit Mitte des 16. Jahrhunderts Parzellierungen gegeben, die schließlich zu den drei großen Herrschaften Reuß-Greiz, Reuß-Gera und Sachsen-Altenburg führten.[21] 1743 wurde für die zerstreut in den sächsischen Erblanden lebenden Katholiken ein Apostolisches Vikariat mit Sitz in Dresden gegründet, das (mit Ausnahme der Lausitz) das Gebiet des Königreiches Sachsen umfasste und dem in der Folge auch die Jurisdiktion über die Katholiken in Reuß-Greiz (1874), Sachsen-Altenburg (1877) und Reuß-Gera (1889) übertragen wurde.[22] So wurden die wenigen Katholiken, die seit der ersten Hälfte des 19. Jahrhunderts wieder in diesem Gebiet lebten, beispielsweise von einem Anstaltspfarrer aus Zwickau betreut, bis es seit Mitte des Jahrhunderts zu Gründungen von Missionspfarreien kam. 1921 wurde das Bistum Meißen mit Sitz in Bautzen wieder hergestellt.[23] Die thüringischen Gebiete wurden Teil dieses Bistums, dessen Bischofssitz seit 1980 Dresden ist und das in „Dresden-Meißen“ umbenannt wurde.

II. Katholische Kirche und Staat

1. Die Zeit des Nationalsozialismus

Während sich in den Thüringer Diasporagebieten wegen der geringen Zahl der Katholiken wenige Nachrichten über den Kirchenkampf erhalten haben,[24] sind die repressiven, kirchenfeindlichen Maßnahmen der Nationalsozialisten, die vor allem im katholischen Eichsfeld und der Rhön alle Bereiche kirchlichen Lebens betrafen, besser dokumentiert.

Die Haltung der katholischen Kirche zum Nationalsozialismus war vor 1933 durch Verbote und Warnungen bestimmt, mit denen sämtliche deutsche Bischöfe im Frühjahr 1931 die Hitlerbewegung verurteilt hatten. Unmissverständlich brachten sie die Unvereinbarkeit von Christentum und Nationalsozialismus zum Ausdruck: „Da jeder, der einer Partei beitritt, das ganze Programm der Partei und die Arbeit in ihrem Geiste unterstützt, so ist für die katholischen Christen die Zugehörigkeit zur NSDAP unerlaubt, solange und soweit sie kulturpolitische Auffassungen kundgibt, die mit der katholischen Lehre nicht vereinbar sind.“[25]

Noch die letzte relativ freie Reichstagswahl vom 5. März 1933 zeigte, dass die Auffassungen der Bischöfe von der Mehrzahl der Katholiken geteilt wurden. In den katholischen Gebieten des Eichsfelds (Kreise Heiligenstadt und Worbis) erhielt die NSDAP eine klare Absage (vgl. Tabelle).

Mit der Berufung Hitlers zum Reichskanzler änderte sich jedoch die Situation für die Bischöfe und das Kirchenvolk grundlegend. Aus der lehramtlich verurteilten Bewegung war eine staatliche Autorität geworden, der man schon nach christlicher Staatsauffassung den staatsbürgerlichen Gehorsam schuldete. Einen Ausweg aus diesem Dilemma schienen Hitlers kirchenpolitische Zielsetzungen in der Reichstagserklärung vom 23. März 1933 zu eröffnen. Von einer momentanen Strömung im Katholizismus gedrängt, hoben die Bischöfe am 28. März 1933 die allgemeinen Verbote und Warnungen vor dem Nationalsozialismus auf. Die „Verurteilung bestimmter, religiös sittlicher Irrtümer" wurde ausdrücklich nicht zurückgenommen.[26]

Reichstagswahlergebnisse 1933 in Nordthüringen

	Prozent der gültigen Stimmen					Katholikenanteil in %[b]
	NSDAP	SPD	KPD	Zentr.	KSWR[a]	
Stadt Mühlhausen	45,6	19,0	18,9	3,6	9,2	*6,1*
Stadt Nordhausen	46,7	21,7	11,4	2,8	12,5	*5,3*
Kreis Mühlhausen	47,3	10,8	6,2	29,3	5,5	*43,1*
Kreis Heiligenstadt	21,9	6,0	5,1	63,1	3,4	*91,4*
Kreis Langensalza	59,7	11,1	9,8	0,7	17,6	*1,9*
Kreis Weißensee	58,8	6,9	16,6	3,0	13,0	*4,2*
Kreis Worbis	29,0	10,6	4,1	52,9	2,6	*75,9*
Thüringen[c]	47,2	19,2	15,2	4,1	11,5	*7,1*
Deutsches Reich	43,9	18,3	12,3	13,9	8,0	*32,6*

a. Kampffront Schwarzweißrot.
b. Volkszählung 1925.
c. Wahlkreis Nr. 12: Land Thüringen + Regierungsbezirk Erfurt + Kreis Schmalkalden (Regierungsbezirk Kassel).

Quelle: Statistik des Deutschen Reichs, Bd. 434, Berlin 1935, S. 187.

Auch wenn es zunächst so schien, dass sich Kirche und Reichsregierung auf einer Ebene gegenseitiger Respektierung treffen würden, zeigte sich bald deutlich die Zielsetzung Hitlers, jeglichen Einfluss der christlichen Kirchen aus der Öffentlichkeit zu verbannen. Entgegen den Bestimmungen des am 20. Juli 1933 mit dem Hl. Stuhl abgeschlossenen Konkordats mehrten sich die Eingriffe in das kirchliche Leben. Als sich die Unterlegenheit der HJ gegenüber den katholischen Jugendverbänden zeigte, wurde der gesamte Staatsapparat aufgeboten, um eine totale Erfassung der Jugend in der offiziell proklamierten Staatsjugend zu erreichen. 1936 waren alle katholischen Jugendverbände aufgelöst. Durch ständige Verunsicherungen, Einschränkungen und harte administrative Maßnahmen wurde bis 1935 die katholische Presse weitgehend mundtot gemacht (z.B. „Eichsfelder Volksblatt", „Thüringer Volkswacht").[27]

Im Zuge der „Entkonfessionalisierung des öffentlichen Lebens" kam es zu Sittlichkeits- und Devisenprozessen, die in verleumderischer Absicht das Ansehen der Kirche zu untergraben suchten. Letztere dienten darüber hinaus als „rechtliche" Voraussetzung für die Beschlagnahmung von Kircheneigentum, brachten aber insgesamt nicht den gewünschten Erfolg. Betroffen von den Devisenprozessen waren vor allem Mitglieder des Heiligenstädter Redemptoristenklosters, die zu Haft- und Geldstrafen verurteilt wurden, sowie Bischof Petrus Legge von Meißen, der zu einer Gefängnisstrafe verurteilt wurde. Auch das beabsichtigte Ziel der sog. Sittlichkeitsprozesse, kirchliche Häuser und Bildungsstätten unter dem Vorwand angeblicher sittlicher Verfehlungen von Geistlichen und Ordensleuten zu schließen und die Kirche in aller Öffentlichkeit als Ort zu bezeichnen, wo „ekelhafter Schmutz bis zum Himmel stinkt", wurde nicht erreicht, da die Anklagen fast immer einer realen Grundlage entbehrten. Das bekannte Heiligenstädter Knabenkonvikt wurde wegen angeblicher sittlicher Verfehlungen der Schüler 1937 geschlossen.[28]

Eine weitere Missachtung der Konkordatsbestimmungen betraf die planmäßige Erteilung von Religionsunterricht. Nachdem es gelungen war, die Geistlichen aus den Schulen zu verdrängen, sollten die Religionslehrer unterschreiben, außerstande zu sein, Religionsunterricht auf „jüdischer Grundlage" zu erteilen. Lehrerinnen, Lehrer und Schüler wurden im Eichsfeld der Schulen verwiesen, wenn sie sich nicht „gleichschalten" ließen. 90 Prozent der Eichsfelder Lehrerschaft hielt diesem Druck nicht stand.[29]

Der Kampf um die katholische Bekenntnisschulen (seit 1935) endete mit deren Schließung und der Zwangseinführung der Gemeinschaftsschulen 1938/39. Betroffen davon waren u.a. in Heiligenstadt die Bergschule der „Heiligenstädter Schulschwestern", die Schule in Nordhausen und in Erfurt die angesehene Schule der Ursulinen. Auch Ober- und Haushaltsschulen sowie Kindergärten wurden geschlossen bzw. in städtischen Betrieb überführt, so alle Kindergärten in Erfurt, der thüringischen Diaspora und dem Eichsfeld.

Mit dem aus der Zeit des „Kulturkampfes" im 19. Jahrhundert übernommenen sog. Kanzelparagraphen und dem 1934 ergangenen Heimtückegesetz konnten Geistliche aufgrund von Predigtäußerungen belangt und bestraft, Hirtenbriefe beschlagnahmt und verboten werden. Die gesamte Seelsorgetätigkeit wurde überwacht. Nicht wenige Priester und Laien im Bereich des heutigen Bistums Erfurt wurden zu Opfern bei der Auseinandersetzung mit dem Nationalsozialismus. Sie erhielten strenge Verwarnungen und Haftstrafen oder wurden strafversetzt. Einige von ihnen kamen ins KZ. Gustav Vogt, der Pfarrer von Deuna-Vollenborn, wurde wegen Vergehen gegen das Heimtückegesetz zu einer viermonatigen Gefängnisstrafe verurteilt. Anstelle der Entlassung wurde er ins KZ Dachau gebracht, wo er 1942 starb.[30]

2. *Die Zeit der SBZ und der DDR*

Die katholische Kirche war mit 6,7 Prozent Bevölkerungsanteil in der DDR eine Minderheit. Rückschauend betrachtet ist ihr Verhältnis zum Staat immer distanziert gewesen, geprägt von der politischen Gangart der Bischöfe, die davon bestimmt war, dass sie in der Seelsorge ihre vorrangige Aufgabe sahen. Mit der großen Flüchtlingsbewegung nach Ende des Zweiten Weltkrieges sah sich die Kirche angesichts der ohnehin herrschenden Not und des ständigen Zuzugs von Vertriebenen vor kaum lösbare Probleme gestellt. In den seit 1929 zum Bistum Fulda gehörenden Gebieten Thüringens (Erfurt, Eichsfeld, „thüringische Diaspora" und Rhön) lebten vor dem Krieg etwa 133.000 Katholiken, die in 127 Pfarreien und 19 Gottesdienststationen seelsorglich betreut wurden. Durch die Vertreibungen und Zwangsaussiedlungen aus dem Osten und Südosten des ehemaligen Deutschen Reiches nach 1945 wuchs die Zahl der Katholiken in diesem Gebiet auf 444.000 (1949). Hinzu kamen etwa 100.000 Katholiken des „Meininger Gebietes" (bis 1945 ca. 7.200 Katholiken; die Zahl der dortigen Pfarreien stieg von sieben auf 24, die der Gottesdienststationen auf 70).[31]

Die Kirche sah ihre Aufgabe zunächst mehr in der „leiblichen und seelsorglichen" Betreuung der Gläubigen und weniger darin, integrationsfördernde Maßnahmen zu ergreifen, zumal gegen letztere ohnehin ein zu geringes Bleibemotiv sprach.[32] Die Frage des Bleibens in der DDR hat sich bis zum Bau der Berliner Mauer 1961 zu einem bedeutsamen Thema entwickelt.[33] Die kirchlichen Verantwortlichen konnten keine eindeutigen Antworten geben, wollten sie nicht offen gegen den Staat auftreten bzw. von diesem vereinnahmt werden. Anhand dieser Entwicklung und bischöflicher Äußerungen ist ein langsam heranwachsendes Bewusstsein von „Kirche in der DDR" erkennbar. Die Ablehnung einer Identifikation mit dem „SED-Staat" und der von ihm postulierten sozialistischen Gesellschaft schloss diejenige mit dem Land und der Bevölkerung nicht aus.

Da bei der Festlegung der Besatzungszonen die kirchlichen Gebietseinteilungen keine Rolle gespielt hatten, befand sich der thüringische Anteil des Bistums Fulda 1945 in der Sowjetischen Besatzungszone.[34] Jurisdiktionsträger blieb zunächst der in der amerikanischen Besatzungszone residierende Bischof von Fulda. Die fortschreitende Teilung Deutschlands nach Kriegsende erschwerte zunehmend die für die Verwaltung und Seelsorge unerlässliche kontinuierliche Verbindung zwischen dem ostdeutschen Teil der Diözese und dem westdeutschen Bischofssitz. Der Bischof von

Fulda sah sich deshalb genötigt, im Ostteil einen Diözesanpriester mit Vollmachten für den in Thüringen gelegenen Bistumsanteil auszustatten. Für Thüringen wurde der Erfurter Dompropst und Direktor des Geistlichen Gerichts, Dr. Joseph Freusberg[35], zum Generalvikar des östlichen Teils des Bistums Fulda ernannt. Zunächst änderte sich nichts an der generellen Zuständigkeit des Fuldaer Bischofs. Erst allmählich, bedingt durch staatliche Behinderungen, wurden Freusberg weitreichende Vollmachten für den Ostteil des Bistums eingeräumt. Sein Nachfolger als Weihbischof und Generalvikar, Hugo Aufderbeck[36], wurde 1967 Bischöflicher Kommissar und damit vom Bischof von Fulda bis auf Widerruf mit allen Vollmachten ausgestattet, die ein Diözesanbischof delegieren kann. Dies war notwendig geworden, weil die DDR-Regierung auf eine Loslösung der Jurisdiktionsbezirke von den Bistümern in der Bundesrepublik drängte. Die Kirche wollte dies verhindern und war mit diesem kirchenrechtlichen Konstrukt zunächst erfolgreich.

Nach Abschluss des Grundlagenvertrages zwischen der Bundesrepublik und der DDR setzte 1972 eine Welle politischer Anerkennung der DDR ein. Die jetzt vom Staat erneut erhobene Forderung einer vatikanischen Anerkennung, verknüpft mit der Trennung von den Bistümern der Bundesrepublik, machte eine Neuordnung unumgänglich. Am 20. Juli 1973 ernannte Papst Paul VI. den Bischöflichen Kommissar in Erfurt zum Apostolischen Administrator und dehnte seine Jurisdiktion auch auf das Bischöfliche Kommissariat Meiningen aus (seitdem: Bischöfliches Amt Erfurt-Meiningen). Die praktische Selbständigkeit des „Bischofs in Erfurt“ bedeutete rechtlich jedoch weder die Errichtung eines Bistums noch die Loslösung vom Bistum Fulda.

Bereits ab Dezember 1945 hatten sich Vertreter der ostdeutschen Bistümer und Diözesangebiete zu regelmäßigen Konferenzen mit dem Ziel einer Neuorganisation des kirchlichen Lebens in der SBZ bzw. DDR zusammengefunden; inhaltlich lagen die Schwerpunkte im Bereich der pastoralen und caritativen Belange. Mit dem zunehmenden weltanschaulichen Kampf gegen die Kirchen traten Themen wie Kirche und Schule, Kirche und FDJ/Pioniere, Forderungen nach kirchlicher Presse und eigenen Verlagen sowie Beschwerden über staatliche Übergriffe und Einschränkungen in den Vordergrund.[37] Am 12. Juli 1950 wurde die Ostdeutsche Bischofskonferenz mit dem Ziel einer „wirksameren und strafferen Kirchenführung“ errichtet.[38]

Die Konstituierung einer selbständigen Bischofskonferenz für das Gebiet der DDR 1976, die nicht mehr eine regionale Bischofskonferenz im Rahmen der Deutschen Bischofskonferenz war, geschah aus pastoralen Gründen. Nicht unerheblich dürfte aber auch der Druck der Partei- und Staatsführung der DDR gewesen sein, die katholische Kirche in der DDR zu verselbständigen. Hinsichtlich des politischen Aspekts der Errichtung der nun als Berliner Bischofskonferenz bezeichneten Ordinarienkonferenz vermerkt die päpstliche Erklärung, „daß die Existenz zweier paralleler Bischofskonferenzen nicht die zwischen den beiden deutschen Staaten ungelösten Fragen – darunter die nationale Frage selbst – berührt.“[39]

Spezifisch für die Ostdeutsche Bischofskonferenz war ihr geschlossenes, einheitliches Auftreten. Trotz unterschiedlicher Meinungen über kirchenpolitische und pastorale Fragen in den Konferenzen sprach man nach außen, vor allem dem Staat gegenüber, mit einer Stimme. Als sehr wirksam erwiesen sich die bischöflichen Anweisungen und Erlasse, die von den Geistlichen und allen mit kirchlichen Aufgaben betrauten Laien Zurückhaltung bzw. Verweigerung von Stellungnahmen und Kontakten zu staatlichen Stellen forderten.[40] Diese Maßnahme stellte für die Arbeit „staatlicher Organe" mit den Kirchen eine Behinderung dar und zeigte zugleich die Distanzierung zu den Grundlagen und Zielen des SED-Staates. Exemplarisch sei hier ein Auszug aus der „Einschätzung der Kath. Kirche im Bereich Erfurt" durch leitende Mitarbeiter des Referates Kirchenfragen der Abteilung Inneres angeführt, in der es heißt, dass „die kathol. Kirchenleitung in der Presse keinerlei Stellungnahmen ... gegen den Atomkrieg oder die Ausrüstung Westdeutschlands mit Atomwaffen" gibt. „Selbst kathol. Pressereferenten des ‚Thüringer Tageblattes' und der CDU wurden in dieser Sache beim Generalvikariat nicht vorgelassen."[41] Doch trotz steter Ablehnung durch die Bischöfe wurde das Ziel „zu versuchen, auch ... katholische Geistliche ... unter Durchbrechung des ungesetzlichen kirchlichen Verbots für öffentliche Erklärungen zu gewinnen, zumindest in der Bezirkspresse",[42] beharrlich weiterverfolgt.

Inwieweit Priester ihren Vorgesetzten Gehorsam leisteten, war ein Kriterium bei ihrer Einschätzung durch Mitarbeiter des Referats Kirchenfragen beim Rat des Kreises.[43] Auch persönliche Differenzen einzelner Geistlicher mit dem Erfurter Weihbischof sollten dazu genutzt werden, die Priester zum Abweichen von der kirchlich vorgegebenen Linie zu bewegen, was allerdings nur sehr selten gelang. So heißt es z.B. in einem speziellen Fall: „Da jedoch die glaubensmäßige Tradition der katholischen Kirche über persönliche Differenzen geht, konnte ein politischer Nutzen aus diesen Verhältnissen nicht erreicht werden."[44] Einzel- und Gruppenaussprachen von Vertretern der staatlichen Organe, im besonderen des Rates des Kreises/Referat Kirchenfragen, mit den Ortsgeistlichen hinterließen bei Erstgenannten oftmals den Eindruck, dass die Pfarrer und Kapläne unter dem Druck bischöflicher Anweisung stünden und diese Anweisung ihrem eigentlichen Wollen nicht entspräche bzw. die Ortsgeistlichen wegen der „katholischen Laienchristen, die den Sozialismus mit aufbauen" wollten, äußerlich eine dem Staat gegenüber loyale Haltung vorgaben. Daraus ergab sich für „die Arbeit mit den katholischen Kirchenleitungen, um eine Änderung ihrer Einstellung zu erreichen, die Vergrößerung der Widersprüche zwischen den Dechanten, Ortsgeistlichen und Laienkatholiken mit dem Ziel, die Geistlichkeit zu einer loyalen Haltung gegenüber unserem Staat zu zwingen."[45]

Das von Bischof Joachim Wanke[46] erklärte Prinzip, „als Kirche bereit zu sein, Licht in alle Dinge zu bringen, die unsere Vergangenheit im alten SED-Staat betreffen, und zwar ohne Wehleidigkeit und Angst, dabei an Ansehen und Respekt zu verlieren"[47], fand seine Umsetzung in der Erforschung, Überprüfung und Aufarbeitung dieser Materie durch verschiedene, von den katholischen Bischöfen eingesetzten Arbeitsgruppen. Im Ergebnis ist festzuhalten: Das MfS observierte umfänglich; zahlreiche „Operative Vorgänge" gegen kirchliche Einrichtungen und Personen wurden veranlasst; „IM-Vorgänge" wurden angelegt. Zwar ist die Zahl der IM relativ gering (bisherige Erkenntnisse ergeben ca. 20 „Inoffizielle Mitarbeiter" im Bereich des Bistums Erfurt), dennoch bleibt festzuhalten, dass zwei Priester und einige in der Kirche angestellte Laien sich aus unterschiedlichen Gründen auf Kontakte mit dem MfS einließen.[48] Inwieweit Versuche einer gezielten Einflussnahme seitens des MfS auf Mitglieder der katholischen Kirche in Thüringen tatsächlich geglückt sind und welche Konsequenzen dies zeitigte, kann nach den bisherigen Akteneinsichten und Erkenntnissen noch nicht abschließend beantwortet werden. Zumindest lassen schriftliche Konzeptionen und Berichte von hauptamtlichen Mitarbeitern des MfS die Schwierigkeiten (bis hin zur Unmöglichkeit) hinsichtlich der Gewinnung von inoffiziellen Kräften innerhalb des Philosophisch-Theologischen Studiums Erfurt, der einzigen und deshalb scharf beargwöhnten Ausbildungsstätte für katholische Theologie in der ehemaligen DDR, erkennen. Sie zeigen weiterhin eine nach außen hin sichtbare Geschlossenheit der Kirche sowie die Einhaltung der bischöflichen Weisung, sich in keiner Weise politisch zu äußern, was sich auf die operative Durchdringung der katholischen Kirche durch das MfS – nach dessen eigenem Bekunden – „sehr hinderlich" auswirkte.

Ein aufschlussreiches Zeugnis über das kirchliche Leben in Thüringen und das Verhältnis Kirche – Staat geben außerdem die Verlautbarungen, Weisungen und Erlasse der Bischöfe, ihre Hirtenworte und Predigten zu den verschiedensten Anlässen.[49] Themen waren u.a. direkte Auseinandersetzungen zwischen Staat und Kirche, Bildungs- und Erziehungsfragen, Jugendweihe und andere Ersatzriten, das Leben des Christen in der sozialistischen Umwelt, seelsorgliche Belange, der Verfassung der DDR widersprechende Benachteiligungen von Christen etc. Die Katholiken wurden zu einem christlichen Zeugnis aufgerufen; sie sollten zur wirtschaftlichen, sozialen und kulturellen Entfaltung beitragen, freilich unter Beachtung unüberschreitbarer Grenzen: Forderungen gegen das Gewissen, mit Kirchenaustritt verbundene Positionen und Tätigkeiten, Gefährdung des Lebens mit der Gemeinde und der Kirche, Einforderung von dem Glauben entgegenstehenden Auffassungen, Forderung, ausdrücklich Propaganda für den Atheismus zu betreiben.[50] Im Eichsfeld schien es durchaus möglich, innerhalb dieser Grenzen als Katholik leitende Funktionen innezuhaben – unter der Voraussetzung, Mitglied der SED oder einer Blockpartei zu sein,[51] während in den anderen Gebieten der DDR in der Regel die SED-Mitgliedschaft mit Kirchenaustritt für die Übernahme leitender Positionen als Voraussetzung galt.

1984 kam es jedoch diesbezüglich zu größeren Spannungen im Verhältnis katholische Kirche und Staat. Auslöser waren das Drängen auf Kirchenaustritt von SED-Mitgliedern und deren Familienangehörigen unter Androhung beruflicher Nachteile sowie das Bestreben, die durch berufliches Ausscheiden von Eichsfeldern freigewordenen Stellen mit Arbeitskräften aus anderen Kreisen zu besetzen, was als gezielte Überfremdung des Eichsfeldes verstanden wurde. Einige Priester aus dem Eichsfeld brachten bei einem Zusammentreffen mit Hermann Kalb, dem damaligen Stellvertreter des Staatssekretärs für Kirchenfragen, diesem „die Forderung der Gläubigen gegenüber ihrer Kirche, sich öffentlich dazu zu äußern", nahe. Sie verbanden damit die Frage, „ob sie es mit ihrem Auftrag als Seelsorger noch verantworten könnten, ihren Gläubigen anzuraten, zu den Wahlen am 6. Mai Kandidaten ihr Vertrauen zu geben, die die Verletzung unserer Verfassung mitzuverantworten hätten oder aber nichts dagegen unternehmen würden."[52] Knapp drei Wochen später kam es zu einem von Kalb initiierten Gespräch mit Vertretern des Bischöflichen Amtes, in dem die Frage der „Christen, die in die Partei (SED) gelockt worden wären"[53], behandelt wurde. Sie wurde von Kalb so beantwortet, dass zum einen Genossen sich entscheiden müssten (man könne ja auch aus der Partei austreten), dass zum anderen Angehörige nicht bedrängt würden und dass schließlich leitende Stellen nur mit Genossen besetzbar seien.[54] Dieses Gespräch, welches wohl Klärung und Abbau der genannten Spannungen bringen sollte, ergab nicht in allen diese Problematik betreffenden Fragen ausreichende und befriedigende Antworten für die kirchlichen Gesprächsteilnehmer.[55] Öffentliche Stellungnahmen oder Äußerungen ihrerseits zu diesem Gespräch – z.B. bei Wallfahrten – gab es nicht. Und so blieben, ganz im Sinne der staatlichen Organe, etwaige „feindlich-negative Angriffe auf die sozialistische Gesellschaftsordnung"[56] aus.

In seiner Predigt zur jährlichen Männerwallfahrt im Klüschen Hagis 1989 nannte Bischof Wanke die Dauerthemen der Gespräche mit den staatlichen Organen klar beim Namen, die Missstände und staatlichen Übergriffe, die Belange der Gläubigen und schloss diese Aufzählung mit den Worten: „Auch unser Engagement als katholische Kirche bei der Ökumenischen Versammlung[57] [...] hat hier seinen Grund. Dieses Land und die hier wohnenden Menschen sind uns nicht gleichgültig. Wir hoffen auf wirkliche Fortschritte und Veränderungen. Die Zeit dafür ist reif."[58]

Im Zusammenhang mit der letzten großen Fluchtbewegung in der DDR, erinnerten die Bischöfe die Katholiken nochmals eindringlich und vehement an die Verantwortung, die sie als Christen in diesem Land tragen. Neben den Gründen, die zur Ausreise führten, gebe es auch gute Gründe, trotz allem in diesem Land zu bleiben.[59]

3. Nach dem politischen und gesellschaftlichem Umbruch von 1989

Die sogenannte friedliche Revolution des Jahres 1989 in Thüringen hatte sich u.a. auf dem Domplatz in Erfurt, zu Füßen der Kirchen St. Marien und St. Severi mit den Donnerstagsdemonstrationen (in Erfurt fanden die Friedensgebete am Donnerstag statt) sinnfällig manifestiert. Unter dem Schutz der Kirchen konnte sich der Wille des Volkes artikulieren. Ein nicht unkomplizierter demokratischer Lernprozess und so manche Irritationen waren für die Kirchen der „Nachwendezeit" charakteristisch.[60] So galt es nicht nur die kirchenrechtlichen und kirchenpolitischen Gegebenheiten in diesem, von der DDR als „konkordatsfreien Raum" definierten Gebiet zu ordnen.[61] Missverständnisse über die relativ hohe Zahl katholischer Mandatsträger in den neuen politischen Ämtern[62] wurden dadurch geschürt, dass manche Äußerungen „kulturkämpferische" Züge trugen und nur zu leicht Gegenpositionen fanden. Die anfänglich freudige Dankbarkeit über die Rolle der Kirchen bei der „Wende" wich bald einer kritischen Nachfrage, welche Rolle Kirche in einem totalitären System gespielt und ob es nicht zu wenig Mut und zu viel Opportunismus gegeben habe. Erste Antworten sind gegeben, die den Schluss zulassen, dass die katholische Kirche ihrer Sendung gerecht wurde. Denn originäre Aufgabe von Kirche ist die Verkündung des Wort Gottes und Spendung der Sakramente. So plakativ diese Aussage auch sein mag – sie allein kann als Maßstab für die Beurteilung von Kirche gelten. Bischof Wanke konnte darüber hinaus über die Aufgabe von Kirche in der DDR formulieren: „Unser kirchlich-katholisches Leben im Osten Deutschlands hat nicht nur Menschen geholfen, in einer dunklen Zeit dem Licht des Evangeliums und ihrer eigenen Gewissensüberzeugung zu folgen, es hat auch dazu beigetragen, die innere Einheit unseres Volkes zu wahren und zumindest manche Verbindungen im politisch gespaltenen Deutschland zu schaffen."[63]

Für die katholische Kirche in Thüringen stellte sich zudem die Frage, ob die zu den Bistümern Fulda und Würzburg gehörenden Gebiete in der ehemaligen DDR wieder in die Jurisdiktion der Heimatbistümer übergehen sollten. Nach Anhörung und Beratung entschied der Vatikan, dass ein Bistum Erfurt wiedergegründet werden sollte. Nach Abschluss eines Vertrages mit dem Freistaat Thüringen (14. Juni 1994) wurde das Bistum Erfurt am 27. Juni 1994 errichtet[64]. Das neue Bistum wurde aus dem ehemaligen Bischöflichen Amt Erfurt-Meiningen gebildet. Ausgenommen wurde das Dekanat Geisa in der Rhön, das altfuldisches Gebiet ist. Hinzu kamen wenige Ortschaften und Gemeinden aus den Nachbarbistümern Hildesheim[65], Magdeburg, Dresden-Meißen und Fulda, die ohnehin „ex caritate" von Erfurt betreut worden waren oder deren Eingliederung in das Bistum Erfurt aus geografischen Gründen sinnvoll erschien. Sitz des neuen Bistums wurde Erfurt, der Dom wurde zur Kathedralkirche erhoben und ein Kathedralkapitel errichtet. Der bisherige Apostolische Administrator Dr. Joachim Wanke wurde zum ersten Bischof des neuen Bistums bestellt. Die feierliche Bistumserhebung erfolgte am 18. September 1994.

Zum Bistum Erfurt gehören 157.587 Katholiken.[66] Durch die kirchliche Gebietsreform vom 1. Januar 2008 sind die 72 Pfarreien und 103 Filialgemeinden in sieben Dekanate aufgeteilt. In den nächsten Jahren ist mit einer weiteren Konzentration pastoraler Einheiten zu rechnen. Damit trägt das Bistum Erfurt den demografischen Veränderungen, aber auch der abnehmenden Zahl aktiver Priester Rechnung. 170 Weltpriester (davon 114 im aktiven Dienst und 52 im Ruhestand) zählt das Bistum, hinzu kommen sechs Ordenspriester. Über 250 Angehörige verschiedenster Orden und Kongregationen (235 Frauen, 20 Männer) sind in Seelsorge und Caritas tätig.

Der am 28. Mai 1990 gegründete Caritasverband Thüringen e.V. (heute Caritasverband im Bistum Erfurt e.V.) unterhält zahlreiche soziale Einrichtungen[67] sowie 70 Kindergärten, drei Kinderhorte und vier Kinderheime, die vor allem im Eichsfeld beheimatet sind. Zu den kirchlichen Einrichtungen sind auch mehrere Schulen zu rechnen, darunter zwei Fachschulen für Krankenpflege, zwei Berufsfachschulen mit Ausbildungsgängen für Sozialassistenten, Sozialpädagogen, Alten- und Heimerziehungspflege sowie zwei Gymnasien. In fünf Bildungsstätten werden Angebote theologischer, pastoraler und spiritueller Bildung für alle Altersgruppen gemacht. Zwei Erholungseinrichtungen bieten Möglichkeiten für familiengerechten Urlaub und ein Kurheim steht Rehabilitationszwecken zur Verfügung. Außerdem sind in Erfurt zwei bistumsübergreifende Institutionen beheimatet, ein kirchliches Gericht (das „Interdiözesane Offizialat", 1. Instanz) und das Katholische Priesterseminar Erfurt.[68] Die früher unter dem gemeinsamen Titel Katholisches Priesterseminar firmierenden Einrichtungen Alumnat und Studium sind heute getrennt, das Philosophisch-Theologische Studium Erfurt ist seit 2003 als Katholisch-Theologische Fakultät in die Universität Erfurt integriert. Sie ist die einzige theologische Ausbildungsstätte für Priesteramtskandidaten und Volltheologinnen/en in den neuen Bundesländern.

Das nach der Gründung des Bistums Erfurt beim Bistum Fulda verbliebene Gebiet ist Teil des Dekanates Hünfeld-Geisa und hat zehn Pfarreien, zwei Seelsorgestellen und zwei Pfarrkuratien. Die ca. 9 000 Katholiken werden von sieben Priestern betreut.[69] Der Caritasverband für das Dekanat Geisa e.V. unterhält außer einer Geschäftsstelle in Geisa eine Sozialstation in Geisa/Vacha. Das ehemalige Krankenhaus in Geisa wurde in ein Alten- und Pflegeheim umgewandelt. Der Caritasverband ist in drei Orten des Wartburgkreises für die Jugendarbeit verantwortlich.[70] Träger der fünf katholischen Kindergärten sind die jeweiligen Pfarrgemeinden.

In den thüringischen Teilen des Bistums Dresden-Meißen, dem Dekanat Gera, leben in zehn Pfarreien ca. 11.000 Katholiken, die von elf Priestern betreut werden.[71] Der Caritasverband für das Bistum Dresden-Meißen e.V. unterhält im Dekanat Gera zwei Sozialstationen in Altenburg und Gera, ein Seniorenheim in Gera, zwei Beratungszentren in Gera und Altenburg, einen Kindergarten und ein Nichtsesshaftenheim in Gera. Außerdem ist die Caritas in dem Projekt S.C.H.A.T.Z. in der Beschäftigungsförderung und Unterstützung von Langzeitarbeitslosen engagiert.[72]

Seit der Gründung des Freistaates Thüringen werden die Interessen der Bistümer gegenüber dem Land Thüringen durch das „Kommissariat der Bischöfe in Thüringen" im Katholischen Büro Erfurt[73] wahrgenommen. Dieses steht als Gesprächspartner im Land Thüringen für die Landesregierung, die parlamentarischen Gremien und politischen Parteien zur Verfügung. Seine Aufgaben bestehen u.a. in der Wahrnehmung der Interessen der Bistümer im politischen und gesellschaftlichen Bereich sowie in der Gesetzgebung des Freistaates, in der Kontaktpflege zu seinen Organen und Institutionen, anderen Kirchen und Religionsgemeinschaften, Verbänden und Medien.[74] Entsprechend dieser Aufgabenstellung werden Anhörungen der Landesregierung bzw. des Thüringer Landtages zu Gesetzesentwürfen, von denen im weitesten Sinn auch die Kirchen betroffen sind (z.B. Schulgesetz, Rundfunkgesetz) genutzt, regelmäßig Gespräche mit den Ministerien zu bestimmten Sachfragen (z.B. Religionsunterricht) oder mit einzelnen Politikern bzw. Fraktionen auf verschiedenen Ebenen geführt. Darüber hinaus nimmt das Katholische Büro auch seelsorgliche Aufgaben gegenüber den Politikern im Landtag wahr (z.B. regelmäßiger ökumenischer Gottesdienst vor den Plenartagungen im Thüringer Landtag).

Im am 11. Juni 1997 unterzeichneten Staatskirchenvertrag zwischen dem Freistaat Thüringen und dem Heiligen Stuhl wurden – analog zum Vertrag mit den evangelischen Kirchen in Thüringen – Regelungen getroffen zu den Bereichen Religionsfreiheit, Sonn- und Feiertagsschutz, Schutz des Seelsorge- und Beichtgeheimnisses, Körperschaftsfragen, Schulen in kirchlicher Trägerschaft, Erwachsenenbildung, kirchliche Hochschulen, Religionsunterricht, Religionslehrerausbildung, Seelsorge in Krankenhäusern und Justizvollzugsanstalten, Förderung caritativer Einrichtungen, Rundfunkrecht, Denkmalschutz kirchlicher Gebäude, Vermögensrecht, Staatsleistungen und Baulastverpflichtungen, Kirchensteuer, Melde- und Sammlungswesen sowie Datenschutz.

Anmerkungen

1 Vgl. *Bischöfliches Ordinariat Erfurt (Hrsg.)*, Bistum Erfurt. Katholische Kirche hier und heute, Leipzig 2005.

2 Zur Bistumserrichtung vgl. *Elisabeth Preuß*, Errichtungsbulle für das Bistum Erfurt (1994), in: *Dieter Blume / Matthias Werner (Hrsg.)*, Elisabeth von Thüringen – Eine europäische Heilige. Katalog, Petersberg 2007, S. 558f.; grundlegend auch *Konrad Hartelt*, Die Neuordnung der Diözesangrenzen in der ehemaligen DDR, in: Österreichisches Archiv für Kirchenrecht, 1/2 (1994), S. 183-208.

3 Vgl. *Josef Pilvousek*, Die Prälaten des Kollegiatsstiftes St. Marien in Erfurt von 1400-1555 (EThSt 55), Leipzig 1988.

4 Vgl. *Josef Pilvousek*, Erfurt und Fulda 1929-1994. Marginalien zur Geschichte einer diözesanen Verwandtschaft, in: Fuldaer Geschichtsblätter. Zeitschrift des Fuldaer Geschichtsvereins 79 (2003), S. 193-219.

5 Grundlegend die Untersuchung von *Bernhard Opfermann*, Das Bischöfliche Amt Erfurt-Meiningen und seine Diaspora, Leipzig 1988. *Hans Tümmler*, Herrschaftsformen und Regierungssysteme in den thüringischen Landen der Goethezeit, in: Weimar, Wartburg, Fürstenbund 1776-1820. Geist und Politik im Thüringen der Goethezeit, Bad Neustadt a.d. Saale 1995, S. 9-38.

6 Ausnahmen bildeten einige Pfarreien um Jena, die zum Bistum Naumburg gehörten. Vgl. *Karl-Heinz Blaschke / Walter Haupt / Heinz Wiessner*, Die Kirchenorganisation in den Bistümern Meissen, Merseburg und Naumburg um 1500, Weimar 1969, S. 42f.

7 Zu der komplizierten politischen Geschichte Thüringens vgl. *Hans Patze / Walter Schlesinger (Hrsg.)*, Geschichte Thüringens V.1.1.: Politische Geschichte in der Neuzeit, Köln / Wien 1982. *Jürgen John*, Kleinstaaten und Kultur oder: der Thüringer Weg in die Moderne, in: *ders. (Hrsg.)*, Kleinstaaten und Kultur in Thüringen vom 16. bis 20. Jahrhundert, Weimar / Köln / Wien 1994, S. XXIX-XXXII.

8 Vgl. *Josef Pilvousek*, Gottesdienst für die Truppe als neuer Anfang. Katholische Kirche in den thüringischen Kleinstaaten, in: Tag des Herrn 27 (4. Juli 2004), S. 16.

9 Vgl. *Josef Pilvousek*, Politischer Katholizismus im preußischen Thüringen (Zentrum-Eichsfeld), in: *Thüringer Landtag (Hrsg.)*, Kirchen und kirchliche Aufgaben in der parlamentarischen Auseinandersetzung in Thüringen vom frühen 19. bis ins ausgehende 20. Jahrhundert (Schriften zur Geschichte des Parlamentarismus in Thüringen, Bd. 23), Weimar 2005, S. 155-175.

10 Vgl. *Ernst Rudolf Huber / Wolfgang Huber*, Staat und Kirche im 19. und 20. Jahrhundert. Dokumente zur Geschichte des deutschen Staatskirchenrechtes, Band I: Staat und Kirche vom Ausgang des alten Reiches bis zum Vorabend der bürgerlichen Revolution, Berlin 1973; *Joseph Freisen*, Verfassungsgeschichte der Katholischen Kirche Deutschlands in der Neuzeit, Leipzig / Berlin 1916, S. 262-276, 351-354; *Erwin Gatz*, Erfurt-Meiningen, in: *ders. (Hrsg.)*, Geschichte des kirchlichen Lebens in den deutschsprachigen Ländern seit dem Ende des 18. Jahrhunderts, Band I: Die Bistümer und ihre Pfarreien, Freiburg / Basel / Wien 1991, S. 279-289; *Josef Leinweber*, Die Fuldaer Äbte und Bischöfe, Frankfurt a.M. 1989.

11 Grundlegend die Darstellungen von *Bernhard Opfermann*, Die kirchliche Verwaltung des Eichsfeldes in seiner Vergangenheit, Leipzig / Heiligenstadt 1958. *Ders.*, Die Klöster des Eichsfeldes in ihrer Geschichte, Leipzig / Heiligenstadt 1962.

12 84.995 Katholiken leben im Eichsfeld und stellen damit über die Hälfte (54,5 Prozent) der Erfurter Diözesanen (Stand 31.12.2009).

13 Vgl. *Arno Wand*, Das Eichsfeld als Bischöfliches Kommissariat 1449-1999. Ein Amt macht Geschichte (SKBK 41), Leipzig 1999.

14 *Alfons Probst*, Die staatskirchliche Stellung der katholischen Kirche im Herzogtum Sachsen-Meiningen, Paderborn 1914. Eine historische Übersicht über dieses Gebiet bei *Gatz* (Anm. 10), S. 279f.

15 Gebiete um Meiningen, Schmalkalden, Suhl und Thüringer Wald.

16 Gebiete um Schleusingen, Hildburghausen und Sonneberg.

17 *Erik Soder von Güldenstubbe*, Beiträge zur älteren Kirchengeschichte von Eisfeld und Wolfmannshausen, in: Würzburger Diözesangeschichtsblätter 49 (1987), S. 112.

18 Vgl. *Freisen* (Anm. 10), S. 209-227. *Adalbert Schröter*, Land an der Straße. Die Geschichte der katholischen Pfarreien in der thüringischen Rhön, Leipzig 1989.

19 Dieses als „Ostthüringen" bezeichnete Gebiet ist auch heute in seiner kirchlichen Zugehörigkeit so unübersichtlich, weil Sachsen-Weimar-Eisenach mit Weida und Berga und Preußen mit Ziegenrück und Ranis hier Besitz hatten, der zum Bistum Erfurt gehört. Vgl. *Hermann Winter*, Kirchliche und landesherrliche Grenzen in Ostthüringen, in: Laudate Dominum, Berlin 1976, S. 222f.

20 Vgl. *Blaschke u.a.* (Anm. 6), S. 42-47. Einige Teile gehörten zum Erzbistum Mainz, wenige Orte zu den Bistümern Halberstadt und Bamberg.

21 *Freisen* (Anm. 10), S. 293-300. Vgl. *Ulrich Heß*, Die Verwaltungsorganisation der Evangelischen Landeskirchen in Thüringen bis zur Gründung der Thüringer Evangelischen Kirche 1919, in: Aus zwölf Jahrhunderten, Berlin o.J., S. 238-241.

22 Zur Geschichte der katholischen Kirche in Sachsen am Beginn des 19. Jahrhunderts bis zur Bistumsgründung vgl. *Heinrich Meier*, Die katholische Kirche in Sachsen in der ersten Hälfte des 19. Jahrhunderts, Leipzig 1974; *ders.*, Das Apostolische Vikariat in den Sächsischen Erblanden, Leipzig 1981. Wie kompliziert sich auch hier die Jurisdiktionsverhältnisse darstellten, wird dadurch deutlich, dass dem Paderborner Bischof 1869 die Jurisdiktion übertragen wurde, obschon der Prager Erzbischof für Reuß-Greiz zuständig war.

23 *Hans Friedrich Fischer*, Die Wiedererrichtung des Bistums Meißen 1921 und ihre Vorgeschichte, Leipzig 1992.

24 Vgl. dazu den Überblick von *Gabriele Lautenschläger*, Der Kirchenkampf in Weimar 1933-1945. Ein kirchengeschichtlicher Rückblick, in: Klassikerstadt und Nationalsozialismus, Weimar 2002, S. 179-244, hier S. 180f.

25 Kundgebung der Bischöfe der Paderborner Kirchenprovinz über Katholizismus und Nationalismus, zit. nach: *Bernhard Opfermann*, Kirchliche Opfer des Faschismus im Bereich des Bischöflichen Amtes Erfurt-Meiningen, 1981 (bearb. und ergänzt von *Josef Pilvousek*), Erfurt 1982, S. 2. Zur Zeit des Nationalsozialismus vgl. auch *Helmut Moll*, Thüringer Katholiken. Glaubenszeugen in der NS-Zeit, in: Heimat Thüringen 1/2005, S. 10-12.

26 Vgl. *Josef Pilvousek*, Die katholische Kirche vom Ersten Weltkrieg bis zur Gegenwart, in: *Hubert Wolf u.a. (Hrsg.)*, Ökumenische Kirchengeschichte Band 3: Von der Französischen Revolution bis 1989, Darmstadt 2007, S. 271-349, bes. S. 291-307.

27 Vgl. *Bernhard Opfermann*, Das Bistum Fulda im Dritten Reich, Fulda 1987, S. 12.

28 Vgl. *Josef Pilvousek*, Zur Geschichte des Bischöflichen Knabenseminars Bonifacianum in Heiligenstadt, in: Eichsfeldjahrbuch 15/2007, S. 159-172.

29 Im Folgenden *Heinz Siebert*, Das Eichsfeld unterm Hakenkreuz. Eine Dokumentation, Eigenverlag 1982, S. 23.

30 Vgl. *Opfermann* (Anm. 25), S. 22; vgl. *Helmut Moll*, Martyrium und Wahrheit. Zeugen Christi im 20. Jahrhundert, 2. Aufl., Weilheim-Bierbronnen 2006, S. 97-104.

31 *Josef Pilvousek*, Flüchtlinge, Flucht und die Frage des Bleibens. Überlegungen zu einem traditionellen Problem der Katholiken im Osten Deutschlands, in: *Claus-Peter März (Hrsg.)*, Die ganz alltägliche Freiheit. Christsein zwischen Traum und Wirklichkeit, Leipzig 1993, S. 11-13. Vgl. auch *Torsten Müller*, „Und das sind Katholiken!" Die Rolle der katholischen Kirche bei der Ankunft, Aufnahme und Beheimatung der Flüchtlinge im Eichsfeld 1945-1953, in: Jahrbuch für mitteldeutsche Kirchen- und Ordensgeschichte 4 (2008), S. 259-279.

32 Vgl. *Josef Pilvousek / Elisabeth Preuß*, Katholische Flüchtlinge und Vertriebene in der SBZ/DDR. Eine Bestandsaufnahme, in: Vertriebene finden Heimat in der Kirche. Integrationsprozesse im geteilten Deutschland nach 1945, hg. v. Rainer Bendel, Köln / Weimar / Wien 2008, S. 15-27.

33 Durch eine zweite Fluchtbewegung in den Westen in den Jahren 1949-1961 verringerte sich die Zahl der Katholiken in der DDR um ca. 1,2 Millionen.

34 *Konrad Hartelt*, Die Entwicklung der Jurisdiktionsverhältnisse der katholischen Kirche in der DDR von 1945 bis zur Gegenwart, in: *Wilhelm Ernst / Konrad Feiereis (Hrsg.)*, Denkender Glaube in Geschichte und Gegenwart. FS aus Anlaß der Gründung der Universität Erfurt vor 600 Jahren, Leipzig 1992, S. 415-440.

35 Joseph Freusberg, geb. 1881 in Olpe/Westfalen, 1906 Priesterweihe in Paderborn, seit 1916 Pfarrer in St. Severi und dann Propst am Mariendom, seit 1946 Generalvikar und seit 1953 Weihbischof, gest. 1964. Freusberg war es auch, der 1937 die Torarollen der Jüdischen Gemeinde rettete und sie bis zum Ende des Krieges in seinen Privaträumen versteckte.

36 Hugo Aufderbeck, geb. 1909 in Hellfeld/Westfalen, 1936 Priesterweihe in Paderborn, 1962-1973 Weihbischof in Erfurt, seit 1967 Kommissarius, 1973-1981 Bischof und Apostolischer Administrator, gest. 1981.

37 Im August 1949 wurde ein Hirtenschreiben gegen den Materialismus vorbereitet. Da man sich aber über den rechtlichen Status der Zusammenkünfte nicht klar war, und die gesamtdeutsche Struktur der katholischen Kirche beibehalten werden sollte, übernahmen die westdeutschen Bischöfe das Hirtenschreiben als Hirtenwort der katholischen Bischöfe Deutschlands. Vgl. Bistumsarchiv Magdeburg, Nachlass Weskamm: Besprechung der Ordinariatsvertreter in Berlin am 9.8.1949.

38 Vgl. *Josef Pilvousek*, Gesamtdeutsche Wirklichkeit – Pastorale Notwendigkeit. Zur Vorgeschichte der Ostdeutschen Bischofskonferenz, in: *Emerich Coreth / Wilhelm Ernst / Eberhard Tiefensee (Hrsg.)*: Von Gott reden in säkularer Gesellschaft. Festschrift für Konrad Feiereis zum 65. Geburtstag (EThSt 71), Leipzig 1996, S. 229-242; dazu: Brief des Nuntius' Aloys Muench an Konrad Kardinal von Preysing vom 29. Juli 1950 mit Auszug aus dem Errichtungsschreiben vom 12. Juli 1950.

39 De Statuorum Conferentiae Episcopale Berolinensis recognitione, zit. nach: *Josef Pilvousek,* Innenansichten. Von der „Flüchtlingskirche" zur „katholischen Kirche in der DDR", in: Materialien der Enquête-Kommission „Aufarbeitung der Geschichte und Folgen der SED-Diktatur in Deutschland" (12. Wahlperiode des Deutschen Bundestages), Bd. VI/2 Rolle und Selbstverständnis der katholischen Kirche in den verschiedenen Phasen der SED-Diktatur, Frankfurt a.M. 1995, S. 1141f.

40 Zu nennen wären hier neben vielen Parallelanweisungen in den einzelnen Jurisdiktionsbezirken der sog. Preysing-Erlass von 1947, der Weskamm-Erlass von 1954 und der Döpfner-Erlass von 1957. Sie liegen teilweise im Wortlaut vor in: *Gerhard Lange (Hrsg.),* Katholische Kirche – Sozialistischer Staat DDR. Dokumente und öffentliche Äußerungen 1945-1990, 2. Aufl., Leipzig 1993, S. 22, S. 113f.

41 ThHStAW, RdB Erfurt, Ki 3, Dok. von 1958/59. In regelmäßigen Abständen sowie zu politischen und gesellschaftlichen Ereignissen wurden durch Mitarbeiter der Abteilung Innere Angelegenheiten / Referat Kirchenfragen beim Rat des Kreises bzw. Rat des Bezirkes Berichte über die Situation bzw. die Arbeit mit den Kirchen und Religionsgemeinschaften erstellt. Adressat war entweder die entsprechende Abteilung beim Rat des Bezirkes oder das Staatssekretariat für Kirchenfragen in Berlin.

42 ThHStAW, RdB Erfurt, Ki 5, Dok. vom 4.7.1964. In diesem speziellen Fall war der 15. Jahrestag der Gründung der DDR der Anlass.

43 Vgl. ThHStAW, RdB Erfurt.

44 ThHStAW, RdB Erfurt, Ki 3.

45 ThHStAW, RdB Erfurt, Ki 5, Dok. vom 12.7.1960, Konzeption für die Durchführung der Staatspolitik in Kirchenfragen.

46 Dr. Joachim Wanke, geb. 1941 in Breslau, 1966 Priesterweihe in Erfurt, 1969-1980 Studium und Lehrtätigkeit am Philosophisch-Theologischen Studium Erfurt, 1980 Weihbischof, 1981-1994 Bischof und Apostolischer Administrator des Bischöflichen Amtes Erfurt-Meiningen, seit 1994 Bischof des wiedergegründeten Bistums Erfurt.

47 Bischof Joachim Wanke vor der Kommission für Zeitgeschichte der Deutschen Bischofskonferenz und deren wissenschaftlichen Beirat am 17.9.1993 in Erfurt zum Thema: „Wie gehen wir Katholiken mit unserer DDR-Vergangenheit um?".

48 Vgl. die Dokumentation von *Dieter Grande / Bernd Schäfer*, Kirche im Visier. SED, Staatssicherheit und katholische Kirche in der DDR, Leipzig 1998, S. 72-75 sowie *Bernd Schäfer*, Schwarze Kutten. Staat und katholische Kirche im Bezirk Suhl bzw. im Bischöflichen Kommissariat Meiningen zwischen 1958 und 1966 (Bürgerkomitee des Landes Thüringen e.V., Bd. 12), Zella-Mehlis 1999.

49 Vgl. dazu *Lange u.a.* (Anm. 40); *Josef Pilvousek (Hrsg. und Bearb.)*, Kirchliches Leben im totalitären Staat. Seelsorge in der SBZ/DDR 1945-1976. Quellentexte aus den Ordinariaten und Bischöflichen Ämtern, Leipzig 1994. *Ders. (Hrsg. und Bearb.*), Kirchliches Leben im totalitären Staat. Quellentexte aus den Ordinariaten 1977-1989, Dokumentenband Teil II, Leipzig 1998. *Joachim Wanke*, Last und Chance des Christseins, Vorträge, Hirtenbriefe und Predigten 1980-1990, Leipzig 1991.

50 Vgl. *Josef Pilvousek*, Kirchliches Leben 1945-1976 (Anm. 49), S. 333f.

51 So heißt es in einer Information vom Rat des Kreises Heiligenstadt (22.9.1970) über besondere Erscheinungen auf dem Gebiet der Jugendweihe, dass „insgesamt 85 Genossen nicht bereit sind, ihre Kinder an der Jugendweihe teilnehmen zu lassen [...]. Darunter befinden sich Mitarbeiter und Genossen des Rates des Kreises, Bürgermeister, VP-Angehörige, Betriebsleiter, Kaderleiter, Lehrer, ehemalige Offiziere der NVA, Vorsitzende aus Ortsausschüssen der Nationalen Front und LPG-Vorsitzende [...]", in: BStU, MfS, HA IX, TA 98/84 Bd. 3, S. 53. Vgl. *Dietmar Remy*, Opposition und Verweigerung in Nordthüringen (1976-1989), Duderstadt 1999, S. 183-238.

52 Vgl. BArch, DO 4, 1032, Information des Stellvertreters des Staatssekretärs für Kirchenfragen, Hermann Kalb; Dok. vom 12.4.1984.

53 *Paul Julius Kockelmann*, Bericht über das Gespräch mit Staatssekretär Kalb und dem Bischöflichen Amt aus der Erinnerung; Archiv des Bischöfliche Kommissariates Heiligenstadt, Handakte Kockelmann, Dok. vom 10.12.1993. Kockelmann spricht davon, dass die Genossen und ihre Angehörigen zum Kirchenaustritt bewegt werden sollen, „nachdem sie früher mit dem Versprechen gelockt worden sind, in dieser Generation würde noch nicht über Kirchenaustritt gesprochen." Paul Julius Kockelmann, geb. 1930 in Berlin, 1954 Priesterweihe in Erfurt, 1967-1995 Bischöflicher Kommissar, Propst, Dechant und Pfarrer in Heiligenstadt, St. Marien.

54 Vgl. ebd.

55 Vgl. Bistumsarchiv Erfurt, Handakten Generalvikar Sterzinsky, Gespräche mit dem Rat des Bezirkes 1981-1989, Gespräch vom 18.4.1984.

56 Äußerungen von kirchlichen Amtsträgern zu bestimmten Fragen (z.B. Jugendweihe, geforderter Kirchenaustritt, Aufforderung zum Eintritt in eine atheistische Partei u.a.), wie sie im Fastenhirtenbrief 1984 von Bischof Wanke gemacht wurden, sah man staatlicherseits gleichwohl als Aufforderung zum Widerstand gegen den Staat und als kompetenzüberschreitend an. Vgl. ebd., Gespräch vom 16.3.1984.

57 Ökumenische Versammlung „Gerechtigkeit, Frieden und Bewahrung der Schöpfung" 1988/89 in Dresden und Magdeburg. Vgl. dazu *Katharina Seifert,* Glaube und Politik. Die ökumenische Versammlung in der DDR 1988/89 (EThSt 78), Leipzig 2000.

58 Predigt zur Männerwallfahrt am 30.4.1989 im Klüschen Hagis (Eichsfeld), abgedruckt in: *Pilvousek,* Dokumentenband II (wie Anm. 49), S. 343-348.

59 Vgl. Predigt von Bischof Wanke zur Herbstwallfahrt 1989 in Erfurt, abgedruckt in: *Pilvousek*, Dokumentenband II (wie Anm. 49), S. 357-362.

60 Vgl. *Josef Pilvousek*, Bischofskonferenz, Bischöfe und die friedliche Revolution von 1989, in: ThG 52 (2009), S. 94-104.

61 Vgl. *Bernhard Vogel,* Das Verhältnis von Kirchen und Staat nach der friedlichen Revolution in Thüringen, in: ThG 52 (2009), S. 82-93.

62 Vgl. *Elisabeth Preuß,* Öffnung zur Welt? Das Arbeitspapier „Zur Frage des Weltdienstes des Christen in unserer Situation" und die Reaktion der Bischöfe der katholischen Kirche in der DDR, in: ThG 52 (2009), S. 107–117. Zur Statistik vgl. *Karl Schmitt*, Christliche Verantwortung in der Demokratie. Evangelische und katholische Abgeordnete im Thüringer Landtag, in: *Thüringer Landtag* (Anm. 9), S. 303-324.

63 *Joachim Wanke*, Bemühungen um den kirchlichen Zusammenhalt zwischen Ost und West, in: *Ulrich v. Hehl / Hans Günter Hockerts (Hrsg.)*, Der Katholizismus – gesamtdeutsche Klammer in den Jahrzehnten der Teilung?, Paderborn 1996, S. 38.

64 Bistumsarchiv Erfurt, Bulle „Quo aptius consulatur“, 24.6.1994.

65 Schon seit dem Ende des Zweiten Weltkrieges wurde die Gemeinde Niedersachswerfen und ihre Gottesdienststationen, die zum Bistum Hildesheim gehörten, von „Erfurt“ betreut.

66 Stand Dezember 2008.

67 Fünf Krankenhäuser, 17 Altenheime, vier Heime für geistig Behinderte mit zwei Werkstätten, eine Frühförderstelle für geistig Behinderte, eine Frauenschutzwohnung, drei Sozialstationen, zwei Caritas-Tagestreffs, fünf Schwangerschaftsberatungsstellen, zwei Alkohol- und Suchtberatungsstellen, zwei Stellen der Ehe-, Famlien- und Lebensberatung (mit Außenstellen) (Quelle: *Caritasverband Erfurt (Hrsg.)*, Jahresbericht 2007/2008, Erfurt 2009).

68 Vgl. *Josef Pilvousek,* Theologische Ausbildung und gesellschaftliche Umbrüche. 50 Jahre Katholische Theologische Hochschule und Priesterausbildung in Erfurt (EThSt 82), Leipzig 2002.

69 Freundliche Mitteilung von Pressesprecher Christof Ohnesorge, Fulda, 27.5.2009.

70 Freundliche Mitteilung von Frau Manuela Kiesler, Geisa, 22.6.2009.

71 Freundliche Mitteilung von Frau Elisabeth Sparing, Dresden, 27.5.2009.

72 Freundliche Mitteilung von Frau Melanie Weise, Gera, 22.6.2009.

73 Errichtungsdekret des Katholischen Büros Erfurt, Kommissariat der Bischöfe in Thüringen; 1.1.1991.

74 Freundliche Mitteilung von Herrn Ordinariatsrat Winfried Weinrich, Leiter des Katholischen Büros Erfurt.

Anna-Ruth Löwenbrück / Gabriele Olbrisch / Daniela Kranemann[*]

Juden in Thüringen

I. Von den Anfängen bis 1933

Die ersten sicheren Zeugnisse jüdischen Lebens im Gebiet des heutigen Thüringen gehen zurück bis in das frühe 12. Jahrhundert.[1] Die quellenmäßig frühesten Belege für die Existenz einer jüdischen Gemeinde stammen aus Erfurt,[2] jedoch sind Juden spätestens ab dem 13. Jahrhundert auch in kleineren, verkehrsgünstig gelegenen Städten der Region ansässig, so etwa in Arnstadt, Eisenach, Gotha, Meiningen, Mühlhausen, Nordhausen oder Sondershausen.[3] Die größte und bedeutendste Gemeinde der Region mit weiter Ausstrahlungskraft war jedoch über lange Zeit die Erfurter Gemeinde, was sich nicht zuletzt daher erklärt, dass Erfurt durch seine Lage an der Kreuzung zweier wichtiger Handelsstraßen (Via Regia und Nürnberger Geleitstraße) innerhalb des Großraums Thüringen eine herausragende Stellung als mittelalterliche Handelsmetropole, zugleich aber auch als geistig-kulturelles Zentrum einnahm. In Erfurt haben sich aus dieser Zeit zwei bedeutende bauliche Relikte erhalten, die von der Präsenz einer jüdischen Gemeinde zeugen: die in ihren ältesten Bauteilen auf das frühe 12. Jahrhundert (möglicherweise sogar späte 11. Jahrhundert) zurückgehende Alte Synagoge in der Waagegasse und die erst im Jahre 2007 bei Grabungen entdeckte Mikwe, ein jüdisches Ritualbad aus dem 13. Jahrhundert, beide im Zentrum des mittelalterlichen Stadtkerns nahe der Krämerbrücke gelegen.[4] Eine Ahnung von der außerordentlichen geistig-kulturellen wie wirtschaftlichen Bedeutsamkeit der mittelalterlichen jüdischen Gemeinde Erfurts geben zudem weitere Sachzeugnisse. Hierzu zählen vor allem die 15 kostbaren hebräischen Handschriften (12.–14. Jahrhundert), die heute in der Staatsbibliothek Berlin (Preußischer Kulturbesitz) aufbewahrt werden, die Sabbatampel aus dem 12./13. Jahrhundert, die vermutlich im 14. Jahrhundert unter bis heute ungeklärten Umständen in den Besitz des Erfurter Domstifts überging, sowie der 1998 im mittelalterlichen jüdischen Viertel gefundene Schatz mit äußerst qualitätvollen Silber- und Goldschmiedearbeiten, der dort vermutlich von einem wohlhabenden jüdischen Kaufmann zur Zeit der sog. Pestpogrome im März 1349 vergraben wurde.[5]

In den Jahrhunderten bis zur Emanzipation erlebten die thüringischen Juden ein wechselvolles Schicksal. Dieses war bestimmt durch einen unsicheren Rechtsstatus, den für einzelne Familien gegen Tribut gewährten Schutz durch die Landesherren und die Erfahrung von Verfolgung und Vertreibung. So kam das kaum erblühte jüdische Leben durch die Pogrome während der großen Pestepidemie 1349 in den meisten Gemeinden Thüringens zum Erliegen. Auch die erste Erfurter Synagoge in der Waagegasse wurde nach 1349 baulich tiefgreifend verändert und fortan über viele Jahrhunderte als Speichergebäude und zu anderen profanen Zwecken genutzt. Nach der Wiederansiedlung von Juden ab 1354/57 und der Zuweisung eines neuen Wohnquartiers mit Synagoge hinter dem Rathaus erlangte die Erfurter Gemeinde im 15. Jahrhundert weit über die Thüringer Grenzen hinaus Bedeutung durch ihre Größe, ihren Wohlstand und nicht zuletzt durch die Ausstrahlung bekannter Rabbiner und Gelehrter (z.B. R. Jakob ben Jehuda Weil; R. Yom Tov Lipman Mühlhausen).[6] Mehrere regionale thüringisch-sächsische Rabbinersynoden wurden in dieser Zeit in Erfurt abgehalten.[7] In alldem stand die Erfurter Gemeinde in Deutschland nur der in Nürnberg nach.

Während des 15. und 16. Jahrhunderts wurden die Juden aus den meisten Städten und Gemeinden Thüringens vertrieben, ihre Häuser und Synagogen verkauft und anderweitig genutzt; die jüdischen Friedhöfe waren dem Verfall oder der Zerstörung anheimgegeben, jüdische Grabsteine dienten u.a. als Baumaterial für den Straßen- und Festungsbau.[8] Im 17. und 18. Jahrhundert war Juden vielerorts die Niederlassung und/oder der Handel verboten. Einzelne vermögende Kaufleute wurden in den Kleinstaaten als Hofjuden aufgenommen und erhielten gegen Bezahlung einen Schutzbrief, der ihnen das Wohnrecht – zumeist in Verbindung mit einer Handelskonzession – gewährte. Die meisten Juden waren jedoch arm und fristeten ihr Dasein mit Nothandel und Betteln; ihnen war die Ansiedlung in reichsritterschaftlichen Gebieten gestattet worden, wo sie in einigen Dörfern bis zu einem Drittel der Bevölkerung stellten.[9]

Vor Erlangung der Freizügigkeit war die Mehrzahl der Juden Thüringens in den nördlichen Ausläufern der Rhön und südlich von Meiningen ansässig; aber auch im Norden, im preußischen Regierungsbezirk Erfurt, lebte ein beträchtlicher Teil von ihnen (1843: 1.452).[10] In den beiden Herzogtümern Sachsen-Meiningen und Sachsen-Weimar-Eisenach lebten 1871/72 1.625 bzw. 1.120 Juden, die damit weniger als ein Prozent der Gesamtbevölkerung ausmachten.[11] Damit gehörten die thüringischen Staaten innerhalb Deutschlands zu denen mit einer zahlenmäßig und prozentual geringen jüdischen Bevölkerung.

Eine grundlegende Änderung der rechtlichen Situation der jüdischen Minderheit brachte die Emanzipationsgesetzgebung des 19. Jahrhunderts. Die ersten von deutschen Fürsten erlassenen Emanzipationsgesetze basierten auf dem Gedanken, dass die Juden vor der endgültigen Gleichstellung erst an den Staat herangeführt werden müssten, da man ihre Lebensweise, Kultur, Sprache und Bräuche als rückschrittlich betrachtete. Dementsprechend enthielten sie diskriminierende Bestimmungen, wie etwa Beschränkungen der Berufsfreiheit, der Familiengründung und der Freizügigkeit. Auf der anderen Seite griff der Staat in ehemals autonome jüdische Bereiche ein, indem er in Sachsen-Meiningen und Sachsen-Weimar-Eisenach die Institution der Landrabbinate schuf, um unter seiner Aufsicht das jüdische Schulwesen und den

Kultus zu reformieren. Es dauerte bis zum 3. Juli 1869, bevor allen jüdischen Thüringern durch ein Gesetz des Norddeutschen Bundes die endgültige Gleichstellung mit ihren christlichen Nachbarn eingeräumt wurde.[12]

Der Emanzipationsprozess ging auf jüdischer Seite mit einer Umwälzung der bis dahin gewohnten Lebensweise einher und – damit verbunden – einer Assimilation an die christliche Umgebung. „Äußere" Kennzeichen dieses Prozesses waren der Gebrauch der deutschen und nicht mehr der jiddischen Sprache und die Annahme von Familiennamen.[13] Das Gemeindeleben wurde immer mehr auf den religiösen Bereich reduziert; aber auch die religiösen Bindungen, die Ausübung der traditionell vorgeschriebenen Bräuche, erfuhren mit der Zeit eine Lockerung. Dieses wurde nicht zuletzt durch einen überproportional großen Zuzug der Juden in die Städte begünstigt.[14]

Daraus ergaben sich mittelfristig Veränderungen in der Sozial- und Berufsstruktur der Thüringer Juden: Während die zu Beginn des Jahrhunderts zahlreichen Almosenempfänger und Hausierhändler zusehends verschwanden, fanden sich seit der zweiten Hälfte des 19. Jahrhunderts in den Städten neben vielen Kaufleuten zunehmend Juristen (Rechtsanwälte) und Ärzte, aber auch Bankiers und Industrielle.[15]

Überblickt man die Geschichte der deutschen Juden vom Beginn der Emanzipationszeit bis in die 1920er Jahre, so lässt sich ein sozialer Aufstieg beobachten, der sich insgesamt mit der Übernahme bürgerlicher Lebensformen verknüpfte. Die jüdischen Bürger etablierten im Umfeld ihrer Synagogen und Schulen ein jüdisches Vereinsleben,[16] gleichzeitig integrierten sie sich in steigendem Maße in das öffentliche und politische Leben in ihren Städten und Gemeinden.[17] Während des Ersten Weltkrieges meldeten sich zahlreiche jüdische Männer als Kriegsfreiwillige; andere wie der Jenaer Rechtshistoriker und Verfassungsrechtler Eduard Rosenthal waren bereit, sich für die junge Republik zu engagieren.[18] Parallel und gegenläufig zur Integration der Juden fand aber auch der im späten 19. Jahrhundert entstandene biologisch-rassistische Antisemitismus wachsende Verbreitung.

II. Verfolgung und Vernichtung

An den in neuer Form aufgekeimten Antisemitismus konnten die Nationalsozialisten anknüpfen, die 1930 in Thüringen als erstem Land der Weimarer Republik an der Regierung beteiligt wurden:[19] Am 23. Januar wurde der Nationalsozialist Wilhelm Frick zum thüringischen Innen- und Volksbildungsminister gewählt. Zwei Jahre später, im August 1932, gingen sie aus den Wahlen so gestärkt hervor, dass sie die erste nationalsozialistische Landesregierung in Deutschland bilden konnten. Schon als Innenminister war Frick bemüht, eine demokratiefeindliche und antisemitische Politik durch die Entlassung liberaler, sozialdemokratischer oder jüdischer Beamter, die Einführung nationalistischer Schulgebete und die Einrichtung eines Lehrstuhls für Rassenkunde an der Universität Jena durchzusetzen.[20] Die thüringischen Juden wurden somit schon früh mit dem radikal antisemitischen Kurs der Nationalsozialisten konfrontiert: 1932 wurde das Gesetz zum Verbot des Schächtens, des rituellen Schlachtens, im Thüringer Landtag durchgesetzt,[21] jüdische Bürger wurden vermehrt von NS-Schlägertrupps angegriffen, Synagogen mit Hakenkreuzen beschmiert.[22] Bereits etwa einen Monat nach Hitlers „Machtergreifung“, am 5. März 1933, wurde der „Central-Verein deutscher Staatsbürger jüdischen Glaubens“ vom Thüringer Innenministerium verboten und sein Vermögen beschlagnahmt.[23]

Zu diesem Zeitpunkt lebten in Thüringen (ohne den preußischen Regierungsbezirk Erfurt) noch 2.882 jüdische Bürger,[24] in der Stadt Erfurt noch 831.[25] Die Ab- und Auswanderung hatte jedoch schon begonnen, da der Druck auf die jüdische Gemeinschaft mit jedem Tag wuchs. War ein Boykottaufruf des NS-Gauleiters Fritz Sauckel gegen jüdische Unternehmer und Kaufleute im November 1932 noch auf öffentlichen Widerspruch gestoßen, so wurde der für das gesamte Reichsgebiet angeordnete Boykott vom 1. April 1933 auch in thüringischen Städten und Gemeinden mit massivem SA- und SS-Einsatz durchgesetzt.[26] SA- und SS-Leute hinderten nichtjüdische Kunden am Betreten „jüdischer“ Geschäfte und zwangen die Inhaber, sie zu schließen. Von da an wurden an vielen Orten, wie z. B. in Suhl, Nichtjuden, die weiterhin mit ihren jüdischen Nachbarn private oder geschäftliche Beziehungen pflegten, immer häufiger von der Partei bedroht und unter Druck gesetzt.[27] Auf den Boykotttag folgte am 7. April 1933 das „Gesetz zur Wiederherstellung des Berufsbeamtentums“, auf dessen Grundlage die Entlassung jüdischer Bürger aus dem Staatsdienst vorangetrieben wurde: Jüdische Lehrer, Hochschullehrer, Richter, Polizisten und Verwaltungsbeamte verloren nach und nach ihre Stelle. Ausgenommen waren zunächst noch ehemalige Weltkriegsteilnehmer, bis die sog. „Nürnberger Gesetze“ im Herbst 1935 den Juden die Reichsbürgerschaft entzogen und die totale gesellschaftliche Trennung von Juden und Nichtjuden gesetzlich festschrieben.[28] Für eine Weiterbeschäftigung bzw. eine Aufnahme in den Staatsdienst waren von nun an sog. „Ariernachweise“ erforderlich.[29] Ehen zwischen Juden und Nichtjuden wurden verboten, außereheliche sexuelle Beziehungen zwischen Juden und Nichtjuden unter Strafe gestellt.[30] Der staatlich verordnete Antisemitismus wurde willig umgesetzt: Die gleichgeschaltete Lokalpresse veröffentlichte regelmäßig verleumderische Hetzartikel, an den Ortseingängen und vor Gasthäusern fand man immer häufiger Schilder mit der Aufschrift „Juden unerwünscht“[31], und in vielen Läden wurden Juden nicht mehr bedient. Schon ab 1935/36 konnten jüdische Kinder kaum noch öffentliche Schulen besuchen. Die Lage wurde immer prekärer. Wem es gelang, ein Visum für einen sicheren Staat zu erwerben, der wanderte aus, vor allem nach Palästina, Großbritannien und in die USA.[32] Bei nicht wenigen scheiterten die Auswanderungspläne jedoch an ihrem fortgeschrittenen Alter oder an fehlendem Kapital.[33]

Das Jahr 1938 brachte eine weitere Verschärfung der Lage. Eine Reihe von Gesetzen sollte die Juden nun um ihre wirtschaftliche Existenz bringen und zur Auswanderung zwingen. Durch die „3. Verordnung zum Reichsbürgergesetz" vom 14. Juni 1938 wurden Juden verpflichtet, ihre Gewerbebetriebe als „jüdische Gewerbebetriebe" anzumelden, am 25. Juli 1938 wurde allen jüdischen Ärzten die Approbation entzogen, am 27. September 1938 verloren jüdische Rechtsanwälte ihre Zulassung. In Thüringen wurde die systematische und vollständige „Arisierung" jüdischer Betriebe bereits Anfang März 1938 mit einer entsprechenden Anordnung des Gauleiters Fritz Sauckel eingeleitet.[34] Unter der Leitung des von ihm beauftragten Gauwirtschaftsberaters der NSDAP in Weimar, Otto Eberhardt, wurde eine „Arisierungskommission" eingesetzt, deren Aufgabe es war, „jüdische Betriebe" festzustellen und ihre „Arisierung" voranzutreiben, d.h. ihre Enteignung bzw. ihren Verkauf an Nichtjuden weit unter ihrem Wert.[35] Die Kommission zählte „650 jüdische Firmen: bei 100 Betrieben sei die Arisierung so gut wie abgeschlossen, bei einer gleich großen Zahl seien die Verhandlungen im Gange, weitere 200 jüdische Betriebe und Geschäfte würden in Kürze von selbst verschwinden, weil für sie keine Verwendung mehr bestehe"[36]. In der Tat waren die Einnahmen jüdischer Geschäftsleute schon seit 1933 ständig zurückgegangen, Kunden waren ausgeblieben, viele waren zahlungsunfähig geworden und mussten ihr Geschäft aufgeben oder verkaufen. In Apolda, Suhl und Nordhausen wurden die meisten Geschäfte und Kaufhäuser zwischen 1936 und 1938 aufgegeben.[37] In Erfurt besaßen jüdische Geschäftsleute und Unternehmer 1937 noch mehr als 100 Betriebe (Bekleidungs- und Schuhgeschäfte, Gärtnereien, Lederwaren-, Textil- und Viehhandlungen), die dann im folgenden Jahr „arisiert" wurden.[38] Besonders dramatisch verlief der „Arisierungsprozess" der Simson-Werke in Heinrichs bei Suhl, die einer alteingesessenen jüdischen Familie gehört hatten und lange Jahre Hauptarbeitgeber der Region gewesen waren.[39] Auf Betreiben des thüringischen Gauleiters und Reichsstatthalters Fritz Sauckel wurden 1935 Mitglieder der Familie Simson in „Schutzhaft" genommen und gezwungen, ihre Anteile an den Simson-Werken der von Sauckel kontrollierten „Wilhelm-Gustloff-Stiftung" zu überschreiben. Der Familie gelang es anschließend, über die Schweiz in die USA zu fliehen.

Ein weiterer Schritt auf dem Wege zur völligen Ausgrenzung und Vernichtung war die Pogromnacht vom 9./10. November 1938, die sog. „Reichskristallnacht". Wie im übrigen Reichsgebiet, so wurden auch in thüringischen Städten und Dörfern Synagogen geschändet und in Brand gesteckt, Wohnungen und Geschäfte jüdischer Einwohner geplündert und zertrümmert und die Menschen misshandelt.[40] Von den NS-Behörden als spontaner Racheakt des Volkes auf die Ermordung des deutschen Gesandtschaftsrats Ernst vom Rath durch den jungen polnischen Juden Herschel Grynszpan dargestellt, war die Aktion jedoch von langer Hand geplant und von SS- und SA-Leuten durchgeführt worden. In jener Nacht wurden u.a. die Synagogen in Erfurt, Eisenach, Gotha, Arnstadt, Meiningen, Suhl, Barchfeld, Schleusingen, Schmalkalden und Nordhausen zum Raub der Flammen. Verschont blieben nur jene

Gotteshäuser, deren Brand – wie in Berkach oder Mühlhausen – die nahe gelegenen Wohnhäuser gefährdet hätte, und jene, die – wie in Aschenhausen – schon vor 1938 an nichtjüdische Besitzer veräußert worden waren. Der Pogrom beschränkte sich jedoch nicht auf die Zerstörung von Sachwerten. In ganz Thüringen wurden jüdische Männer aus ihren Wohnungen geholt, verhaftet, schwer misshandelt und in Turnhallen unter erneuten Folterungen gefangengehalten.[41] Von ihnen wurden 1.178 in das KZ Buchenwald verschleppt. Etwa 25 der Gefangenen verloren dort ihr Leben: Sie wurden zu Tode gequält, wie Ernst Blaut oder Eduard Singer aus Nordhausen, wählten den Freitod, wie dessen Sohn, der Nordhäuser Kantor Kurt Singer,[42] oder gingen an den katastophalen Lebensbedingungen des Lagers zugrunde.[43] Die Überlebenden wurden in den Folgemonaten unter der Bedingung entlassen, ihren Besitz „arisieren“ zu lassen und so schnell wie möglich auszuwandern.[44] Am 12. November 1938 erlegte der NS-Staat der jüdischen Gemeinschaft eine „Sühneleistung“ von einer Milliarde Reichsmark auf. Zudem mussten die jüdischen Gemeinden den Abriss der Brandruinen selbst tragen. Fällig gewordene Versicherungssummen durften nicht an die Geschädigten, sondern mussten an die Staatskasse gezahlt werden.

Im November und Dezember 1938 folgten antisemitische Gesetze und Verordnungen Schlag auf Schlag:[45] Am 12. November wurde Juden der Besuch von kulturellen Einrichtungen und Veranstaltungen (Theater, Kinos, Konzerte, Ausstellungen etc.) verboten,[46] am 12. und 23. November wurden das Verbot und die Auflösung jüdischer Einzelhandels- und Handwerksbetriebe angeordnet,[47] am 15. November wurden jüdische Kinder endgültig vom Besuch öffentlicher Schulen ausgeschlossen,[48] am 3. Dezember wurden Führerscheine von Juden für ungültig erklärt,[49] und am 8. Dezember wurden jüdische Studenten von Universitäten und Hochschulen verbannt.[50] Durch die „Verordnung über den Einsatz des jüdischen Vermögens“ vom 3. Dezember 1938 und 21. Februar 1939 wurden Juden gezwungen, Grund und Boden zu verkaufen und Schmuck, Wertpapiere, Edelmetalle etc. abzuliefern.[51] Ihre Isolation wuchs, die Chancen auszuwandern, sanken. Ab Mai 1939 trat das „Gesetz über Mietverhältnisse mit Juden“ in Kraft, das die juristische Grundlage für die Entrechtung jüdischer Mieter und Vermieter darstellte.[52] Zunehmend kam es auch zu einer Konzentration der jüdischen Bevölkerung in sog. „Judenhäusern“, die ihre eventuell noch vorhandenen Kontakte zur nichtjüdischen Bevölkerung unterbinden und ihre Kontrolle vereinfachen sollte.[53]

1939 lebten noch 1.947 Juden in Thüringen,[54] der Druck zur Auswanderung wurde jedoch durch weitere gezielte Repressalien stetig erhöht, etwa durch die vermehrte Verpflichtung zur Zwangsarbeit.[55] Ab Juli 1939 war die „Reichsvereinigung der Juden in Deutschland“ die einzige noch zugelassene, allerdings mit Zwangsmitgliedschaft belegte jüdische Organisation. In Thüringen liefen sämtliche Anweisungen der Gestapo über die „Verwaltungsstelle Erfurt der Bezirksstelle Sachsen-Thüringen der Reichsvereinigung der Juden in Deutschland“. Die Mitarbeiter der Reichsvereinigung in den einzelnen Orten hatten zwar keinen großen Handlungsspielraum, versuchten jedoch zu tun, was in ihrer Macht stand, um die Not ihrer zumeist alten und geschwächten Glaubensbrüder und -schwestern zu lindern.

Nach Kriegsbeginn wurden die Lebensbedingungen der Juden noch weiter eingeengt: Sie durften sich nach Einbruch der Dunkelheit nicht mehr im Freien aufhalten, am 23. September 1939 wurden ihre Rundfunkgeräte beschlagnahmt, sie durften nur noch zu bestimmten Zeiten und in bestimmten Läden einkaufen, und als schließlich Lebensmittelkarten eingeführt wurden, erhielten sie geringere Rationen und wurden später auch von der Zuteilung besonders nahrhafter Lebensmittel, wie Milch und Fleisch, ausgeschlossen. An Flucht oder Auswanderung war für die meisten nach Kriegsausbruch nicht mehr zu denken, obwohl die legale Auswanderung erst im Oktober 1941, nach dem Überfall auf die Sowjetunion, verboten wurde. Nachdem bereits am 28. Oktober 1938 diejenigen jüdischen Mitbürger, die einen polnischen Pass besaßen, zwangsweise aus dem Reichsgebiet ausgewiesen worden waren,[56] begannen im Oktober 1941 die ersten systematischen Massendeportationen aus Deutschland nach Polen. Am 10. Mai 1942 wurde ein Transport von etwa 600 Personen aus 40 thüringischen Orten zusammengestellt und in das Ghetto Belzyce bei Lublin geleitet, am 19. September 1942 wurden 364 vor allem ältere Menschen in das Ghetto Theresienstadt deportiert.[57] Die Zurückbleibenden wurden in Einzel- und Gruppendeportationen über Erfurt in die Konzentrationslager Theresienstadt, Auschwitz und Ravensbrück verschleppt.[58]

Was mit den Thüringer Juden nach der Deportation geschah, ist in seinen Einzelschicksalen bisher nur ansatzweise aufgearbeitet. Eine erste Gesamtübersicht über die Namen und Schicksale der Juden, die in Thüringen den nationalsozialistischen Repressionen, Verfolgungen, Vertreibungen bis hin zur Vernichtung ausgesetzt waren, erarbeitete von 1992 bis 2003 die Projektgruppe „Geschichte der Juden im nationalsozialistischen Thüringen".[59] Die auf Thüringen bezogene Forschung wird seit 2006 vom Thüringischen Hauptstaatsarchiv Weimar in Zusammenarbeit mit dem Bundesarchiv fortgeführt.[60] Hinzugekommen sind seit Anfang der 1990er Jahre Einzeluntersuchungen zum Schicksal ehemals jüdischer Mitbürger, die sich zumeist auf größere Städte oder Regionen Thüringens beziehen.[61] Die erschütternde und beschämende Bilanz aller dieser Recherchen lautet auch für Thüringen: Der überwiegende Teil der zuletzt in diesem Gebiet ansässigen Juden hat die Konzentrations- und Vernichtungslager nicht überlebt oder ist auf dem Weg dorthin verschollen, ein Teil von ihnen konnte sich durch Emigration retten, und nur ein sehr kleiner Teil kehrte nach 1945 nach Thüringen zurück.[62]

III. Der Wiederaufbau nach 1945

Die wenigen, die nach der Befreiung aus den Lagern, der Emigration oder der Illegalität nach Thüringen zurückkehrten, begannen schon recht bald mit dem Wiederaufbau der zerstörten Gemeinden. In Erfurt (1945/46: 227 Mitglieder), Eisenach (1948: 20 Mitglieder), Gera (1948: 9 Mitglieder) und in Mühlhausen (18 Mitglieder) wurden neue Gemeinden gegründet, die sich jedoch mit Ausnahme der Erfurter bis 1952/53 wieder auflösten.[63] Die antisemitischen Aktionen im Rahmen des Prager Slánsky-Prozesses und der Moskauer Ärzteprozesse führten auch in der DDR zu Repressalien gegen Juden, die sehr viele zur Flucht in den Westen veranlassten. Die Erfurter Gemeinde, die nach 1945 durch den Zuzug von Überlebenden aus Schlesien, vor allem aus Breslau, auf ca. 300 bis 400 Personen angewachsen war, schrumpfte nach 1953 auf etwa die Hälfte ihrer Gemeindemitglieder. Auch der unter dem ersten Gemeindevorsitzenden Max Cars realisierte Neubau der Synagoge am Kartäuserring, der einzige auf dem Gebiet der DDR, und deren Einweihung im Jahre 1952[64] konnten die Abwanderung nicht stoppen. In den folgenden Jahren sank die Mitgliederzahl stetig, zumal es kaum Geburten oder Zuwachs durch neue Mitglieder gab. Im Jahre 1989 zählte die Jüdische Landesgemeinde Thüringen mit Sitz in Erfurt noch 28 Mitglieder.[65]

Die politische „Wende" des Jahres 1989 brachte auch hier eine Veränderung. Ab 1991 wurden Juden aus der ehemaligen Sowjetunion und deren Nachfolgestaaten als „Kontingentflüchtlinge" in der Bundesrepublik aufgenommen und nach einem Quotensystem auf die Bundesländer verteilt. Seit Einführung dieses sog. geregelten Aufnahmeverfahrens kamen 3,3 Prozent der Zuwanderer nach Thüringen.[66] Sie wurden zunächst in Übergangswohnheimen untergebracht und mit dem Nötigsten versorgt und bekamen dann vor allem in Erfurt, Jena, Nordhausen oder in der Nähe dieser Orte eine Wohnung zugewiesen. Mit dem Inkrafttreten des Zuwanderungsgesetzes zum 1. Januar 2005 müssen jüdische Zuwanderer auf der Rechtsgrundlage des Aufenthaltsgesetzes ihre Einreise und Aufnahme in Deutschland beantragen und zunächst ein Aufnahmeverfahren durchlaufen.[67] Seitdem werden die Zuwanderer über ganz Thüringen verteilt, was die Integrationsbemühungen seitens der Jüdischen Landesgemeinde erschwert.[68] Die Zahl der Zuwanderer ist außerdem aufgrund der neuen Regelung drastisch zurückgegangen.[69] Derzeit verzeichnet die Jüdische Landesgemeinde Thüringen einen jährlichen Zuwachs von ca. 100 Personen (Stand: 2008).[70] Viele der Zugewanderten, die häufig ein überdurchschnittliches Bildungs- und Qualifikationsniveau aufweisen, betrachten Thüringen aufgrund der ungünstigen Arbeitsmarktsituation allerdings nur als Zwischenstation und ziehen infolgedessen in die alten Bundesländer weiter.

Die Jüdische Landesgemeinde Thüringen ist infolge der Zuwanderung bis 2009 wieder auf 780 Gemeindemitglieder angewachsen.[71] Die Immigranten tragen somit entscheidend zum Fortbestehen der Landesgemeinde bei und bereichern auch deren

Gemeindeleben. Durch den zahlenmäßigen Zuwachs ist etwa die Bildung des sog. Minjan (das ist die zum Gebet erfordliche Mindestzahl von zehn Juden) und damit die regelmäßige Feier von Gottesdiensten wieder problemloser möglich. Zugleich stellen die Zuwanderer die Gemeinde in verschiedener Hinsicht aber auch vor neue Herausforderungen. Viele von ihnen sind durch ihr Leben in der ehemaligen Sowjetunion ihrer jüdischen Wurzeln entfremdet. Das religiöse Leben müssen sie wieder neu erfahren oder sogar von Grund auf neu erlernen – eine schwierige Aufgabe, insbesondere für die Betroffenen selbst, die sich zugleich in einem fremden Land zurechtfinden müssen und dabei mit einer Fülle von Problemen, Arbeitslosigkeit, Armut, Alter (50 Prozent sind älter als 60 Jahre), soziale Isolation u.a., konfrontiert sind. Insofern gehören die Integrationsarbeit und der Sozialdienst zu den Hauptaufgaben, die die Jüdische Landesgemeinde bewältigen muss und die zugleich personell wie finanziell einer langfristigen Absicherung bedürfen. Ein wichtiger Schritt war vor diesem Hintergrund der Staatsvertrag des Freistaates Thüringen mit der Jüdischen Landesgemeinde, der am 1. November 1993 „eingedenk des geschichtlich bedingten besonderen Verhältnisses zu seinen jüdischen Bürgern und zur Erhaltung des gemeinsamen deutsch-jüdischen Kulturerbes“ abgeschlossen wurde.[72] Seit seinem Inkrafttreten am 1. Januar 1994 verfügt die Jüdische Landesgemeinde Thüringen nun auf Zukunft hin über die notwendige Planungssicherheit. Dank dieser Staatsmittel, mit denen sich der Freistaat Thüringen an den Ausgaben der Jüdischen Landesgemeinde für religiöse und kulturelle Bedürfnisse und für deren Verwaltung beteiligt und die 1999 nochmals aufgestockt wurden,[73] sowie dank weiterer Fördermittel, u.a. von Wohltätigkeitsvereinen, war es möglich, die personelle Situation zu verbessern, den Unterhalt bzw. die Wiederherstellung von Gemeinderäumen und Friedhöfen zu leisten sowie neue Institutionen und Strukturen zu schaffen. So beschäftigt die thüringenweit mitgliederstärkste Gemeinde in Erfurt derzeit zwei Sozialarbeiterinnen, eine Mitarbeiterin im Kulturzentrum (vorwiegend für die Betreuung von Kindern und Jugendlichen) sowie weitere Mitarbeiter in der Verwaltung und für die Betreuung des jüdischen Friedhofs und der Trauerhalle (Stand: 2009). Den Religionsunterricht hält ein Rabbiner aus einem benachbarten Bundesland. Auch das Gemeindeleben ist dank der Anmietung von Räumen für ein Gemeindezentrum vielfältiger geworden. Hier werden religiöse Feste wie Pessach oder Chanukka gefeiert, deren gemeinschaftlicher Charakter – neben dem wöchentlichen Gottesdienst – ein wichtiger Baustein für die Glaubensunterweisung und –weitergabe ist, und zwar nicht nur für die nachwachsende Generation, sondern auch und besonders für diejenigen, die ihre Identität als Juden und Jüdinnen erst wieder neu entdecken bzw. ausprägen lernen. Zugleich bietet das Gemeindezentrum einen Ort für andere gemeindliche Aktivitäten wie Musikunterricht und Konzerte, Veranstaltungen für Senioren, Vorträge, Sprachkurse (z. B. Jiddisch) u.v.a.m. Aber nicht nur in Erfurt, sondern auch an anderen Orten Thüringens konnte sich dank der Initiative einzelner Familien ein reges Gemeindeleben entwickeln, so etwa in Eisenach, Jena oder Nordhausen.

Ein nach wie vor beunruhigendes und belastendes Faktum ist für die Jüdische Landesgemeinde Thüringen die latente, nicht selten jedoch auch manifeste Bedrohung durch antisemitische Straftaten. Ein solches besonders schwerwiegendes Ereignis war in der Nacht vom 20. auf den 21. April 2000 der versuchte Brandanschlag auf die 1952 wiedererrichtete Erfurter Synagoge. Weiterhin sind thüringenweit Jahr für Jahr Schändungen jüdischer Friedhöfe zu beklagen. Allein im Zeitraum vom Dezember 2003 bis Oktober 2004 waren die Friedhöfe von Sondershausen, Gotha, Walldorf, Schwarza und Erfurt davon betroffen.[74]

Angesichts dieser und vieler anderer Formen der Verachtung von Juden und Judentum, die bis in die Gegenwart hinein auch in Thüringen fortbestehen, markieren die Stichworte Erinnerung, Aufklärung und Prävention wichtige und auch auf Zukunft hin gesamtgesellschaftlich relevante Arbeitsfelder. Ohne Frage ist in diesen Bereichen, verstärkt seit Anfang der 1990er Jahre, schon viel geleistet und aufgearbeitet worden. Neben den oben erwähnten Forschungen, etwa über das Schicksal der Thüringer Juden in den Jahren zwischen 1933 und 1945, sind insbesondere die Bildungseinrichtungen des Freistaats wichtige Orte, an denen Wissen über das Judentum in Geschichte und Gegenwart vermittelt, Vorurteile abgebaut und Toleranz und Zivilcourage erlernt werden können.[75] Dies geschieht etwa durch Schulprojekte oder Schüler- und Seminarfacharbeiten, die jüdische Einzelschicksale nachverfolgen, Orte jüdischen Lebens erkunden oder geschichtliche Ereignisse rekonstruieren.[76] Ausstellungsprojekte wurden konzipiert und initiiert, die zugleich in eine breitere Öffentlichkeit hinein wirken können, wie etwa 2008/09 die Ausstellung über die Geschichte der „'Arisierung' in Thüringen", die von einer studentischen Projektgruppe erarbeitet wurde.[77] Weiteres wäre zu nennen wie die Gedenkstättenarbeit (v. a. Buchenwald, Mittelbau-Dora), Geschichtsprojekte (z. B. der Geschichtsort Topf & Söhne, Erfurt)[78] oder Begegnungs- und Lernorte (z. B. die Begegnungsstätte „Kleine Synagoge", Erfurt)[79]. Von besonderer Bedeutung sind auch die festen Orte und Zeiten des Erinnerns, etwa anlässlich von Gedenktagen (9. November, 27. Januar) oder angesichts von Gedenkorten (z. B. die „Stolpersteine" des Künstlers Gunter Demnig)[80], aber auch die Begegnung mit Zeitzeugen, insbesondere den noch lebenden ehemaligen jüdischen Mitbürgern Thüringens, die die Shoa überlebt haben und heute zumeist im Ausland leben.

Anmerkungen

* Überarbeitete und aktualisierte Fassung des Artikels von *Anna-Ruth Löwenbrück / Gabriele Olbrisch* in der 1. Auflage. – Ich danke Herrn Wolfgang Nossen, seit 1995 Vorsitzender der Jüdischen Landesgemeinde Thüringen, für wichtige Informationen und Hinweise. D. K.

1 Vermutlich waren Juden schon ab dem 10. Jahrhundert in der Region ansässig, sicher belegt ist ihre Präsenz jedoch erst ab dem 12. Jahrhundert.

2 Als früheste Quelle, die von der Existenz einer jüdischen Gemeinde in Erfurt zeugt, gilt ein Pergament mit der Eidesformel für die Erfurter Juden, das zwischen 1183 und 1200 abgefasst wurde; vgl. Art. Erfurt, in: Germania Judaica I: Von den ältesten Zeiten bis 1238, Tübingen 1963, S. 97-102, hier 98; *Walter Blaha*, Die Eidesformel für die Erfurter Juden aus dem ausgehenden 12. Jahrhundert, in: Stadt und Geschichte. Zeitschrift für Erfurt, Nr. 16 (3/2002), S. 3f.; *Gerhard Herz*, Der Erfurter Judeneid zu Ende des 12. Jahrhunderts, in: Stadt und Geschichte. Zeitschrift für Erfurt Nr. 8 (Sonderheft 2008: Jüdisches Leben in Erfurt), S. 13f. – Zu den Anfängen und der Geschichte der mittelalterlichen jüdischen Gemeinde vgl. auch *Thomas Nitz*, Erfurts jüdische Gemeinden im Mittelalter, in: ebd., S. 3-5; ferner zwei ältere Monographien aus dem 19. Jahrhundert: *Adolph Jaraczewsky*, Die Geschichte der Juden in Erfurt nebst Noten, Urkunden und Inschriften aufgefundener Leichensteine, Erfurt 1868; *Theodor Kroner*, Die Geschichte der Juden in Erfurt. Festschrift zur Einweihung der neuen Synagoge in Erfurt am 4. Sept. 1884, Erfurt 1884.

3 Vgl. die geschichtlichen Kurzdarstellungen zu diesen und anderen, von Juden besiedelten Orten Thüringens in: *Monika Kahl*, Denkmale jüdischer Kultur in Thüringen, Bad Homburg / Leipzig 1997; *Siegbert Neufeld*, Die Juden im thüringisch-sächsischen Gebiet während des Mittelalters. I: Von den ältesten Zeiten bis zum „schwarzen Tod" (1348), Berlin 1917, S. 24f.; Juden in Schwarzburg. Bd. 1. Beiträge zur Geschichte der Juden Schwarzburgs. Festschrift zu Ehren Prof. Philipp Heidenheims (1814–1906) ..., *hg. v. Schlossmuseum Sondershausen*, Sondershausen 2006.

4 Vgl. *Elmar Altwasser*, Die Alte Synagoge zu Erfurt. Aktuelle Ergebnisse der Bauforschung, in: Stadt und Geschichte Nr. 8 (Anm. 2), S. 6-8; *Karin Sczech*, Der unerwartete Mikwe-Fund am Breitstrom, in: ebd., S. 9f.

5 Vgl. *Michael Ludscheidt*, Zur Geschichte der Erfurter hebräischen Handschriften, in: Stadt und Geschichte Nr. 8/2008 (Anm. 2), S. 15-17; *Maria Stürzebecher*, Der jüdische Schatzfund von 1349 in Erfurt, in: ebd., S. 18-21; Trésors de la Peste noire. Erfurt et Colmar. Sous la direction de *Christine Descatoire*, Paris 2007 [Ausstellungskatalog].

6 Vgl. *Nitz*, Erfurts jüdische Gemeinden (Anm. 2), S. 5; ausführlich dazu: *Uta Löwenstein*, Art. Erfurt, in: Germania Judaica Bd. III/1: 1350-1519. Ortschaftsartikel Aach – Lychen, Tübingen 1987, S. 308-329, hier 313f. Erwähnung berühmter Rabbiner und Gelehrter, die in Erfurt tätig waren. Zu den im Text genannten Gelehrten vgl. *Mordechai Breuer*, Art. R. Jakob b. Juda Weil, in: ebd. S. 46-48, hier 47; *ders.*, Art. Jomtow Lipman b. Salomo Mühlhausen, in: Germania Judaica Bd. III/2: 1350-1519. Ortschaftsartikel Mährisch-Budwitz – Zwolle, Tübingen 1995, S. 1129-1131, hier 1130.

7 Vgl. *Löwenstein*, Art. Erfurt (Anm. 6), S. 312f.

8 So wurde in Erfurt Mitte des 15. Jahrhunderts der mittelalterliche jüdische Friedhof am Moritztor zerstört und später mit dem sog. Kornhof überbaut, zahlreiche Grabsteine dieses Friedhofs wurden für diesen Bau sowie verteilt im ganzen Stadtgebiet als Baumaterial verwendet. Vgl. *Kahl*, Denkmale (Anm. 3), S. 74.

9 So z. B. in Bauerbach (vgl. *Kahl*, Denkmale [Anm. 3], S. 41) und Immenrode (vgl. ebd., S. 99; *Doreen Winker / Hannelore Kutscha*, „Juden-Immenrode". Die größte jüdische Gemeinde des Fürstentums Schwarzburg-Rudolstadt im 18. und 19. Jahrhundert, in: Juden in Schwarzburg [Anm. 3], S. 49-58); in Aschenhausen stellten Juden zeitweise sogar mehr als die Hälfte der Bevölkerung (vgl. *Kahl*, Denkmale [Anm. 3], S. 31). Aschenhausen gehörte neben Bauerbach, Berkach, Bibra, Gleicherwiesen, Marisfeld und Walldorf zu den Orten Südthüringens, in denen die Ansiedlung von Juden durch Reichsritter befördert worden war; vgl. dazu umfassend die Quellensammlung von *Franz Levi*, 12 Gulden vom Judenschutzgeld ... Jüdisches Leben in Berkach und Südthüringen, bearb. v. *Franz Levi* unter Mitarbeit von *Johannes Mötsch* und *Katharina Witter*, München / Jena 2001, hier bes. S. 13-16.

10 Vgl. *Heinrich Silbergleit*, Die Bevölkerungs- und Berufsverhältnisse der Juden im Deutschen Reich, Bd. 1: Preußen, Berlin 1930, S. 18. Vgl. für die Situation von Juden in der Stadt Erfurt nach

dem zögerlich vollzogenen Wandel in der Einbürgerungspraxis ab 1810 *Horst Moritz*, Vom israelitischen Religionsgenossen zum Stadt- und Staatsbürger, in: Stadt und Geschichte Nr. 8/2008 (Anm. 2), S. 27-29; *ders.*, Vom mosaischen Religionsgenossen zum Stadtverordneten. Zur politischen Emanzipation jüdischer Erfurter Bürger, in: Zwischen Mitgestaltung und Ausgrenzung (Anm. 17), S. 279-301; exemplarisch dargestellt der Fall des David Salomon Unger bei *Olaf Zucht*, Die Geschichte der Juden in Erfurt von der Wiedereinbürgerung 1810 bis zum Ende des Kaiserreiches. Ein Beitrag zur deutsch-jüdischen Geschichte Thüringens, Erfurt 2001, S. 40-46.

11 Angaben nach *Jacob Toury,* Soziale und politische Geschichte der Juden in Deutschland 1847–1871, Düsseldorf 1977, S. 19.

12 Vgl. Zucht (Anm. 10), S. 36; zur Entwicklung der jüdischen Gemeinde Erfurts und zu den in der Folgezeit errichteten Synagogenbauten und Friedhöfen vgl. ebd., S. 53-79.

13 Deren Annahme wurde in der ersten Hälfte des 19. Jahrhunderts durch Gesetze verordnet. Vgl. beispielsweise die Liste der Namen für Heinrichs bei *Hans Nothnagel / Ewald Dähn,* Juden in Suhl. Ein geschichtlicher Überblick, *hg. v. Erhard Roy Wiehn*, Konstanz 1995, S. 53f.

14 Die Gesamtzahl der jüdischen Bürger blieb weiterhin gering: insgesamt waren 1925 3.603 Juden im Land Thüringen und 1.850 im Regierungsbezirk Erfurt der preußischen Provinz Sachsen gemeldet. Vgl. Statistisches Taschenbuch für das Land Thüringen 1929, *hg. v. Thüringischen Statistischen Landesamt*, Weimar 1929, S. 77 bzw. *Silbergleit* (Anm. 10), S. 18f.

15 Als Beispiele das schon im 18. Jahrhundert gegründete Unternehmen Strupp in Meiningen (vgl. *Armin Human*, Geschichte der Juden im Herzogtum Sachsen-Meiningen-Hildburghausen, Hildburghausen 1898, S. 118f.) und die Fahrrad-, Auto- und Waffenfabrik Simson in Suhl (vgl. *Nothnagel / Dähn*, Juden in Suhl [Anm. 13], S. 97ff.). In Mühlhausen gab es mehrere Textilfabrikanten (vgl. *Carsten Liesenberg*, Juden in Mühlhausen. Ihre Geschichte, Gemeinde und bedeutende Persönlichkeiten, Mühlhausen 1989 [Ms.], S. 42f., 120ff. und 129-140 unter den Notizen zu einigen Familien). In Erfurt stellte die Kunst- und Handelsgärtnerei Ernst Benary einen frühen, bedeutsamen Gewerbezweig dar, später kamen u.a. Betriebe zur industriellen Kleider- und Schuhfabrikation hinzu (Gebr. Louis & Isaak Lamm; M. & L. Hess OHG & Co. KG); vgl. *Zucht* (Anm. 10), S. 119ff.

16 Zum jüdischen Vereinsleben in Erfurt vgl. *Zucht* (Anm. 10), S. 262-273; *Ruth Menzel*, Jüdische Vereine in Erfurt, in: Stadt und Geschichte Nr. 8/2008 (Anm. 2), S. 32-35. Bereits 1856 wurden in Erfurt eine Beerdigungsbruderschaft (*Chewra Kaddischa*) und ein israelitscher Frauenverein gegründet. 1932 gab es drei Wohltätigkeitsvereine, eine Loge des B'nei B'rith Ordens und einen Verein für jüdische Geschichte und Literatur. Daneben gab die Gemeinde ein Wochenblatt für ihren Synagogenbezirk heraus. Vgl. Führer durch die jüdische Gemeindeverwaltung und Wohlfahrtspflege in Deutschland 1932–33, *hg. v. d. Zentralwohlfahrtsstelle der deutschen Juden,* Berlin 1933, S. 118.

17 Vgl. dazu die Beiträge in dem Sammelband *Thüringer Landtag (Hrsg.)*, Zwischen Mitgestaltung und Ausgrenzung. Jüdische Abgeordnete und jüdisches Leben als Thema in Thüringer Parlamenten (Schriften zur Geschichte des Parlamentarismus in Thüringen, Bd. 26), Weimar 2007.

18 Zum Wirken Eduard Rosenthals vgl. *Gerhard Lingelbach*, Jüdische Rechtsgelehrte und ihre Wirksamkeit in den Landtagen Thüringens, in: Zwischen Mitgestaltung und Ausgrenzung (Anm. 17), S. 319-349.

19 Zum Aufstieg der NSDAP in Thüringen: *Donald R. Tracey,* Der Aufstieg der NSDAP bis 1930, in: *Detlev Heiden / Gunther Mai (Hrsg.)*, Nationalsozialismus in Thüringen, Weimar u.a. 1995, S. 49-74.

20 Vgl. *Günter Neliba*, Wilhelm Frick und Thüringen als Experimentierfeld für die nationalsozialistische Machtergreifung, in: *Heiden / Mai (Hrsg.)* (Anm. 19), S. 75-96, hier 84-91.

21 Die Debatte darum hatte im Thüringer Landtag bereits 1930 begonnen. Das Gesetz wurde jedoch aufgrund mannigfacher Widerstände erst zum 1. April 1933 in Kraft gesetzt. Vgl. *Steffen Raßloff*, Antisemitismus auf parlamentarischer Bühne. Die „jüdische Frage" im Thüringer Landtag 1920–1933, in: Zwischen Mitgestaltung und Ausgrenzung (Anm. 17), S. 351-383, hier 375f. u. 380.

22 Wochenblatt für den Synagogenbezirk Erfurt, Nr. 277, 31.1.1930; Nr. 285, 28.3.1930.

23 „...wird mit sofortiger Wirkung ... verboten und aufgelöst." – Das Verbot des Zentralvereins deutscher Staatsbürger jüdischen Glaubens in Thüringen [Weimar, 5. März, Fritz Sauckel, Thüringisches Ministerium des Innern]: Thüringisches Staatsarchiv Gotha, Kreisamt Eisenach Nr. 342, Bl. 12 [hier berücksichtigt nach: *Monika Gibas (Hrsg.)*, „Arisierung" in Thüringen. Entrechtung, Enteignung und Vernichtung der jüdischen Bürger Thüringens 1933–1945. 2 Bde. (Quellen zur Geschichte Thüringens, Bde. 27/I u. 27/II), Erfurt 2006, hier I, S. 56]. Vgl. auch *Thomas Bahr,* Die Rosewitz, Prager Lichtenstein ... , Apolda 1992, S. 28.

24 Statistisches Jahrbuch für das Deutsche Reich, 54. Jg., Berlin 1935, S. 14f.

25 Volkszählung vom 16.3.1933. Vgl. auch *Helmut Eschwege,* Geschichte der Juden im Territorium der ehemaligen DDR, Bd. II. Sachsen und Thüringen, Dresden 1991 [Ms.], S. 853. Karl Heilbrunn schätzte die Zahl der Erfurter Juden noch auf „etwa 1.000". Vgl. *Karl Heilbrunn*, Aus der Geschichte der Juden in Erfurt, in: Nachrichtenblatt der Jüdischen Gemeinde von Berlin und des Verbandes der Jüdischen Gemeinden der DDR, Dezember 1978, S. 8.

26 Vgl. den Zeitungsbericht: Die Boykottaktion in Thüringen, in: Rhön-Zeitung vom 3. April 1933 [berücksichtigt nach: *Gibas (Hrsg.)*, „Arisierung" I (Anm. 23), S. 37]; ferner *Bahr*, Die Rosewitz (Anm. 23), S. 28f.; *Manfred Schröter,* Die Verfolgung der Nordhäuser Juden 1933–1945, Bad Lauterberg im Harz 1992, S. 39-43; *Carsten Liesenberg*, „Wir täuschen uns nicht über die Schwere der Zeit ..." Die Verfolgung und Vernichtung der Juden, in: *Heiden / Mai (Hrsg.)* (Anm. 19), S. 443-462, hier 450.

27 Vgl. *Nothnagel / Dähn* (Anm. 13), S. 250. Hier ist ein Plakat von 1937 abgedruckt, auf dem Suhler Bürger, die bei jüdischen Kaufleuten einkauften, namentlich als Volksverräter angeprangert wurden.

28 Am 15.9.1935 wurden das „Reichsbürgergesetz" und das „Gesetz zum Schutze des deutschen Blutes und der deutschen Ehre" erlassen, am 14.11.1935 schließlich die „Erste Verordnung zum Reichsbürgergesetz".

29 Vgl. die Verordnungen zur Einführung des sog. „Arierparagraphen" für thüringische Beamte, abgedruckt in: *Gibas (Hrsg.)*, „Arisierung" I (s. Anm. 23), S. 152-156.

30 Konkrete Einzelfälle sind dokumentiert in: *Gibas (Hrsg.)*, „Arisierung" I (Anm. 23), S. 71-88.

31 *Nothnagel / Dähn* (Anm. 13), S. 72.

32 *Liesenberg* (Anm. 26), S. 453f.

33 Da das Deutsche Reich vom Vermögen der oft bereits verarmten Flüchtlinge die sog. „Reichsfluchtsteuer" erhob, um einen Kapitalfluss ins Ausland zu verhindern, gelangten viele völlig mittellos in die Emigration, was ihre Aufnahme durch die entsprechenden Länder erschwerte.

34 Der Text der „Anordnung des Gauleiters und Reichsstatthalters in Thüringen an den Gauwirtschaftsberater (7. März 1938)" ist abgedruckt in: *Gibas (Hrsg.)*, „Arisierung" II (Anm. 23), S. 303-307. Dem Thema „'Arisierung' in Thüringen" widmen sich auch eine Ausstellung, die seit 2008 an verschiedenen Orten Thüringens gezeigt wird, sowie der Begleitband zur Ausstellung: „Arisierung" in Thüringen. Ausgegrenzt. Ausgeplündert. Ausgelöscht. Katalog zur gleichnamigen Ausstellung, *hg. v. d. Sparkassen-Kulturstiftung Hessen-Thüringen. Red. Monika Gibas*, Leipzig 2009.

35 Die „Arisierungskommission" hatte ihren Sitz im Weimarer „Wilhelm-Gustloff-Haus". Vgl. *Nothnagel / Dähn* (Anm. 13), S. 74. Hierher wurde z. B. für den 16. April 1938 eingeladen, um

über die „Arisierung der bisher jüdischen Firma Auerbach und Scheibe" (Saalfeld) zu beraten; vgl. *Gibas (Hrsg.)*, „Arisierung" II (Anm. 23), S. 288f.

36 Zitiert nach *Eschwege* (Anm. 25), S. 807.

37 Vgl. *Bahr* (Anm. 23), S. 33f.; *Nothnagel / Dähn* (Anm. 13), S. 72ff.; *Schröter* (Anm. 26), S. 82ff.

38 Vgl. *Eschwege* (Anm. 25), S. 853; *Siegfried Wolf*, „Arisierungen in Erfurt", in: Stadt und Geschichte 8/2008 (Anm. 2), S. 41f. Davon betroffen war in Erfurt z.B. das Lederwarenunternehmen Weinstein & Co., vgl. *Gibas (Hrsg.)*, „Arisierung" II (Anm. 23), S. 333-341.

39 Vgl. *Nothnagel / Dähn* (Anm. 13), S. 129ff.

40 Vgl. den Quellenband zur Geschichte des Novemberpogroms 1938 in Thüringen: *Ramona Bräu / Thomas Wenzel (Hrsg.)*, „ausgebrannt, ausgeplündert, ausgestoßen". Die Pogrome gegen die jüdischen Bürger Thüringens im November 1938, Erfurt 2008; vgl. ferner: Pogrom in Erfurt. Beiträge gegen das Vergessen, Erfurt 1998; Die Novemberpogrome. Gegen das Vergessen. Eisenach, Gotha, Schmalkalden. Spuren jüdischen Lebens, *hg. v. d. Jüdischen Landesgemeinde Thüringen*, Eisenach 1988; *Harry Stein*, Quellen zum antisemitischen Pogrom in Thüringen 1938, in: Zeitschrift für Geschichtswissenschaft 36 (1988), S. 900-910.

41 Vgl. *Heilbrunn* (Anm. 25), S. 7-9; *Liesenberg* (Anm. 26), S. 453; *Schröter* (Anm. 26), S. 65ff.

42 Vgl. *Schröter* (Anm. 26), S. 72-81.

43 Vgl. *Harry Stein*, Juden im Konzentrationslager Buchenwald 1938–1942, in: Pogromnacht und Holocaust, Frankfurt, Weimar, Buchenwald ... Die schwierige Erinnerung an die Stationen der Vernichtung, *hg. v. Thomas Hofman / Hanno Loewy / Harry Stein*, Weimar u.a. 1994, S. 81-171, hier 102ff.

44 Vgl. ebd., S. 115f.

45 Vgl. hierzu und zum Folgenden *Joseph Walk*, Das Sonderrecht für die Juden im NS-Staat. Eine Sammlung der gesetzlichen Maßnahmen und Richtlinien – Inhalt und Bedeutung, 2. Aufl., Heidelberg 1996, S. 253ff.

46 Vgl. *Walk* (Anm. 45), S. 255, Nr. 12.

47 Vgl. RGBl, Jg. 1938, I, S. 1580 u. 1642 (nach *Walk* [Anm. 45], S. 254, Nr. 8 u. S. 258, Nr. 24); *Bahr* (Anm. 23), S. 43.

48 Vgl. *Walk* (Anm. 45), S. 256, Nr. 17; *Wolfgang Scheffler*, Judenverfolgung im Dritten Reich 1933 bis 1945, Frankfurt a.M. u.a. 1961, S. 44. Die Situation jüdischer Schüler und Schülerinnen in Altenburg beschreibt *Ingolf Strassmann*, Die Juden in Altenburg – Stadt und Land. Woher kamen sie und wo sind sie geblieben ..., Altenburg / Langenweißbach 2004, S. 31.

49 Vgl. *Walk* (Anm. 45), S. 262, Nr. 47.

50 Vgl. *Walk* (Anm. 45), S. 264, Nr. 56.

51 Vgl. RGBl, Jg. 1938, I, S. 1709 u. RGBl, Jg. 1939, I, S. 282 (nach *Walk* [Anm. 45], S. 262, Nr. 46 u. S. 283, Nr. 146).

52 Vgl. RGBl, Jg. 1939, I, S. 864f. (nach *Walk* [Anm. 45], S. 292, Nr. 190).

53 Diese Maßnahme ging auf eine Mitteilung Hermann Görings vom 28.12.1938 zurück (abgedruckt in: *Kurt Pätzold (Hrsg.)*, Verfolgung, Vertreibung, Vernichtung, Leipzig 1983, S. 207-209, hier 207f.; auch in: *Walk* [Anm. 45], S. 272, Nr. 93). Zur Praxis der Zusammenlegung von Juden in Wohnungen und Häusern vgl. auch *Konrad Kwiet*, Nach dem Pogrom: Stufen der Ausgrenzung, in: *Wolfgang Benz (Hrsg.)*, Die Juden in Deutschland 1933–1945, München, 3. Aufl., 1993, S. 631ff. Für Erfurt vgl. *Dorothea Reschwamm*, „Wir bitten Sie, sich mit Ruhe in das Unabänderliche zu fügen ...", in: Pogrom in Erfurt (Anm. 40), S. 21-31, hier 27.

54 Volkszählung vom 17.5.1939. Vgl. auch *Eschwege* (Anm. 25), S. 809 (diese Zahl umfasst nicht nur die Menschen, die der jüdischen Religionsgemeinschaft angehörten, sondern alle, die nach den „Nürnberger Gesetzen" als Juden angesehen wurden).

55 Vgl. *Liesenberg* (Anm. 26), S. 454.

56 Vgl. *Walk* (Anm. 45), S. 247, Nr. 569. Dieses bisher weitgehend unbekannte Kapitel beschreibt für Erfurt: *Helma Bräutigam*, Abschiebehaft per „Schnellbrief" geregelt. Polnische Mitbürger wurden zu Menschen im Niemandsland gemacht, in: Pogrom in Erfurt (Anm. 40), S. 32-37.

57 Vgl. *Liesenberg* (Anm. 26), S. 455f.; *Reschwamm* (Anm. 53). Für Nordhausen beschreibt die Deportationen: *Schröter* (Anm. 26), S. 123ff.

58 Vgl. für Erfurt den Beitrag von *Reschwamm* (Anm. 53), S. 27ff.

59 Als Ergebnis dieser Forschungen unter Leitung von Prof. Dr. Siegfried Wolf erschien ab 1995 das Lexikon: Juden in Thüringen 1933-1945. Biographische Daten, *hg. v. Europäischen Kulturzentrum in Thüringen, Erfurt, Forschungsgruppe „Geschichte der Juden im nationalsozialistischen Thüringen"*, Bd. 1 [A-L], 3. Aufl., Erfurt 2000 und Bd. 2 [M-Z], 2. Aufl. Erfurt 2002 sowie ergänzend: Juden in Thüringen 1933-1945. Biographische Daten. Ergänzungen und Korrekturen, Bd. 1 u. Bd. 2, Erfurt 2002; als Sonderausgabe für Erfurt liegt seit 2003 in Manuskriptform vor: Gedenkbuch Erfurt. Jüdische Opfer des Holocaust (einsehbar in der Begegnungsstätte Kleine Synagoge, An der Stadtmünze 4-5, 99084 Erfurt). Die Ergebnisse dieser Recherchen gingen in das vom Bundesarchiv in Koblenz herausgegebene, laufend aktualisierte „Gedenkbuch" ein, ebenso in die weltweit umfassendste Namensdatenbank in der Holocaust-Gedenkstätte *Yad Vashem* in Jerusalem. Vgl. Gedenkbuch: Opfer der Verfolgung der Juden unter der nationalsozialistischen Gewaltherrschaft in Deutschland 1933-1945, *hg. v. Bundesarchiv [Koblenz]*, 3. Aufl. 2007ff.

60 Zum Stand der Forschung aus archivarischer Sicht vgl. *Bernhard Post*, Jüdische Residenten in Thüringen 1933-1945. Eine Kooperation der staatlichen Archive Thüringens mit dem Bundesarchiv, in: Archive in Thüringen. Mitteilungsblatt 1/2007, S. 5f.

61 Vgl. *Schröter* (Anm. 26); *Nothnagel / Dähn* (Anm. 13); *Werner Simsohn*, Juden in Gera. 3 Bde., Konstanz 1997-2000; Pogrom in Erfurt (Anm. 40); *Erika Müller / Harry Stein*, Jüdische Familien in Weimar. Vom 19. Jahrhundert bis 1945. Ihre Verfolgung und Vernichtung, Weimar 1998; *Jenaer Arbeitskreis Judentum / Brigitta Kirsche*, Juden in Jena. Eine Spurensuche, Jena 1998; *Reinhold Brunner*, Die Verfolgung, Vertreibung und Ermordung der jüdischen Menschen Eisenachs 1938 bis 1942, Eisenach 1998; *ders.*, Von der Judengasse zur Karlstraße. Jüdisches Leben in Eisenach, Weimar / Jena 2003; *Strassmann*, Die Juden in Altenburg (Anm. 48); *Monika Gibas (Hrsg.)*, „Ich kam als wohlhabender Mensch nach Erfurt und ging als ausgeplünderter Jude davon." Schicksale 1933-1945, Erfurt 2008; *Peter Franz / Udo Wohlfeld*, Jüdische Familien in Apolda, 2. Aufl., Weimar 2008.

62 Lediglich 15 Mitglieder der jüdischen Gemeinde Erfurts kehrten als Überlebende nach Erfurt zurück, darunter Max Cars und Raphael Scharf-Katz, die später auch das Amt des Gemeindevorsitzenden innehatten; vgl. *Wolfgang M. Nossen*, Der Neubeginn der „Synagogengemeinde Erfurts" nach der Befreiung durch die US-Armee, 1945, in: Stadt und Geschichte 8/2008 (Anm. 2), S. 48-51, hier 48f.

63 Vgl. *Erica Burgauer*, Zwischen Erinnerung und Verdrängung. Juden in Deutschland nach 1945, Reinbek bei Hamburg 1993, S. 138.

64 Vgl. zur Geschichte des Synagogenneubaus in Erfurt, der sich entgegen den ursprünglich bei der städtischen Baubehörde eingereichten Entwürfen unauffällig in das von Wohnhäusern geprägte Straßenbild einzupassen hatte, *Eberhard Menzel*, Die neue Synagoge – eine Stätte der Hoffnung, in: Stadt und Geschichte 8/2008 (Anm. 2), S. 52f.

65 *Liesenberg* (Anm. 26), S. 460. Vgl. Statistisches Jahrbuch für Thüringen 1991, S. 84.

66 Vgl. hierzu und zum Folgenden: *Sonja Haug / Peter Schimany*, Jüdische Zuwanderer in Deutschland. Ein Überblick über den Stand der Forschung (Working Paper des Bundesamtes für Migration und Flüchtlinge), Nürnberg 2005.

67 Die Antragsteller müssen nun bereits in ihrem Herkunftsland – von Härtefällen abgesehen – den Nachweis erbringen, dass sie bestimmte Aufnahmevoraussetzungen erfüllen (z. B. Deutschkenntnisse, „positive Integrationsprognose"; Aufnahmemöglichkeit in einer jüdischen Gemeinde im Bundesgebiet); der Antrag wird dann beim Bundesamt für Migration und Flüchtlinge (BAMF) geprüft, erst dann können die Antragsteller ein Visum beantragen, das sie zur Einreise in die Bundesrepublik berechtigt.

68 Vgl. *Nossen* (Anm. 62), S. 50f.

69 Die Gesamtzahl der jüdischen Zuwanderer aus der ehemaligen Sowjetunion nach Deutschland betrug 2004 noch 11.208 Personen und sank 2007 auf 2.502 Personen (Angaben des BAMF).

70 Angaben der Jüdischen Landesgemeinde Thüringen.

71 Angaben der Jüdischen Landesgemeinde Thüringen.

72 Art. 1, Vertrag zwischen dem Freistaat Thüringen und der Jüdischen Landesgemeinde Thüringen, in: Gesetz- und Verordnungsblatt für das Land Thüringen, 1993, S. 758f. Aus Art. 1 und Art. 4 des Staatsvertrags leiten sich auch denkmalpflegerische Aufgaben ab, also Maßnahmen zum Schutz und zur Erhaltung des jüdischen Kulturerbes. Vgl. zum Staatsvertrag insgesamt auch *Bernd Th. Drößler*, Die vertragsstaatskirchenrechtliche Gestaltung des Verhältnisses zwischen dem Freistaat Thüringen und der Jüdischen Landesgemeinde Thüringen und die parlamentarische Behandlung der Zustimmungsgesetze zu den Staatsverträgen, in: Zwischen Mitgestaltung und Ausgrenzung (Anm. 17), S. 385-407.

73 Vgl. Gesetz- und Verordnungsblatt für das Land Thüringen, 1999, S. 252.

74 Angaben nach *Matthias Müller* in: *MOBIT (Hrsg.)*, Gemeinsam gegen Antisemitismus in Thüringen. Wanderausstellung mit lokalen Veranstaltungen und Aktivitäten vom Juni bis Dezember 2005. Eine Projektdokumentation, Gotha 2005, S. 6-15, hier 7f.

75 Vgl. dazu etwa das vom Thüringer Institut für Lehrerfortbildung, Lehrplanentwicklung und Medien im Auftrag des Thüringer Kultusministeriums herausgegebene Materialheft: Spurensuche nach jüdischem Leben in Thüringen, Bad Berka 2004.

76 So z. B. die AG ‚DenkMal Aktiv – Unsere Alte Synagoge', in der sich Schüler mit der Geschichte der mittelalterlichen Alten Synagoge Erfurts beschäftigen und Führungen für Schüler der Klassenstufen 4 bis 12 anbieten.

77 Diese Projektgruppe entstand 2005 an der Universität Jena und steht unter der Leitung der Historikerin Dr. sc. Monika Gibas. Vgl. oben Anm. 34.

78 Vgl. Techniker der Endlösung. Topf & Söhne – Die Ofenbauer von Auschwitz, Weimar 2005 [Ausstellungskatalog].

79 Vgl. *Clemens Kestel*, Die Begegnungsstätte Kleine Synagoge, in: Stadt und Geschichte 8/2008 (Anm. 2), S. 54. Sie soll langfristig auch Teil eines entstehenden Netzwerkes „Jüdisches Leben in Erfurt" werden.

80 Mit diesen in den Gehweg eingelassenen und mit Namen versehenen „Stolpersteinen" erinnert der Künstler an den letzten Wohnort von Opfern der NS-Zeit. In Erfurt wurde im Rahmen des Projektes „Erfurter GeDenken" 2008 mit der sog. „DenkNadel" eine ähnliche Initiative ergriffen.

Ingo Singe / Christoph Thieme

Die Gewerkschaften

I. Die Rolle der Gewerkschaften in der Bundesrepublik und in der DDR

Die zentrale gewerkschaftliche Funktion ist traditionell die möglichst umfassende Regulierung von Arbeitsbedingungen, insbesondere von Arbeitszeit und Lohn, der abhängig Beschäftigten mittels Kollektivvereinbarung (Tarifvertrag). Gewerkschaften zielen so auf die Begrenzung der Konkurrenz zwischen den Anbietern der Arbeitskraft. Die Logik des gewerkschaftlichen Zusammenschlusses erwächst aus der asymmetrischen Machtbeziehung (die Verfügung bzw. Nichtverfügung über die Mittel der Produktion) zwischen abhängig Beschäftigten und Unternehmern. Diese Ressourcen- und Machtasymmetrie erschwert die individuelle Interessendurchsetzung einzelner Arbeitnehmer und verweist die Arbeitnehmer auf die Notwendigkeit kollektiver Organisation und kollektiven Interessenhandelns. Allerdings waren gewerkschaftliche Politik und gewerkschaftliches Handeln in der Bundesrepublik nicht gleichzusetzen mit einer einfachen, ungebrochenen Artikulation der (materiellen) Interessen der Mitglieder. Vielmehr war die Vertretung der Mitgliederinteressen gegenüber der Unternehmerseite in einem System der Konfliktpartnerschaft durch ein hohes Maß an Pragmatismus und Kompromissorientierung gekennzeichnet, sie erfolgte auf der Grundlage einer faktischen „Anerkennung der kapitalistischen Verwertungszwänge und Marktgesetzlichkeiten als Rahmenbedingungen gewerkschaftlichen Handelns.“[1] Über lange Zeiträume der Nachkriegsentwicklung waren westdeutsche Gewerkschaften und die Verbandsvertreter der Unternehmensseite in der Lage, ein ausreichendes Maß geteilter Interessen zu identifizieren und belastbare Kooperationsbeziehungen zu etablieren, deren Rahmenbedingungen staatlicherseits definiert waren. So stützten und trieben die Gewerkschaften die Entwicklung eines Produktionsmodells, das wirtschaftlichen Erfolg weniger über die reine Preiskonkurrenz auf internationalen Märkten als durch eine ausgeprägte Qualitätsorientierung, hohe Produktvielfalt und Innovation zu gewährleisten suchte. Dieses auf fachlich (hoch-)qualifizierter Arbeit basierende Modell („Made in Germany“) schien sowohl die strategischen Wettbewerbsinteressen des Unternehmerlagers als auch die Interessen der gewerkschaftlich gut organisierten Facharbeiterschaft an Qualifikation und guter Entlohnung in weiten Bereichen zur Deckung bringen zu können.

Allerdings reichen gewerkschaftliche Funktionen über die ökonomische Sphäre im engeren Sinne hinaus. Denn die Gewerkschaften gehören zu den „erfolgreichsten sozial- und demokratiepolitischen Akteuren der Industriegesellschaften.“[2] Als solche erfüllen sie im wirtschaftlichen, aber auch im politischen und sozialen System der

Bundesrepublik zentrale Funktionen; ihre Rolle geht also über die eines reinen „Preisfechters der Ware Arbeitskraft“ (Karl Marx) hinaus. Goetz Briefs bezeichnete die deutschen Gewerkschaften 1952 als „befestigt“ und beschrieb damit eine umfassende Anerkennung der Gewerkschaften durch die Arbeitgeber, die Öffentlichkeit und im Recht. Befestigte Gewerkschaften zeichnen sich durch hohe Stabilität und eine gesicherte institutionelle Verankerung aus, sie besitzen den Status eines quasi selbstverständlichen Repräsentanten der Arbeiterschaft gegenüber der Politik: „In allen öffentlichen und politischen Institutionen haben sie Sitz und Stimme, wird mindestens ihre Stimme gehört und gewürdigt.“[3] Ihre Mitgliederstärke, der mediale Einfluss und die enge Verbindung zur Sozialdemokratie („privilegierte Partnerschaft“) machten die Gewerkschaften in der Bundesrepublik zu einem wichtigen politischen Machtfaktor. Über die Selbstverwaltung der Sozialversicherungen gewannen die Gewerkschaften Einfluss auf das Gefüge der sozialen Sicherheit in Deutschland. Sie besaßen insgesamt eine ausgeprägte Integrationsfunktion: So begünstigte die hohe Reichweite des Tarifvertrages annähernd gleiche Lebensverhältnisse in der Bundesrepublik und eine vergleichsweise geringe Lohnspreizung. Das Tarifwesen besaß somit eine wichtige Funktion für den gesellschaftlichen Zusammenhalt. Für diese Integrationsleistungen und nicht zuletzt für ihre Funktion als Ordnungsmacht, die in der Konfliktregulierung zwischen Kapital und Arbeit eine befriedende und begrenzende Rolle spielte und der Bundesrepublik ein hohes Maß an sozialem Frieden bescherte, erhielten die Gewerkschaften Anerkennung auch aus konservativen politischen Kreisen.

Allerdings beschreibt das hier skizzierte Bild befestigter Gewerkschaften die Realität gewerkschaftlicher Organisation zum Zeitpunkt des Zusammenbruches der bürokratischen Planwirtschaften in der DDR und in Osteuropa schon nicht mehr adäquat. Prozesse der Globalisierung, die Verschiebung der Beschäftigung weg von den traditionellen Schwerpunkten gewerkschaftlicher Organisation in der Industrie hin zu den Dienstleistungen, die Verfestigung der Arbeitslosigkeit und die offensichtliche Krise sozialdemokratischer Wirtschaftpolitik Ende der 1970er Jahre waren unbewältigte Herausforderungen, als mit der Vereinigung der beiden deutschen Staaten die Frage aktuell wurde, wie gewerkschaftliche Repräsentanz auf dem Terrain der ehemaligen DDR würde gewährleistet werden können, auf einem Gebiet also, auf dem seit mehr als 55 Jahren keine unabhängigen Interessenorganisationen der Arbeitenden mehr gewirkt hatten.

Noch vor dem Beitritt der DDR zum Geltungsbereich des Grundgesetzes der Bundesrepublik Deutschland am 3.10.1990 wurde die Geltung des Tarifvertragsgesetzes von 1949 durch die Währungs-, Wirtschafts- und Sozialunion vom 1.7.1990 auf das Territorium der DDR ausgedehnt. Damit waren wesentliche rechtliche Grundlagen für den Transfer westdeutscher industrieller Beziehungen von West nach Ost definiert. Für die Gewerkschaften bestand nun die Möglichkeit und die Aufgabe, sich als demokratische Mitgliederorganisationen auf neuem Terrain zu etablieren und dem

Begriff Gewerkschaft eine Bedeutung zu verleihen, die er in der DDR nicht gehabt hatte. Schließlich waren die im Freien Deutschen Gewerkschaftsbund (FDGB) zusammengeschlossenen Gewerkschaften keine unabhängigen Interessenorgane der Arbeitenden, sondern der herrschenden Partei untergeordnete Massenorganisationen. Die Gewerkschaftsmitgliedschaft der Beschäftigten war Ende der 1980er Jahre nahezu universell, der FDGB hatte 9,6 Millionen Mitglieder. Die Gewerkschaften der DDR sollten Produktivitätssteigerungen und Planerfüllung auf betrieblicher Ebene fördern und die Akzeptanz der herrschenden Ideologie stützen. Neben dieser Funktion als „Transmissionsriemen der Partei" und als Herrschaftsinstrument hatten die Gewerkschaften in den Betrieben zeitweilig auch eine gewisse Pufferfunktion inne.[4] Denn Interessenwidersprüche waren aus dem Alltag im DDR-Betrieb nicht zu eliminieren. Es bestand auch seitens der Gewerkschaften ein fundamentales Interesse daran, dass die Wünsche der Arbeitenden nach höherer Entlohnung und verbesserten Arbeitsbedingungen nicht offen artikuliert wurden und die beachtliche passive Vetomacht der Beschäftigten nicht in offen-kollektives Interessenhandeln überführt wurde. Offene Konflikte um materielle Interessen bargen angesichts der Parteienherrschaft immer die Gefahr eines schnellen Überspringens des Konflikts in die politische Sphäre. Deuteten sich Konflikte an, bestand in der Gewährung sozialpolitischer Zugeständnisse eine Möglichkeit der Ruhigstellung; die betriebliche Gewerkschaftsorganisation konnte hier teilweise als Vermittler und Puffer fungieren. Schließlich waren die Betriebsleitungen angesichts des Zwangs zur Planerfüllung unter Bedingungen von Arbeitskräftemangel, struktureller Ressourcenknappheit und Unzulänglichkeiten der bürokratischen Planung immer gezwungen, ein Arrangement mit den Arbeitenden zu gewährleisten und damit eine generelle Arbeitsbereitschaft sicher zu stellen.

II. Vom FDGB zum DGB

Im Zuge der Massenbewegung im Herbst 1989 wurden in einigen industriellen Zentren der DDR Forderungen nach freien und unabhängigen Gewerkschaften erhoben. Die Führung des FDGB zeigte sich reformunwillig, musste jedoch unter dem wachsenden Druck im Januar 1990 zurücktreten. Die auf einem außerordentlichen FDGB- Kongress im selben Monat neu gewählte Führung sprach sich für eine reduzierte Rolle des FDGB und den Aufbau von Industriegewerkschaften nach westdeutschem Vorbild aus. Während die DGB-Gewerkschaften den Aufbau von „neuen" Einzelgewerkschaften zunächst unterstützten (z.B. durch die Ausbildung von Funktionären, Beratungsleistungen, Partnerschaften zwischen westlichen und östlichen Gliederungen) und Fusionen der westdeutschen Gewerkschaften mit den sich aus dem FDGB heraus entwickelnden Gewerkschaften durchaus in Erwägung gezogen wurden, setzte sich in den westdeutschen Gewerkschaften bis zum April 1990 die Auffassung durch, dass von Vereinigungen solcher Art Abstand zu nehmen sei. Eine klare Distanzierung von den diskreditierten DDR-Gewerkschaften und ihren Funktionären sei notwendig. Neben der moralischen Diskreditierung der alten Gewerkschaften spielten auch finanzielle Erwägungen eine Rolle, denn im Falle von Fusionen hätten sich die westdeutschen Gewerkschaften mit Altersversorgungsansprüchen des ostdeutschen Funktionärskörpers auseinandersetzen müssen.

Faktisch war der FDGB bereits im Frühjahr 1990 nicht mehr existent; mit der Vereinigung lösten sich die Einzelgewerkschaften im Osten auf und empfahlen ihren Mitgliedern den individuellen Beitritt zu den „neuen" Einzelgewerkschaften. Während die IG Metall im Osten auf einen kompletten Neuaufbau setzte und führende Positionen ausnahmslos mit Westpersonal besetzte, übernahmen andere Gewerkschaften (so die IG Bau und die IG Chemie) Teile des alten Funktionärskörpers. Letztendlich besaß im Ergebnis Anfang der 1990er Jahre im Osten nur jeder fünfte hauptamtliche Gewerkschaftsfunktionär eine DDR-Biographie. Die Gewerkschaften signalisierten damit, dass sie um einen klaren Schnitt bemüht waren. Gleichzeitig ergaben sich jedoch Integrationsprobleme: Vielen ehemaligen Westfunktionären waren die Verhältnisse in Ostdeutschland fremder als Mentalitäten und Arbeitsbeziehungen in westeuropäischen Staaten und ostdeutsche Gewerkschafter empfanden die Praktiken des Westapparates mitunter als Kolonialisierung. Generell bestand auf Seiten der westdeutschen Gewerkschaften das Interesse, einen schnellen Transfer gewerkschaftlicher Expertise (z.B. zum Tarifwesen, zur Betriebsverfassung) nach Osten zu gewährleisten und gleichzeitig den Prozess gewerkschaftlicher Expansion, d.h. den Aufbau regionaler Ost-Gliederungen und deren Integration in das westdeutsche Gewerkschaftssystem, voranzutreiben.

Nicht nur auf Seiten der Gewerkschaften sondern auch auf Seiten der Unternehmerverbände bestand bei den maßgebenden Akteuren zunächst kein ausgeprägtes Bedürfnis, die Transformationsperiode zu Experimenten mit der Tektonik der industriellen Beziehungen und für institutionelle Innovationen zu nutzen. Sowohl auf Arbeitgeber- wie auf Gewerkschaftsseite herrschten Befürchtungen, dass Experimente in Ostdeutschland zu Fragmentierung führen und rückwirkend die im Westen etablierte Kräftebalance zwischen Arbeit und Kapital beschädigen könnten.[5] Stabilitätsorientierung und -hoffnungen der westdeutschen Gewerkschaften fanden sich zunächst auch durch die Kapitalseite gestützt, die ihre Kooperationsbereitschaft auch über die Bereitschaft zu einer schnellen Angleichung der Arbeitsbedingungen und der sozialen Verhältnisse an westdeutsches Niveau signalisierte.[6]

Der unmittelbare Systemtransfer wird zumeist als bemerkenswert gelungen und „glatt" beschrieben. Den DGB-Gewerkschaften brachte die Expansion in den Osten zwischen 1990 und 1991 einen sprunghaften Zuwachs von nahezu vier Millionen auf deutschlandweit fast zwölf Millionen Gewerkschaftsmitglieder. Erlaubte die Situation unmittelbar nach der Vereinigung eher positive Einschätzungen bezüglich der Ausdehnung des westdeutschen Systems der Arbeitsbeziehungen und der Verbände, so diagnostizieren aktuellere Analysen Prozesse der „Prekarisierung des

Tarifsystems“[7] und dessen „Erosion“[8]. Die Krise des Flächentarifs hat ein Ausmaß angenommen, das auch eine „Auflösung“[9] des Tarifsystems nicht mehr ausgeschlossen erscheinen lässt. Selbst Beiträge, die durchaus Möglichkeiten einer institutionellen Anpassung des Systems an spezifisch ostdeutsche Bedingungen sehen, diskutieren die Möglichkeit eines Zusammenbrechens, sollten die Verbände keine flexiblen Krisenlösungen entwickeln.[10] Ein „Auflösungsprozess gewerkschaftlicher Organisationsmacht“[11] wird konstatiert. Die Gewerkschaften befinden sich auf dem Rückzug, der Organisationsgrad sank zwischen 1991 und 2000 von 50 Prozent auf 18 Prozent.

III. Mitgliederentwicklung der DGB-Gewerkschaften in Thüringen

Zwischen 2000 und 2005 sind die Mitgliederzahlen der DGB-Gewerkschaften in Thüringen um ein Drittel gesunken (Tabelle 1). Konnten die drastischen Mitgliederverluste bis 1995 (327.037 Mitglieder in DGB Gewerkschaften), als die Mitgliedsstärke sich im Vergleich zu 1991 nahezu halbiert hatte, in erster Linie auf den beispiellosen Arbeitsplatzabbau zurückgeführt werden, so hat sich die Krise gewerkschaftlicher Organisation auch unter den Bedingungen relativer wirtschaftlicher Konsolidierung bei Fortbestand hoher Arbeitslosenraten fortgesetzt. Heute vereinen die DGB-Gewerkschaften weniger als ein Drittel der Mitglieder von 1992 in ihren Reihen. Der fortgesetzte Rückgang der Mitgliedschaft betrifft nicht nur Gewerkschaften in kontrahierenden Bereichen der Thüringer Wirtschaft, sondern ebenso die IG Metall, die z.B. in der Optik oder der Solarbranche organisiert. Wie bundesweit die Organisationsbereitschaft mit jeder Alterskohorte sinkt, so erfolgt eine „Auffrischung“ der Mitgliedschaft durch Beitritte junger Erwerbstätiger auch in Thüringen nicht in erforderlichem Maße: Der Anteil der Gewerkschaftsmitglieder bis inklusive 27 Jahren liegt in Thüringen bei 5,6 Prozent.

Sinkende Mitgliederzahlen, hohe Arbeitslosigkeit und die Verrentung von Mitgliedern belasten die Finanzen der Gewerkschaften in Thüringen. Schon früh war absehbar, dass die im Osten erzielten Mitgliedsbeiträge keineswegs ausreichten, um einen ausreichend großen und gut ausgestatteten Apparat zu finanzieren. In der Hoffnung auf Synergieeffekte initiierten die Gewerkschaften Fusionsprozesse (z.B. den Zusammenschluss der DPG, der HBV, der IG Medien, der ÖTV und der DAG zur Dienstleistungsgewerkschaft ver.di im Jahre 2001). Sie zielten auf Kostenreduzierung und Effizienzsteigerung durch Bürokratieabbau und die Einführung moderner Managementtechniken. Gleichzeitig reduzierten sie Personal (so wurde in Ostdeutschland zwischen 1993 und 1996 jede sechste Stelle im hauptamtlichen Bereich gestrichen) und man zog sich aus der Fläche zurück. Mag dieser Rückzug durch schrumpfende Ressourcen notwendig und legitimiert erscheinen, so reduziert er zwangsläufig den Zugang der Mitglieder und der Betriebsräte zu gewerkschaftlichen Unterstützungs-, Beratungs- und Dienstleistungsfunktionen vor Ort. Für das

Tabelle 1: Mitglieder der DGB-Gewerkschaften in Thüringen 1991-2008

	1991	1995		2000	2008
IG Bau-Steine-Erden (BSE)	50.550	31.303	IG Bauen-Agrar-Umwelt (1996)	24.601	13.724
Garten, Landwirtsch. und Forst (GGLF)	13.272	6.931			
IG Bergbau und Energie (IGBE)	27.000	14.913	IG Bergbau, Chemie, Energie (1997)	20.615	17.897
IG Chemie, Papier, Keramik (GCPK)	29.364	17.897			
Gewerkschaft Leder	3.882	802			
Gewerkschaft Erziehung und Wissenschaft	26.209	20.191		14.154	8.327
IG Metall	195.801	90.574	IG Metall (1998/2000)	61.795	44.809
Gewerkschaft Holz und Kunststoff	23.226	5.867			
Gewerkschaft Textil und Bekleidung (GTB)	21.436	3.517			
Nahrung-Genuss-Gaststätten	24.794	12.554		7.919	5.386
Gewerkschaft der Polizei	4.415	3.820		4.574	3.408
Gewerkschaft der Eisenbahner Deutschlands	24.906	15.897	Transnet	11.029	7.385
Öffentliche Dienste, Transport und Verkehr (ÖTV)	101.549	67.549	ver.di (2001)	68.960	43.057
Handel, Banken und Versicherungen (HBV)	43.919	20.665			
Deutsche Postgewerkschaft (DPG)	16.087	11.257			
IG Medien	5.092	3.397			
DGB-Gewerkschaften	***612.502***	***327.037***		***213.647***	***143.993***

Daten: DGB-Thüringen.

„normale Mitglied“ wird die Gewerkschaft schwerer zugänglich und erfahrbar. Die Herausbildung und Verfestigung gewerkschaftlicher Sozialbezüge und Milieus scheitert schon daran, dass dafür häufig kein gewerkschaftlicher Ort mehr existiert.

Die westlich dominierten gewerkschaftlichen Organisationsstrukturen erlaubten bisher kaum die Entwicklung und Artikulation besonderer ostdeutscher Gewerkschaftsinteressen. Die spezifischen Handlungsvoraussetzungen ostdeutscher Gewerkschaften spielen im innerorganisatorischen Diskussions- und Strategiebildungsprozess der bundesweiten Organisationen noch immer eine untergeordnete Rolle.[12] Das trifft auch auf das – für das gewerkschaftliche Handeln zentrale – Verhältnis zu den Interessenvertretern in Betriebs- und Personalräten zu. Dieses Verhältnis gestaltet sich in Ostdeutschland deutlich anders als im Westen.

IV. Schrumpfende Kernzonen im System industrieller Beziehungen

Die Krise des deutschen Systems der industriellen Beziehungen ist keine rein ostdeutsche, sie manifestiert sich aber hier noch deutlicher als im Westen. Zunächst findet auf quantitativer Ebene ein Erosionsprozess der Regulierungskraft des Tarifvertrages und der Verbreitung der betrieblichen Interessenvertretung statt. Die Kernzonen doppelter Repräsentanz, in denen die Beschäftigungsverhältnisse durch einen Branchentarifvertrag reguliert und die Beschäftigten zugleich durch Betriebsräte repräsentiert werden, schmelzen. Im Jahre 2008 wurde nicht einmal mehr jeder fünfte Beschäftigte (18 Prozent, Westdeutschland: 30 Prozent) in der ostdeutschen Privatwirtschaft zugleich durch Branchentarif und Betriebsrat erfasst.[13] In Thüringen[14] war im Jahr 2008 hier kaum jeder vierte Betrieb durch Branchen- oder Haustarif[15] gebunden (Westdeutschland: 38 Prozent). Da es sich dabei vornehmlich um Großbetriebe handelt, werden gegenwärtig immerhin noch 43 Prozent der Beschäftigten in Thüringen (Ostdeutschland: 40 Prozent) durch einen Branchentarif erfasst. Aktuelle Erhebungen der Universität Jena in der Optikbranche, die wegen ihres Querschnittcharakters und ihrer mittelständischen Prägung beispielhaft für die Thüringer Industrie steht, illustrieren die geringe Prägekraft branchentariflicher Regulierung (Tabelle 2).

In nur 15 Prozent der Betriebe mit 34 Prozent der Beschäftigten wird nach dem regulären Flächentarif entlohnt; zusammen mit dem Haustarif erreicht der gewerkschaftliche Einfluss noch etwas über die Hälfte der Beschäftigten in 23 Prozent der Unternehmen. Der in der Industriesoziologie lange etablierte Zusammenhang von Betriebsgröße und Tarifbindung ist hier besonders deutlich zu erkennen. Insbesondere die kleinen Unternehmen mit weniger als 50 Beschäftigten setzen fast ausschließlich Individualverträge ein und entziehen sich nahezu vollständig dem gewerkschaftlichen Einfluss. Die Thüringer Unternehmensstruktur mit ihrer hohen Bedeutung kleiner und mittlerer Betriebe ist für die Durchsetzung überbetrieblicher Regulierung folglich ein strukturell schwieriges Terrain.

Tabelle 2: Regelung von Lohn und Gehalt in der optischen Industrie Thüringen

	Betriebsgröße (Zahl der Mitarbeiter)				
	<10	10-49	50-249	≥250	**Gesamt**
Anzahl Mitarbeiter	*134*	*859*	*3.390*	*4.169*	***8.552***
% Flächentarif	3	14	25	46	**34**
% Haustarif	0	2	29	16	**19**
% Individualtarif	97	73	24	6	**21**
% Sonstiges[a]	0	10	22	32	**25**
Anzahl Unternehmen	*27*	*41*	*32*	*9*	***109***
% Flächentarif	4	10	22	44	**15**
% Haustarif	0	5	19	11	**8**
% Individualtarif	96	78	31	11	**63**
% Sonstiges[a]	0	7	28	33	**14**

Lesehilfe: Von den 4.169 Mitarbeitern in Betrieben mit 250 und mehr Beschäftigten werden 46 Prozent nach Flächentarif bezahlt.

a. Härtefall- oder Anerkennungstarifvertrag; Betriebsvereinbarung mit Betriebsrat.

Quelle: Eigene Erhebung Universität Jena, Optik 2009.

Die schwindende Regulierungsfunktion des Tarifvertrages ist wesentlich auf die Probleme der Mitgliederbindung der Unternehmerverbände zurückzuführen; den Gewerkschaften kommen die Verhandlungspartner abhanden. Auf Seiten der Unternehmer wurde die Aufkündigung der Verbandsmitgliedschaft (bzw. der gar nicht erst erfolgende Beitritt) seit den 1990er Jahren geradezu zu einem Massenphänomen, und dies trotz erweiterter Möglichkeiten, die Regulierungen des Flächentarifs an unternehmensspezifische Situationen anzupassen (Tarifverträge zur Beschäftigungssicherung, Härtefallklauseln, seit 1997 Sanierungsklauseln). Für die thüringische Metallindustrie, eine der wichtigsten Branchen des Bundeslandes „hat seit Mitte der 90er Jahre ein starker Einbruch bei den Mitgliederzahlen eingesetzt, in dessen Verlauf sich die Zahl der tarifgebundenen Mitgliedsunternehmen auf 56 reduziert hat. 89 Prozent der Thüringer Betriebe sind nicht Mitglied in einem Arbeitgeberverband, bedingt vor allem durch ihre kleinbetriebliche Struktur. Auch in Thüringen haben sich diese Betriebe weitgehend vom Flächentarifvertrag und vom Arbeitgeberverband verabschiedet."[16] Obwohl diese Zahlen nicht für das gesamte Arbeitgeberlager Allgemeingültigkeit beanspruchen können, signalisieren sie doch bedeutsame Absetzbewegungen von der Institution des Flächentarifs. Der Glaube, das Interesse des eigenen Unternehmens auch quasi im Alleingang, ohne Unterstützung eines Verbandes, wahren zu können, deutet auch darauf hin, dass auf Seiten der Unternehmensleitungen den Gewerkschaften kaum ein Mitgliedergewinn zugetraut wird, den diese dann nutzen könnten, um die Unternehmen in den Tarif (zurück) zu zwingen („Häuserkampf"). Die Distanzierung weiter Teile des Unternehmerlagers vom Tarifsystem trifft die Gewerkschaften in ihrer Kernfunktion – von befestigten Gewerkschaften als zentralem Akteur der Regulierung von Arbeitsbeziehungen kann in Ostdeutschland und Thüringen folglich nicht ausgegangen werden. Die gewerkschaftliche Krise zeigt sich deutlich auch an der brüchigen Verbindung der Gewerkschaften mit den Betriebsräten, die traditionell als wichtige Träger gewerkschaftlicher Programmatik in den Betrieben fungierten.

V. Gewerkschaften und Betriebsräte

Das deutsche System der industriellen Beziehungen wird herkömmlich als duales System beschrieben, das die Repräsentation der Beschäftigteninteressen auf zwei getrennten Ebenen ermöglicht: auf überbetrieblicher Ebene durch Gewerkschaften, die danach streben, die Konkurrenz der abhängig Beschäftigten durch Tarifabkommen mit der Kapitalseite zu reduzieren und zentrale Parameter der Leistungsverausgabung (Lohn, Arbeitszeit) möglichst umfassend zu regulieren. Auf betrieblicher Ebene erfolgt die Vertretung der Beschäftigten durch Betriebs- und Personalräte, denen die Betriebsverfassung abgestufte Informations-, Konsultations- und Mitbestimmungsrechte gewährt. Trotz dieser formalen Trennung galt das Verhältnis zwischen Gewerkschaften und Betriebsräten in der Vergangenheit als symbiotisch.[17] Dieses Verhältnis verdankt sich einer gegenseitigen Abhängigkeit. Für die Gewerkschaften ist der betriebliche Zugang zu den Beschäftigten über die Betriebsräte angesichts der restriktiven Gesetzgebung von herausragender Bedeutung. Die Rekrutierung neuer Mitglieder erfolgt typischerweise durch die Betriebsräte, idealerweise sind Betriebsräte sichtbare Träger gewerkschaftlicher Politik im Unternehmen und Treiber von Mobilisierungsprozessen. Die Gewerkschaften waren in ihrem Bestreben, Betriebsratsgremien zu „kolonialisieren" lange erfolgreich. Zwar sinkt die Gewerkschaftsbindung der Betriebsräte, aber bis heute sind in Deutschland noch immer drei Viertel aller Betriebsräte Gewerkschaftsmitglieder. Umgekehrt „bestückten" betriebliche Interessenvertreter gewerkschaftliche Gremien. Angesichts der

Machtasymmetrie auf betrieblicher Ebene, der gesetzlichen Verpflichtung auf wirtschaftsfriedliches Verhalten und begrenzter Personalressourcen blieben Betriebsräte auf die überbetriebliche Gestaltungs- und Durchsetzungsmacht der Gewerkschaften und deren umfassende Unterstützungsleistungen (z.B. in Form von Schulung, rechtlicher Expertise) angewiesen.

Tabelle 3: Verbreitung von Betriebsräten in der optischen Industrie Thüringen

	Betriebsgröße (Zahl der Mitarbeiter)				
	<10	10-49	50-249	≥250	**Gesamt**
Anzahl der Mitarbeiter	*134*	*859*	*3.390*	*4.169*	***8.552***
Betriebsrat existent (%)	0	27	56	94	**71**
Anzahl der Unternehmen	*27*	*41*	*32*	*9*	***109***
Betriebsrat existent (%)	0	20	55	89	**31**

Lesehilfe: Von den 4.169 Mitarbeitern in Betrieben mit mehr als 250 Mitarbeitern arbeiten 94 Prozent in Betrieben, in denen ein Betriebsrat existiert

Quelle: Eigene Erhebung Universität Jena, Optik 2009.

Wiewohl das beschriebene Verhältnis auch im Westen angesichts der Dezentralisierung von Regelungskompetenzen unter Druck geraten ist, ist die Verbindung in Thüringen in vielen Fällen nur noch als prekär zu bezeichnen. Auf quantitativer Ebene liegt dies an der geringeren Verbreitung von Betriebsräten in einer klein- und mittelbetrieblich geprägten Wirtschaft. So arbeiten fast zwei Drittel der Beschäftigten in Thüringen in einem Unternehmen ohne Betriebsrat (Deutschland insgesamt: 50 Prozent). Die geringe Verbreitung kann nicht umstandslos auf ein Beschäftigtendesinteresse an betrieblicher Interessenvertretung zurückgeführt werden; Gewerkschafter in Thüringen berichten von systematischen Unternehmerstrategien gegen die Etablierung von Betriebsräten, wie sie z.B. auch aus dem deutschen Einzelhandel bekannt sind.[18]

Vergleichsweise „günstig“ ist dabei die Situation in den Betrieben der optischen und optoelektronischen Industrie (Tabelle 3). In fast einem Drittel der Unternehmen gibt es einen Betriebsrat, damit haben mehr als 70 Prozent der Beschäftigten Zugang zu einer betrieblichen Interessenvertretung. Doch auch hier ist eine ausgeprägte Größenabhängigkeit zu erkennen. In den kleinen Unternehmen spielen Betriebsräte so gut wie keine Rolle, ein ausgewogenes Verhältnis gibt es in den mittleren Unternehmen mit 50 bis 249 Mitarbeitern. Die großen Unternehmen sind nahezu flächendeckend mit einem Betriebsrat ausgestattet.

Wo Betriebsräte nicht existent sind, mangelt es den Gewerkschaften an „Türöffnern"; die Erschließung betrieblicher Mitgliederreservoirs wird ihnen erheblich erschwert. Aber auch dort, wo Betriebsräte etabliert sind, manifestiert sich in vielen Fällen eine „brüchige Verschränkung zwischen gewerkschaftlichem und betriebsrätlichem Handeln".[19] Hier sind Prozesse der Entkopplung und die Lockerung im Gange, der Lockerung der Kooperation von Betriebsräten und Gewerkschaften. Sie betreffen einen neuralgischen Punkt: „Die Betriebsräte sind zwar überwiegend Mitglieder einer der DGB-Gewerkschaften, sie bringen diesen aber eher eine distanzierte, instrumentelle Haltung entgegen, die auf deren Servicefunktion abzielt. ... Die Verpflichtungsfähigkeit der Gewerkschaften gegenüber ihren Betriebsräten ist gering, die Betriebszentrierung der betrieblichen Interessenvertreter hingegen enorm ausgeprägt."[20] Auch im Westen stellen betriebspartikularistische Tendenzen ein Problem für die Gewerkschaften dar, allerdings dominiert hier noch immer der Typus des gewerkschaftsorientierten Betriebsrates. Im Osten dagegen geht es in vielen Fällen nicht um die – notfalls auch über den Konflikt – herzustellende Kompromissbildung von Akteuren mit antagonistischen Interessen, sondern: „Die Mitbestimmung mutiert zu einem betriebspolitischen Instrument des sozialen Ausgleichs, der Verständigung und der Vertrauensbildung."[21] Viele ostdeutsche Betriebsräte richten Denken und Handeln ganz unternehmerisch auf das betriebliche Wohl aus, akzeptieren zu diesem Zweck Verzicht und setzen auf partnerschaftliche Beziehungen zum Management. Die Beziehungen zur Gewerkschaft sind vielfach instrumentell und entpolitisiert.[22] So engagierten sich nur 20 Prozent der Betriebsräte in Jena überbetrieblich in gewerkschaftlichen Arbeitskreisen; in den westlichen Vergleichsregionen lagen die Werte bei 70 bis 80 Prozent.[23] Der Betrieb erscheint als das eigene Terrain, der „Einmischung" der Gewerkschaft als externem Akteur werden enge Grenzen gesetzt.

Diese Betriebszentrierung artikuliert dabei durchaus Erfahrungen und Orientierungen der Belegschaften. Schließlich war die Transformation Ostdeutschlands nach der Wirtschafts-, Währungs- und Sozialunion auf dem wirtschaftlichen Sektor zunächst begleitet von einem beispiellosen Deindustrialisierungsprozess, der insbesondere im verarbeitenden Gewerbe einen massiven Abbau von Arbeitsplätzen bedeutete.[24] Nach der Wende ist in Ostdeutschland tatsächlich eine Realwirtschaft zusammengebrochen. Haupteffekt dieser Entwicklung war zunächst eine kollektive Erfahrung gewerkschaftlicher Machtlosigkeit, die den industriellen Auflösungserscheinungen unmittelbar nach der Wende nicht viel entgegenzusetzen hatte. In den überlebenden Unternehmen stand die Erfahrung, dass gewerkschaftliches Engagement quasi folgenlos blieb, in einem Gegensatz zur vielfach konstruktiv empfundenen

Rolle der betrieblichen Mitbestimmungsakteure. Das häufig kooperativ geprägte Arrangement zwischen Betriebsräten und Geschäftsleitungen[25] verdiente sich häufig als stabilisierendes Element die Anerkennung der Belegschaften. Von einer aus betriebsbezogener Sichtweise konstruktiv und pragmatisch wahrgenommenen Bedeutung betrieblicher Mitbestimmung, getragen durch die Betriebsräte, konnten die Gewerkschaften kaum bzw. gar nicht profitieren.[26]

Auch für Thüringen trifft die Feststellung zu, dass die formale Ausweitung des Systems der industriellen Beziehungen von West nach Ost nicht gleichgesetzt werden kann mit dem Transfer, der Übernahme der Logik, die der realen Funktion von Tarifautonomie und Betriebsverfassung in der Bundesrepublik entsprach. Es sind Haltungen und Praktiken der Akteure, die in formal gleichem Rahmen zu unterschiedlichen Ergebnissen führen. Artus bilanziert: „Es wird deutlich, dass eine von außen übertragene Institution nicht die gleiche Legitimation und damit Funktionsfähigkeit besitzt wie eine eigenständig erkämpfte Institution.“[27]

VI. Voraussetzungen gewerkschaftlichen Handelns in Thüringen

Auch 20 Jahre nach der deutschen Einheit findet gewerkschaftliches Engagement in den neuen Bundesländern vor dem Hintergrund spezifischer ökonomischer und wirtschaftsstruktureller Bedingungen statt. Zudem sind die Gewerkschaften mit spezifischen subjektiven Dispositionen ihrer (möglichen) Mitglieder konfrontiert, die aus der Erfahrung der DDR und dem wirtschaftlichen Zusammenbruch nach 1989 erwuchsen.

Eine „Stunde Null“ im Aufbau der ostdeutschen Gewerkschaften hat es nicht gegeben;[28] das (gewerkschaftliche) Erbe aus der Zeit vor dem Systemwechsel bildete nicht unbedingt einen fruchtbaren Boden für Transformation und Aufbau der neuen Strukturen und Organisationen, die auf die aktive Trägerschaft der Beschäftigten angewiesen sind. Im Gegensatz dazu basierten Mitsprache und Interessenvertretung im planwirtschaftlichen Wirtschaftssystem im Wesentlichen auf einer „passiven Stärke“[29] der Beschäftigten, die sich im Rahmen vorwiegend informell geprägter Macht- und Austauschstrukturen in den Betrieben hatte etablieren können. Stabile, systematisch unterscheidbare und somit nach der Wende organisierbare Interessenlagen konnten sich auf dieser Basis kaum herausbilden. Der patriarchalische Wohlfahrtsstaat des real existierenden Sozialismus gewährte Sicherheit, er definierte Löhne und Arbeitszeiten, aber er ließ keinen Raum für unabhängige, kollektive Interessenartikulation der Arbeitenden. Wo sich Interessengegensätze trotzdem offen Bahn brachen, folgte die staatliche Repression auf dem Fuß, am deutlichsten im Jahre 1953. Die mangelnde Tradition und Erfahrung der Notwendigkeit eigenen solidarischen Interessenhandels in der Arbeitswelt kann wohl auch durch die Tatsache nicht ausgeglichen werden, dass die Arbeitenden in der Wendezeit durchaus auch auf betrieblicher Ebene politische und materielle Forderungen erhoben und mit Formen der Selbstorganisation experimentierten. Diese Erfahrungen waren zu episodisch, um die tradierten „Versorgungsmentalitäten“ wirklich zu verdrängen. Wo Beschäftigte nach der „Wende“ diese Versorgungsansprüche geltend machten und ein passiv-instrumentelles Verhältnis den Gewerkschaften gegenüber an den Tag legten, musste eine tiefe Enttäuschung einsetzen.

1. Arbeitslosigkeit als Disziplinierungsfaktor

Das zentrale Problem, mit dem sich die Akteure unmittelbar nach dem Systemumbruch auseinanderzusetzen hatten, war die Arbeitslosigkeit, die durch den Deindustrialisierungsprozess sprunghaft anstieg und sich ab 1995 auf hohem Niveau verfestigte. Verschärfend wirkte sich für die Gewerkschaften aus, dass der Abbau der Arbeitsplätze schwerpunktmäßig traditionelle und damit vergleichsweise gut organisierbare Bereiche des verarbeitenden Gewerbes traf.[30] Neue Beschäftigungsmöglichkeiten entstanden oft genau dort, wo Gewerkschaften sich traditionell schwer tun, eine Präsenz zu etablieren, z.B. in vielen Bereichen des Dienstleistungssektors.

Im Wesentlichen wurde auf den beispiellosen Strukturwandel mit den Instrumenten Vorruhestand, ABM, SAM und Kurzarbeit reagiert. Die anfängliche Hoffnung, dass es sich bei diesen Interventionen um kurzfristige Maßnahmen zur Bewältigung des Umbruchs handele, sollte sich nicht erfüllen. Eher im Gegenteil hat sich die „Maßnahmenkarriere“ für viele ostdeutsche Beschäftigte als eine beschäftigungspolitische Falle erwiesen. Und auch wenn die Arbeitslosigkeit seit 2000 in allen Thüringer Landkreisen rückläufig ist, so hat der Anteil der Langzeitarbeitslosen, d.h. derjenigen potentiellen Erwerbspersonen, die mindestens seit einem Jahr ohne Beschäftigung sind, insgesamt deutlich zugenommen, was auf eine Verfestigung des Problems schließen lässt. Auf Arbeitslosigkeit folgt nicht zwangsläufig der Gewerkschaftsaustritt, aber wo eine tiefe emotional-normative Bindung an die gewerkschaftliche Idee fehlt und instrumentelle Kalküle dominieren, wird die Mitgliedschaft bei Eintritt der Erwerbslosigkeit kaum aufrecht erhalten.

Die Reservearmee der Arbeitslosen intensiviert die Konkurrenz unter den Anbietern von Arbeitskraft. Die Bewertung der eigenen Situation im Betrieb und die Positionierung im betrieblichen Interessengefüge wird nicht unwesentlich davon beeinflusst, wie die eigenen Chancen auf dem externen Arbeitsmarkt bewertet werden. Hohe Arbeitslosenquoten und die verbreitete persönliche Erfahrung von Entlassung und Arbeitslosigkeit führen den Einzelnen permanent die eigene potentielle Austauschbarkeit vor Augen. In einer solchen Umgebung erscheint es für einen Großteil der Beschäftigten riskant, die Arbeitsplatzsicherheit durch einen Eintritt in die Gewerkschaft zu gefährden, die oft als einflusslos wahrgenommen wird. Die Allgegenwart von Arbeitslosigkeit in Lebenswelt und Biografie führt bei Beschäftigten zu einer subjektiven Aufwertung der Arbeitsbedingungen, ein organisationspolitisches Stillhalten wird gegen das implizite Versprechen von Beschäftigungskontinuität eingetauscht.[31] Die gefühlte notgemeinschaftliche Nähe von Belegschaft und Geschäftsführung führt in diesem Kontext zu einer Duldung von Missständen und zu einer Ausblendung von Interessengegensätzen. In Verbindung mit einem häufig in ostdeutschen bzw. thüringischen Klein- und Mittelbetrieben anzutreffenden paternalistischen Führungsstil auf der einen Seite sowie stillhaltenden anspruchsarmen Betriebsgemeinschaften auf der anderen erscheint persönliches gewerkschaftliches Engagement wenig erstrebenswert. Mit der Hartz IV-Gesetzgebung sind die disziplinierenden Mechanismen, z.B. durch die erweiterten Nutzungsmöglichkeiten der Leiharbeit, noch ausgedehnt worden.

Entwicklung der Arbeitslosenquoten nach Bundesländern (1991-2009)

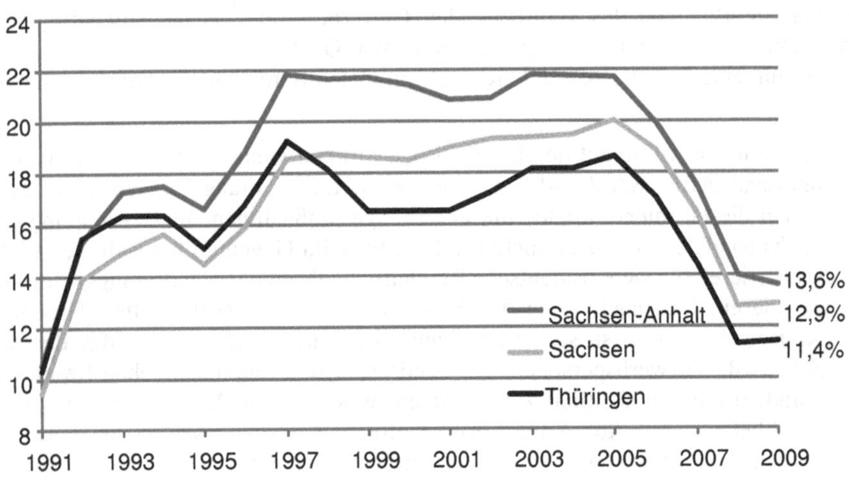

Nun ist in den vergangenen Jahren die Arbeitslosenquote in allen ostdeutschen Bundesländern deutlich zurückgegangen (s. Abbildung). Waren 2005 im Jahresdurchschnitt noch 18,5 Prozent der potentiellen Erwerbspersonen in Thüringen arbeitslos, so betrug die Arbeitslosenquote im Jahresdurchschnitt 2008 nur noch 11,3 Prozent. In der Hauptsache ist der Abbau der Arbeitslosigkeit ein Resultat der positiven konjunkturellen Entwicklung der vergangenen Jahre. Darüber hinaus wirkt angesichts der steigenden Renteneintritte und des sinkenden Erwerbspersonenpotentials zunehmend auch ein demografischer Entlastungseffekt auf den Arbeitsmarkt. Dass Thüringen seit Ende der 1990er Jahre die niedrigste Arbeitslosenquote aller neuen Länder vorweisen kann, hat dabei weniger mit überdurchschnittlicher Wirtschaftskraft zu tun. Vielmehr kann diese etwas günstigere Entwicklung der Arbeitslosigkeit im Freistaat unter anderem seiner Grenzlage zu den alten Ländern und dem entsprechend hohen Anteil an Auspendlern zugeschrieben werden. So arbeiten zwölf Prozent aller Beschäftigten mit Wohnort in Thüringen in den alten Bundesländern, wohingegen es beispielsweise in Sachsen nur fünf Prozent sind.

Mit dem Rückgang der Arbeitslosigkeit verliert ein zentraler Erklärungsfaktor für die Schwäche der Gewerkschaften an Gewicht. Die (relative) Entspannung auf dem Arbeitsmarkt muss jedoch nicht unmittelbar und zwangsläufig zu einem selbstbewussten Auftreten der Beschäftigten und einer wachsenden Bereitschaft zu gewerkschaftlicher Interessendurchsetzung führen. Die langen Phasen von Arbeitsplatzunsicherheit, der Trend zur Prekarisierung von Arbeit und die auch medial vermittelte Unsicherheit haben eine tiefgreifende Wirkung auf die Beschäftigten hinterlassen. Erschwerend kommt hinzu, dass gewerkschaftliche Erfolgsgeschichten als Anleitung für eigenes Handeln nicht eben an der Tagesordnung sind.

2. *Betriebszentrierte Mitarbeiterkulturen ohne Gewerkschaftsbezug*

Wie bereits angedeutet resultiert aus der spezifischen Konstellation von Arbeitsmarktlage, Geschäftsführungen mit Alleinvertretungsanspruch sowie fehlender bzw. schwacher Betriebsrätekultur ein für die Gewerkschaften nur mühsam zu bestellendes Feld. In diese Reihe von vergleichsweise ungünstigen Voraussetzungen fügt sich die spezifische Einstellung des ostdeutschen „Arbeitsspartaners“[32] in Bezug auf seine Rolle als handelnder Akteur im Betrieb nahezu komplementär ein.

Die Einstellung des typischen ostdeutschen Beschäftigten ist durch eine hohe Identifikation und Loyalität mit dem eigenen Unternehmen gekennzeichnet. Dies drückt sich ganz real in einem sehr geringen Niveau von Kündigungen und Eigenkündigungen aus. Aber auch Konformitätsdruck, gegenseitige Disziplinierung und Kontrolle in den häufig alters- und auch geschlechtshomogenen Belegschaften sind Erscheinungsformen der ostdeutschen Betriebskultur. Das individuelle Sicherheitsempfinden nimmt dabei einen prominenten Stellenwert innerhalb der Bedürfnishierarchie der Beschäftigten ein; diese ist subjektiv wiederum sehr eng an das Betriebswohl gekoppelt. So wird die betriebswirtschaftlich geprägte Argumentation des Managements, bei Tarifverhandlungen „auf dem Teppich zu bleiben“, zumeist von der Belegschaft geteilt oder zumindest nicht hinterfragt.[33] Kollektive Ziele, wie mehr soziale Gerechtigkeit und Anpassung der Lebensbedingungen an das westdeutsche Niveau, werden in einer Relevanzhierarchie klar der Kontinuität des eigenen Arbeitsplatzes und dem Betriebswohl untergeordnet. Über die betrieblich-individualistischen Bedürfnisse hinausgehende bzw. damit kollidierende Initiativen stoßen in dieser Gemengelage gemeinhin auf wenig Unterstützung. Besonders deutlich wurde dies im Zuge des gescheiterten Streiks in der ostdeutschen Metallindustrie im Jahre 2003, als die kollektive Forderung nach einer Reduzierung der Arbeitszeit kaum Mobilisierungspotential entfalten konnte.[34]

Dies zeigt sich auch in einer 2006 durchgeführten Befragung von Beschäftigten der ostdeutschen Metall- und Elektroindustrie. Dabei kann zunächst generell eine hohe Akzeptanz gewerkschaftlicher Zielstellungen sowie eine hohe Wertschätzung der konkreten Betriebsratsarbeit konstatiert werden. Die große Mehrheit der Beschäftigten ist davon überzeugt, dass Gewerkschaften grundsätzlich wichtig sind, wobei es dabei zwischen den Beschäftigtengruppen durchaus Unterschiede gibt. Am größten ist der Anteil bei den Arbeitern; aber auch unter den kaufmännischen Angestellten, eher eine Gruppe mit geringer Affinität zu gewerkschaftlicher Arbeit, liegt der Anteil noch bei knapp zwei Drittel. Allerdings bildet nur für wenige Beschäftigte diese grundsätzliche Zustimmung den Ausgangspunkt für eigenes Engagement. Denn dieses hängt in hohem Maße von der Bewertung der politischen Durchsetzungsmacht der Gewerkschaften ab. Bis auf die Gruppe der Un- und Angelernten beurteilen alle Beschäftigtengruppen die Einflussmöglichkeiten der Gewerkschaften jedoch als gering. Diese Aporie dürfte für die zukünftige Gewerkschaftsarbeit eine nur sehr schwer zu bewältigende Hypothek darstellen. Denn eine offensive gewerkschaftliche Strategie mit Ausstrahlungskraft erscheint eher in wirtschaftlich prosperierenden Regionen aussichtsreich, die auf Grund der Fachkräftesituation auch ein gewisses Verhandlungspotential bieten. Gerade diese Regionen in Thüringen (Optik Jena, Fahrzeugbau Eisenach) werden jedoch von qualifizierten und hochqualifizierten Beschäftigungsgruppen dominiert, die Interessenvertretung tendenziell als individuelle Angelegenheit behandeln.[35] Entsprechend wird die Nicht-Mitgliedschaft vor allem mit individuellen Nutzenkalkülen wie fehlender individueller Vorteil, anderweitige (individuelle) Interessenvertretung sowie fehlender Bezug zur eigenen Lebens- und Arbeitsrealität begründet. Hierin kann auch die andere Seite des Problems gesehen werden, wonach die Gewerkschaften in den Betrieben über keine ausreichende Basis in Form von Repräsentanten und Vertrauenskörpern verfügen. Die Gewerkschaftsarbeit bleibt so für die meisten Beschäftigten zu unkonkret und wenig greifbar. Insbesondere die enttäuschten Facharbeiter der Generation der heute über 50-Jährigen, einer Gruppe mit den immer noch höchsten Zustimmungswerten zu Betriebsrat und Gewerkschaften, verbinden ihre Berufsbiografie eng mit der entbehrungsreichen Zeit bis Mitte der 1990er Jahre und fühlen sich angesichts nicht eingelöster Ansprüche aus dieser Zeit zunehmend in der Verliererrolle. Angesichts schwindender Anerkennung und geringer externer Arbeitsmarktchancen droht diese Gruppe für die Betriebe als wichtiger Erfahrungsträger und für die Gewerkschaften als loyale Mitglieder und Repräsentanten eine Leerstelle im Gefüge der industriellen Beziehungen zu hinterlassen.[36] Es besteht die Gefahr, dass sich mit ihrem Ausscheiden aus den Unternehmen im nächsten Jahrzehnt der Verlust gewerkschaftlicher Positionen und Einflussstärke aus den Unternehmen weiter beschleunigt.

VII. Gewerkschaftliches Handeln jenseits des Betriebs

Angesichts der schwachen betrieblichen Verankerung sind die Gewerkschaften in Thüringen darauf angewiesen, jenseits des Arbeitsplatzes Zugang zu potenziellen Mitgliedern zu finden und den gesellschaftlichen Diskurs zu beeinflussen. Bündnisse mit sozialen Bewegungen und zivilgesellschaftlichen Organisationen spielen international in neueren Ansätzen zur Revitalisierung der Gewerkschaften eine große Rolle. In Thüringen engagieren sich die Gewerkschaften beispielsweise gemeinsam mit Elternvertretern im Rahmen des „Volksbegehrens für eine bessere Familienpolitik" oder im „Thüringer Mindestlohnbündnis", in dem neben den Gewerkschaften, der SPD, der LINKEN sowie Bündnis 90/Die Grünen Organisationen wie die Katholische Arbeitnehmerbewegung (KAB), der Kirchliche Dienst in der Arbeitswelt (KdA) der evangelischen Kirche, das globalisierungskritische Netzwerk attac und die Bürgerinitiative gegen Billiglohn – für Gleichbehandlung e.V. vertreten sind. Über Petitionen und öffentlichkeitswirksame Aktionen versuchen die Gewerkschaften so, in Kontakt mit der Bevölkerung zu kommen, verletzte Gefühle von Fairness und Gerechtigkeit zu artikulieren und sich als wirtschaftspolitischer Akteur einen Namen zu machen, der für eine nachhaltige Strategie jenseits der eines Niedriglohnstandortes steht.

Die Gewerkschaften beteiligen sich an den Mobilisierungen gegen die Aktivitäten von Rechtsextremen (z.B. gegen das „Fest der Völker"). Dieses Engagement resultiert aus den Eigeninteressen der Gewerkschaften, die in ihrer Arbeit durch Rechtsextreme bedroht sind, die ihrerseits versuchen, mit rassistischem und nationalistischem Gedankengut zivilgesellschaftliche Deutungshoheit zu erreichen; es bringt die Gewerkschaften gleichzeitig in Kontakt mit einer Vielzahl politisch interessierter und aktiver Jugendlicher, bei denen zumindest eine gewisse Offenheit für gewerkschaftliche Ideen besteht. Die Versuche, Jugendliche für die Gewerkschaften zu interessieren, gehen aber über antifaschistische Initiativen hinaus, sie reichen von der Unterstützung studentischer Proteste gegen die „Bildungsmisere" bis hin zu Versuchen, tarifpolitische Auseinandersetzungen mit der Situation Jugendlicher zu verknüpfen. So wählten die Gewerkschaften im Rahmen der Tarif-Auseinandersetzung im Öffentlichen Dienst den Campus der Universität Jena als Kundgebungsplatz und versuchten, die Studienbedingungen mit Tariffragen (z.B. der prekären Situation wissenschaftlicher Beschäftigter an den Universitäten) zu verbinden. Experimentiert wird auch mit neuen Formen der Ansprache und der Vernetzung. So bemühen sich einzelne Gewerkschafter um Präsenz und Mitgliedergewinnung an den Berufsschulen, um junge Auszubildende, die betrieblich weder Betriebsräte noch Gewerkschaft vorfinden, für die Gewerkschaft zu interessieren. Neue Kommunikationstechniken (z.B. gewerkschaftliche Präsenz auf facebook oder Kommunikation über twitter) stellen eine jugendgemäße Form der Ansprache dar. Gleichzeitig wird versucht, außerbetriebliche Formen der Gewerkschaftsarbeit zu stärken. So versucht der Arbeitskreis Außerbetriebliche Gewerkschaftsarbeit der IG Metall, Erwerbslosen und Senioren einen Raum der Zusammenkunft zu bieten sowie Unterstützung und Beratung auch für dieses Mitgliedersegment zu gewährleisten.

Die Vielfalt gewerkschaftlicher Aktivitäten jenseits des Betriebes wird die gewerkschaftliche Schwäche nicht kurzfristig überwinden und sie ist auch keine Kompensation für fehlende Organisationsmacht im Betrieb. Diese Aktivitäten erfordern einen hohen Ressourcenaufwand, sie sollten jedoch nicht alternativ zum gewerkschaftlichen Kerngeschäft gedacht werden. Gewerkschaftliches Handeln jenseits der Institutionen industrieller Beziehungen ist wichtiger Bestandteil des Versuches, Gewerkschaften mittel- und langfristig zu einem öffentlich wahrnehmbaren, politischen Akteur zu machen und die Verankerung gewerkschaftlicher Positionen im öffentlichen Diskurs voran zu treiben. Gleichzeitig bietet sich den Gewerkschaften über die Arbeit in Bündnissen und sozialen Bewegungen die Möglichkeit, als Organisation von den Praktiken und politischen Diskussionen anderer Akteure zu lernen.

VIII. Resümee

Die aktuelle Situation der Gewerkschaften in Thüringen ist prekär. Sie ist gekennzeichnet durch fortgesetzten Mitgliederverlust, Nachwuchsprobleme und Ressourcenknappheit. Auf Unternehmerseite ist die Bereitschaft, die Gewerkschaften als legitimen Akteur zu akzeptieren, wenig ausgeprägt. Die defizitäre Organisationsmacht der Gewerkschaften beschädigt ihren institutionellen Einfluss. Und umgekehrt schwächt die Marginalisierung der Gewerkschaften in einem fragmentierten System industrieller Beziehungen die Rekrutierungsfähigkeit der Organisationen, die in den Augen der Arbeitenden zunehmend machtlos sind. Das Verhältnis der Gewerkschaften zu den oft betriebsbezogenen Betriebsräten ist durch Entkopplung und Distanzierung gekennzeichnet, damit wird der betriebliche Zugang zu abhängig Beschäftigten erschwert. Die subjektiven Dispositionen der ostdeutschen Beschäftigten, die eindringlichen Erfahrungen von Machtlosigkeit angesichts der wirtschaftlichen Transformationskrise, hohe Arbeitslosigkeit und scharfe Konkurrenz auf vielen Teilarbeitsmärkten sowie die klein- und mittelbetrieblich geprägte Unternehmensstruktur beschreiben Bedingungen gewerkschaftlichen Handelns, die eine schnelle Revitalisierung kaum möglich erscheinen lassen. Umschrieben ist damit ein eigensinniges Handlungsterrain, auf das eine gewerkschaftliche Strategie zur Bewältigung der eigenen Krise sich einzulassen hat. Eine solche Strategiediskussion ist im Interesse der Gewerkschaften insgesamt, denn schließlich wirken auch im Westen die alten Methoden gewerkschaftlicher Repräsentanz immer weniger und nur noch für eine immer weiter schrumpfende Gruppe Beschäftigter. Und die Herausforderungen durch Dezentralisierung, „Verkleinbetrieblichung“ und wachsende Segmente prekärer Beschäftigung sind schließlich auch im Westen keineswegs als Randphänomene zu vernachlässigen.

Die Zustandsbeschreibung zwanzig Jahre nach der Einheit sollte nicht einfach in eine – aus gewerkschaftlicher Sicht dunkle – Zukunft verlängert werden, denn es gibt durchaus Faktoren, die eine gewerkschaftliche Wiederbelebung stützen könnten: Die in Thüringen rückläufige Arbeitslosigkeit spiegelt zum einen den fortschreitenden Konsolidierungs- und Wachstumsprozess der Wirtschaft wider, ist zum anderen aber vor allem Folge der demografischen Entwicklung der letzten beiden Jahrzehnte, die das Verhältnis von Angebot und Nachfrage auf Teilen des Arbeitsmarktes zu Gunsten der Arbeitnehmer verändert und daher zukünftig wachsenden Spielraum für selbstbewusstes Auftreten der Beschäftigten bietet. Für die Gewerkschaften käme es dann darauf an, eine passende (d.h. stark sachlich-diskursive) Ansprache an Beschäftigte hoher Qualifikation in expandierenden Branchen zu entwickeln, ohne dabei die Erschließung prekärer Beschäftigtensegmente zu vernachlässigen. Besonders in der aktuellen Wirtschaftskrise scheint fraglich, ob auf sich allein gestellte, nicht eng mit der Gewerkschaft kooperierende Betriebsräte ausreichend Expertise und Vetomacht aufbauen können, wenn es darum geht, die einseitige Belastung der abhängig Beschäftigten mit den Krisenfolgen zu verhindern und nachhaltige Krisenbewältigungsmechanismen zu etablieren.

So kritisch der Verlust älterer Beschäftigter als verbleibender Kerngruppe gewerkschaftlicher Organisation in vielen Betrieben auch sein mag, neue Konflikte könnten sich vor allem dort entzünden, wo qualifizierte, junge Arbeitskräfte mit erweiterten Ansprüchen an umfassende Anerkennung, an betriebliche Partizipation und „Selbstverwirklichung“ in der Arbeit auf autoritäre Managementorientierungen treffen. Und schließlich sind die Wertorientierungen und politischen Vorstellungen weiter Teile der Bevölkerung sehr nahe an gewerkschaftlichen Kernpositionen: So hat die Werteforschung[37] ein hohes Maß an Egalitarismus, ein ausgeprägtes (und verletztes) soziales Gerechtigkeitsempfinden und eine deutliche Kritik an neoliberalen Wirtschafts- und Gesellschaftsentwürfen besonders in Ostdeutschland beschrieben. Die prinzipielle Zustimmung der Beschäftigten zur gewerkschaftlichen Idee bei gleichzeitiger Mitgliedererosion signalisiert aber, dass sich diese Orientierungen nicht im Selbstlauf in steigende Mitgliedszahlen umsetzen.

Die (akademische) Diskussion um die Möglichkeiten einer gewerkschaftlichen Belebung steckt noch in den Anfängen, wird aber gerade in Thüringen intensiv geführt.[38] Umrissen wird hier eine gewerkschaftliche Orientierung auf eine aktivierende Betriebspolitik, die ihren Ausgangspunkt in der von Gewerkschaften und Betriebsräten unterstützten Problemdefinition durch die Beschäftigten selbst hat und neue Formen der Politisierung und kollektiven Bearbeitung durch die Betroffenen selbst erprobt. Diesen Ansätzen geht es um die Aneignung und Gestaltung der Gewerkschaften durch die Beschäftigten für ihre eigenen Zwecke und unter spezifischen Bedingungen und damit um einen Prozess, der in Ostdeutschland bisher nur partiell erfolgt ist.

Gerade angesichts der Schwäche gewerkschaftlicher Organisation im Betrieb stellt sich für die Gewerkschaften in Thüringen die Frage, ob und wie in anderen zentralen gesellschaftlichen Bereichen (soziale Bewegungen, Parteien, Medien) Präsenz hergestellt und Einfluss gewonnen werden kann. Von zentraler Bedeutung sind dabei die Verbindungen ins politische System hinein. Die Partei DIE LINKE (ehem. PDS) weist fraglos viele inhaltliche Schnittpunkte zu gewerkschaftlicher Programmatik auf und ihr derzeit wichtigster Repräsentant, der Fraktionsvorsitzende Bodo Ramelow, war selbst bis 1999 Landesvorsitzender der Gewerkschaft Handel, Banken und Versicherungen in Thüringen.[39] Die derzeitige Vorsitzende des DGB-Thüringen, Renate Licht, bekundete in der Vergangenheit offen ihre Unterstützung für DIE LINKE und löste auf diesem Posten das SPD-Mitglied Steffen Lemme ab. DIE LINKE blieb jedoch auch nach den Landtagswahlen des Jahres 2009 auf die parlamentarische Opposition verwiesen. In der neuen Regierungskoalition von CDU und SPD existiert, nach den Jahren konservativer Alleinregierung seit 1999 und gewerkschaftlicher Marginalisierung im politischen Raum, durchaus eine Offenheit für gewerkschaftliche Anliegen. Zentrale Forderungen der Gewerkschaften nach Stärkung des Tarifsystems und der betrieblichen Mitbestimmung, nach der Einführung eines Mindestlohnes und einer Wirtschaftspolitik, die die wirtschaftliche Leistungsfähigkeit nicht über eine Niedriglohnstrategie, sondern über qualifizierte und sichere Arbeit zu entwickeln sucht, werden durch den Thüringer Minister für Wirtschaft, Arbeit und Technologie, Matthias Machnig (SPD), getragen.

Anmerkungen

1 *Walther Müller-Jentsch*, Gewerkschaften als intermediäre Organisationen, in: Kölner Zeitschrift für Soziologie und Sozialpsychologie, Sonderheft 24 (1982), S. 408-433, hier S. 420.

2 *Wolfgang Schroeder / Bernhard Weßels (Hrsg.)*, Die Gewerkschaften in Politik und Gesellschaft der Bundesrepublik Deutschland: ein Handbuch, Wiesbaden 2003, S. 11.

3 *Goetz Briefs*, Zwischen Kapitalismus und Syndikalismus: Die Gewerkschaften am Scheideweg, Bern 1952, S. 88.

4 *Volkmar Kreißig*, Machtstrukturen und Beziehungen im Transformationsprozess, in: *Rudi Schmidt (Hrsg.)*, Zwischenbilanz. Analysen zum Transformationsprozess der ostdeutschen Industrie, Berlin 1993, S. 109-130.

5 *Rudi Schmidt*, The Rebuilding of Industrial Relations in Germany, in: *Walther Müller-Jentsch / Hansjörg Weitbrecht (Hrsg.)*, The Changing Contours of German Industrial Relations, München / Mering 2003, S. 81-102.

6 *Rainer Deppe / Wolfgang Schroeder*, Doppelte Transformation und Gewerkschaften in Polen, Ungarn und Ostdeutschland, in: WSI Mitteilungen 56 (2002), S. 663-669.

7 *Rudi Schmidt / Silke Röbenack / Robert Hinke*, Prekarisierung des kollektiven Tarifsystems am Beispiel der ostdeutschen Metallindustrie, in: Industrielle Beziehungen 10 (2003), S. 220-249.

8 *Anke Hassel*, The Erosion of the German System of Industrial Relations, in: British Journal of Industrial Relations 37 (1999), S. 483-505.

9 *Gerhard Bosch*, Auflösung des deutschen Tarifsystems, in: Wirtschaftsdienst 88 (2008), S. 16-20.

10 *Wolfgang Streeck / Britta Rehder*, Institutionen im Wandel: Hat die Tarifautonomie eine Zukunft? in: *Hans Werner Busch u.a. (Hrsg.)*, Tarifpolitik im Umbruch, Köln 2005, S. 49-82.

11 *Ulrich Brinkmann u.a.*, Strategic unionism, aus der Krise zur Erneuerung? Umrisse eines Forschungsprogramms, Wiesbaden 2008.

12 *Robert Hinke*, "Eastanizing": gewerkschaftliche Herausforderung Ostdeutschland, in: Prokla 38 (2008), S. 113-128.

13 Angaben des IAB-Betriebspanels, einer von der Forschungseinrichtung der Bundesagentur für Arbeit initiierten repräsentativen Unternehmensbefragung (Datengrundlage sind hier Privatunternehmen mit mindestens fünf Beschäftigten). 1996 waren noch 29 Prozent (Westdeutschland: 41 Prozent) in dieser Kernzone beschäftigt.

14 *Institut für Arbeitsmarkt- und Berufsforschung Nürnberg / Thüringer Ministerium für Wirtschaft, Arbeit und Technologie*, IAB-Betriebspanel, Länderbericht Thüringen, Ergebnisse der dreizehnten Welle 2008.

15 Haustarifliche Regelungen unterschreiten gewöhnlich jene der Branchenvereinbarungen; ein weiterer Verlust der Orientierungsfunktion des Flächentarifs für andere Regulierungsformen (Haustarife) ist zu erwarten. Vgl. *Schmidt / Röbenack / Hinke* (Anm. 7).

16 *Thomas Haipeter / Gabi Schilling*, Von der Einfluss- zur Mitgliedschaftslogik: die Arbeitgeberverbände und das System der industriellen Beziehungen in der Metallindustrie, in: Industrielle Beziehungen 13 (2006), S. 21-42, hier S. 30.

17 *Rudi Schmidt / Rainer Trinczek*, Der Betriebsrat als Akteur industrieller Beziehungen, in: *Walther Müller-Jentsch (Hrsg.)*, Konfliktpartnerschaft: Akteure und Institutionen der industriellen Beziehungen, München / Mering 1999, S. 103-128.

18 *Gudrun Giese / Andreas Hamann / Vereinte Dienstleistungsgewerkschaft*, Schwarz-Buch Lidl: billig auf Kosten der Beschäftigten, Berlin 2004.

19 *Ingrid Artus*, Die Kooperation von Betriebsräten und Gewerkschaften als neuralgischer Punkt des Tarifsystems. Eine exemplarische Analyse am Beispiel Ostdeutschlands, in: Industrielle Beziehungen 10 (2003), S. 250-272, hier S. 268.

20 *Hinke* (Anm. 12), S. 118.

21 *Hinke* (Anm. 12), S. 119.

22 *Artus* (Anm. 19).

23 *Mario Candeias / Bernd Röttger*, Zwischen Rückzug und überbetrieblichem Engagement: Betriebsräte als Akteure lokaler Zivilgesellschaften, BBE-Newsletter, Nr. 5 (2008).

24 Die Zahlen hierzu gehen auseinander und reichen von einem Rückgang von 56 Prozent bis zu 67 Prozent. Vgl. hierzu: Deutscher Bundestag, 13. Wahlperiode: Schlussbericht der Enquete-Kommission „Überwindung der Folgen der SED-Diktatur im Prozess der deutschen Einheit“, Drs. 13/11.000, 10.6.1998.

25 *Hinrich Garms*, "Mitgefangen - Mitgehangen"? Ostdeutsche Betriebsräte und Co-Management; theoretische Einordnung, Konzeption und Auswertung einer Untersuchung in der Metallindustrie in Berlin, Brandenburg und Sachsen, Neu-Ulm 2009.

26 *Antonina Bieszcz-Kaiser / Ralph-Elmar Lungwitz / Evelyn Preusche*, Industrielle Beziehungen in Ost und West unter Veränderungsdruck, München u.a. 1995.

27 *Artus* (Anm. 19), S. 268.

28 *Wolfgang Schroeder / Bernhard Weßels*, Das deutsche Gewerkschaftsmodell im Transformationsprozess: Die deutsche Gewerkschaftslandschaft, in: *dies.* (Anm. 2), S. 11-37.

29 *Jens Aderhold*, Von der Betriebs- zur Zweckgemeinschaft: ostdeutsche Arbeits- und Managementkulturen im Transformationsprozess, Berlin 1994.

30 *Bernhard Ebbinghaus*, Die Mitgliederentwicklung deutscher Gewerkschaften im historischen und internationalen Vergleich, in: *Schroeder / Weßels* (Anm. 2), S. 174-203.

31 *Michael Behr u.a.*, Produktive Leistungsgemeinschaften und erzwungene Arrangements. Ergebnisse einer Beschäftigtenbefragung in der Metall- und Elektroindustrie 2005/2006 in den fünf neuen Bundesländern, Otto Brenner Stiftung / FSU Jena / Jenaer Zentrum für empirische Sozial- und Kulturforschung, Jena 2006.

32 *Michael Behr*, Ostdeutsche Arbeitsspartaner - Der positive Trend in der ostdeutschen Industrie führt zu neuen Herausforderungen, in: Die politische Meinung 369 (2000) Heft 8, S. 27-38.

33 *Michael Behr / Klaus Dörre*, Arbeitsbewusstsein, Interessenorientierung und Gesellschaftsbild von Beschäftigten in Ostdeutschland - Ergebnisse einer Belegschaftsbefragung in einem Unternehmen der Optischen Industrie in Thüringen, Jena 2008.

34 *Rudi Schmidt*, Der gescheiterte Streik in der ostdeutschen Metallindustrie, in: Prokla 33 (2003), S. 493-509.

35 *André Holtrup*, Individualisierung der Arbeitsbeziehungen? Ansprüche von Beschäftigten an Arbeit und Interessenvertretung, München u.a. 2008.

36 *Michael Behr*, Der unglückliche Erfolgsfaktor: beschleunigt, aktiviert, aber nicht zukunftsfähig, in: WSI-Mitteilungen 62 (2009), S. 554-559.

37 *Thomas Ahbe*, Die Konstruktion der Ostdeutschen. Diskursive Spannungen, Stereotype und Identitäten seit 1989, in: Aus Politik und Zeitgeschichte, B 41-42 (2004), S. 12-22, sowie *Behr / Dörre* (Anm. 33).

38 Vgl. *Streeck / Rehder* (Anm. 10), *Brinkmann u.a.* (Anm. 11).

39 Zur Hinwendung großer Teile der gewerkschaftlich organisierten Arbeiterschaft zur LINKEN vgl. den Beitrag von *Schmitt* zu den Wahlen (in diesem Band).

André Sonntag / Rolf Walter / Jürgen Schreiber

Thüringens Wirtschaft im Wandel

I. Grundlagen und Rahmenbedingungen

Die rechtliche Grundlage für den wirtschaftlichen Wandel in den neuen Bundesländern war der am 1. Juli 1990 in Kraft getretene „Vertrag über die Schaffung einer Währungs-, Wirtschafts- und Sozialunion zwischen der Bundesrepublik Deutschland und der Deutschen Demokratischen Republik".[1] Neben der Einführung der Deutschen Mark als gemeinsamer Währung ist die Soziale Marktwirtschaft als gemeinsame Wirtschaftsordnung beschlossen worden, „bestimmt durch Privateigentum, Leistungswettbewerb, freie Preisbildung und grundsätzlich volle Freizügigkeit von Arbeit, Kapital, Gütern und Dienstleistungen".[2] Weiterhin wurde die Arbeitsrechtsordnung der Bundesrepublik und deren System der sozialen Sicherung eingeführt, das „auf den Prinzipien der Leistungsgerechtigkeit und des sozialen Ausgleichs"[3] beruht. Die Transformation der zentral organisierten Planwirtschaft der ehemaligen DDR in eine Soziale Marktwirtschaft verfolgte das Ziel, in den neuen Bundesländern die wirtschaftliche Leistungsfähigkeit der alten Bundesländer und damit eine deutliche Steigerung und Angleichung des Wohlstands zu erreichen.

1. Privatisierung des Kapitalstocks

Am Anfang des Transformationsprozesses standen ein veralteter Kapitalstock, nicht mehr zukunftsfähige Technologien und eine marode Infrastruktur. Dies betraf vor allem Verkehrs-, Energie- und Telekommunikationsnetze. So war bei der Modernisierung ein enormes Investitionsvolumen aufzubringen. Mit der Privatisierung der Volkseigenen Betriebe und Kombinate wurde die Treuhandanstalt[4] beauftragt, die industrielle Standorte erhalten und die Wettbewerbsfähigkeit der Unternehmen vorantreiben sollte. Infolgedessen wurden sanierungsfähige Betriebe aufgebaut, nicht überlebensfähige Einheiten abgewickelt und größere Kombinate entflochten. Bis Ende 1994 war die Hauptaufgabe der Treuhandanstalt weitestgehend beendet: In Thüringen waren insgesamt 2.448 Unternehmen privatisiert bzw. kommunalisiert worden.[5] Daraus gingen hauptsächlich kleine und mittelgroße Unternehmen hervor. Durch die Veräußerung und Verwertung des ehemaligen Volkseigenen Vermögens und dessen Sanierung wurden durch die Investoren für 206.314 Arbeitskräfte Beschäftigungszusagen sowie Investitionszusagen in Höhe von 8,35 Mrd. EUR getroffen.[6] Die Treuhandanstalt stellte zum 31. Dezember 1994 ihre Tätigkeit ein. Die noch verbliebenen Aufgaben – Vertragskontrolle, Vermarktung der Immobilien etc. – übernahmen die Bundesanstalt für vereinigungsbedingte Sonderaufgaben, die Beteiligungs- und Management-Gesellschaft und die bereits tätige Bodenverwertungs- und -verwaltungsgesellschaft.[7]

2. *Programme zur Förderung von Investitionen*

Um den Strukturwandel zu unterstützen und bestehende wirtschaftliche Nachteile gegenüber den alten Bundesländern auszugleichen, wurden Wirtschaftsförderungsprogramme auf Ebene des Landes, des Bundes und der Europäischen Union geschaffen. Den Schwerpunkt der Wirtschaftsförderung in Thüringen bildet die „Gemeinschaftsaufgabe zur Verbesserung der regionalen Wirtschaftsstruktur", die vom Bund und Freistaat Thüringen gemeinsam finanziert wird. Dabei werden gewerbliche Investitionen der Unternehmen und die für ihre Entwicklung wichtige wirtschaftsnahe Infrastruktur gefördert. Mit der Unterstützung der Ansiedlung von Unternehmen, von Existenzgründungen oder des Ausbaus bestehender Betriebe soll eine wettbewerbsfähige Wirtschaftsstruktur geschaffen werden.

Für den Zeitraum von 1990 bis 1996 wurden durch die Gemeinschaftsaufgabe und mit Hilfe des Europäischen Fonds für regionale Entwicklung (EFRE) 9.228 Investitionsvorhaben der gewerblichen Wirtschaft bewilligt und mit rund 3,5 Mrd. EUR unterstützt.[8] Die geförderten Unternehmen, die ihre Produkte oder Dienstleistungen überregional absetzen, verpflichteten sich zu Investitionen in Höhe von ca. 15 Mrd. EUR für die Schaffung von über 191.000 Dauerarbeitsplätzen und die Sicherung von knapp 97.000 weiteren.[9] Dabei lag der Schwerpunkt der Investitionen anfangs noch auf der Errichtung von Betrieben, später dominierte immer mehr die Erweiterung bestehender Betriebe, vorrangig im Verarbeitenden Gewerbe. Mit diesen Mitteln wurden Gewerbe- und Industriegebiete erschlossen, Altstandorte wieder nutzbar gemacht, Technologie- und Gründerzentren sowie Einrichtungen der beruflichen Bildung errichtet und ausgebaut.

Dem anfänglichen Investitionsboom folgte ein Rückgang, insbesondere im kapitalintensiven Bereich. Darauf weisen die Daten für 1997 bis 2003 hin. Das Investitionsvolumen in dieser Zeitspanne betrug für 6.055 private Unternehmen und 393 Infrastrukturprojekte 10,3 Mrd. EUR, von denen 2,9 Mrd. EUR öffentlich finanziert wurden.[10] Auf Landesebene existierte und existiert weiterhin eine Vielzahl weiterer Förderprogramme, besonders zur Unterstützung von kleinen und mittleren Unternehmen und zur Finanzierung von Gründungen. Diese werden gegenwärtig durch die Thüringer Aufbaubank im Rahmen des GuW-Plus Programms[11] gewährt. So wurden 2007 und 2008 Kredite in Höhe von 73,3 Mio. EUR bzw. 79,6 Mio. EUR bewilligt.[12] Hinzu kommen Förderprogramme zur Unterstützung von Forschung und Entwicklung sowie zur Generierung neuer Technologien und Innovationen.[13]

3. *Das Banken- und Finanzwesen*

Die Voraussetzung für den Ausbau eines flächendeckenden Bankennetzes in Thüringen war die am 1. Juli 1990 in Kraft getretene Währungsunion. Damit übernahm die Deutsche Bundesbank die Verantwortung für die geldpolitische Stabilität in Ostdeutschland. Sie war an die Stelle der Niederlassungen der Staatsbank der DDR in Erfurt, Gera und Suhl getreten. Die Wirtschaft benötigte ein leistungsfähiges und kooperatives System von Geschäftsbanken. Dies wurde nach dem Vorbild der alten Bundesländer in drei Säulen aufgebaut: Genossenschaftsbanken, Sparkassen sowie Privat- und Großbanken. Bis Anfang 1993 konnte der Bankenaufbau - oftmals mit Hilfe von Bankmitarbeitern aus den alten Bundesländern - abgeschlossen werden. Gleichzeitig fand die Umwandlung der Sparkassen in Universalkreditinstitute statt.

Die besondere Bedeutung des Bankensektors nach der „Wende“ bestand darin, die mittelständische Wirtschaft nicht nur mit Liquidität zu versorgen, sondern auch die hohen Fördersummen des Landes in Form von zinsverbilligten Krediten weiterzuleiten. Das insgesamt von Thüringer Banken ausgegebene Kreditvolumen an Nichtbanken betrug 1995 rund 17,1 Mrd. EUR. Bis 2008 konnte dieses auf 24,2 Mrd. EUR gesteigert werden. In diesem Zusammenhang kommt der Thüringer Aufbaubank, die am 21. Juli 1992 als Anstalt des öffentlichen Rechts gegründet wurde und im Januar 1993 ihre Geschäfte aufnahm, eine besondere Rolle zu. Ihr obliegt die Mitwirkung bei der Förderung von gewerblicher Wirtschaft, von Gemeindesanierung und -entwicklung, des Wohnungsbaus und des Siedlungswesens sowie der Infrastruktur. Das Aufgabenfeld der Thüringer Aufbaubank umfasst seit Juli 1994, in Form einer Beteiligung an der Bürgschaftsbank Thüringen GmbH, auch die Stellung von Bürgschaften; sie besorgt mit ihrer Spezialkompetenz eine Vielzahl wichtiger Förderprojekte. Nicht zuletzt fiel ihr die Betreuung der durch die Gemeinschaftsaufgabe „Verbesserung der regionalen Wirtschaftsstruktur“ bereitgestellten Mittel zu; das Konzept folgte dem One-Office-Prinzip, d.h. die Investoren hatten nur einen Ansprechpartner von der Antragstellung über die Auszahlung bis zum Verwendungsnachweis. So ist die Thüringer Aufbaubank als Musterbeispiel eines Finanzierungsinstituts mit hoher Effizienz bei „schlanker“ Administration anzusprechen.

4. *Aufbau von Kammern und Wirtschaftsverbänden*

Gleichzeitig mit dem Aufbau einer wettbewerbsorientierten Wirtschaftsstruktur entstanden die neuen unabhängigen berufsständischen Vertretungen der thüringischen Wirtschaft. Industrie- und Handelskammern, Handwerkskammern und Kammern für freie Berufe sowie die Wirtschaftsverbände können nun die Interessen der Unternehmen ihrer Sparte vertreten und wirken unterstützend durch ihre Beratungsleistungen. Weiterhin kontrollieren sie die Einhaltung bestimmter Mindeststandards der Branche und beteiligen sich an der berufsbezogenen Aus- und Weiterbildung.

Bereits im September 1990 hatten sich die Kammern in Gera, Suhl und Erfurt zur Arbeitsgemeinschaft Thüringer Industrie- und Handelskammern zusammengefunden. Im Zuge der Kreisgebietsreform 1994 wurden die Kammerbezirke neu zugeschnitten. Neben der Neustrukturierung erweiterten sich ihre Tätigkeitsfelder erheblich. Die Industrie- und Handelskammern wurden immer mehr zu Kooperationspartnern von Gründerfirmen oder -Netzwerken. So betreut beispielsweise die IHK Ostthüringen zu Gera seit 2005 das „Thüringer Gründer Netzwerk". Die Kammern sind wichtige Vermittler von internationalen Kontakten und treten als Koordinatoren beim Technologietransfer in Erscheinung. Nicht zuletzt stellen sie ein wesentliches Bindeglied ihrer Mitgliedsfirmen zum Thüringer Wirtschaftsministerium dar.

Ebenso wie die Industrie- und Handelskammern bestehen die Handwerkskammern seit 1990 als Körperschaften des öffentlichen Rechts in Gera, Erfurt und Suhl. Sie führen die Handwerksrolle als Verzeichnis aller eingetragenen Handwerksbetriebe ebenso wie die Lehrlingsrolle mit den abgeschlossenen Lehrverträgen des Kammerbezirks. Gerade in Thüringen mit seiner großen Zahl kleiner und mittlerer Unternehmen spielen die Handwerkskammern eine wichtige Rolle. Ihre gemeinsame Interessenvertretung stellt der Thüringer Handwerkstag e.V. dar. Da die Handwerkskammern auch eigene Berufsbildungs- und Technologiezentren einrichten und betreiben, sind sie wesentlich für die Qualität und das technologische Niveau bzw. die Wettbewerbsfähigkeit des Thüringer Handwerks verantwortlich.

Darüber hinaus existieren weitere Kammern als Körperschaften des öffentlichen Rechts, wie z.B. die Steuerberaterkammer Thüringen, die Ingenieurkammer sowie die Architektenkammer. Über die Kammern hinaus sind eine ganze Reihe weiterer Interessenvertretungen seit Anfang der 1990er Jahre im Freistaat präsent. Dazu gehören der Verband der Wirtschaft Thüringens, der Thüringer Bauernverband und die thüringische Vertretung des Bundesverbandes der mittelständischen Wirtschaft. Arbeiter und Angestellte sind in den Einzelgewerkschaften des Deutschen Gewerkschaftsbundes organisiert.[14]

II. Wirtschaftlicher Wandel in den Sektoren

Durch die Öffnung und Transformation kam es zu einer sektoralen Verschiebung der Wirtschaftsstruktur Thüringens, allerdings nicht ohne gravierenden Arbeitsplatzabbau. Schon bei einem groben Vergleich mit der alten Bundesrepublik wird die Entwicklungstendenz deutlich: Der Anteil der Erwerbstätigen in der Land- und Forstwirtschaft betrug 1989 in Thüringen 10,0 Prozent (alte Bundesländer: 3,6 Prozent), der Anteil des Produzierenden Gewerbes 52,2 (38,8) Prozent; dagegen machte in Thüringen der Gesamtanteil der Erwerbstätigen des Dienstleistungsbereichs nur 37,5 (57,6) Prozent aus.[15] In den folgenden Jahren vollzog sich eine rasche Angleichung an die Niveaus der alten Bundesrepublik: Abbau der Beschäftigung im Primären und Sekundären Sektor, Beschäftigungszuwachs im Tertiären Sektor (Tabelle 1). Nachfolgend wird genauer auf die Veränderungen eingegangen.

Tabelle 1: Beschäftigte in den Sektoren

		1991	*1995*	*2000*	*2005*	*2009*
Land- u. Forstwirtschaft, Fischerei	Tausend	77,1	38,8	34,7	27,4	27,3
	%	*6*	*4*	*3*	*3*	*3*
Produzierendes Gewerbe	Tausend	410,1	195,2	206,7	207,7	213,0
	%	*33*	*18*	*19*	*21*	*21*
Baugewerbe	Tausend	124,1	174,7	128,2	83,3	83,4
	%	*10*	*17*	*12*	*8*	*8*
Handel, Gastgewerbe u. Verkehr	Tausend	223,4	222,5	236,7	227,7	224,7
	%	*18*	*21*	*22*	*23*	*22*
Finanzierung, Vermietung u. Unternehmensdienstleistungen	Tausend	69,1	92,4	120,5	131,4	140,8
	%	*6*	*9*	*11*	*13*	*14*
Öffentliche u. private Dienstleister	Tausend	323,2	334,3	336,9	327,2	326,5
	%	*26*	*32*	*32*	*33*	*31*
Insgesamt	**Tausend**	**1.227,0**	**1.057,9**	**1.063,7**	**1.004,6**	**1.015,8**
	%	***100***	***100***	***100***	***100***	***100***

Datenquelle: Statistisches Bundesamt

1. Landwirtschaft

Die früher kollektivistisch organisierten Landwirtschaftlichen Produktionsgenossenschaften wurden nach der Privatisierung als eingetragene Genossenschaften, Gesellschaften mit beschränkter Haftung und als Aktiengesellschaften weitergeführt. Es entstanden aber auch – wenngleich in begrenztem Umfang – kleinere landwirtschaftliche Betriebe als Personengesellschaften. Infolgedessen sank die durchschnittliche

Betriebsgröße zwar ab, blieb jedoch in einer Größenordnung weit über dem westdeutschen Durchschnitt. Die nach der „Wende“ vorgenommenen Investitionen in moderne landwirtschaftliche Maschinen und Geräte steigerten die Leistungsfähigkeit der Thüringer Landwirtschaft erheblich; so stiegen etwa die Hektarerträge für Getreide an (Tabelle 2).

Tabelle 2: Kennzahlen zur Landwirtschaft

Jahr	*Anzahl Betriebe*	*Hektar*	*Hektar pro Betrieb*	*Ertrag je Hektar Getreide (dt)*
1991	3.824	763.282	199,6	56,8
1995	5.460	797.147	146,0	63,3
2001	4.936	801.939	162,5	58,8
2007	4.737	793.709	167,6	70,0

Datenquelle: Thüringer Landesamt für Statistik.

Insgesamt ging die Bedeutung des Primären Sektors jedoch erheblich zurück. Von 1991 bis 2009 sank die Zahl der Erwerbstätigen[16] in der Thüringer Landwirtschaft von 77.100 auf 27.300 (s. oben Tabelle 1). Obwohl sich dadurch die Bruttowertschöpfung in absoluten Zahlen nicht verminderte (s. unten Abbildung 1), fiel doch der Anteil der Landwirtschaft an der Bruttowertschöpfung[17] in Thüringen insgesamt von 3,2 auf 1,2 Prozent zurück.

2. *Produzierendes Gewerbe*

a) Baugewerbe

Der Aus- und Neubau leistungsfähiger Verkehrswege und Versorgungsnetze sowie die Sanierung und Neuschaffung von Bausubstanz bescherten der Bauwirtschaft Anfang der 1990er Jahre einen regelrechten Boom. Dieser wirkte anfangs als Motor des wirtschaftlichen Aufschwungs in Thüringen. Jedoch erfuhr mit der Baukrise Mitte der 1990er Jahre das Baugewerbe einen Schrumpfungsprozess, belastete das gesamtwirtschaftliche Wachstum und verlangsamte den Aufholprozess der Wirtschaft Thüringens gegenüber den alten Bundesländern. Die Bruttowertschöpfung (Abbildung 1) in diesem Wirtschaftszweig stieg von 2,2 Mrd. EUR (1991) bis 1994 auf

5,4 Mrd. EUR an, sank dann aber kontinuierlich bis 2005 auf 2,4 Mrd. EUR. Eine ähnliche Entwicklung zeichnete sich bei der Zahl der Erwerbstätigen ab (s. oben Tabelle 1): Das Baugewerbe besaß nach der „Wende“ 124.100 Erwerbstätige, erreichte 1995 sein Maximum mit 174.700 und verringerte sich bis 2005 auf 83.300 Erwerbstätige.

Abbildung 1: Bruttowertschöpfung in den Sektoren 1991-2008

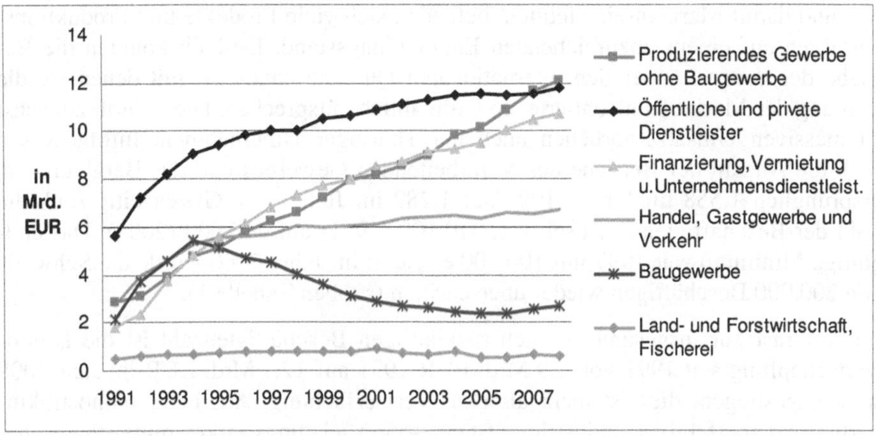

Datenquelle: Statistisches Bundesamt.

b) Verarbeitendes Gewerbe und Bergbau

Einen fast völligen Niedergang nach der „Wende“ erlebte der Bergbau. Durch die starke innerdeutsche und internationale Konkurrenz kämpfte der bis dahin in Thüringen umfangreiche Braunkohlen-, Kali- und Uranerzbergbau mit dem „Grubensterben“. Die Zahl der Beschäftigten ging rapide von 11.125 (1991) auf 1.512 (1993) zurück. Im Jahre 2008 arbeiteten nur noch 725 Personen im gesamten Wirtschaftszweig „Bergbau und Gewinnung von Steinen und Erden“.

Traditionell waren von den in Thüringen ansässigen Wirtschaftszweigen die umsatzstärksten neben der Lebensmittelindustrie der Maschinenbau, die Herstellung von Glas, Keramik und Porzellan, von Möbel, Schmuck und Musikinstrumenten, die Produktion von Geräten der Elektrizitätserzeugung und -verteilung, von chemischen Erzeugnissen sowie von Kraftwagen und Kraftwagenteilen. Diese Wirtschaftszweige waren 1989 überwiegend monostrukturiert: Bestimmte Industriezweige waren an wenigen Standorten konzentriert und beschäftigten vor Ort die meisten Arbeitnehmer. Des Weiteren gab es in der ehemaligen DDR durch die Verstaatlichung der Betriebe keine nennenswerte mittelständische Industrie; vielmehr waren die Beschäftigten weit überwiegend in Kombinats- oder Großbetrieben tätig. Die hohe Beschäftigungskonzentration sowie die einseitige Ausrichtung von Arbeitskräften, Produktionsanlagen und wirtschaftsnahen Infrastrukturen wirkten sich negativ auf die Regionen aus. Der Beschäftigungsabbau konnte dort oftmals nicht durch andere Branchen in der Region aufgefangen werden, sodass eine hohe Arbeitslosigkeit einsetzte.

Da die Mehrzahl der Produkte in der Planwirtschaft der DDR subventioniert worden war und damit Marktanreize fehlten, befanden sich viele Produkte und Produktionsverfahren auf einem unzureichenden Entwicklungsstand. Deshalb konnten die Betriebe der neuen Länder den internationalen Qualitätsstandards, mit denen sie die Öffnung der Märkte konfrontierte, erst allmählich entsprechen. Dies führte zunächst zu massiven Umsatzeinbrüchen auch bei Thüringer Unternehmen. Infolgedessen sank die Anzahl der Betriebe des Verarbeitenden Gewerbes und des Bergbaus von ursprünglich 1.558 im Januar 1991 auf 1.282 im Juni 1993. Gleichzeitig sank die Zahl der Beschäftigten drastisch von 410.100 (1991) auf 213.000 (2009). Das endgültige Minimum war 1997 mit 190.600 erreicht; im Jahre 2000 wurde die Schwelle von 200.000 Beschäftigen wieder überschritten (s. oben Tabelle 1).

Im Kontrast zur insgesamt deutlich rückläufigen Beschäftigtenzahl ist die Bruttowertschöpfung seit 1991 von 2,9 Mrd. EUR 1991 auf 12,1 Mrd. EUR im Jahr 2008 stark angestiegen; dies ist mehr als eine Vervierfachung. Aus einer monostrukturierten und ineffektiven Industrie entstand so ein leistungsstarker mittelständischer Wirtschaftszweig. Parallel dazu kam es zu einer Ausweitung der Produktpalette bei gleichzeitig erheblichen Qualitätssteigerungen. Im Laufe des Umstrukturierungsprozesses und der Anpassung der Unternehmen an den internationalen Wettbewerb bildeten sich in Thüringen sechs Branchenschwerpunkte heraus: die Elektrotechnik (z.B. Datenverarbeitungsanlagen, Nachrichtentechnik, Solar, Optik und Medizintechnik), die Kraftfahrzeugindustrie, die Metallindustrie, das Ernährungsgewerbe, die Gummi- und Kunststoffindustrie und der Maschinenbau. Im Jahre 2008 erzielten diese Sparten rund 75 Prozent des Gesamtumsatzes und über 80 Prozent des Auslandsumsatzes; sie beschäftigten knapp 75 Prozent der Arbeitnehmer der Industrie.[18] In diesen Branchen wurden auch die höchsten Wachstumsraten erzielt (Tabelle 3).

c) Handwerk

Vor der „Wende“ bestand in der DDR eine Beschäftigungsgrenze von maximal zehn Mitarbeitern pro Handwerksbetrieb und eine erhebliche Unterversorgung mit Handwerksbetrieben. Entsprechend groß war danach der Bedarf, besonders im Bau- und Ausbauhandwerk. Bis Mitte der 1990er Jahre wurde das Wachstum stark vom Baugewerbe getrieben. So stieg die Anzahl der Beschäftigten im Handwerk von ca. 67.000 (1990)[19] auf knapp 200.000 (1995).[20] Danach hatte das Handwerk mit verschärftem Wettbewerb und zeitweiligen Rückgängen der gesamtwirtschaftlichen Nachfrage zu kämpfen. Dadurch kam es zu Umsatzschwankungen und zu einem Abbau der Beschäftigten auf nur noch 141.000 Personen (2008).[21]

Tabelle 3: Wachstumsstärkste Branchen

	Wachstum 2000-2008	
	in % Umsatz	***in % Beschäftigte***
Gummi- und Kunststoffwaren	127,1	58,5
Kraftwagen und Kraftwagenteile	92,4	57,4
Herstellung von Metallerzeugnissen	135,2	65,3
Rundfunk- und Nachrichtentechnik	100,7	56,3
Medizin-, Mess-, Steuer- und Regelungstechnik, Optik u.a.	69,4	35,2
Geräte der Elektrizitätserzeugung und -verteilung u.Ä.	75,4	33,6
Maschinenbau	76,1	20,2
Ernährungsgewerbe	81,5	20,8

Berechnet nach Wirtschaftsbericht 2009, TMWTA, S. 8ff.

3. Dienstleistungssektor

Der Anteil von 65,5 Prozent an der gesamten Bruttowertschöpfung für das Jahr 2008 zeigt die Bedeutung des Tertiären Sektors in Thüringen und demonstriert die Entwicklung der Wirtschaft hin zu einer Dienstleistungsgesellschaft. Damit hat sich das Niveau der relativen sektoralen Verteilung an das der alten Bundesländer (68,4 Prozent) weitestgehend angepasst. Die Steigerung des Anteils der Erwerbstätigen im Dienstleistungssektor von ehemals 37,5 Prozent (1989) auf 67,8 Prozent (2008) offenbart das Ausmaß des Strukturwandels.[22] Allerdings verlief die Entwicklung in den einzelnen Hauptzweigen des Dienstleistungsbereiches durchaus unterschiedlich.

a) Handel, Gastgewerbe und Verkehr

Eine vergleichsweise kontinuierliche Entwicklung zeigt sich im Teilsektor Handel, Gastgewerbe und Verkehr. Nach hohen Wachstumsraten der Bruttowertschöpfung in der ersten Hälfte der 1990er Jahre haben sich diese dann bis 2009 deutlich zurückgebildet – bedingt durch die geringen Zuwachsraten des privaten Konsums. Insgesamt verdoppelte sich die Bruttowertschöpfung zunächst von 2,8 Mrd. EUR (1991) auf 5,6 Mrd. EUR (1995), um dann bis 2008 kontinuierlich auf 6,7 Mrd. EUR anzusteigen. Die Zahl der Erwerbstätigen blieb mit Schwankungen zwischen 209.000 (1993) und 239.000 (1999) vergleichsweise konstant und lag 2009 bei 225.000.

Der *Groß- und Einzelhandel* stellt – zumal im Übergang zur Marktwirtschaft – ein wichtiges Bindeglied zwischen Produzenten und Konsumenten dar. Infolge der regen Gründungstätigkeit nach der Wiedervereinigung stieg die Zahl der Handelsunternehmen bis 1993 um 8.400 Unternehmen auf 17.547 an.[23] Dabei bestand der Handel aus vielen kleinen einheimischen Einzelhandelsunternehmen und wenigen Großhandelsunternehmen. Letztere verfügten über viele Arbeitskräfte, einen hohen Marktanteil und gehörten meist westdeutschen Unternehmen. Im Zuge der Umstrukturierungen ging die Zahl der Arbeitskräfte bis 1993 (ca. 94.000) gegenüber 1988 (ca. 125.000) um fast ein Viertel zurück. Die Gesamtbeschäftigung von ca. 91.000 Erwerbstätigen im Jahre 2008 verteilt sich zu 54,4 Prozent auf den Einzelhandel, zu 24,5 Prozent auf den Großhandel und zu 21,1 Prozent auf den Kraftfahrzeughandel und die Tankstellen.

Im *Tourismus* galt es nach der Wende, Modernisierungen vorzunehmen und die qualitativen Standards der alten Bundesländer zu erreichen. Mit Förderung durch den Freistaat konnte ein qualitativ verbessertes Angebot von Gastronomie, Hotellerie und touristischer Infrastruktur erreicht werden, sodass die Anzahl der Übernachtungen von 5,1 Mio. (1992) auf 9,2 Mio. (2008) gesteigert werden konnte. In den letzten Jahren wurde ein Umsatz in Höhe von ca. 2,7 Mrd. EUR pro Jahr erwirtschaftet.

Eine hohe Bedeutung für das Funktionieren der Wirtschaft haben die *Logistikunternehmen*. Die zentrale Lage Thüringens in Europa und die gut ausgebaute Verkehrsinfrastruktur (besonders in Regionen bzw. Gewerbegebieten entlang der A4 und A9) begünstigen den Transport von Gütern und die Versorgung der Unternehmen. Dies beeinflusst die Wirtschaftsentwicklung positiv. In diesem Wirtschaftszweig waren

2007 insgesamt 30.880 Personen beschäftigt; davon entfielen mehr als die Hälfte auf den Bereich Landverkehr und Transport in Rohrfernleitungen, ein Drittel auf Unternehmen der Spedition, des Frachtumschlages und der Lagerei und zwölf Prozent auf Dienstleistungen der Nachrichtenübermittlung.[24]

b) Finanzierung, Vermietung und Unternehmensdienstleistungen

In diesen heterogenen Wirtschaftszweig fallen das Kredit- und Versicherungsgewerbe, das Grundstücks- und Wohnungswesen, die Vermietung beweglicher Sachen sowie die Dienstleistungen für Unternehmen. Letztere sind zum Beispiel unternehmensnahe Dienstleistungen im Rahmen der Datenverarbeitung, der Rechts- und Steuerberatung, der Forschung und Entwicklung sowie Leistungen von Architektur- und Ingenieursbüros. Infolge des Wandels der Produktionssysteme der Industrie hat der Anteil der Arbeitsplätze abgenommen, die im direkten Produktionsprozess stehen und der Anteil der mit Dienstleistungen betrauten Industriearbeitsplätze zugenommen. Viele Leistungen, die bisher innerhalb der Unternehmen erbracht wurden (z.B. Datenbankverwaltung, Softwareentwicklung und F&E-Leistungen), werden nun von spezialisierten Dienstleistungsunternehmen übernommen („outsourcing").[25] Im diesem Bereich der unternehmensnahen Dienstleistungen hat sich die Anzahl der Beschäftigten allein im Zeitraum von 2000 bis 2007 fast verdoppelt, sie ist von 37.119 auf 68.480 gestiegen. Gleichzeitig konnte der Umsatz von rund 1,5 Mrd. EUR auf ca. 2,3 Mrd. EUR gesteigert werden.[26] Besonders von technologieorientierten Dienstleistungen geht eine starke Dynamik aus.[27]

Insgesamt verzeichnet der Sektor Finanzierung, Vermietung und Unternehmensdienstleistungen einen stetigen Anstieg bei der Anzahl der Erwerbstätigen von 69.100 (1991) auf 140.800 (2009) und noch höhere Zuwachsraten bei der Bruttowertschöpfung von 1,8 auf 10,8 Mrd. EUR im gleichen Zeitraum. Dazu hat das Kredit- und Versicherungsgewerbe angesichts der relativen Stagnation seiner Beschäftigungszahlen (1991: 17.600, 2000: 21.700, 2008: 19.700) wenig beigetragen. Daher sind für das Wachstum des Sektors insgesamt vor allem drei Entwicklungen verantwortlich: der Nachholbedarf an unternehmensbezogenen Dienstleistungen nach der „Wende", der wie in den alten Bundesländern sich vollziehende Tertiärisierungsprozess und die positive Entwicklung der Unternehmensdienstleistungen durch deren starke Bindung an das industrielle Wachstum. Der Vergleich des Anteils dieses Wirtschaftszweiges an der Bruttowertschöpfung in den alten Bundesländern von 29,6 Prozent mit dem in Thüringen von 24,1 Prozent lässt weitere Wachstumspotentiale vermuten.[28]

c) Öffentliche und private Dienstleistungen

Zu diesem Bereich werden vorrangig die öffentliche Verwaltung, die Sozialversicherungsträger, das Gesundheits- und Bildungswesen, die Kultur- und Sporteinrichtungen, die Medien- und Unterhaltungsdienstleister sowie private haushaltsorientierte Dienstleistungen gezählt. In Ostdeutschland war die öffentliche Verwaltung traditionell überbesetzt, das Bildungs- und Gesundheitswesen sowie die Sport- und Kultureinrichtungen gut ausgebaut. Daher stagnierte die Zahl der Erwerbstätigen seit 1991 zwischen 220.000 bis 230.000 Personen in diesem Sektor insgesamt; dieser blieb damit jedoch der mit Abstand personalstärkste. Gleichzeitig stieg die Bruttowertschöpfung (mit abnehmenden Zuwachsraten) von 5,6 auf 11,8 Mrd. EUR. Wachstumsimpulse gingen vorwiegend von den Medienproduzenten und privaten haushaltsorientierten Dienstleistern aus.

III. Außenhandel

Im Außenhandel musste nach 1989/90 eine Reihe struktureller Probleme gelöst werden. Zunächst musste die einseitige Ausrichtung des Handels der ehemaligen DDR auf die (inzwischen zunächst weithin zahlungsunfähigen) osteuropäischen Länder überwunden und die damit einhergehende Spezialisierung beseitigt werden. Parallel dazu musste sich die Thüringer Wirtschaft auf die höheren Standards der internationalen Märkte einstellen. Der Export von Waren wurde zusätzlich dadurch erschwert, dass durch die Einführung der Deutschen Mark im Verhältnis von 1:2 zur Mark (Ost) die Lohnkosten anfänglich stark anstiegen.

Mit Hilfe hoher Investitionen in die Erneuerung und den Ausbau des Kapitalstocks, die Einführung neuer Technologien sowie die Umstellung und Erweiterung der Produktpalette konnte das Außenhandelsvolumen nachhaltig wachsen. Nach einem kurzfristigen Rückgang in den ersten Jahren nach der Wiedervereinigung stieg der Wert der Ein- und Ausfuhren kontinuierlich an. Auf dem Tiefpunkt der Entwicklung belief sich die Ausfuhr 1992 auf 1,1 Mrd. EUR, wuchs ab 1999 kräftig und nahm bis 2007 um das Neunfache gegenüber 1992 auf 10,7 Mrd. EUR zu (Abbildung 2). Generell überstieg der Export den Import: Mit Ausnahme des Jahres 1999 wies Thüringen stets eine aktive Handelsbilanz auf; der Handelsbilanzüberschuss stieg bis 2007 auf 3,4 Mrd. EUR an. Zudem zeigt die Steigerung der Importe vom 1993 bis 2007 um den Faktor sieben, dass sich Thüringen zu einem aufnahmefähigen Markt entwickelte.

Hinzu kam eine im Zeitverlauf steigende Exportquote. 2008 wurden 33 Prozent des Wertes der in Thüringen hergestellten Waren (deutschlandweit: 43 Prozent) exportiert. Mit 17 Prozent des Thüringer Exportvolumens (2008) ist die Kraftfahrzeugindustrie (Fahrzeuge und Fahrzeugteile) besonders erfolgreich. Außerdem gehören die

Hersteller von Büromaschinen, Computern sowie Geräten der Elektrik/Elektronik/ Optik zu den Branchen mit überdurchschnittlichen Exportquoten.

Abbildung 2: Außenhandel 1991-2007

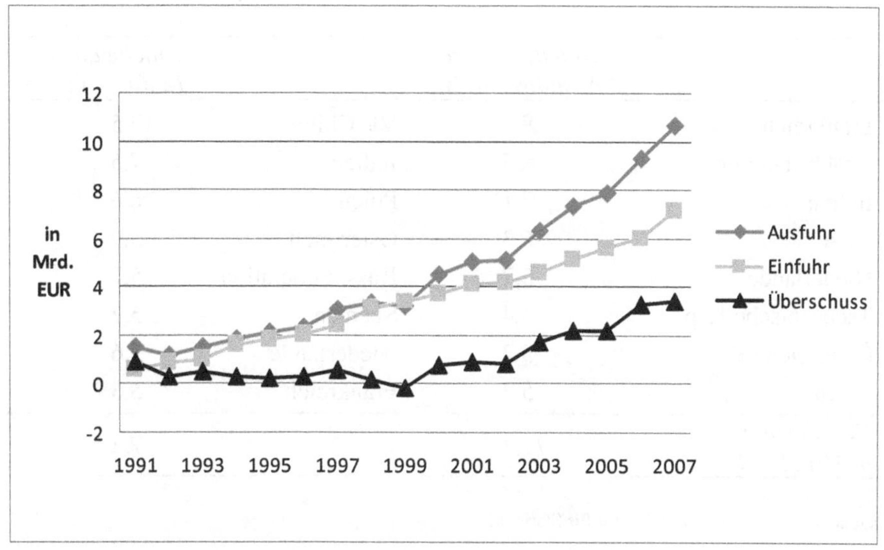

Datenquelle: Statistisches Bundesamt.

In den beiden Jahrzehnten seit 1990 hat sich die Integration Thüringens in die Märkte der Europäischen Union beträchtlich verstärkt: 2008 ging 67,6 Prozent der Exporte in Länder der EU, 61,6 Prozent der nach Thüringen eingeführten Gütern kam von dort. Frankreich, Großbritannien und Italien entwickelten sich zu den wichtigsten europäischen Exportpartnern Thüringens (Tabelle 4). In den USA (6,3 Prozent) und in Asien (16,5 Prozent) befinden sich die wichtigsten überseeischen Märkte für Produkte aus dem Freistaat. Mit den ehemaligen Ostblock-Ländern baut sich allmählich wieder eine zunehmend stärkere Handelsverflechtung auf. Polen stellt ein gutes Beispiel dafür dar, wie die Wirtschaftsbeziehungen unmittelbar nach 1990 einbrachen, im Jahr 2009 jedoch stärker waren als je zuvor. Ähnliches gilt für die Tschechische Republik als Teil der ehemaligem □SSR.

Auch bei den Herkunftsländern des Imports zeigten sich in den vergangenen 20 Jahren wesentliche Veränderungen. Nach den anfänglichen Einbrüchen in Osteuropa traten westliche Staaten, allen voran die Niederlande, Spanien und Österreich, an deren Stelle. Den bedeutendsten Zuwachs konnte China verbuchen, das 2008 Waren im Wert von 1,28 Mrd. EUR nach Thüringen lieferte und damit an der Spitze der Importländer steht.

Tabelle 4: Wichtigste Handelspartner Thüringens 2008

	Anteile an den Ausfuhren in %		*Anteile an den Einfuhren in %*
Frankreich	8,6	VR China	17,5
Großbritannien	8,5	Italien	7,5
Italien	7,1	Polen	6,6
USA	6,3	Österreich	5,9
Niederlande	5,7	Russ. Föderation	5,7
Tschechische Rep.	5,4	Spanien	5,7
Österreich	5,2	Niederlande	5,6
Polen	5,2	Frankreich	5,5
Gesamtvolumen in Mrd. EUR	*11,1*		*7,3*

Datenquelle: Thüringer Landesamt für Statistik.

IV. Arbeitsmarkt

Der Anpassungs- und Umstrukturierungsprozess nach der „Wende" führte im Freistaat zum Abbau nicht wettbewerbsfähiger Unternehmen. Die sektorale Verschiebung zog enorme Arbeitsplatzverluste, vor allem im Produzierenden Gewerbe, nach sich (s. oben Tabelle 1). Dieser Beschäftigungsabbau konnte zunächst nur teilweise durch die Schaffung von Arbeitsplätzen in den anderen Sektoren (v.a. Baugewerbe) aufgefangen werden. Die Investitionen und Rationalisierungsmaßnahmen in den privatisierten Unternehmen des Produzierenden Gewerbes konnten erst mittel- bis langfristig zu einer Erholung beitragen. Insgesamt stieg die Zahl der Arbeitslosen von 147.963 (1991) auf 217.675 im Jahre 1997 an und erreichte damit ihren Höchststand in Thüringen. Dies entspricht einem Anstieg der Arbeitslosenquote von 10,2 auf 19,1 Prozent. Als besonders problematisch muss die Sockelarbeitslosigkeit angesehen werden, die – wie in den anderen neuen Ländern auch – sehr hoch ist.

Wirtschaftspolitische Maßnahmen konnten den Trend zunächst nicht umkehren. Jedoch milderten die Förderung der Ansiedlung und Gründung von Unternehmen sowie der Ausbau der Infrastruktur die Entwicklung zumindest ab. Des Weiteren wurden arbeitsmarktpolitische Instrumente, wie Weiterbildung, Umschulung, Teilarbeitszeit und Arbeitsbeschaffungsmaßnahmen, eingesetzt. Erst mit dem Wachstum des Dienstleistungssektors konnte wieder ein Rückgang der Arbeitslosenzahlen erreicht werden. Besonders hervorzuheben ist der Bereich Finanzierung, Vermietung und Unternehmensdienstleistungen. Kein anderer Teilsektor konnte die Zahl der Erwerbstätigen seit 1991 mehr als verdoppeln. Nach 1998 war eine leichte Entspannung auf dem Thüringer Arbeitsmarkt zu verzeichnen. Die Arbeitslosenquote sank bis 2001 auf 15,3 Prozent. Die große Abhängigkeit der Arbeitslosenzahlen von der konjunkturellen Entwicklung führte krisenbedingt wieder zu einer Erhöhung der Arbeitslosenquote bis 2005 auf 17,1 Prozent, die Anzahl Arbeitsloser betrug 209.941. Seit 2006 ist eine Trendumkehr beobachtbar, die Zahl der Arbeitslosen sank bis 2008 auf 135.203 Personen. Dies entspricht einer Arbeitslosenquote von 11,3 Prozent, der niedrigste Wert aller ostdeutschen Länder (Durchschnitt: 13,1 Prozent), jedoch deutlich über dem westdeutschen Wert (6,4 Prozent).

Dies ist vor dem Hintergrund der demografischen Entwicklung im Freistaat zu sehen. Die Bevölkerung ging von 1989 (2,7 Mio. Einwohner)[29] bis 2008 (2,3 Mio.)[30] um rund 15,5 Prozent zurück. Besonders gravierend ist der Rückgang der Bevölkerung unter 40 Jahren. Gerade die Abwanderung von meist jungen Fachkräften ist als problematisch anzusehen. Im Zeitraum von 1989 bis 2008 trat per Saldo ein Wanderungsverlust von knapp 240.000 Personen auf; etwa 130.000 von diesen verließen das Land bis 1991. Im Durchschnitt ist in den letzten vier Jahren ein Wanderungsverlust von rund 13.000 Bürgern pro Jahr zu verzeichnen. Beunruhigend daran ist, dass 76 Prozent von diesen zwischen 15 und 35 Jahren alt waren.[31] Damit wird der demografische Wandel verstärkt und es verringern sich die zukünftigen Wachstumsmöglichkeiten der im Freistaat ansässigen Unternehmen.

V. Fazit: Zukunftschancen durch Forschung, Technologie und Innovation

Das Ziel der Transformation der ostdeutschen Volkswirtschaft in eine Marktwirtschaft war zum einen, die wirtschaftliche Leistungsfähigkeit der Unternehmen herzustellen, und zum anderen, die Angleichung des Wohlstands der Haushalte der alten Bundesländer zu erreichen. Mit hohen Investitionen wurde sowohl der Kapitalstock der Unternehmen erneuert als auch die Qualifizierung der Beschäftigten erhöht. Durch die Verbesserung der Produkte konnten die überlebenden Unternehmen international wettbewerbsfähig werden. Besonders die aus dem Strukturwandel hervorgegangenen wissensintensiven Sparten im Industrie- und Dienstleistungsbereich konnten ein dynamisches Wachstum hervorbringen.

Im Gesamtergebnis hat sich das Bruttoinlandsprodukt in Thüringen von 17,2 Mrd. EUR 1991 auf 48,9 Mrd. EUR 2009 (jeweilige Preise) fast verdreifacht, preisbereinigt immerhin mehr als verdoppelt. Mit diesem Wachstum steht Thüringen an der Spitze der ostdeutschen Länder vor Sachsen, Sachsen-Anhalt, Mecklenburg-Vorpommern und Brandenburg/Berlin. Allerdings zeigt sich bei einer vergleichenden Betrachtung dieses Wachstums pro Beschäftigten, dass damit zwar eine Annäherung an den Stand in Westdeutschland, nicht aber bereits eine Angleichung an das westdeutsche Niveau erreicht werden konnte (Abbildung 3). Die anfangs sehr hohen Zuwachsraten in Thüringen haben sich seit Mitte der 1990er Jahre an die in Westdeutschland angeglichen und übertreffen sie seither nur noch geringfügig. Das bedeutet nicht zuletzt, dass auch die Arbeitsproduktivität in Thüringen noch hinter dem westdeutschen Stand zurückbleibt: 2008 erreichte sie 75 Prozent des gesamtdeutschen Niveaus.[32]

Abbildung 3: Bruttoinlandsprodukt zu Marktpreisen pro Erwerbstätigen

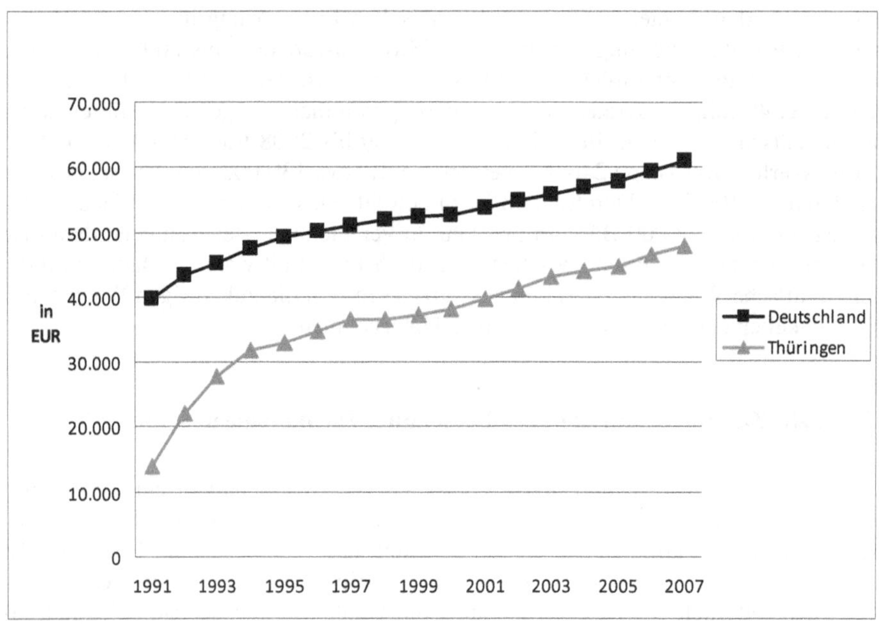

Daten: Statistisches Bundesamt.

Neben dem quantitativen Wachstum der thüringischen Wirtschaft ist vor allem der seit 1990 vollzogene Wandel der Wirtschaftsstruktur (s. oben Abbildung 1) positiv zu bewerten. Zwei Sektoren haben stark an Gewicht gewonnen: Zum einen konnte der moderne Dienstleistungssektor seinen Anteil an der Bruttowertschöpfung von 11,7 Prozent (1991) auf 24,1 Prozent (2008), zum anderen das produzierende Gewerbe (ohne Baugewerbe) seinen Anteil von 18,4 auf 27,1 Prozent steigern. Mit der Umstrukturierung und dem Ausbau des Verarbeitenden Gewerbes blieb in Thüringen die industrielle Basis erhalten, die den Nährboden für wirtschaftsnahe moderne Dienstleistungen darstellt. Dies wäre ohne eine entsprechende Steigerung der Arbeitsproduktivität in diesen beiden Sektoren nicht möglich gewesen (Abbildung 4). Der 2007 erreichte Wert der Arbeitsproduktivität[33] ist beim Wirtschaftszweig Finanzierung, Vermietung und Unternehmensdienstleistungen am höchsten (73.020 EUR). Danach folgt das Produzierende Gewerbe (54.375 EUR). Letzteres wies das höchste Wachstum auf. Hier ist gegenüber dem Ausgangsjahr 1991 die Arbeitsproduktivität um das 7,7-fache gestiegen, womit die Leistungsfähigkeit des für die Thüringer Wirtschaft bedeutendsten Teilsektors unterstrichen wird. Im Vergleich dazu befinden sich 2007 alle anderen Teilsektoren auf einem niedrigeren Niveau.

Abbildung 4: Arbeitsproduktivität in den Wirtschaftssektoren

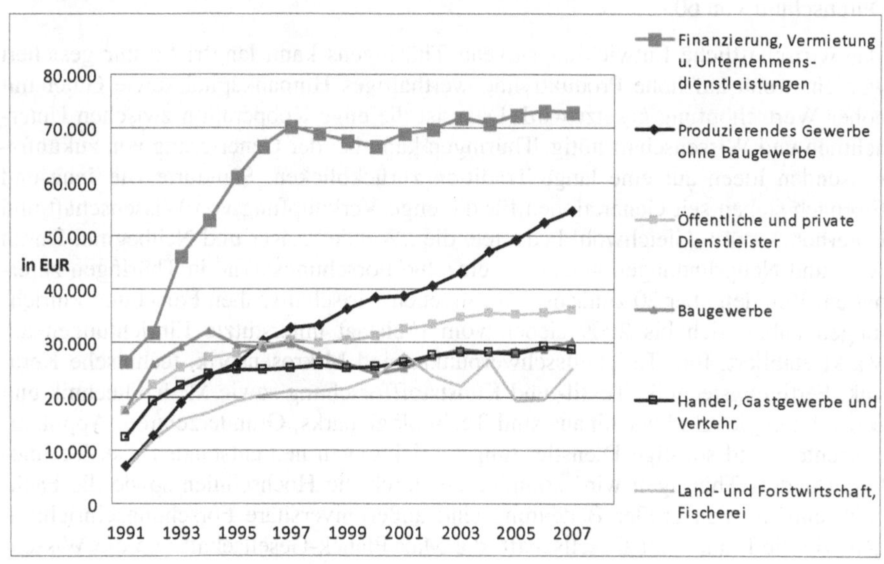

Datenquelle: Statistisches Bundesamt.

Infolge der starken Bindung der unternehmensnahen Dienstleistungen an das industrielle Wachstum ist es von Vorteil, das Produzierende Gewerbe mit dem Ziel einer weiteren Steigerung der Arbeitsproduktivität besonders zu fördern. Dadurch kann der Strukturwandel vorangetrieben und die Wettbewerbsfähigkeit der Unternehmen vergrößert werden. Vom Freistaat Thüringen wurde deshalb eine Vielzahl von Förderprogrammen aufgelegt, welche den Innovationsgrad der Unternehmen der gewerblichen Wirtschaft stärken sollen. Diese Förderprogramme sind im Kontext der Forschungs- und Technologiepolitik sowie der Cluster- und Netzwerkpolitik zu sehen. Das Thüringer Ministerium für Wirtschaft, Technologie und Arbeit verfolgt damit das Ziel, Wachstum und Arbeit zu fördern und so das Wohlstandsniveau des Freistaates an das der alten Bundesländer anzupassen.[34] Die Netzwerke sorgen für die beschleunigte wechselseitige Übermittlung von Wissen und Technologien. In speziellen Programmen wird der Ausbau einer leistungsfähigen wirtschaftsnahen Infrastruktur, die Einführung neuester Technologien in Unternehmen, die Beschäftigung von F&E-Personal sowie gemeinschaftliche Forschungsprojekte zwischen Wissenschaft und Industrie unterstützt. Insgesamt wurden in Thüringen 2007 und 2008 Projekte in Höhe von 42,9 bzw. 29,6 Mio. EUR finanziert.[35] Der Erfolg der Thüringer Unternehmen, neue Produkte und Verfahren zu entwickeln, schlägt sich in zunehmenden Patentanmeldungen nieder. Deren Zahl hat sich in Thüringen von 1991 bis 2008 mehr als verdoppelt (von 12 auf 26 pro 100.000 Einwohner); damit liegt sie zwar über der Sachsens, jedoch noch erheblich unter dem bundesdeutschen Durchschnitt von 60.

Das wirtschaftliche Entwicklungsniveau Thüringens kann langfristig nur gesichert werden, wenn auf hohe Produktivität, werthaltiges Humankapital sowie Güter mit hoher Wertschöpfung gesetzt wird. Dazu ist die enge Kooperation zwischen Unternehmen und Wissenschaft nötig. Thüringen kann bei der Generierung von zukunftsweisenden Ideen auf eine lange Tradition zurückblicken. Standorte wie Jena und Eisenach stehen seit Generationen für die enge Verknüpfung von Wissenschaft und Unternehmertum. Gleichwohl bedeutete die „Wende“ Zäsur und Neubeginn. Durch Aus- und Neugründungen gelang es, einzelne Forschungskerne in Thüringen zu erhalten. Von den über 20 zunächst entstandenen wirtschaftsnahen Forschungseinrichtungen haben sich bis 2009 sieben vom Freistaat unterstützte Einrichtungen am Markt etabliert. Ihre Tätigkeitsschwerpunkte sind Mikrosensorik, technische Keramik, Fertigungstechnik, Textil- und Kunststoffforschung sowie Medizintechnik und Biotechnologie. Darüber hinaus sind Technologieparks, Gründerzentren, Applikationszentren und sonstige Dienstleistungseinrichtungen neu entstanden. Der Technologiestandort Thüringen wird komplettiert durch die Hochschulen sowie die Fachhochschulen. Von großer Bedeutung sind außeruniversitäre Forschungseinrichtungen wie die Fraunhofer-Gesellschaft, die Max-Planck-Gesellschaft und die Wissenschaftsgemeinschaft Gottfried Wilhelm Leibniz. Damit verfügt der Freistaat über ein exzellentes Potential für Gründungsideen und Wachstumsgenerierung.

Im Rahmen des wechselseitigen Austauschs zwischen Wirtschaft und Wissenschaft werden im Freistaat vorrangig folgende Wirtschaftszweige gefördert: Mess-, Steuer-

und Regeltechnik, Informations-, Kommunikations- und Medientechnik, neue Materialien und Werkstoffe, Optik und Optoelektronik, Mikro- und Nanotechniken, Biotechnologie, Medizintechnik, Umwelttechnik und Energietechnologien. An diese Industrien werden besonders hohe Erwartungen gestellt, da diese ganz wesentlich das zukünftige Wachstum und die Beschäftigung bestimmen.

Auf dem Gebiet der Technologiepolitik sind eine Reihe von richtungweisenden Initiativen ins Leben gerufen worden. Besonderes Augenmerk wurde auf die Förderung von Existenzgründungen gelegt. So entstand in den späten 1990er Jahren – gefördert durch Mittel des Bundesministeriums für Bildung und Forschung – die Thüringer Existenzgründerinitiative GET UP. Beteiligt daran waren die Friedrich-Schiller-Universität Jena, die Technische Universität Ilmenau, die Bauhausuniversität in Weimar sowie die Fachhochschulen in Jena und Schmalkalden. Aus dieser Initiative ging eine Vielzahl von Hochtechnologie-Start-Ups hervor. Ein Teil des Know-how, der Ideen und Erfahrungen aus GET-UP floss in ein Folgeprojekt ein, das Mitte 2005 unter dem Namen „Thüringer Gründer Netzwerk" entstand und als Weiterführung des ersteren zu verstehen ist.

Zu den leistungsfähigsten Clustern, die in Thüringen seit Ende der 1990er Jahre hervorgebracht wurden, gehört OptoNet. Diesem Kompetenznetzwerk für optische Technologien gehören über 90 Mitglieder an, darunter Forschungs- und Bildungseinrichtungen, Industrie- und Consultingfirmen sowie Banken und Venture-Capital Agenturen. OptoNet bildet den Kern einer ausdifferenzierten optischen Industrie, zu der im Jahre 2007 162 Unternehmen mit einem Umsatz von über 2 Mrd. EUR und einem Pro-Kopf-Umsatz von 175.000 EUR gehörten. Mit 59 Prozent Exportanteil am Umsatz ist dieses Cluster besonders wichtig für die Präsenz und Integration des Freistaats in den internationalen Markt für Hochtechnologie.

Zu den weiteren nachhaltigen Clustern Thüringens zählen solche aus der Automobilzulieferindustrie, der Medizintechnik, Biotechnologie sowie der Kunststofftechnik. Allein in ersterem, dem „Automotive Thüringen e.V.", sind über 100 Mitglieder organisiert; der Ausbau geht kontinuierlich weiter, wobei die erwähnten Landesgesellschaften sowie die Industrie- und Handelskammern verstärkt als „Geburts- und Entwicklungshelfer" fungieren.

Einer der umsatzstärksten, beschäftigungsintensivsten und am meisten vernetzten Hochtechnologiebereiche ist die Fertigungstechnik und Metallbearbeitung. Mit 41.000 Beschäftigten und über 6 Mrd. EUR Jahresumsatz bildet er einen der wesentlichen „Brückenpfeiler" in die technologische Zukunft Thüringens; allerdings umfasst ein Großteil der 570 Unternehmen weniger als 20 Beschäftigte. Das „FerMeTh"-Cluster ist darauf ausgerichtet, die strukturbedingten Nachteile kleiner und mittlerer Unternehmen auszugleichen, Fachkräfte zu sichern und die Wettbewerbsfähigkeit in diesem Kernbereich der Thüringer Wirtschaft zu erhöhen.

Anmerkungen

1 BGBl. 1990 II, S. 537ff.

2 Vertrag über die Schaffung einer Währungs-, Wirtschafts- und Sozialunion zwischen der Bundesrepublik Deutschland und der Deutschen Demokratischen Republik vom 18. Mai 1990, Art. 1 Abs. 3.

3 Ebd., Art. 1 Abs. 4.

4 Gesetz zur Privatisierung und Reorganisation des Volkseigenen Vermögens (Treuhandgesetz) vom 17. Juni 1990, in: GBl. DDR, Teil 1, Nr. 33, S. 300ff.

5 Jahreswirtschaftsbericht 1994, Thüringer Ministerium für Wirtschaft und Verkehr, S. 87f.

6 Ebd. Alle Angaben in DM wurden zur besseren Vergleichbarkeit in EUR umgerechnet.

7 Ebd., S. 87.

8 Jahreswirtschafts- und Mittelstandbericht 1997, Thüringer Ministerium für Wirtschaft und Infrastruktur, S. 140.

9 Ebd.

10 Evaluierung des Einsatzes von Fördermitteln im Rahmen der Gemeinschaftsaufgabe „Verbesserung der regionalen Wirtschaftsstruktur“ (GA) in den Jahren 1997-2003 in Thüringen, Kurzfassung, S. 7.

11 „Gründungs- und Wachstumsfinanzierung“.

12 Wirtschaftsbericht 2009, Thüringer Ministerium für Wirtschaft, Technologie und Arbeit, S. 54.

13 S. unten Abschnitt V.

14 Vgl. den Beitrag von *Singe / Thieme* in diesem Band.

15 Jahreswirtschaftsbericht 1991/1992, Thüringer Ministerium für Wirtschaft und Verkehr, S. 8.

16 Zu den Erwerbstätigen zählen alle Personen, die als Arbeitnehmer oder als Selbstständige beziehungsweise als mithelfende Familienangehörige eine auf wirtschaftlichen Erwerb gerichtete Tätigkeit ausüben (Statistisches Bundesamt).

17 Die Wertschöpfung umfasst die innerhalb eines abgegrenzten Wirtschaftsgebietes erbrachte wirtschaftliche Leistung (Produktionswert abzüglich Vorleistungen) und bewertet zu Herstellungspreisen, d.h. ohne die auf die Güter zu zahlenden Steuern, aber zuzüglich der empfangenen Gütersubventionen (Statistisches Bundesamt).

18 Wirtschaftsbericht 2009 (Anm. 12), S. 16.

19 Jahreswirtschaftsbericht 1991/1992 (Anm. 15), S. 58.

20 Jahreswirtschaftsbericht 1996, Thüringer Ministerium für Wirtschaft und Infrastruktur, S. 89.

21 Wirtschaftsbericht 2009 (Anm. 12), S. 40.

22 Ebd., S. 11.

23 Mittelstandsbericht 1996, Thüringer Ministerium für Wirtschaft und Infrastruktur, S. 81.

24 Thüringer Landesamt für Statistik.

25 In Thüringen stellen diese wissensintensive Leistungen für die Hersteller optischer Geräte, von Medizintechnik oder von Datenverarbeitungsgeräten zur Verfügung.

26 Thüringer Landesamt für Statistik.

27 Mittelstands- und Jahreswirtschaftsbericht 2001, Thüringer Ministerium für Wirtschaft, Arbeit und Infrastruktur, S. 83.

28 Wirtschaftsbericht 2009 (Anm. 12), S. 11.

29 Statistischer Jahresbericht 1997, Thüringer Landesamt für Statistik, S. 3.

30 Statistischer Jahresbericht 2009, Thüringer Landesamt für Statistik, S. 12.

31 Ebd.

32 Bruttowertschöpfung pro Arbeitsstunde. Berechnet nach: Volkswirtschaftliche Gesamtrechnungen der Länder.

33 Bruttowertschöpfung pro Erwerbstätigen zu Marktpreisen.

34 Wirtschaftsbericht 2009 (Anm. 12), S. 56ff.

35 Ebd.

ANHANG

1. Wahlergebnisse

Landtagswahl am 20. Oktober 1946

	Prozent der gültigen Stimmen			
Stadt/Kreis	SED	LDP	CDU	VdgB
Städte:				
Altenburg	54,4	31,1	14,0	0,4
Apolda	42,1	43,0	14,5	0,4
Arnstadt	49,1	34,6	16,0	0,4
Eisenach	44,0	41,8	13,9	0,3
Erfurt	40,3	43,0	16,6	0,2
Gera	52,1	33,7	13,8	0,4
Gotha	43,5	41,4	14,7	0,4
Greiz	56,7	21,5	21,3	0,6
Jena	48,2	39,7	11,7	0,5
Mühlhausen	56,8	26,7	16,1	0,4
Nordhausen	47,1	40,2	12,5	0,2
Weimar	37,9	45,9	15,9	0,4
Landkreise:				
Altenburg	60,3	24,3	13,7	1,7
Arnstadt	60,1	20,4	16,0	3,4
Eisenach	43,1	32,5	21,0	3,5
Gera	49,1	26,3	19,7	4,9
Gotha	47,5	29,7	16,4	6,5
Greiz	55,3	20,1	20,4	4,2

Stadt/Kreis	Prozent der gültigen Stimmen SED	LDP	CDU	VdgB
Hildburghausen	39,5	29,9	24,9	5,8
Langensalza	55,4	17,9	19,2	7,5
Meiningen	49,5	26,9	17,8	5,8
Mühlhausen	48,6	9,5	38,2	3,7
Nordhausen	51,7	25,7	20,0	2,6
Rudolstadt	59,3	18,6	16,4	5,7
Saalfeld	48,6	28,8	17,0	5,5
Schleiz	54,5	19,1	20,6	5,9
Schmalkalden	51,3	30,4	14,2	4,1
Sondershausen	49,6	26,9	19,5	4,1
Sonneberg	63,8	19,8	14,2	2,3
Stadtroda	47,9	30,0	15,8	6,3
Suhl	64,9	13,7	19,6	1,8
Weimar	38,7	36,3	19,0	6,0
Weißensee	46,4	26,4	23,5	3,6
Worbis	28,0	5,6	63,2	3,2
Thüringen	**49,3**	**28,5**	**18,9**	**3,3**
Sitze im Landtag	**50**	**28**	**19**	**3**

Quelle: *Guido Dressel,* 75 Jahre Freistaat Thüringen. Wahlen und Abstimmungsergebnisse 1920-1995 (Quellen zur Geschichte Thüringens, Bd. 4), Erfurt 1995, S. 162ff.

Wahl zur Volkskammer der DDR am 18. März 1990

Stadt/Kreis	Prozent der gültigen Stimmen						
	CDU/DA	SPD	PDS	BFD/ NDPD	B90/Gr./ UFV	DSU	Sonst.
Stadt Erfurt	47,1	21,5	16,5	4,7	5,8	3,3	1,2
Stadt Gera	40,3	18,4	20,4	4,8	5,4	9,2	1,5
Stadt Jena	37,1	23,1	14,7	6,9	7,8	9,3	1,2
Stadt Suhl	31,0	16,3	24,9	5,5	7,1	13,3	2,0
Stadt Weimar	46,8	20,7	12,3	8,0	8,0	3,1	1,2
Altenburg	47,9	18,6	13,2	5,3	3,6	9,1	2,4
Apolda	63,8	14,9	7,9	5,9	3,0	2,4	2,2
Arnstadt	58,6	16,8	9,2	4,8	3,7	4,3	2,6
Artern	57,6	15,9	12,0	5,6	3,4	2,6	2,8
Bad Salzungen	61,2	16,9	10,6	3,8	3,4	2,4	1,7
Eisenach	55,5	23,3	9,4	4,1	3,7	2,4	1,6
Eisenberg	54,2	16,9	11,2	5,8	3,7	5,5	2,8
Erfurt	66,9	13,9	6,5	4,1	3,1	2,3	3,1
Gera	58,9	14,2	8,7	4,6	2,9	8,3	2,4
Gotha	57,0	20,6	8,3	5,3	3,2	3,8	1,8
Greiz	55,8	16,2	10,4	5,7	3,8	6,1	1,9
Heiligenstadt	74,4	11,7	6,2	2,9	2,8	0,8	1,3
Hildburghausen	48,7	16,0	12,5	5,4	3,4	9,9	4,1
Ilmenau	48,6	15,9	10,2	4,4	4,2	15,2	1,5
Jena	57,4	15,1	7,8	6,0	4,1	6,8	2,7
Bad Langensalza	60,7	17,8	9,2	4,4	2,8	1,5	3,7
Lobenstein	48,8	14,7	12,8	4,5	3,4	12,7	3,2
Meiningen	54,0	15,6	11,9	3,8	4,7	7,1	2,8
Mühlhausen	64,0	17,6	7,9	4,5	2,8	1,4	1,8
Neuhaus a. R.	48,4	16,4	12,1	4,2	4,0	12,7	2,1
Nordhausen	57,8	20,8	9,8	5,1	3,4	0,9	2,1
Rudolstadt	55,0	14,2	10,9	5,0	4,3	8,2	2,5
Saalfeld	52,1	16,1	12,8	5,2	4,6	6,8	2,4

Stadt/Kreis	Prozent der gültigen Stimmen						
	CDU/DA	SPD	PDS	BFD/ NDPD	B90/Gr./ UFV	DSU	Sonst.
Schleiz	59,5	12,8	9,0	5,8	3,2	7,3	2,4
Schmalkalden	61,0	15,1	9,7	4,3	2,9	5,3	1,6
Schmölln	41,3	19,8	12,0	5,5	3,0	14,5	3,8
Sömmerda	60,6	17,0	9,1	4,6	3,2	2,1	3,5
Sondershausen	56,9	19,6	11,0	4,5	2,9	1,9	3,2
Sonneberg	55,0	16,4	13,2	4,5	3,7	5,1	2,1
Stadtroda	56,4	15,4	10,2	6,4	5,0	3,7	2,8
Suhl	45,8	16,0	10,3	5,4	4,8	15,5	2,2
Weimar	62,3	14,0	7,0	5,7	4,0	3,4	3,7
Worbis	74,6	12,2	4,8	3,7	2,3	1,0	1,3
Zeulenroda	52,3	12,2	8,4	6,5	3,0	15,8	1,9
Thüringen	**54,1**	**17,5**	**11,4**	**5,0**	**4,1**	**5,8**	**2,1**

Quelle: TLS, Statistisches Jahrbuch Thüringen 1994, S. 114.

Landtagswahl am 14. Oktober 1990

	Prozent der gültigen Zweitstimmen						
Stadt/Kreis	CDU	SPD	LL-PDS	FDP	NF-Gr.-DJ	DSU	Sonst.
Stadt Erfurt	38,4	23,0	15,1	8,7	10,3	2,1	2,4
Stadt Gera	35,5	23,6	17,1	9,0	7,2	4,5	3,2
Stadt Jena	32,4	25,1	12,6	12,3	12,1	3,0	2,5
Stadt Suhl	29,3	18,0	22,0	10,3	10,3	6,7	3,4
Stadt Weimar	39,1	20,6	11,4	12,8	11,9	1,2	3,0
Eichsfeldkreis	67,9	14,0	4,5	6,2	3,7	1,9	1,9
Nordhausen	44,8	27,3	9,1	9,3	5,9	0,9	2,7
Wartburgkreis	47,9	25,0	8,1	7,9	6,0	2,1	2,9
Unstrut-Hainich-Kreis	50,8	23,8	7,2	9,4	4,9	1,2	2,7
Kyffhäuserkreis	45,1	26,8	9,4	9,2	4,7	1,9	3,0
Schmalkalden-Meiningen	47,0	20,7	8,9	9,3	5,8	4,8	3,4
Gotha	44,7	26,4	7,1	9,9	5,4	3,4	3,0
Sömmerda	51,3	22,8	6,5	9,3	4,9	1,9	3,4
Hildburghausen	43,1	22,3	9,5	9,8	5,2	5,2	5,1
Ilm-Kreis	43,6	23,1	8,9	8,3	7,3	5,5	3,2
Weimarer Land	50,2	21,3	6,0	11,8	5,7	2,0	3,0
Sonneberg	43,8	23,2	11,7	8,2	4,6	5,0	3,6
Saalfeld-Rudolstadt	45,5	22,6	9,4	8,8	6,1	4,2	3,4
Saale-Holzland-Kreis	45,9	22,4	7,6	11,1	6,8	3,1	3,1
Saale-Orla-Kreis	48,9	20,2	8,6	8,8	5,2	4,5	3,6
Greiz	47,8	20,5	7,8	10,0	5,2	5,1	3,5
Altenburger Land	47,1	23,5	10,1	8,0	4,8	3,3	3,1
Thüringen	**45,4**	**22,8**	**9,7**	**9,3**	**6,5**	**3,3**	**3,1**
Sitze	**44**	**21**	**9**	**9**	**6**	**-**	**-**

Quelle: TLS, Kommunalwahlen in Thüringen am 12. Juni 1994. Ergebnisse früherer Wahlen, Erfurt 1994, S. 8 ff.

Landtagswahl am 16. Oktober 1994

Stadt/Kreis	Prozent der gültigen Landesstimmen CDU	SPD	PDS	FDP	B90/Gr.	Sonst.
Stadt Erfurt	35,5	28,8	22,8	2,5	5,8	4,6
Stadt Gera	36,0	25,8	27,0	2,6	4,7	4,0
Stadt Jena	30,1	33,6	20,2	4,0	8,1	4,0
Stadt Suhl	35,4	24,0	29,4	2,3	4,4	4,5
Stadt Weimar	37,7	29,1	16,6	4,3	7,4	4,8
Eichsfeldkreis	60,6	21,9	8,7	2,7	2,9	3,1
Nordhausen	40,7	32,5	18,1	2,3	3,3	3,1
Wartburgkreis	42,3	31,9	14,8	3,1	4,9	2,9
Unstrut-Hainich-Kreis	44,6	32,9	13,3	3,3	3,4	2,5
Kyffhäuserkreis	43,7	31,2	16,2	3,0	3,3	2,5
Schmalkalden-Meiningen	45,2	27,7	15,9	3,5	4,5	3,2
Gotha	43,5	32,2	13,1	3,2	4,8	3,1
Sömmerda	46,4	28,5	14,1	3,4	4,4	3,3
Hildburghausen	43,2	29,3	15,9	4,8	3,5	3,2
Ilm-Kreis	43,7	30,2	15,6	2,6	3,8	4,1
Weimarer Land	46,9	28,1	12,7	4,3	4,4	3,6
Sonneberg	38,9	32,3	18,1	3,9	3,4	3,4
Saalfeld-Rudolstadt	42,2	30,3	16,2	3,3	4,3	3,8
Saale-Holzland-Kreis	43,3	28,5	15,0	3,9	5,3	4,0
Saale-Orla-Kreis	45,0	28,2	14,9	3,8	3,8	4,4
Greiz	46,3	29,2	13,7	3,1	4,2	3,5
Altenburger Land	44,0	30,5	15,5	2,7	4,0	3,3
Thüringen	**42,6**	**29,6**	**16,6**	**3,2**	**4,5**	**3,6**
Sitze	**42**	**29**	**17**	**-**	**-**	**-**

Quelle: TLS, Statistisches Jahrbuch Thüringen 1996, S. 103.

Landtagswahl am 12. September 1999

Stadt/Kreis	Prozent der gültigen Landesstimmen					
	CDU	SPD	PDS	FDP	B90/Gr.	Sonst.
Stadt Erfurt	48,7	17,5	25,1	0,8	3,2	4,7
Stadt Gera	41,7	17,5	32,6	0,8	1,6	5,8
Stadt Jena	41,1	22,4	24,1	2,0	5,4	5,0
Stadt Suhl	45,9	15,9	31,7	0,6	1,7	4,2
Stadt Weimar	48,9	19,3	20,7	1,0	4,8	5,3
Stadt Eisenach	49,1	20,3	22,2	1,1	2,9	4,4
Eichsfeldkreis	68,4	13,8	11,1	1,2	1,5	4,0
Nordhausen	47,9	23,1	22,3	0,8	1,5	4,4
Wartburgkreis	52,5	20,1	18,9	1,1	1,6	5,8
Unstrut-Hainich-Kreis	52,5	21,0	18,5	1,1	1,4	5,5
Kyffhäuserkreis	48,7	20,5	22,5	1,1	1,0	6,2
Schmalkalden-Meiningen	52,3	17,5	21,7	1,2	1,7	5,6
Gotha	51,6	18,7	19,1	1,0	1,5	8,1
Sömmerda	53,0	16,6	20,2	1,3	1,5	7,4
Hildburghausen	50,5	19,2	22,2	1,3	1,2	5,6
Ilm-Kreis	55,2	17,2	19,1	0,8	1,6	6,1
Weimarer Land	55,4	17,4	17,0	1,4	1,7	7,1
Sonneberg	47,0	18,9	24,9	1,3	0,9	7,0
Saalfeld-Rudolstadt	51,0	18,9	20,4	1,1	1,3	7,3
Saale-Holzland-Kreis	50,5	17,2	20,1	1,8	1,8	8,6
Saale-Orla-Kreis	50,5	18,7	19,8	1,1	1,2	8,7
Greiz	53,3	18,3	19,4	1,1	1,4	6,5
Altenburger Land	48,9	17,0	24,7	1,3	1,3	6,8
Thüringen	**51,0**	**18,5**	**21,3**	**1,1**	**1,9**	**6,2**
Sitze	**49**	**18**	**21**	**-**	**-**	**-**

Quelle: TLS, Landtagswahl 1999 in Thüringen. Endgültige Ergebnisse nach Gemeinden, Erfurt 1999, S. 18.

Landtagswahl am 13. Juni 2004

Stadt/Kreis	CDU	SPD	PDS	FDP	B90/Gr.	Sonst.
	Prozent der gültigen Landesstimmen					
Stadt Erfurt	36,1	14,5	31,2	3,6	8,5	6,1
Stadt Gera	35,8	13,6	34,9	3,5	4,3	7,9
Stadt Jena	31,7	19,2	25,8	4,4	11,9	7,0
Stadt Suhl	33,6	14,3	35,7	3,7	4,0	8,7
Stadt Weimar	37,7	15,6	23,5	3,7	12,5	7,0
Stadt Eisenach	37,3	16,6	29,2	3,1	7,3	6,5
Eichsfeldkreis	66,2	9,7	12,4	3,0	2,7	6,0
Nordhausen	40,9	16,1	30,0	3,8	3,8	5,4
Wartburgkreis	40,4	14,2	23,9	3,0	3,4	15,1
Unstrut-Hainich-Kreis	47,0	14,8	24,4	3,5	2,8	7,5
Kyffhäuserkreis	44,0	14,6	27,2	3,3	2,7	8,2
Schmalkalden-Meiningen	37,9	13,5	26,1	4,0	3,5	15,0
Gotha	44,9	14,1	25,7	3,5	3,8	8,0
Sömmerda	46,2	12,6	26,3	4,0	3,4	7,5
Hildburghausen	44,8	16,3	25,9	3,1	2,8	7,1
Ilm-Kreis	44,3	14,4	26,4	3,5	4,5	6,9
Weimarer Land	46,1	13,6	22,9	4,1	4,2	9,1
Sonneberg	43,5	14,7	28,8	3,2	2,7	7,1
Saalfeld-Rudolstadt	43,3	15,0	26,2	3,6	3,2	8,7
Saale-Holzland-Kreis	44,5	14,9	25,1	4,1	3,7	7,7
Saale-Orla-Kreis	44,4	14,6	26,8	3,6	2,9	7,7
Greiz	47,6	14,1	23,5	3,7	3,2	7,9
Altenburger Land	43,5	15,1	26,9	4,1	2,5	7,9
Thüringen	**43,0**	**14,5**	**26,1**	**3,6**	**4,5**	**8,3**
Sitze	**45**	**15**	**28**	**-**	**-**	**-**

Quelle: TLS, Landtagswahlen in Thüringen 2004. Endgültige Ergebnisse, Erfurt 2004, S. 110f.

Landtagswahl am 30. August 2009

	Prozent der gültigen Landesstimmen					
Stadt/Kreis	CDU	SPD	Die Linke	FDP	B90/Gr.	Sonst.
Stadt Erfurt	25,3	19,8	28,4	7,6	10,5	8,5
Stadt Gera	27,4	15,7	36,2	8,4	5,6	6,7
Stadt Jena	22,6	22,3	26,0	9,3	13,8	6,1
Stadt Suhl	24,8	16,0	38,4	7,0	5,9	8,0
Stadt Weimar	25,8	18,9	25,1	7,9	14,8	7,3
Stadt Eisenach	26,5	19,4	28,6	7,0	8,4	10,1
Eichsfeldkreis	49,2	13,1	14,4	7,9	4,0	11,4
Nordhausen	29,3	21,8	29,4	7,7	5,8	6,0
Wartburgkreis	34,1	17,9	25,8	5,9	4,5	11,8
Unstrut-Hainich-Kreis	32,6	19,7	25,4	8,8	4,5	9,1
Kyffhäuserkreis	30,4	20,2	31,0	6,5	4,4	7,4
Schmalkalden-Meiningen	31,4	17,9	28,1	7,2	5,0	10,4
Gotha	31,0	22,7	24,3	6,9	5,3	9,8
Sömmerda	31,8	16,7	26,7	7,8	4,9	12,2
Hildburghausen	31,4	17,7	31,3	7,1	4,4	8,0
Ilm-Kreis	28,6	17,9	28,3	7,0	6,6	11,4
Weimarer Land	32,4	18,3	24,0	8,7	6,4	10,2
Sonneberg	34,0	15,2	34,2	6,0	3,1	7,5
Saalfeld-Rudolstadt	31,0	18,2	28,7	7,3	4,6	10,3
Saale-Holzland-Kreis	33,2	17,1	28,2	8,7	5,1	7,7
Saale-Orla-Kreis	31,8	18,6	28,9	7,9	3,8	8,9
Greiz	35,2	17,7	25,9	8,9	4,7	7,6
Altenburger Land	34,2	19,1	27,3	7,8	3,7	8,0
Thüringen	**31,2**	**18,5**	**27,4**	**7,6**	**6,2**	**9,0**
Sitze	**30**	**18**	**27**	**7**	**6**	**-**

Quelle: TLS, Landtagswahlen in Thüringen 2009. Endgültige Ergebnisse, Erfurt 2009, S. 126f.

Bundestagswahl am 2. Dezember 1990

Stadt/Kreis	Prozent der gültigen Zweitstimmen						
	CDU	SPD	PDS	FDP	B90/ Gr.	DSU	Sonst.
Stadt Erfurt	37,1	23,4	12,6	14,4	9,3	0,8	2,5
Stadt Gera	37,6	23,2	14,7	14,0	6,2	1,6	2,5
Stadt Jena	33,0	23,1	11,4	18,1	11,1	1,1	2,1
Stadt Suhl	31,6	19,9	18,8	15,3	9,5	2,2	2,7
Stadt Weimar	36,1	20,8	9,8	18,9	11,2	0,5	2,7
Eichsfeldkreis	66,5	12,5	4,0	10,9	3,7	0,8	1,4
Nordhausen	43,8	26,2	7,6	14,4	5,6	0,4	2,1
Wartburgkreis	47,1	23,7	6,8	13,6	5,6	0,8	2,5
Unstrut-Hainich-Kreis	49,9	22,5	6,1	14,0	4,7	0,5	2,0
Kyffhäuserkreis	46,2	24,4	7,6	14,2	4,8	0,7	1,8
Schmalkalden-Meiningen	47,2	20,3	7,7	14,0	6,0	2,0	2,8
Gotha	45,6	24,1	5,9	15,1	5,5	1,1	2,7
Sömmerda	50,4	21,3	5,8	14,6	5,1	0,7	2,0
Hildburghausen	44,2	21,5	7,9	14,4	6,5	2,6	2,9
Ilm-Kreis	45,1	21,8	7,7	13,7	6,7	2,3	2,6
Weimarer Land	48,2	20,4	5,2	17,5	5,3	0,9	2,4
Sonneberg	43,7	21,0	9,9	15,3	4,8	2,2	3,0
Saalfeld-Rudolstadt	44,8	22,5	8,2	14,2	5,7	1,9	2,6
Saale-Holzland-Kreis	44,8	22,4	6,6	16,3	5,8	1,3	2,8
Saale-Orla-Kreis	47,4	21,3	7,0	14,3	4,8	1,8	3,2
Greiz	48,3	20,5	6,5	15,3	4,5	2,2	2,7
Altenburger Land	47,3	22,2	8,2	14,1	4,5	1,4	2,3
Thüringen	**45,2**	**22,0**	**8,3**	**14,6**	**6,1**	**1,3**	**2,5**

Quelle: TLS, Kommunalwahlen in Thüringen am 12. Juni 1994. Ergebnisse früherer Wahlen, Erfurt 1994, S. 8ff.

Bundestagswahl am 16. Oktober 1994

	Prozent der gültigen Zweitstimmen					
Stadt/Kreis	CDU	SPD	PDS	FDP	B90/Gr.	Sonst.
Stadt Erfurt	34,2	29,8	23,5	3,4	6,8	2,2
Stadt Gera	34,5	26,7	27,3	3,8	4,8	3,0
Stadt Jena	28,8	31,5	22,2	6,6	8,5	2,4
Stadt Suhl	34,0	26,6	29,2	3,1	5,2	1,9
Stadt Weimar	36,1	30,1	18,2	4,5	8,3	2,7
Eichsfeldkreis	59,0	22,4	9,4	3,5	3,1	2,5
Nordhausen	38,6	33,6	18,3	3,3	3,9	2,2
Wartburgkreis	40,9	32,7	15,3	3,7	4,9	2,5
Unstrut-Hainich-Kreis	43,5	33,2	13,9	3,9	3,8	1,8
Kyffhäuserkreis	42,4	32,3	16,2	3,4	3,7	2,0
Schmalkalden-Meiningen	43,4	29,0	16,1	4,3	4,8	2,3
Gotha	41,9	32,7	13,9	4,0	5,3	2,2
Sömmerda	45,4	29,1	14,5	4,3	4,6	2,2
Hildburghausen	41,7	30,7	16,1	5,3	3,9	2,4
Ilm-Kreis	42,5	30,7	16,3	3,5	4,5	2,6
Weimarer Land	44,8	28,9	13,6	5,1	4,9	2,8
Sonneberg	38,7	32,3	18,1	4,6	3,4	2,9
Saalfeld-Rudolstadt	40,4	31,0	16,7	4,3	4,7	3,0
Saale-Holzland-Kreis	41,0	28,7	16,0	5,5	5,8	3,0
Saale-Orla-Kreis	43,2	29,0	15,1	5,1	4,2	3,4
Greiz	43,9	29,8	14,3	4,4	4,8	2,7
Altenburger Land	42,5	31,3	15,8	3,6	4,2	2,5
Thüringen	**41,0**	**30,2**	**17,2**	**4,1**	**4,9**	**2,5**

Quelle: TLS, Statistisches Jahrbuch Thüringen 1996, S. 102.

Bundestagswahl am 27. September 1998

	Prozent der gültigen Zweitstimmen					
Stadt/Kreis	CDU	SPD	PDS	FDP	B90/Gr.	Sonst.
Stadt Erfurt	24,3	34,1	25,7	3,0	5,7	7,2
Stadt Gera	24,2	31,9	28,9	2,9	3,9	8,3
Stadt Jena	21,8	33,6	24,2	6,0	7,8	6,7
Stadt Suhl	23,1	32,5	31,4	2,5	3,7	6,8
Stadt Weimar	27,8	31,8	21,0	3,6	8,1	7,7
Stadt Eisenach	27,2	37,1	21,5	2,8	5,1	6,3
Eichsfeldkreis	45,8	29,0	11,4	3,5	2,9	7,4
Nordhausen	25,9	38,8	21,7	2,9	3,1	7,6
Wartburgkreis	30,5	37,1	18,3	3,3	3,4	7,4
Unstrut-Hainich-Kreis	31,9	35,2	18,6	3,2	3,1	8,1
Kyffhäuserkreis	28,3	37,2	21,3	2,9	2,9	7,4
Schmalkalden-Meiningen	30,7	34,8	20,6	3,2	3,6	7,1
Gotha	28,3	34,2	21,8	3,4	3,7	8,6
Sömmerda	30,6	33,4	20,9	3,7	3,5	7,9
Hildburghausen	29,0	36,1	21,0	3,4	2,7	7,8
Ilm-Kreis	30,8	33,2	20,8	3,0	3,7	8,5
Weimarer Land	30,4	33,2	19,1	4,2	3,8	9,3
Sonneberg	28,1	37,2	22,3	2,7	2,4	7,3
Saalfeld-Rudolstadt	27,5	35,4	20,7	3,3	3,4	9,7
Saale-Holzland-Kreis	27,3	34,1	20,7	4,8	4,2	8,9
Saale-Orla-Kreis	28,8	36,2	19,9	3,1	3,1	8,9
Greiz	30,3	34,1	19,3	3,8	3,7	8,8
Altenburger Land	28,6	35,0	20,8	2,9	3,0	9,7
Thüringen	**28,9**	**34,5**	**21,2**	**3,4**	**3,9**	**8,1**

Quelle: TLS, Bundestagswahl 1998. Endgültiges Gesamtergebnis nach Wahlkreisen, Landkreisen und Gemeinden, Erfurt 1998, S. 46f.

Bundestagswahl am 22. September 2002

Stadt/Kreis	Prozent der gültigen Zweitstimmen					
	CDU	SPD	PDS	FDP	B90/Gr.	Sonst.
Stadt Erfurt	24,4	41,0	19,0	5,4	6,8	3,4
Stadt Gera	24,0	39,2	23,0	5,5	3,8	4,5
Stadt Jena	21,8	40,9	17,7	6,7	9,8	3,2
Stadt Suhl	23,8	39,5	24,4	5,7	3,9	2,6
Stadt Weimar	25,0	39,0	16,3	5,8	10,3	3,6
Stadt Eisenach	23,8	44,7	16,8	5,3	5,5	3,9
Eichsfeldkreis	47,8	30,6	8,8	6,2	3,2	3,4
Nordhausen	26,3	44,2	17,7	5,3	3,6	3,0
Wartburgkreis	31,1	41,9	14,7	5,4	3,4	3,5
Unstrut-Hainich-Kreis	31,6	40,0	15,5	6,1	3,6	3,2
Kyffhäuserkreis	27,8	42,6	18,0	5,2	3,0	3,4
Schmalkalden-Meiningen	30,8	39,3	17,6	5,5	3,8	3,1
Gotha	29,6	41,1	15,7	5,9	3,8	3,9
Sömmerda	30,5	39,1	16,7	6,4	3,5	3,9
Hildburghausen	30,6	40,5	17,7	5,4	2,8	3,0
Ilm-Kreis	30,3	39,7	16,8	5,7	3,9	3,6
Weimarer Land	30,8	38,5	15,5	6,9	4,1	4,3
Sonneberg	30,7	39,5	19,6	4,5	2,8	2,9
Saalfeld-Rudolstadt	29,2	40,3	17,2	5,7	3,4	4,1
Saale-Holzland-Kreis	29,1	39,8	16,8	6,7	3,6	4,0
Saale-Orla-Kreis	29,9	40,1	17,0	5,8	3,3	3,9
Greiz	30,8	38,7	16,0	6,9	3,5	4,1
Altenburger Land	30,1	39,8	16,5	6,4	3,2	4,2
Thüringen	**29,4**	**39,9**	**17,0**	**5,9**	**4,3**	**3,6**

Quelle: TLS, Bundestagswahl 2002 in Thüringen. Endgültige Ergebnisse, Erfurt 2002, S. 38f.

Bundestagswahl am 18. September 2005

Stadt/Kreis	Prozent der gültigen Zweitstimmen					
	CDU	SPD	PDS	FDP	B90/Gr.	Sonst.
Stadt Erfurt	22,3	31,1	27,1	7,4	7,5	4,5
Stadt Gera	20,4	29,3	32,6	7,7	4,4	5,6
Stadt Jena	19,0	34,6	23,0	8,4	10,9	4,1
Stadt Suhl	19,9	31,3	32,5	6,9	4,5	5,0
Stadt Weimar	23,4	30,3	22,1	8,1	10,9	5,3
Stadt Eisenach	21,6	34,1	25,6	6,6	6,8	5,2
Eichsfeld	42,2	23,5	16,3	9,7	3,5	4,9
Nordhausen	23,5	32,8	28,1	7,0	4,3	4,3
Wartburgkreis	26,7	31,9	24,1	7,5	3,9	6,0
Unstrut-Hainich-Kreis	28,0	29,2	25,5	8,2	3,8	5,3
Kyffhäuserkreis	24,8	30,1	29,7	6,6	3,3	5,5
Schmalkalden-Meiningen	25,6	29,6	26,9	8,3	4,2	5,4
Gotha	26,5	31,1	24,2	7,9	4,4	5,9
Sömmerda	27,9	26,8	26,7	8,7	3,9	5,9
Hildburghausen	25,9	31,1	26,5	7,3	3,2	5,9
Ilm-Kreis	26,3	30,4	25,3	7,3	4,5	6,2
Weimarer Land	27,2	28,5	23,7	8,8	4,8	7,0
Sonneberg	24,5	29,8	29,1	6,4	3,2	6,9
Saalfeld-Rudolstadt	24,4	29,5	27,4	7,7	3,9	7,1
Saale-Holzland-Kreis	25,3	28,6	27,4	8,4	4,2	6,0
Saale-Orla-Kreis	25,9	28,9	27,4	7,9	3,7	6,3
Greiz	27,1	27,3	26,1	9,4	4,2	6,0
Altenburger Land	26,4	28,1	27,2	8,3	3,5	6,7
Thüringen	**25,7**	**29,8**	**26,1**	**7,9**	**4,8**	**5,7**

Quelle: TLS, Bundestagswahl 2005 in Thüringen. Endgültige Ergebnisse, Erfurt 2005, S. 44f.

Bundestagswahl am 27. September 2009

Stadt/Kreis	Prozent der gültigen Zweitstimmen					
	CDU	SPD	Die Linke	FDP	B90/ Gr.	Sonst.
Stadt Erfurt	27,7	18,4	28,8	8,9	9,4	6,8
Stadt Gera	26,9	15,7	35,4	10,2	5,2	6,5
Stadt Jena	24,8	19,5	25,3	10,0	13,1	7,2
Stadt Suhl	25,7	17,0	37,4	8,3	5,7	5,9
Stadt Weimar	28,2	16,8	25,4	9,1	14,1	6,4
Stadt Eisenach	28,0	19,6	30,0	8,6	7,4	6,3
Eichsfeld	48,0	13,6	16,6	11,7	4,4	5,8
Nordhausen	29,4	19,5	31,3	9,3	5,2	5,2
Wartburgkreis	33,0	18,6	28,1	8,7	4,7	6,8
Unstrut-Hainich-Kreis	33,9	17,7	27,6	10,8	4,5	5,5
Kyffhäuserkreis	29,6	17,6	34,7	8,5	3,9	5,8
Schmalkalden-Meiningen	30,6	17,8	30,1	9,7	5,4	6,2
Gotha	31,5	20,6	27,0	8,9	5,1	7,0
Sömmerda	32,3	16,6	29,2	10,2	4,7	6,9
Hildburghausen	30,4	17,5	31,3	9,5	4,6	6,6
Ilm-Kreis	29,9	18,5	28,7	9,1	6,0	7,7
Weimarer Land	32,5	17,2	26,3	11,4	5,9	6,6
Sonneberg	30,7	16,3	34,4	8,5	3,5	6,6
Saalfeld-Rudolstadt	29,7	17,2	29,9	9,9	5,0	8,3
Saale-Holzland-Kreis	31,7	16,1	29,4	10,9	5,3	6,6
Saale-Orla-Kreis	31,2	17,2	30,0	10,3	4,6	6,6
Greiz	33,0	16,2	27,9	11,4	4,8	6,7
Altenburger Land	32,6	16,8	29,6	10,3	3,6	7,0
Thüringen	**31,2**	**17,6**	**28,8**	**9,8**	**6,0**	**6,7**

Quelle: TLS, Bundestagswahl 2009 in Thüringen. Endgültige Ergebnisse, Erfurt 2009.

2. Landesregierungen

I. Legislaturperiode (1990 – 1994)

Koalitionsregierung CDU/FDP 8.11.1990 – 5.2.1992

Ministerpräsident	Josef Duchac	CDU
Stellvertr. Ministerpräsident, Minister für Wissenschaft und Kunst	Dr. Ulrich Fickel	FDP
Innenminister	Willibald Böck	CDU
Finanzminister	Dr. Klaus Zeh	CDU
Minister für Justiz, Bundes- und Europaangelegenheiten	Dr. Hans-Joachim Jentsch	CDU
Kultusministerin	Christine Lieberknecht	CDU
Minister für Wirtschaft und Technik	Dr. Hans-Jürgen Schultz Dr. Jürgen Bohn (ab 7.11.1991)	FDP FDP
Minister für Landwirtschaft u. Forsten	Dr. Volker Sklenar	CDU
Minister für Soziales und Gesundheit	Dr. Hans-Henning Axthelm	CDU
Umweltminister	Hartmut Sieckmann	FDP
Minister für besondere Aufgaben	Jochen Lengemann	CDU

Koalitionsregierung CDU/FDP 5.2.1992 – 30.11.1994

Ministerpräsident	Dr. Bernhard Vogel	CDU
Minister in der Staatskanzlei	Franz Schuster Andreas Trautvetter (ab 17.9.1992)	CDU CDU
Stellvertr. Ministerpräsident, Minister für Wissenschaft und Kunst	Dr. Ulrich Fickel	FDP

Innenminister	Willibald Böck Franz Schuster (ab 17.9.1992)	CDU CDU
Finanzminister	Dr. Klaus Zeh	CDU
Justizminister	Dr. Hans-Joachim Jentsch	CDU
Kultusminister	Dieter Althaus	CDU
Minister für Wirtschaft und Verkehr	Dr. Jürgen Bohn	FDP
Minister für Landwirtschaft u. Forsten	Dr. Volker Sklenar	CDU
Minister für Soziales	Dr. Hans-Henning Axthelm Dr. Frank-Michael Pietzsch (ab 17.9.1992)	CDU CDU
Minister für Umwelt und Landesplanung	Hartmut Sieckmann	FDP
Ministerin für Bundes- und Europaangelegenheiten	Christine Lieberknecht	CDU

II. Legislaturperiode (1994 – 1999)

Koalitionsregierung CDU/SPD 30.11.1994 – 1.10.1999

Ministerpräsident	Dr. Bernhard Vogel	CDU
Stellvertr. Ministerpräsident, Minister für Wissenschaft, Forschung und Kultur	Dr. Gerd Schuchardt	SPD
Ministerin für Bundesangelegenheiten in der Staatskanzlei	Christine Lieberknecht	CDU
Innenminister	Dr. Richard Dewes	SPD
Finanzminister	Andreas Trautvetter	CDU
Minister für Justiz und Europaangelegenheiten	Otto Kretschmer	SPD
Kultusminister	Dieter Althaus	CDU
Minister für Wirtschaft und Infrastruktur	Franz Schuster	CDU

Minister für Landwirtschaft, Naturschutz und Umwelt	Dr. Volker Sklenar	CDU
Ministerin für Soziales und Gesundheit	Irene Ellenberger	SPD

III. Legislaturperiode (1999 – 2004)

Alleinregierung CDU 1.10.1999 – 6.6.2003

Ministerpräsident	Dr. Bernhard Vogel	CDU
Stellvertr. Ministerpräsident, Finanzminister	Andreas Trautvetter (Finanzminister bis 20.11.2002)	CDU
Finanzministerin	Birgit Diezel (ab 21.11.2002)	CDU
Innenminister	Christian Köckert Andreas Trautvetter (ab 21.11.2002)	CDU CDU
Minister für Bundes- und Europaangelegenheiten und Chef der Staatskanzlei	Jürgen Gnauck	CDU
Ministerin für Wissenschaft, Forschung und Kunst	Prof. Dr. Dagmar Schipanski	CDU[a]
Justizminister	Dr. Andreas Birkmann Dr. Karl Heinz Gasser (ab 11.10.2002)	CDU CDU
Kultusminister	Prof. Dr. Michael Krapp	CDU
Minister für Wirtschaft, Arbeit Infrastruktur	Franz Schuster	CDU
Minister für Landwirtschaft, Naturschutz und Umwelt	Dr. Volker Sklenar	CDU
Minister für Soziales, Familie und Gesundheit	Dr. Frank-Michael Pietzsch	CDU

a. Prof. Dr. Dagmar Schipanski war bis zu ihrem Eintritt in die CDU am 7.4.2000 parteilos.

Alleinregierung CDU 6.6.2003 – 8.7.2004

Ministerpräsident	Dieter Althaus	CDU
Stellvertr. Ministerpräsident, Innenminister	Andreas Trautvetter	CDU
Ministerin für Wissenschaft, Forschung und Kunst	Prof. Dr. Dagmar Schipanski	CDU
Minister für Landwirtschaft, Naturschutz und Umwelt	Dr. Volker Sklenar	CDU
Kultusminister	Prof. Dr. Michael Krapp	CDU
Justizminister	Dr. Karl Heinz Gasser	CDU
Finanzministerin	Birgit Diezel	CDU
Minister für Soziales, Familie und Gesundheit	Dr. Klaus Zeh	CDU
Minister für Bundes- und Europaangelegenheiten in der Staatskanzlei	Hans Kaiser	CDU
Minister für Wirtschaft, Arbeit und Infrakstruktur	Jürgen Reinholz	CDU

IV. Legislaturperiode (2004 – 2009)

Alleinregierung CDU 8.7.2004 – 30.10.2009

Ministerpräsident	Dieter Althaus	CDU
Stellvertr. Ministerpräsidentin, Finanzministerin	Birgit Diezel	CDU
Kultusminister	Prof. Dr. Jens Goebel Bernward Müller (ab 8.5.2008)	CDU CDU
Innenminister	Dr. Karl Heinz Gasser Manfred Scherer (ab 8.5.2008)	CDU CDU
Minister für Landwirtschaft, Naturschutz und Umwelt	Dr. Volker Sklenar	CDU
Minister für Bau und Verkehr	Andreas Trautvetter (bis 7.5.2008)	CDU
Minister für Bau, Landesentwicklung und Medien	Gerold Wucherpfennig (ab 8.5.2008)	CDU
Justizminister(in)	Harald Schliemann Marion Walsmann (ab 8.5.2008)	CDU CDU
Minister(in) für Soziales, Familie und Gesundheit	Dr. Klaus Zeh Christine Lieberknecht (ab 8.5.2008)	CDU CDU
Minister für Wirtschaft, Technologie und Arbeit	Jürgen Reinholz	CDU
Minister für Bundes- und Europaangelegenheiten und Chef der Staatskanzlei	Gerold Wucherpfennig Dr. Klaus Zeh (ab 8.5.2008)	CDU CDU

V. Legislaturperiode (seit 2009)

Koalitionsregierung CDU/SPD seit 30.10.2009

Ministerpräsidentin	Christine Lieberknecht	CDU
Stellvertr. Ministerpräsident, Minister für Bildung, Wissenschaft und Kultur	Christoph Matschie	SPD
Minister für Bundes- und Europaangelegenheiten und Chef der Staatskanzlei	Dr. Jürgen Schöning	parteilos
Innenminister	Prof. Dr. Peter Michael Huber	CDU
Justizminister	Dr. Holger Poppenhäger	SPD
Finanzministerin	Marion Walsmann	CDU
Minister für Wirtschaft, Arbeit und Technologie	Matthias Machnig	SPD
Ministerin für Soziales, Familie und Gesundheit	Heike Taubert	SPD
Minister für Landwirtschaft, Forsten, Umwelt und Naturschutz	Jürgen Reinholz	CDU
Minister für Bau, Landesentwicklung und Verkehr	Christian Carius	CDU

3. Ausgewählte Literatur

Adler, Hans-Gerd, Wir sprengen unsere Ketten. Die friedliche Revolution im Eichsfeld. Eine Dokumentation, Leipzig 1990.

Aldenhövel, Josef Lütke / Mestrup, Heinz / Remy, Dietmar (Hrsg.), Mühlhausen 1989/1990. Die Wende in einer thüringischen Kreisstadt, 2. Aufl., Münster 1993.

Best, Heinrich / Mestrup, Heinz (Hrsg.), Die Ersten und Zweiten Sekretäre der SED. Machtstrukturen und Herrschaftspraxis in den thüringischen Bezirken der DDR, Weimar / Jena 2003.

Birkmann, Andreas / Walsmann, Marion, Die Verfassung des Freistaats Thüringen mit Erläuterungen und Rechtsprechungshinweisen, 8. Aufl., Erfurt 2001.

Degenhart, Christoph, Volksgesetzgebungsverfahren und Verfassungsänderung nach der Verfassung des Freistaats Thüringen, in: Thüringer Verwaltungsblätter 9 (2001), S. 201-211.

Dicke, Klaus u.a., Thüringen-Monitor: Politische Kultur im Freistaat Thüringen (4 Bände), Jena 2000-2003.

Dornheim, Andreas, Politischer Umbruch in Erfurt 1989/90, Weimar / Köln / Wien 1995.

Dornheim, Andreas / Schnitzler, Stephan (Hrsg.), Thüringen 1989/90. Akteure des Umbruchs berichten, Erfurt 1995.

Dressel, Guido, 75 Jahre Freistaat Thüringen. Wahlen und Abstimmungsergebnisse 1920-1995 (Quellen zur Geschichte Thüringens, Bd. 4), Weimar 1995.

Drößler, Bernd Th., Die vertragsstaatskirchenrechtliche Gestaltung des Verhältnisses zwischen dem Freistaat Thüringen und der Jüdischen Landesgemeinde Thüringen und die parlamentarische Behandlung der Zustimmungsgesetze zu den Staatsverträgen, in: *Thüringer Landtag (Hrsg.)*, Zwischen Mitgestaltung und Ausgrenzung. Jüdische Abgeordnete und jüdisches Leben als Thema in Thüringer Parlamenten (Schriften zur Geschichte des Parlamentarismus in Thüringen, Bd. 26), Weimar 2007, S. 385-407.

Edinger, Michael, Staatszielbestimmungen als Gegenstand der Verfassungsgebung in Thüringen, in: *Karl Schmitt (Hrsg.)*, Die Verfassung des Freistaats Thüringen, Weimar / Köln / Wien 1995, S. 101-131.

Edinger, Michael, Die Herausforderung der repräsentativen Demokratie in Thüringen. Hintergründe, Verlauf und Wirkungen der Kontroverse um das Volksbegehren, in: *Karl Schmitt (Hrsg.),* Herausforderungen der repräsentativen Demokratie, Baden-Baden 2003, S. 121-156.

Edinger, Michael / Hallermann, Andreas: Politische Kultur in Ostdeutschland. Die Unterstützung des politischen Systems am Beispiel Thüringens, Frankfurt a.M. 2004.

Edinger, Michael / Lembcke, Oliver / Lange, Erhard H. M., Thüringen, in: *Jürgen Hartmann (Hrsg.),* Handbuch der deutschen Bundesländer, 3. Aufl., Frankfurt a.M. / New York 1997, S. 613-654.

Fascher, Eckhard, Politische Parteien und Stadtparlamente im heutigen Weimar. Eine Modellstudie zu Kontinuität und Wandel der politischen Kultur in den neuen Ländern, Zeitschrift für Parlamentsfragen 27 (1996), S. 37-61.

Fischer, Martin, Die katholische Kirche und die „Wende" 1989 im Eichsfeld, in: Eichsfeld-Jahrbuch 2007, S. 187-224.

Gottwald, Herbert, Der Thüringer Landtag 1946-1952. Ein politischer Abriß (Schriften zur Geschichte des Parlamentarismus in Thüringen, Heft 5), Erfurt 1994.

Hajna, Karl-Heinz, Länder-Bezirke-Länder: zur Territorialstruktur im Osten Deutschlands 1945-1990, Frankfurt a.M. 1995.

Hajna, Karl-Heinz, Die Landtagswahlen 1946 in der SBZ: Eine Untersuchung der Begleitumstände der Wahl, Frankfurt a.M. 2000.

Hallermann, Andreas, Partizipation in politischen Parteien. Ein Vergleich von fünf Parteien in Thüringen, Baden-Baden 2003.

Hardt, Jochen u.a., Thüringen 1946. Freie Wahlen im Übergang von National-sozialismus zum Kommunismus?, in *Detlev Heiden / Gunther Mai (Hrsg.),* Nationalsozialismus in Thüringen, Weimar / Köln / Wien 1995, S. 507-530.

Herz, Andrea, Wahl und Wahlbetrug im Mai 1989. DDR-Kommunalwahlen im Thüringer Raum, hg. v. Landesbeauftragten für die Unterlagen des Staatssicherheitsdienstes der ehemaligen DDR, Erfurt 2004.

Hoffmann, Eckardt (Hrsg.), Niemand konnte sie auslöschen. Die friedliche Revolution im Herbst 1989 in Gotha. Originaldokumente der Wende (November 1988 bis Mai 1990), 2 Bände, Friedrichroda 2001.

Huber, Peter M., Die Verfassung des Freistaats Thüringen – ein Überblick, in: *Karl Schmitt (Hrsg.),* Die Verfassung des Freistaats Thüringen, Weimar / Köln / Wien 1995, S. 69-100.

Huber, Peter M., Entwicklung des Landesverfassungsrechts in Thüringen, in: Jahrbuch des öffentlichen Rechts der Gegenwart. Neue Folge 52 (2004), S. 323-345.

Hübner, Hans-Peter / Schmidt, Gabriele (Hrsg.), Landhaus und Landeskirche auf dem Eisenacher Pflugensberg. Beiträge zur Geschichte der Evangelisch-Lutherischen Kirche in Thüringen und ihrer Kirchenleitung in Eisenach, Weimar 2006.

Jentsch, Hans-Joachim, Der Aufbau des Rechtswesens in Thüringen, in: Thüringer Verwaltungsblätter, Sonderheft vom 25.10.1993, B 1-3.

Jentsch, Hans-Joachim, Die Funktion der Verfassung in einem demokratischen Rechtsstaat unter besonderer Berücksichtigung der Thüringer Landesverfassung, in: *Karl Schmitt (Hrsg.)*, Die Verfassung des Freistaats Thüringen, Weimar / Köln / Wien 1995, S. 11-29.

John, Jürgen (Hrsg.), Thüringen 1989/90 (Quellen zur Geschichte Thüringens, Bd. 17), Erfurt 2001.

Jutzi, Siegfried, Staatsziele der Verfassung des Freistaats Thüringen, in: Thüringer Verwaltungsblätter 4 (1995), S. 25-31, 54-59.

Kähler, Christoph, Zum Umgang der Thüringer Landeskirche mit dem Widerstand in zwei deutschen Diktaturen. Beobachtungen am Beispiel des Martyriums von Werner Sylten, in: *Martin Leiner u.a. (Hrsg.)*, Gott mehr gehorchen als den Menschen – Christliche Wurzeln, Zeitgeschichte und Gegenwart des Widerstands, Göttingen 2005, S. 231-278.

Kartmann, Norbert / Schipanski, Dagmar (Hrsg.), Hessen und Thüringen. Umbruch und Neuanfang 1989/90, Frankfurt a.M. 2007.

Koch, Ernst, 75 Jahre Protestantismus in Thüringen 1921–1996. Beobachtungen zum Weg einer jungen mitteldeutschen Landeskirche, in: Blätter des Vereins für Thüringische Geschichte 7 (1997) 1, S. 6-14.

Kretschmer, Otto, Justiz in Thüringen: Vom Aufbau zur Konsolidierung, in: Neue Juristische Wochenschrift 17 (1995), S. 2694-2697.

Laßleben, Michael, Zwischenbericht zur Funktionalreform in Thüringen, in: Thüringer Verwaltungsblätter 4 (1995), S. 11-14.

Leich, Werner, Synodale Erfahrungen in der Kirche als Beitrag zum neuen Aufbruch des Parlamentarismus in Thüringen, in: *Thüringer Landtag (Hrsg.)*, Kirchen und kirchliche Aufgaben in der parlamentarischen Auseinandersetzung in Thüringen vom frühen 19. bis ins ausgehende 20. Jahrhundert (Schriften zur Geschichte des Parlamentarismus in Thüringen, Bd. 23), Erfurt 2005, S. 263-267.

Leunig, Sven, Verfassungsverhandlungen in Thüringen 1991 bis 1993. Ein Entscheidungsprozess im Schatten des Mehrheitsbeschlusses, Frankfurt a.M. u.a. 1996.

Linck, Joachim, Die Vorläufige Landessatzung für das Land Thüringen, in: Thüringer Verwaltungsblätter 1 (1992), S. 1-10.

Linck, Joachim, Indexierung der Abgeordnetendiäten. Das Thüringer Modell gegen den bösen Schein der Selbstbedienung, in: Zeitschrift für Parlamentsfragen 26 (1995), S. 372-379.

Linck, Joachim, Haus demokratischer Willensbildung: Wiedergeburt der parlamentarischen Demokratie, in: Der Thüringer Landtag. Politisches Zentrum eines neuen Bundeslandes, hg. v. Thüringer Landtag, Erfurt o.J., S. 97-111.

Linck, Joachim / Jutzi, Siegfried / Hopfe, Jörg, Die Verfassung des Freistaats Thüringen. Kommentar, Stuttgart u.a. 1994.

Louis, Jürgen, Die Liberaldemokratische Partei in Thüringen in den Jahren 1945 bis 1952, Köln / Weimar / Wien 1996.

Maier, Jürgen / Schmitt, Karl, Kommunales Führungspersonal im Umbruch. Austausch, Rekrutierung und Orientierungen in Thüringen, Wiesbaden 2008.

Mestrup, Heinz, Die SED. Ideologischer Anspruch, Herrschaftspraxis und Konflikte im Bezirk Erfurt, 1971-1989, Rudolstadt / Jena 2000.

Mestrup, Heinz / Remy, Dietmar (Hrsg.), „Wir können ja hier offen reden“. Äußerungen vom Politbüro-Kandidaten und Erfurter Bezirks-Chef Gerhard Müller. Eine Dokumentation, Erfurt 1997.

Mühlfriedel, Wolfgang, Die Industrialisierung Thüringens, Erfurt 1993.

Müller, Markus H., Der Gottesbezug in der Präambel der Verfassung des Freistaats Thüringen, in: Thüringer Verwaltungsblätter 3 (1994), S. 176-181.

Neubert, Ehrhart / Auerbach, Thomas, „Es kann anders werden“. Opposition und Widerstand in Thüringen 1945-1989, Köln / Weimar / Wien 2005.

Post, Bernhard / Wahl, Volker (Hrsg.), Thüringen-Handbuch. Territorien, Wahlen, Verfassung, Regierung und Verwaltung in Thüringen 1920-1995, Weimar 1999.

Remy, Dietmar, Opposition und Verweigerung in Nordthüringen (1976-1989), Duderstadt 1999.

Renk, Ludwig, Staatskirchenrechtliche Probleme des Verfassungsentwurfs für Thüringen, in: Thüringer Verwaltungsblätter 2 (1993), S. 184-186.

Rommelfanger, Ulrich, Ausarbeitung und Werdegang der Thüringer Landesverfassung, in: *Karl Schmitt (Hrsg.)*, Die Verfassung des Freistaats Thüringen, Weimar / Köln / Wien 1995, S. 55-68.

Rommelfanger, Ulrich, Die Verfassung des Freistaats Thüringen des Jahres 1993, in: Thüringer Verwaltungsblätter 2 (1993), S. 145-150, 173-184.

Rommelfanger, Ulrich, Freistaat Thüringen – Anknüpfung an eine Tradition und Zäsur, in: Thüringer Verwaltungsblätter, Sonderheft vom 25.10.1993, B 21f.

Salier, Hans-Jürgen / Salier, Bastian, „Es ist Frühling und wir sind so frei". Die 89er Revolution im Kreis Hildburghausen – eine Dokumentation, Hildburghausen 2000.

Schlumberger, Friedrich-Claudius, Organisatorische Probleme beim Aufbau der CDU Thüringen, in: *Josef Schmid / Frank Löbler / Heinrich Tiemann (Hrsg.)*, Organisationsstrukturen und Probleme von Parteien und Verbänden: Berichte aus den neuen Ländern, Marburg 1994, S. 25-30.

Schmitt, Karl (Hrsg.), Die Verfassung des Freistaats Thüringen, Weimar / Köln / Wien 1995.

Schmitt, Karl, Koalitionsoptionen in Thüringen aus der Sicht der Parteimitglieder, in: *Othmar Nikola Haberl / Tobias Korenke (Hrsg.)*, Politische Deutungs-kulturen. Festschrift für Karl Rohe, Baden-Baden 1999, S. 346-365.

Schmitt, Karl, Die Landtagswahlen in Brandenburg und Thüringen vom 5. und 12. September 1999: Landespolitische Entscheidungen im Schlagschatten der Bundespolitik, in: Zeitschrift für Parlamentsfragen 31 (2000), S. 43-68.

Schmitt, Karl, Parteimitglieder in Thüringen, in: *Hartmut Esser (Hrsg.)*, Der Wandel nach der Wende. Gesellschaft, Wirtschaft, Politik in Ostdeutschland, Wiesbaden 2000, S. 91-112.

Schmitt, Karl, Christliche Verantwortung in der Demokratie. Evangelische und katholische Abgeordnete im Thüringer Landtag, in: *Thüringer Landtag (Hrsg.)*, Kirchen und kirchliche Aufgaben in der parlamentarischen Auseinandersetzung in Thüringen vom frühen 19. bis ins ausgehende 20. Jahrhundert (Schriften zur Geschichte des Parlamentarismus in Thüringen, Bd. 23), Erfurt 2005, S. 303-324.

Schmitt, Karl, Die thüringische Landtagswahl vom 13. Juni 2004: Glückliche Bestätigung eines gelungenen Stabwechsels, in: Zeitschrift für Parlamentsfragen 37 (2006), S. 126-144.

Schmitt, Karl / Oppelland, Torsten (Hrsg.), Parteien in Thüringen. Ein Handbuch, Düsseldorf 2008.

Schnitzler, Stephan, Der Umbruch in der DDR auf kommunalpolitischer Ebene. Eine empirische Studie zum Demokratisierungsprozess von 1989/90 in der Stadt Erfurt (Diss. Universität Frankfurt a.M. 1995), Göttingen 1996.

Schönfelder, Jan, Mit Gott gegen Gülle. Die Umweltgruppe Knau/Dittersdorf 1986 bis 1991. Eine regionale Protestbewegung in der DDR, Rudolstadt / Jena 2000.

Schönfelder, Jan, Kirche, Kerzen, Kommunisten. Die demokratische Revolution in Neustadt an der Orla 1989/90, Weimar 2005.

Seidel, Thomas A., Thüringer Weg und Thüringer Initiative. Eine Regionalgruppe der Solidarischen Kirche am Ende der DDR, in: *Joachim Goertz (Hrsg.)*, Die Solidarische Kirche in der DDR. Erfahrungen, Erinnerungen, Erkenntnisse, Berlin 1999, S. 35-54.

Seidel, Thomas A. (Hrsg.), Thüringer Gratwanderungen, Beiträge zur fünfundsiebzigjährigen Geschichte der evangelischen Landeskirche Thüringens, Leipzig 1998.

Speckmann, Thomas, Hugo Dornhofer 1896-1977. Eine politische Biographie, phil. Diss., Münster 1998.

Spindler, Anja, Protestkulturen in Nordhausen im Herbst ’89, hg. v. der Landesbeauftragten des Freistaates Thüringen für die Unterlagen des Staatssicherheitsdienstes der ehemaligen DDR, Erfurt 2007.

Starck, Christian, Verfassungsgebung in Thüringen, in: Thüringer Verwaltungsblätter 1 (1992), S. 10-16.

Stein, Eberhard, Agonie und Auflösung des MfS – Streiflichter aus einem Thüringer Bezirk, hg. v. Landesbeauftragten des Freistaats Thüringen für die Unterlagen des Staatssicherheitsdienstes der DDR, o.O. (Erfurt), o.J.

Ströbel, Hermann, Das Thüringer Schulgesetz vom 6. August 1993, in: Thüringer Verwaltungsblätter 3 (1994), S. 73-76.

Strohbusch, Horst, Das Licht kam aus der Kirche. Die Wende in Meiningen 1989-1990, Meiningen 1999.

Thüringer Landtag (Hrsg.), Handbuch Thüringer Landtag (1.-5. Wahlperiode), Weimar 1991ff.

Thüringer Landtag (Hrsg.), Zehn Jahre Thüringer Landesverfassung (Schriften zur Geschichte des Parlamentarismus in Thüringen, Bd. 22), Erfurt 2004.

Thüringer Landtag (Hrsg.), Die Thüringer Landtag und seine Abgeordneten. Studien zu 15 Jahren Landesparlamentarismus (Schriften zur Geschichte des Parlamentarismus in Thüringen, Bd. 24), Erfurt 2005.

Thüringer Landtag (Hrsg.), Die „Runden Tische“ der Bezirke Erfurt, Gera und Suhl als vorparlamentarische Gremien im Prozess der Friedlichen Revolution 1989/90 (Schriften zur Geschichte des Parlamentarismus in Thüringen, Bd. 28), Erfurt 2009.

Victor, Christoph, Oktoberfrühling. Die Wende in Weimar (Weimarer Schriften, Bd. 49), Weimar 1992.

Vogel, Bernhard, Regieren in Thüringen. Erfahrungen aus der Praxis, in: *Antonius Liedhegener / Torsten Oppelland (Hrsg.)*, Parteiendemokratie in der Bewährung. Festschrift für Karl Schmitt, Baden-Baden 2009, S. 287-295.

Vogel, Bernhard, Das Verhältnis von Kirchen und Staat nach der friedlichen Revolution in Thüringen, in: Theologie der Gegenwart 52 (2009), S. 82-93.

Walter, Franz, Von der roten zur brauen Hochburg: Wahlanalytische Überlegungen zur Resonanz der NSDAP in den beiden thüringischen Industrielandschaften, in *Detlev Heiden / Gunther Mai (Hrsg.)*, Nationalsozialismus in Thüringen, Weimar / Köln / Wien 1995, S. 143-164.

Walter, Franz, Thüringen – einst Hochburg der sozialistischen Arbeiterbewegung?, in: Internationale wissenschaftliche Korrespondenz zur Geschichte der deutschen Arbeiterbewegung 1 (1992), S. 21-39.

Walter, Franz / Dürr, Tobias / Schmidtke, Klaus, Die SPD in Sachsen und Thüringen zwischen Hochburg und Diaspora. Untersuchungen auf lokaler Ebene vom Kaiserreich bis zur Gegenwart, Bonn 1993.

Wehling, Hans-Georg, Das Eichsfeld. Musterfall eines katholischen Milieus, in: Der Bürger im Staat 43 (1993), S. 271-274.

Weißbrodt, Daniel, Die Wende in Suhl. Das Umbruchjahr 1989/90 in der Bezirkshauptstadt Suhl, hg. v. Bürgerkomitee des Landes Thüringen e.V., Zella-Mehlis o.J. (2002).

Die Autoren

Andreas Dornheim, Prof. Dr. phil., Institut für Geschichte, Otto-Friedrich-Universität Bamberg

Daniela Kranemann, Lic. theol., Lektorin und Redakteurin, Erfurt

Sven Leunig, Dr. phil., Akademischer Rat, Institut für Politikwissenschaft, Friedrich-Schiller-Universität Jena

Joachim Linck, Prof. Dr. iur., Direktor beim Thüringer Landtag i. R., Erfurt

Anna-Ruth Löwenbrück, Dr. phil. †

Gabriele Olbrisch, Dr. phil., Geschäftsführerin, Berlin

Torsten Oppelland, Prof. Dr. phil., Institut für Politikwissenschaft, Friedrich-Schiller-Universität Jena

Josef Pilvousek, Dr. theol., Professor für Kirchengeschichte, Universität Erfurt

Elisabeth Preuß, Dipl. Theol., Wissenschaftliche Mitarbeiterin, Forschungsstelle für kirchliche Zeitgeschichte, Universität Erfurt

Ulrich Rommelfanger, Prof. Dr. iur., Rechtsanwalt, Hanau

Matthias Ruffert, Dr. iur., Professor für Öffentliches Recht, Europarecht und Völkerrecht, Friedrich-Schiller-Universität Jena

Karl Schmitt, Dr. phil., Professor em. für Politikwissenschaft, Friedrich-Schiller-Universität Jena

Jürgen Schreiber, Wissenschaftlicher Mitarbeiter, Wirtschaftswissenschaftliche Fakultät, Friedrich-Schiller-Universität Jena

Thomas A. Seidel, Dr. theol., Oberkirchenrat, Beauftragter der Evangelischen Kirchen bei Landtag und Landesregierung in Thüringen

Ingo Singe, Dipl. Soz., Wissenschaftlicher Mitarbeiter, Institut für Soziologie, Friedrich-Schiller-Universität Jena

André Sonntag, Dipl.-Vw., Wissenschaftlicher Mitarbeiter, Wirtschaftswissenschaftliche Fakultät, Friedrich-Schiller-Universität Jena

Christoph Thieme, Dipl. Soz., Wissenschaftlicher Mitarbeiter, Institut für Soziologie, Friedrich-Schiller-Universität Jena

Rolf Walter, Dr. rer. pol., Professor für Wirtschafts- und Sozialgeschichte, Friedrich-Schiller-Universität Jena

Patricia Wiater, Dr. iur., Wissenschaftliche Mitarbeiterin, Institut für Öffentliches Recht, Albert-Ludwigs-Universität Freiburg

Thomas Würtenberger, Dr. iur., Professor für Öffentliches Recht, Albert-Ludwigs-Universität Freiburg

Zeitfracht Medien GmbH
Ferdinand-Jühlke-Straße 7
99095 Erfurt, Deutschland
produktsicherheit@kolibri360.de